[Wissen für die Praxis]

Weiterführend empfehlen wir:

Handbuch für Personalräte Bundesrecht
978-3-8029-8050-3

TVöD Bund Kommentar 2024
978-3-8029-7911-8

Deutsches Beamten-Jahrbuch Bund
978-3-8029-1105-7

Bundespersonalvertretungsrecht (Kommentar)
978-3-8029-6304-9

Weitere Titel unter: www.WALHALLA.de

E-Mail: WALHALLA@WALHALLA.de
http://www.WALHALLA.de

Walhalla Fachverlag · Haus an der Eisernen Brücke · 93042 Regensburg
Telefon (09 41) 56 84-0 · Telefax (09 41) 56 84-111

WALHALLA

Helmuth Wolf

Leitfaden für Personalräte Bund

So geht Personalratsarbeit

8., aktualisierte Auflage

Bibliografische Information der Deutschen Nationalbibliothek
Die Deutsche Nationalbibliothek verzeichnet diese Publikation in der Deutschen Nationalbibliografie; detaillierte bibliografische Daten sind im Internet über www.dnb.de abrufbar.

Zitiervorschlag:
Helmuth Wolf, Leitfaden für Personalräte Bund
Walhalla Fachverlag, Regensburg 2024

Hinweis: Unsere Werke sind stets bemüht, Sie nach bestem Wissen zu informieren. Alle Angaben in diesem Buch sind sorgfältig zusammengetragen und geprüft. Durch Neuerungen in der Gesetzgebung, Rechtsprechung sowie durch den Zeitablauf ergeben sich zwangsläufig Änderungen. Bitte haben Sie deshalb Verständnis dafür, dass wir für die Vollständigkeit und Richtigkeit des Inhalts keine Haftung übernehmen. Bearbeitungsstand: April 2024.

Satz: Fotosatz Buck, 84036 Kumhausen
Produktion: Walhalla Fachverlag, 93042 Regensburg
Umschlaggestaltung: grubergrafik, Augsburg
Printed in Germany
ISBN 978-3-8029-1869-8

Schnellübersicht

Das Personalvertretungsrecht des Bundes

Die Personalvertretungsgesetze des Bundes und der Länder dienen dem kollektiven Schutz der Beschäftigten der öffentlichen Verwaltung. Geprägt wird das Personalvertretungsrecht durch den gesetzlich normierten Gedanken der partnerschaftlichen Stellung von Personalvertretung und Dienststelle. Das Bundesverfassungsgericht bezeichnet das Personalvertretungsrecht in einer seiner Entscheidungen als ein „wichtiges Mittel zur Wahrung der Menschenwürde und der Persönlichkeitsentfaltung in der Dienststelle" (BVerfG vom 29. 5. 1970 – 2 BvR 311/67, BVerfGE 28, 314).

Das Bundespersonalvertretungsgesetz (BPersVG) trifft Regelungen für die Verwaltungen des Bundes. Seit der letzten großen Novelle 1974 wurde es nur punktuell weiterentwickelt. Die Entwicklungen der letzten Jahre machten deutlich, dass es aufgrund einer Vielzahl von Veränderungen im Aufgabenspektrum von Dienststelle und Personalvertretung erforderlich war, das Gesetz grundlegend zu überarbeiten und den aktuellen Gegebenheiten anzupassen. Diese geschah mit der Novellierung des Bundespersonalvertretungsrechts im Jahr 2021. Bedingt war die Novelle unter anderem durch die Änderungen im Dienst- und Tarifrecht, die einem ständigen Wandel unterliegende, sich verändernde Struktur der Verwaltung durch die Einführung von Elementen betriebswirtschaftlicher Steuerung und die Dezentralisierung der Budgetverantwortung sowie die rasante Weiterentwicklung der Informations- und Kommunikationstechnologie.

Wichtig war dem Gesetzgeber bei der Formulierung des Bundespersonalvertretungsgesetzes 2021, die Arbeitsweise und die Organisation des Personalrates zu verbessern und praxisnah zu gestalten, die Berücksichtigung der geltenden Rechtslage, die Berücksichtigung aktueller Entwicklungen sowie gesellschaftlicher Tendenzen und eine Stärkung von Rechten der Gewerkschaften. Unabhängig davon erfolgten die Bereinigung bisheriger Bestimmungen sowie die sprachliche und redaktionelle Überarbeitung. Das zukunftsfähige neue Bundespersonalvertretungsgesetz sollte dadurch verständlicher und in der Praxis anwenderfreundlich, gleichzeitig aber auch offen für zukünftige

Entwicklungen sein. Unter anderem setzte der Gesetzgeber bei der Novellierung 2021 folgenden Schwerpunkte:

- Rechtsbereinigung, Beachtung der bundesverfassungsgerichtlichen Vorgaben zum Letztentscheidungsrecht, Rechtsvereinfachung, Verbesserung der Systematik und Verständlichkeit
- Ergänzung des Zugangsrechtes der Gewerkschaften
- Überarbeitung der Wahlrechtsvorschriften, Vermeidung personalvertretungsloser Zeiten, stichtagsgenaue Amtszeiten der Personalvertretungen
- Schaffung von Übergangsmandaten bestehender Personalvertretungen
- Beschleunigung von Neuwahlen bei Wahlanfechtung und Auflösung von Personalvertretungen
- Optionale Nutzung von Video- und Telefonkonferenzen für Sitzungen der Personalvertretungen sowie die Möglichkeit zur Beschlussfassung im elektronischen Verfahren
- Möglichkeit von Online-Sprechstunden
- Erleichterung von Teilfreistellungen
- Möglichkeit der audiovisuellen Übertragung von Personalversammlungen
- Regelung der datenschutzrechtlichen Verantwortlichkeit der Personalvertretung bei der Verarbeitung personenbezogener Daten
- Gewährleistung rechtssicherer elektronischer Kommunikation zwischen Dienststelle und Personalvertretung
- Möglichkeit einvernehmlicher Fristabsprachen
- Einführung einer Reaktionspflicht der Dienststelle auf Initiativanträge und Vorlagen im Stufenverfahren
- Einführung virtueller Verhandlung und Entscheidung der Einigungsstelle
- Institutionalisierung der Arbeitsgemeinschaft der Hauptpersonalräte
- Einführung eines Halbjahresgesprächs zwischen Jugend- und Auszubildendenvertretung und dem Leiter der Dienststelle

Der Leitfaden weist an wichtigen Stellen auf die Gesetzeslage vor 2021 hin und zeigt so auf, wie sich das Bundespersonalvertretungsgesetz modernisiert hat.

Die Fortentwicklung des Bundespersonalvertretungsgesetzes wird aufgrund der sich ständig verändernden Organisations- und Arbeitsbedingungen in den Dienststellen des Bundes ein kontinuierlicher Prozess bleiben. Insbesondere die Transformation unserer Gesellschaft in eine „digitale Gesellschaft" sowie der Aufbau einer digitalen Verwaltung und deren Auswirkungen auf die Beschäftigten werden weiterhin eine wichtige Rolle spielen.

Geprägt wird das Personalvertretungsrecht nach wie vor durch den gesetzlich normierten Gedanken der partnerschaftlichen Stellung von Personalvertretung und Dienststelle. Dienststelle und Personalvertretung müssen sich gemeinsam den Herausforderungen an eine moderne Verwaltung stellen. Sie sind aufgerufen, die Zukunftsfähigkeit und den Bestand der Dienststelle sicherzustellen. Ein moderner Personalrat darf nicht nur reagieren, er muss agieren und mitgestalten, besonders da potenzielle zukünftige Beschäftigte nicht nur ein modernes Arbeitsumfeld, sondern auch flexible Arbeitszeitmodelle und -formen erwarten. Personalvertretungen spielen eine wichtige Rolle bei der Organisation und Durchführung der Aufgaben.

In der heutigen Verwaltung sind die personalvertretungsrechtlichen Partner Dienststelle und Personalvertretung Akteure einer gemeinsamen Managementaufgabe. Grundlegende Entwicklungen lassen sich nur gemeinsam mit den Beschäftigten und deren Interessenvertretung gestalten. Um eine Akzeptanz der Beschäftigten für Veränderungen zu erreichen, muss eine aktive Einbeziehung der Personalvertretungen gewährleistet sein. Die Zusammenarbeit von Dienststelle und Personalvertretung hat sich jedoch in der Praxis erheblich verändert. Das reine Abhandeln von Beteiligungstatbeständen ist in einer modernen Verwaltung nicht mehr der ausschließliche Wesenskern der Zusammenarbeit.

Die Gesamtheit der Vorschriften des Personalvertretungsrechts und das komplexe Umfeld bestimmen das personalvertretungsrechtliche Miteinander. Der kompetente Umgang mit dem Gesetz, den Kommentierungen und der Rechtsprechung fördert die Zusammenarbeit zwischen Personalrat und Dienststellenleitung. Sie bestimmt wesentlich die internen Entscheidungsstrukturen der Verwaltungen.

Dieser Leitfaden berücksichtigt diese aktuellen Tendenzen, insbesondere in Form wichtiger Rechtsprechung. Im Anhang finden Sie den Abdruck des Bundespersonalvertretungsgesetzes mit Rechtsstand 1. April 2024.

Helmuth Wolf

Hinweis: Zur besseren Lesbarkeit wird in dem vorliegenden Buch auf die gleichzeitige Verwendung männlicher und weiblicher Sprachformen verzichtet. Es wird das generische Maskulinum verwendet, wobei alle Geschlechter gleichermaßen gemeint sind.

Abkürzungsverzeichnis

a. a. O.	am angegebenen Ort
Abs.	Absatz
a. F.	alte Fassung
Anm.	Anmerkung
ArbGG	Arbeitsgerichtsgesetz
BAG	Bundesarbeitsgericht
BAGE	Entscheidungssammlung des Bundesarbeitsgerichts
BAPersBw	Bundesamt für Personalmanagement der Bundeswehr
BB	Betriebsberater
BeamtVG	Beamtenversorgungsgesetz
BBG	Bundesbeamtengesetz
BDizG	Bundesdisziplinargericht
BetrVG	Betriebsverfassungsgesetz
BGB	Bürgerliches Gesetzbuch
BGBl.	Bundesgesetzblatt
BHO	Bundeshaushaltsordnung
Bln	Berlin
BPersVG	Bundespersonalvertretungsgesetz
BPersVG a. F.	Bundespersonalvertretungsgesetz alte Fassung
BPersVWO	Wahlordnung zum Bundespersonalvertretungsgesetz
BPV	Bundespersonalvertretungsrecht
BRKG	Bundesreisekostengesetz
BVerfG	Bundesverfassungsgericht
BVerfGE	Entscheidungssammlung des Bundesverfassungsgerichts
BVerwG	Bundesverwaltungsgericht

BVerwGE	Entscheidungssammlung des Bundesverwaltungsgerichts
DB	Der Betrieb
dbb	beamtenbund und tarifunion
DGB	Deutscher Gewerkschaftsbund
DÖD	Der öffentliche Dienst
DÖV	Die öffentliche Verwaltung
DRichtG	Deutsches Richtergesetz
DSt	Dienststelle
DVBl	Deutsches Verwaltungsblatt
ESVGH	Entscheidungssammlung des Hessischen Verwaltungsgerichtshofs und des Verwaltungsgerichtshofs Baden-Württemberg mit Entscheidungen der Staatsgerichtshöfe beider Länder
f.	folgende
ff.	fortfolgende
GDSt	Gesamtdienststelle
GDStL	Leiter der Gesamtdienststelle
GG	Grundgesetz
GPR	Gesamtpersonalrat
HDSt	Hauptdienststelle
HessVGH	Hessischer Verwaltungsgerichtshof
i. V. m.	in Verbindung mit
KSchG	Kündigungsschutzgesetz
LAG	Landesarbeitsgericht
Leits.	Leitsatz
MDR	Monatsschrift für Deutsches Recht
NPersVG	Niedersächsisches Personalvertretungsgesetz
n.v.	nicht veröffentlicht
NVwZ-RR	Neue Zeitschrift für Verwaltungsrecht – Rechtsprechungs-Report

NZA-RR	Neue Zeitschrift für Arbeits- und Sozialrecht – Rechtsprechungs-Report
OVG	Oberverwaltungsgericht
ÖPR	Örtlicher Personalrat
PersR	Der Personalrat
PersV	Die Personalvertretung
PR	Personalrat
PVB	Personalvertretungsrecht Bund
RiA	Recht im Amt
Rn.	Randnummer
RVG	Rechtsanwaltsvergütungsgesetz
SBG	Soldatinnen- und Soldatenbeteiligungsgesetz
SGB II	Sozialgesetzbuch – Zweites Buch (Bürgergeld, Grundsicherung für Arbeitsuchende)
SGB VII	Sozialgesetzbuch – Siebtes Buch (Gesetzliche Unfallversicherung)
SGB IX	Sozialgesetzbuch – Neuntes Buch (Rehabilitation und Teilhabe von Menschen mit Behinderungen)
StGB	Strafgesetzbuch
TDSt	Teildienststelle
TDStL	Leiter der Teildienststelle
TVöD	Tarifvertrag für den öffentlichen Dienst
VG	Verwaltungsgericht
VGH	Verwaltungsgerichtshof, Verfassungsgerichtshof
vgl.	vergleiche
VwGO	Verwaltungsgerichtsordnung
VwVfG	Verwaltungsverfahrensgesetz
ZBR	Zeitschrift für Beamtenrecht
ZfPR	Zeitschrift für Personalvertretungsrecht
ZPO	Zivilprozessordnung

Einführung in das Personalvertretungsrecht: Grundlagen und Grundsätze

1

Bildung von Personalvertretungen

1

Der Geltungsbereich des Bundespersonalvertretungsgesetzes (BPersVG) ist in § 1 BPersVG geregelt. Im neu formulierten Paragrafen werden die §§ 1 und 112 (alt) zur besseren Übersichtlichkeit und Verständlichkeit in einer Regelung zusammengefasst. Danach sind Personalvertretungen im Bereich des Bundes zu bilden in den:

- Verwaltungen des Bundes
- bundesunmittelbaren Körperschaften, Anstalten und Stiftungen des öffentlichen Rechts
- Gerichten des Bundes

Zu den Verwaltungen im Sinne des BPersVG gehören auch die Betriebsverwaltungen.

Keine Anwendung findet es für Religionsgemeinschaften und ihre karitativen und erzieherischen Einrichtungen ohne Rücksicht auf ihre Rechtsform.

Der Gesetzgeber stellt dies konkretisierend mit den Regelungen in § 13 i. V. m. § 4 Abs. 1 Nr. 6 sowie § 88 (Bildung von Bezirks- und Hauptpersonalräten) und § 93 (Bildung von Gesamtpersonalräten) sicher: Die Bildung von Personalräten in Dienststellen mit in der Regel mindestens fünf wahlberechtigten Beschäftigten, von denen drei wählbar sein müssen, ist darin zwingend vorgeschrieben. Es bleibt den Beschäftigten trotzdem selbst überlassen, ob sie eine Personalvertretung wählen wollen. Das Gesetz fordert mit Hilfe der Vorschriften des § 21 ff. BPersVG zur Wahl von Personalvertretungen auf, übt aber keinen Zwang aus. Eine allgemeine Interesselosigkeit oder ein bewusster Verzicht der Beschäftigten kann dazu führen, dass keine Personalvertretung gebildet wird. Die Folge daraus wäre, dass die im Personalvertretungsgesetz normierten Rechte und Befugnisse der Personalvertretung nicht ausgeübt werden können. Für die in der Dienststelle tätigen Beschäftigten hätte dies erhebliche Nachteile, die Beschäftigten müssten ihre Interessen selber durchsetzen und wahren.

Der Gesetzgeber hat im Übrigen nicht nur in Bezug auf die Wahl von Personalvertretungen, sondern in der Gesamtheit darauf verzichtet, Zwangsmittel vorzusehen. Anders als im Betriebsverfassungsrecht und im Landespersonalvertretungsgesetz Nordrhein-Westfalen, verzichtet der Bundesgesetzgeber im Bundespersonalvertretungsgesetz auf Zwangsmittel in Form von Ordnungs- oder Bußgeldern. Er lässt sich dabei von der Überlegung leiten, dass dies aufgrund der bestehenden Rechtskultur und der Bindung der öffentlichen Verwaltung an Recht und Gesetz nicht erforderlich sei. Eine Durchsetzung des Willens sowohl der Dienststelle als auch des Personalrats soll über die Einigungsstelle erfolgen, daneben hat das Personalvertretungsrecht den handelnden Organen und Personen den Rechtsweg eröffnet. Das Personalvertretungsrecht ist dem öffentlichen Recht zugeordnet und wird dem Dienstrecht zugerechnet, somit sind zu Entscheidungen über Streitigkeiten nach dem Personalvertretungsrecht die Verwaltungsgerichte aufgerufen.

Vorschriften für besondere Verwaltungszweige

Darüber hinaus hat der Gesetzgeber Sondervorschriften (§ 110 ff. BPersVG) für besondere Zweige des öffentlichen Dienstes getroffen:

- Bundespolizei (§ 111 BPersVG)
- Bundesnachrichtendienst (§ 112 BPersVG)
- Bundesamt für Verfassungsschutz (§ 113 BPersVG)
- Bundesagentur für Arbeit und andere bundesunmittelbare Körperschaften des öffentlichen Rechts im Bereich der Sozialversicherung (§ 114 BPersVG)
- Deutsche Bundesbank (§ 115 BPersVG)
- Deutsche Welle (§ 116 BPersVG)
- Geschäftsbereich des Bundesministers der Verteidigung (§ 117 BPersVG)
- Dienststellen des Bundes im Ausland:
  § 118 macht deutlich, dass das Personalvertretungsgesetz umfassend auch auf die Dienststellen des Bundes im Ausland anzuwenden ist, soweit in den Folgebestimmungen keine abweichenden Regelungen getroffen sind.
- Allgemeine Regelungen (§ 119 BPersVG)
- Vertrauensperson der lokal Beschäftigten (§ 120 BPersVG)

- Ergänzende Regelungen für die Dienststellen im Geschäftsbereich des Auswärtigen Amts mit Ausnahme der Dienststellen des Deutschen Archäologischen Instituts (§ 121 BPersVG)
- Ergänzende Regelungen für die Dienststellen des Deutschen Archäologischen Instituts (§ 122 BPersVG)
- Ergänzende Regelungen für die Dienststellen des Bundesnachrichtendienstes (§ 123 BPersVG)
- Ergänzende Regelungen für die Dienststellen im Geschäftsbereich des Bundesministeriums der Verteidigung (§ 124 BPersVG)

Für die Genannten gilt dieses Gesetz vollumfänglich unter Beachtung der getroffenen Sonderregelungen. In diesen Sondervorschriften trifft der Gesetzgeber abweichende oder ergänzende Regelungen und trägt so den Besonderheiten dieser Verwaltungszweige Rechnung. Die vorstehend aufgeführten, für den jeweiligen Verwaltungszweig geltenden Bestimmungen sind von den Personalverantwortlichen und Personalvertretungen neben den grundlegenden Regelungen des Personalvertretungsgesetzes zu beachten.

Beschäftigtenbegriff

Im Rahmen der Verbesserung der Systematik des Gesetzes hat der Gesetzgeber mit dem § 4 BPersVG eine zentrale Definitionsnorm eingeführt, welche die grundlegenden personalvertretungsrechtlichen Begriffe in sich vereint. In den Absätzen 1 Nr. 1, Nr. 3 und Nr. 5 gehen die Begrifflichkeiten des § 4 BPersVG (in der alten Fassung vor 2021: Beschäftigte im öffentlichen Dienst, Beamtinnen und Beamte, Arbeitnehmerinnen und Arbeitnehmer) nach redaktioneller Überarbeitung und sprachlicher Anpassung auf.

Danach sind auch nach neuem Recht die Beschäftigten im öffentlichen Dienst die Beamtinnen und Beamten sowie die Arbeitnehmerinnen und Arbeitnehmer einschließlich der zu ihrer Berufsausbildung Beschäftigten sowie Richterinnen und Richter, die an eine der in § 1 Abs. 1 BPersVG genannten

Verwaltungen oder zur Wahrnehmung einer nichtrichterlichen Tätigkeit an ein Gericht des Bundes abgeordnet sind.

Auch weiterhin gelten Personen nicht als Beschäftigte im Sinne des Gesetzes, deren Beschäftigung überwiegend durch Beweggründe karitativer oder religiöser Art bestimmt ist oder deren Beschäftigung überwiegend zu ihrer Heilung, Wiedereingewöhnung oder Erziehung dient.

Eine Erweiterung des Beschäftigtenbegriffs, wie ihn die meisten Personalvertretungsgesetze der Länder kennen, ist durch die Novelle 2021 nicht erfolgt. Der auf der Rechtsprechung des BAG basierende Begriff „wer weisungsgebunden in einer Dienststelle tätig ist" ist nicht eingefügt worden.

Die Regelung des § 5 BPersVG (Gruppen von Beschäftigten) entspricht unter redaktioneller Anpassung des Verweises sowie sprachlicher Ergänzung inhaltlich dem § 5 BPersVG (alt).

Personalvertretungen

Das Bundespersonalvertretungsgesetz sieht vor, dass in allen in § 1 BPersVG genannten Einrichtungen des Bundes die regelmäßigen Personalratswahlen innerhalb des Zeitraumes vom 1. März bis 31. Mai stattfinden sollen (§ 27 Abs. 1 BPersVG).

Die Amtszeit des Personalrats beginnt am 1. Juni des Jahres, in dem die regelmäßigen Personalratswahlen stattfinden, und endet mit dem Ablauf von vier Jahren. Die Regelung des § 27 Abs. 2 Satz 1 BPersVG dient der Vereinheitlichung der Amtszeiten aller Personalvertretungen im Geltungsbereich des BPersVG. Durch die neue Stichtagsregelung sollen personalratslose Zeiten vermieden werden, die Amtszeit ist übersichtlicher und planbarer. Die Regelung des § 27 Abs. 2 Satz 2 BPersVG dient der Vermeidung personalratsloser Zeiten. Sofern mit Ablauf des 31. Mai des Wahljahres kein neuer Personalrat gewählt ist oder sich dieser noch nicht konstituiert hat, führt der bisherige Personalrat längstens bis zum Ablauf des 31. Juli des Wahljahres die Geschäfte weiter. Die mit der Novelle 2021 neu ins Personalvertretungsgesetz aufgenommenen Regelungen zur stichtagsbezogenen Amtszeit sowohl der Personalvertretungen (§ 27 Abs. 2 Satz 1 und § 121 Abs. 4 Satz 2 BPersVG) als auch der

Jugend- und Auszubildendenvertretungen (§ 102 Abs. 2 Satz 2 BPersVG) sind erstmalig bei den nächsten regelmäßigen Personalratswahlen und bei den JAV-Wahlen im Jahr 2024 anzuwenden. § 130 Abs. 1 Satz 1 und Abs. 2 Satz 1 BPersVG machen deutlich, dass die Neuregelung zur stichtagsbezogenen Amtszeit von Personalvertretungen und Jugend- und Auszubildendenvertretungen keine Rückwirkung auf deren Amtszeit hat.

Unter dem Oberbegriff „Personalvertretungen" fasst der Gesetzgeber die im Folgenden aufgeführten Personalräte zusammen.

Personalrat

Der Personalrat ist die Personalvertretung in den einzelnen Dienststellen, die von den Beschäftigten der jeweiligen Dienststelle gewählt wird.

Bezirkspersonalrat, § 88 BPersVG

Im Geschäftsbereich mehrstufiger Verwaltungen des Bundes werden bei den Behörden der Mittelstufe Bezirkspersonalräte gebildet (§ 88 BPersVG). Behörden der Mittelstufe sind Verwaltungsstellen, die einerseits einer obersten Dienstbehörde unmittelbar unterstellt sind, denen andererseits aber Dienststellen nachgeordnet sind. Die Mitglieder des Bezirkspersonalrats werden von den Beschäftigten des Geschäftsbereichs der Mittelbehörde sowie den Beschäftigten der Mittelbehörde selbst gewählt (§ 89 Abs. 1 BPersVG). In der Dienststelle „Mittelbehörde" ist darüber hinaus von den dortigen Beschäftigten ein (örtlicher) Personalrat zu wählen.

Die jeweilige Größe des Bezirkspersonalrats richtet sich nach den Bestimmungen des § 89 Abs. 2 i. V. m. § 16 BPersVG. Jede Gruppe erhält mindestens einen Vertreter. Besteht der Bezirkspersonalrat aus mehr als neun Mitgliedern, so erhält jede Gruppe mindestens zwei Vertreter. Die Bestimmungen des § 17 Abs. 5 BPersVG finden entsprechend Anwendung (§ 89 Abs. 4 BPersVG). Keine Anwendung findet hingegen § 17 Abs. 3 und 4 BPersVG.

Hauptpersonalrat, § 88 BPersVG

Im Geschäftsbereich mehrstufiger Verwaltungen des Bundes werden bei den obersten Dienstbehörden Hauptpersonalräte gebildet (§ 88 BPersVG). Oberste Dienstbehörde ist diejenige Behörde, der im Instanzenzug keine andere Dienststelle mehr übergeordnet ist. Die Mitglieder des Hauptpersonalrats werden von den Beschäftigten des Geschäftsbereichs der obersten Dienstbehörde und den Beschäftigten der obersten Dienstbehörde selbst gewählt (§ 89 Abs. 1 BPersVG). Für den Bereich der Dienststelle „Oberste Dienstbehörde" ist daneben von den bei ihr selbst Beschäftigten ein (örtlicher) Personalrat zu wählen.

Die jeweilige Größe des Hauptpersonalrats richtet sich nach den Bestimmungen des § 89 Abs. 1 i. V. m. § 16 BPersVG. Auch hier gilt, dass jede Gruppe mindestens einen Vertreter erhält. Besteht der Hauptpersonalrat aus mehr als neun Mitgliedern, so erhält jede Gruppe mindestens zwei Vertreter. Die Bestimmungen des § 17 Abs. 5 BPersVG finden entsprechend Anwendung (§ 89 Abs. 4 BPersVG). Für den Hauptpersonalrat findet § 17 Abs. 3 und 4 BPersVG ebenfalls keine Anwendung.

Gesamtpersonalrat, § 93 BPersVG

Ein Gesamtpersonalrat nach § 93 BPersVG ist zu bilden, wenn sich in Nebenstellen oder Teilen einer Dienststelle, die räumlich weit von dieser entfernt liegen, die Mehrheit der dort tätigen wahlberechtigten Beschäftigten für die Verselbstständigung im personalvertretungsrechtlichen Sinne ausspricht. Für die personalvertretungsrechtliche, nicht organisationsrechtliche Verselbständigung ist lediglich erforderlich, dass die in § 7 BPersVG genannten Voraussetzungen (räumlich weite Entfernung und Verselbständigungsbeschluss der Beschäftigten) erfüllt sind. Es kommt dabei nicht darauf an, ob in diesem Dienststellenteil oder der Nebenstelle ein mit einem Mindestmaß an personalvertretungsrechtlichen Befugnissen ausgestatteter Leiter vorhanden ist (BVerwG vom 29. 5. 1991 – 6 P 12.89, BVerwGE 88, 233). Die in geheimer Abstimmung herbeigeführte Entscheidung ist für die folgende Wahl und die Amtszeit der aus ihr hervorgehenden Personalvertretung wirksam.

Neben den dann als Folge der Verselbstständigung zu wählenden einzelnen (örtlichen) Personalräten ist zwingend ein Gesamtpersonalrat zu bilden. Der Gesamtpersonalrat wird von den wahlberechtigten Beschäftigten der (Gesamt-)Dienststelle gewählt.

Arbeitsgemeinschaft der Hauptpersonalräte, §§ 96 ff. BPersVG

Die Arbeitsgemeinschaft der Hauptpersonalräte, die bis vor der Novelle 2021 informell agierte, ist durch die Regelungen in Kapitel 6 nunmehr gesetzlich anerkannt. Die Arbeitsgemeinschaft verfügt über keine eigenständigen Beteiligungstatbestände, denn sie ist nicht durch Wahl der Beschäftigten legitimiert. Sie soll bei ressortübergreifenden Maßnahmen die Interessen der betroffenen Beschäftigten mit einbringen und ein Forum zur Abstimmung und zum Erfahrungsaustausch bieten.

§ 96 Abs. 1 BPersVG regelt in Satz 1, dass die Hauptpersonalräte bei den obersten Bundesbehörden eine Arbeitsgemeinschaft der Hauptpersonalräte (AG HPR) bilden. Da nicht alle obersten Bundesbehörden (z. B. die Dienststellen der Verfassungsorgane) über einen Hauptpersonalrat verfügen, sieht der Satz 2 vor, dass dann die dort gebildeten Personalräte bzw. Gesamtpersonalräte an die Stelle des Hauptpersonalrates treten.

§ 96 Abs. 2 Satz 1 BPersVG regelt, dass sich die AG HPR aus je einem Mitglied der bei den obersten Bundesbehörden gebildeten Hauptpersonalräte und, sofern dieser nicht gebildet ist, des dort gebildeten Personalrats/Gesamtpersonalrats zusammensetzt. Sofern bei einer obersten Dienstbehörde zwei Hauptpersonalräte gebildet sind, entsendet jeder ein Mitglied. Weiterhin ist mindestens je ein Ersatzmitglied zu bestimmen, das bei einem Ausscheiden oder einer zeitweiligen Verhinderung des entsandten Mitglieds in die AG HPR eintritt. Die Mitgliedschaft in der AG HPR ist an die Mitgliedschaft des Hauptpersonalrats geknüpft. Als weiterer Beendigungsgrund wird die Niederlegung des Amts in der Arbeitsgemeinschaft der Hauptpersonalräte genannt.

§ 97 Abs. 1 BPersVG regelt, welche Paragrafen für die Geschäftsführung der AG HPR und die Rechtsstellung ihrer Mitglieder sinngemäß anwendbar sind.

Übergangsmandat und Restmandat bei Umstrukturierungsmaßnahmen, § 29 BPersVG

Der Paragraf dient der Vermeidung personalratsfreier Zeiten bzw. der Sicherstellung der Wahrnehmung personalvertretungsrechtlicher Aufgaben und Befugnisse. Mit der Novelle 2021 neu ins BPersVG wurde daher ein allgemeines Übergangs- und Restmandat aufgenommen. Damit wurde auch eine für alle Dienststellen im Bereich des BPersVG einheitliche Anwendungspraxis geschaffen. Über die entsprechenden Verweise in §§ 90 und 94 sowie in § 102 Abs. 4 BPersVG wird sichergestellt, dass die Regelungen entsprechend für die Stufenvertretungen, den Gesamtpersonalrat und für die Jugend- und Auszubildendenvertretungen gelten. Die Absätze 1 und 2 berücksichtigen die Fälle, in denen neue Dienststellen durch Umstrukturierungsprozesse wie Spaltung, Ausgliederung oder Zusammenlegung entstehen. Der Personalrat, dem die abgespaltenen, ausgegliederten oder zusammengefassten Dienststellen oder Dienststellenteile bislang zugeordnet waren, nimmt in diesen Fällen das Übergangsmandat wahr. Eine seiner vordringlichen Aufgaben ist es dann, die Personalratswahl in der neu gebildeten Dienststelle zu organisieren. Das Übergangsmandat ist grundsätzlich auf sechs Monate begrenzt, kann aber einmalig um sechs Monate verlängert werden. Absatz 3 regelt den Fall der Neuerrichtung einer Dienststelle im Geschäftsbereich einer obersten Dienstbehörde. In einem solchen Fall fehlt es an einem Personalrat, der ein Übergangsmandat wahrnehmen kann. In diesem Fall übt die zuständige Stufenvertretung das Übergangsmandat aus. Ist eine Stufenvertretung nicht gebildet, übt der Personalrat der übergeordneten Dienststelle das Übergangsmandat aus. Absatz 4 regelt die Eingliederung von Dienststellen oder Teilen von Dienststellen. So entstehen keine personalvertretungsrechtlichen Schutzlücken. Für den Fall, dass die Eingliederung zu einer erheblichen Veränderung der Beschäftigtenzahlen führt, sind Neuwahlen vorgesehen, da anderenfalls die Situation entsteht, dass die hinzugekommenen Beschäftigten sich nicht vertreten fühlen. Für sie wäre ein Personalrat zuständig, den sie nicht gewählt haben. Endet allerdings die Amtszeit des Personalrats innerhalb eines Jahres ab der Wirksamkeit der Eingliederung, finden Neuwahlen nicht statt. Durch Absatz 5 wird ein Restmandat neu im BPersVG verankert. Der Personalrat bleibt so lange im Amt, wie dies zur Wahrnehmung der mit der Auflösung im Zusammenhang stehenden Beteiligungsrechte notwendig ist. Absatz 6 regelt die Vertretung der Beschäftigten bei Privatisierungen (Wechsel vom Geltungsbereich des BPersVG zum BetrVG). Durch die gesetzliche

Regelung eines allgemein gültigen Übergangsmandats des Personalrats werden entstehende vertretungslose Zeiten bzw. Rechtsunsicherheiten bis zur Wahl des neuen Betriebsrats, wenn ein Betriebsrat nicht besteht, vermieden. Der bestehende Personalrat nimmt bis zur Wahl des Betriebsrats dessen Aufgaben und Befugnisse als Betriebsrat nach dem BetrVG übergangsweise wahr. Absatz 7 stellt sicher, dass auf Wahlen nach den Absätzen 1 bis 4 § 28 Abs. 5 BPersVG anzuwenden ist.

Nach § 46 Abs. 1 BPersVG führen die Mitglieder der Personalvertretungen ihr Amt unentgeltlich als Ehrenamt. Die einzelnen Schutzbestimmungen werden im Kapitel über die „Rechte zum Schutz der persönlichen Stellung der einzelnen Mitglieder" ausführlich behandelt.

Anwendbare Vorschriften

Nicht alle Regelungen des Bundespersonalvertretungsgesetzes finden für die Stufenvertretungen und den Gesamtpersonalrat Anwendung. In den jeweiligen speziellen gesetzlichen Regelungen (§ 88 sowie § 93 ff. BPersVG) findet sich immer ein Verweis über die entsprechende Anwendung der einzelnen Paragrafen des Gesetzes. Für Amtszeit und Mitgliedschaft der Stufenvertretung und des Gesamtpersonalrats gelten die gleichen gesetzlichen Bestimmungen wie für die örtlichen Personalvertretungen. Die Bestimmungen des Bundespersonalvertretungsgesetzes über die Geschäftsordnung und die Rechtsstellung der Personalratsmitglieder gelten mit einigen Abweichungen entsprechend. Die Regelungen über die Personalversammlung finden keine Anwendung. Die Zuständigkeit der Stufenvertretungen und des Gesamtpersonalrats bestimmt sich nach § 92 bzw. § 95 BPersVG.

Sondervertretungen

Jugend- und Auszubildendenvertretung

Eine Jugend- und Auszubildendenvertretung ist immer dann zu bilden, wenn einer Dienststelle in der Regel mindestens fünf Beschäftigte angehören, die für die Vertretung wahlberechtigt sind. Es muss sich um Beschäftigte handeln, die das 18. Lebensjahr noch nicht vollendet haben oder die sich in einer beruflichen

Ausbildung befinden (§ 99 BPersVG). Mit der Neufassung ist die Altersbegrenzung entfallen, sodass auch Auszubildende, die älter als 25 Jahre (alte Fassung) sind, die Möglichkeit erhalten, die JAV zu wählen und sich aktiv in die Arbeit einbringen zu können. Weitere Voraussetzung ist, dass in der Dienststelle eine Personalvertretung bestehen muss.

Die Doppelmitgliedschaft in der Jugend- und Auszubildendenvertretung und in der Personalvertretung bleibt auch weiterhin zulässig. Dadurch wird auch insbesondere jungen Menschen die Möglichkeit eröffnet, an die Aufgaben einer Personalvertretung herangeführt zu werden, um so in die Personalratstätigkeit hineinzuwachsen. Die Nachwuchsgewinnung wird dadurch erheblich erleichtert. Sofern ein im Personalrat vertretenes Mitglied der Jugend- und Auszubildendenvertretung nach § 37 Abs. 1 auch für die Jugend- und Auszubildendenvertretung stimmberechtigt ist, darf das Stimmrecht nur einmal ausgeübt werden; eine doppelte Stimmgabe ist nicht zulässig.

Wichtig: Die Jugend- und Auszubildendenvertretung hat keine eigenständigen formellen Beteiligungsrechte, sie kann nur gemeinsam mit der Personalvertretung tätig werden.

Die Wahrnehmung der allgemeinen Überwachungsaufgaben nach § 103 BPersVG ist der Jugend- und Auszubildendenvertretung jedoch eigenständig übertragen. Sie hat wie die Personalvertretung darauf zu achten, dass alle Bestimmungen, von denen die Beschäftigten ihres Vertretungsbereiches betroffen sind, eingehalten werden. Zusätzlich zu der Möglichkeit, im Rahmen des Monatsgesprächs zwischen Personalrat und Dienststellenleitung nach § 65 BPersVG teilzunehmen, ist nunmehr die Durchführung eines eigenen Halbjahresgesprächs der Jugend- und Auszubildendenvertretung mit dem Leiter der Dienststelle vorgesehen. Dieses Gespräch erhöht die Handlungsfähigkeit der Jugend- und Auszubildendenvertretung und schafft die Möglichkeit, im direkten Gespräch den berechtigten Belangen der von ihr vertretenen Jugendlichen und Auszubildenden gegenüber der Dienststellenleitung Geltung zu verschaffen. Die §§ 99 bis 106 BPersVG enthalten die für die Jugend- und Auszubildendenvertretungen maßgeblichen gesetzlichen Bestimmungen. Die Amtszeit der JAV beginnt, in Anlehnung an Amtszeitbeginn und -ende des Personalrats, stets am 1. Juni des Jahres, in dem die regelmäßigen JAV-Wahlen durchzuführen sind, und endet stichtagsgenau nach Ablauf von zwei Jahren am 31. Mai des übernächsten Jahres (§ 102 Abs. 2 Satz 1 und 2 BPersVG).

Ausschuss für geheime Verschlusssachen

Unterliegt eine beteiligungspflichtige Maßnahme mindestens dem Geheimhaltungsgrad „VS – vertraulich", so tritt an die Stelle des Personalrats ein Ausschuss (§ 125 BPersVG). Er besteht aus höchstens je einem Mitglied der im Personalrat vertretenen Gruppen. Ferner müssen die Mitglieder des Ausschusses ermächtigt sein, Kenntnis von Verschlusssachen des in Betracht kommenden Geheimhaltungsgrades zu erhalten. Der Gesetzgeber wollte Verschlusssachen ab einem bestimmten Geheimhaltungsgrad nur einem kleinen Personenkreis zugänglich machen, der ermächtigt ist, damit umzugehen. Personalvertretungen bei Dienststellen, die den Behörden der Mittelstufe nachgeordnet sind, bilden keinen Ausschuss, an ihre Stelle tritt der Ausschuss des Bezirkspersonalrats. Die gesonderte Ausgestaltung des Beteiligungsverfahrens ergibt sich ebenfalls aus den Bestimmungen des § 125 BPersVG.

Schwerbehindertenvertretung

In Dienststellen mit mindestens fünf nicht nur vorübergehend beschäftigten schwerbehinderten Menschen sind eine Vertrauensperson der schwerbehinderten Menschen und ein Stellvertreter zu wählen (§ 177 SGB IX). Die Vertrauensperson muss nicht selber zu den schwerbehinderten Menschen gehören, aber die Voraussetzungen für das passive Wahlrecht besitzen und von dem genannten Beschäftigtenkreis gewählt werden. Die Aufgaben und die Beteiligung der Vertrauensperson regelt § 178 SGB IX. In § 37 Abs. 1 Satz 1 BPersVG wird deutlich gemacht, dass auch die Schwerbehindertenvertretung nach § 178 Abs. 4 SGB IX ein Teilnahmerecht hat. Die beratende Teilnahme der Schwerbehindertenvertretung steht in ihrem Ermessen, nicht im Ermessen des Personalrats. Die Vertrauensperson hat das Recht, nicht aber die Pflicht, an jeder Sitzung des Personalrats beratend teilzunehmen. Sie hat aber aufgrund des eigenständigen Beteiligungsverfahrens nach dem SGB IX kein Stimmrecht.

Rechtsstellung der Personalvertretung

Das Personalvertretungsrecht regelt die Aufgaben und Befugnisse der Personalvertretung sowie den kollektivrechtlichen Schutz von Personen, die in den öffentlichen Dienst eingegliedert sind.

Repräsentationsorgan

Die Personalvertretungen sind das durch Wahlen gebildete Repräsentationsorgan der Beschäftigten. Geprägt wird das personalvertretungsrechtliche Amt durch die Funktion, die Gesamtheit der Beschäftigten gegenüber der Dienststelle zu repräsentieren und im Rahmen des Personalvertretungsgesetzes zu vertreten. Die Personalvertretungen sind demnach verpflichtet, die Interessen der Beschäftigten insgesamt oder auch Einzelner gegenüber der Dienststelle und deren Organen wahrzunehmen. Sie sind aber nicht bloßes Vollstreckungsorgan der Beschäftigten und unterliegen auch nicht deren Weisungen.

Die Beteiligung als Mittel des kollektiven Schutzes gegenüber der Dienststelle dient dazu, die berechtigten Belange der Beschäftigten mit den dienstlichen Erfordernissen in Einklang zu bringen (BVerwG vom 12. 9. 1983 – 6 P 1.82, PersV 1985, 163; BVerwG vom 1. 6. 1987 – 6 P 8.85, ZBR 1987, 346). Sie findet jedoch regelmäßig dort ihre Grenze, wo die Aufgabenerfüllung der Dienststelle – insbesondere die Dienstausübung im eigentlichen Sinne – im Vordergrund steht (BVerwG vom 6. 2. 1991 – 6 PB 6.90, PersR 1991, 138).

Partnerschaftsprinzip

In der Wahrnehmung ihrer Aufgaben ist die Personalvertretung ferner frei von Weisungen seitens der Dienststelle, vorgesetzten Dienststellen, Stufenvertretungen und Gewerkschaften. Die Personalvertretungen üben ihr Amt im Rahmen der vom Gesetz bestimmten Aufgaben frei und unabhängig aus. Aus dem im Gesetz normierten Partnerschaftsprinzip ergibt sich, dass die

Zuständigkeit der Personalvertretung der Zuständigkeit der Dienststelle folgt. Die Rechtshandlungen der Personalvertretung werden den Beschäftigten zugerechnet, woraus folgt, dass neu gewählte Gremien an die Beschlüsse und Erklärungen ihrer Amtsvorgänger gebunden sind. In der Praxis ist dies überwiegend in zwei Bereichen von Bedeutung: Neu gewählte Personalvertretungen sind an abgeschlossene Dienstvereinbarungen gebunden und verpflichtet, ein eingeleitetes Einigungsverfahren zu Ende zu führen.

Einrichtungen des öffentlichen Rechts

Die Personalvertretungen gehören zum organisatorischen Aufbau der Verwaltung und sind aus dieser Stellung heraus Institutionen des öffentlichen Rechts, die aufgrund öffentlichen Dienstrechts gebildet werden. Aus der Zuordnung des Personalvertretungsrechts zum Dienstrecht resultiert auch die Bindung an das Haushaltsrecht. Ein Hinweis auf den öffentlich-rechtlichen Charakter findet sich bereits in § 2 Abs. 1 BPersVG, wonach die Personalvertretung zur Erfüllung der dienstlichen Aufgaben mit der Dienststelle zusammenarbeitet. Der Personalrat wird nach dem Gesetz an Entscheidungen beteiligt, die einen öffentlich-rechtlichen Charakter tragen (HessVGH vom 18. 4. 1983 – 9 TG 68/81, DÖV 1984, 118; Thiele, DÖD 1989, 201; Becker, RiA 1988, 1; Ilbertz/Widmaier/Sommer, BPersVG a. F., § 1 Rn. 30).

Die Personalvertretungen sind Einrichtungen des öffentlichen Rechts, aber keine Behörden im Sinne der Verwaltungsverfahrensgesetze (BVerwG vom 1. 12. 1982 – 2 C 59.81, BVerwGE 66, 291 = RiA 1984, 120). Die Personalvertretung ist ein internes Organ der jeweiligen Dienststelle, das lediglich innerhalb dieser verselbstständigt und dienststellenintern im Rahmen des Personalvertretungsrechts mit eigenen Aufgaben und Befugnissen ausgestattet ist (BVerwG vom 24. 11. 1986 – 2 B 62.86, ZBR 1987, 220 = PersV 1987, 422).

Nach einer Entscheidung des Bundesverwaltungsgerichts (BVerwG vom 6. 3. 1959 – VII P 5.58, BVerwGE 8, 202) können die Personalvertretungen nicht Vermögensträger sein und besitzen auch keine eigene Rechtspersönlichkeit. Sie können weder rechtsgeschäftliche Erklärungen abgeben noch Verträge abschließen. Die Personalvertretungen sind berechtigt, einen Anwalt mit der Wahrnehmung ihrer Interessen im personalvertretungsrechtlichen Beschlussverfahren vor den Verwaltungsgerichten zu beauftragen, insoweit besitzen sie eine Teilrechtsfähigkeit. Die Personalvertretungen sind keine juristischen Personen, können aber in beschränktem Umfang nach außen handelnd auftreten und besitzen insoweit Parteifähigkeit im Verfahren vor den Verwaltungsgerichten.

§

Rechtsprechung

Teilrechtsfähigkeit des Personalrats für den Auftrag an einen Rechtsanwalt zur Durchführung des Beschlussverfahrens (BVerwG vom 9. 3. 1992 – 6 P 11.90, BVerwGE 90, 76)

Dem Personalrat steht eine Teilrechtsfähigkeit zu, die ihn in Beschlussverfahren, in denen es um die Durchsetzung, Klärung oder Wahrung seiner personalvertretungsrechtlichen Befugnisse geht, zum Abschluss eines Vertrages mit dem hinzugezogenen Rechtsanwalt befähigt. Geht es um die Durchsetzung, Klärung oder Wahrung der ihm nach dem Personalvertretungsgesetz zustehenden Rechte und ist dem Personalrat die Beteiligtenfähigkeit zuerkannt, so spricht schon dies grundsätzlich dafür, hinsichtlich der dabei zugrunde gelegten materiell rechtlichen Position eine Teilrechtsfähigkeit anzunehmen. Da eine mit personalvertretungsrechtlichen Befugnissen ausgestattete Stelle als Beteiligte auch rechtsmittelbefugt ist und die Rechtsbeschwerde im Beschlussverfahren nur unter Inanspruchnahme eines Rechtsanwalts erhoben und begründet werden kann (§ 94 Abs. 1 ArbGG), muss mithin davon ausgegangen werden, dass der Gesetzgeber ihr zumindest insoweit auch die Fähigkeit verliehen hat, einem Rechtsanwalt Prozessvollmacht zu erteilen. Besteht insoweit eine entsprechende Teilrechtsfähigkeit, so muss eine rechtskundige Vertretung auch schon zu einem früheren Zeitpunkt möglich sein.

Vertretung der Dienststelle gegenüber dem Personalrat

§ 8 Satz 1 BPersVG bestimmt, dass der Leiter der Dienststelle die Aufgaben nach diesem Gesetz wahrnimmt. Er ist damit der Ansprechpartner des Personalrats. Auf Seiten der Personalvertretung ist der Vorsitzende der Empfänger der Erklärungen der Dienststelle, im Falle seiner Verhinderung der Stellvertreter bzw. das vom Personalrat benannte Mitglied.

Der Dienststellenleiter kann sich im Falle der Verhinderung durch seinen ständigen Vertreter vertreten lassen. Für die oberste Dienstbehörde, für Bundesoberbehörden ohne nachgeordnete Dienststellen und für die Behörden der Mittelstufe ist diese Vertretungsregelung erweitert zu betrachten.

Der Leiter der obersten Dienstbehörde kann den Leiter der Abteilung für Personal- und Verwaltungsangelegenheiten zu seinem Vertreter bestimmen. Verfügt eine oberste Dienstbehörde über einen Abteilungsleiter für Personalangelegenheiten und einen zweiten Abteilungsleiter für Verwaltungsangelegenheiten, ist vom Willen des Gesetzgebers auszugehen: Dieser wollte sicherstellen, dass dem Personalrat immer der kompetenteste, also der in der Sache entscheidungsbefugte, Gesprächs- und Verhandlungspartner zur Verfügung steht. Insoweit dürfte auch die Beauftragung zweier Abteilungsleiter rechtlich zulässig sein, soweit jeder zu für seinen Bereich eigenständigen Entscheidungen befugt ist. Bei Bundesoberbehörden ohne nachgeordnete Dienststellen und Behörden der Mittelstufe ist es möglich, den jeweils entsprechenden Abteilungsleiter mit seiner Vertretung zu beauftragen. Abweichend von § 8 Satz 1 BPersVG ist in § 114 Abs. 2 BPersVG geregelt, dass für die Körperschaft oder Anstalt, soweit ihr die Entscheidungsbefugnis vorbehalten ist, der Vorstand handelt. Er kann sich durch eines oder mehrere Mitglieder vertreten lassen. § 114 Abs. 3 BPersVG regelt für den Geschäftsbereich der Bundesagentur für Arbeit, dass bei den Regionaldirektionen und den Agenturen für Arbeit nicht mehr die Geschäftsführung als Kollegialorgan handelt, sondern die Aufgaben als Leiter der Dienststelle gegenüber dem Personalrat vom vorsitzenden Mitglied der Geschäftsführung wahrgenommen werden. Dieses kann sich jederzeit, das heißt in Abweichung von § 8 BPersVG, unabhängig von einer Verhinderung vertreten lassen. Jede weitergehende Beauftragung bedarf des Einverständnisses des Personalrats.

In jedem Fall ist sicherzustellen, dass dem Personalrat auf Seiten der Dienststelle immer der kompetenteste Gesprächs- und Verhandlungspartner gegenübersteht. Im Falle einer Vertretung muss es sich also um einen mit entsprechender Entscheidungsbefugnis ausgestatteten Beschäftigten handeln.

Aufgaben der Gewerkschaften im Rahmen des Personalvertretungsrechts

Der Gewerkschaftsbegriff in der öffentlichen Verwaltung

Nach einer Entscheidung des Bundesverwaltungsgerichts sind Gewerkschaften „auf freiwilliger Grundlage gebildete Vereinigungen unselbstständig beschäftigter Personen, die mit dem Ziel und Zweck handeln, die dienstlichen, wirtschaftlichen und sozialen Interessen gegenüber dem Dienstherrn zu fördern und zu regeln" (BVerwG vom 23. 11. 1962 – 6 P 11.90, BVerwGE 15, 168 = ZBR 1963, 394 = PersV 1963, 159).

Dabei ist zwischen dem Gewerkschaftsbegriff im Arbeitsrecht und dem des Personalvertretungsrechts zu unterscheiden: Das Personalvertretungsrecht gilt auch für Beamtinnen/Beamte, denen die Teilnahme an einem Arbeitskampf nicht gestattet ist und deren Organisationen – sofern sie ausschließlich Beamte vertreten – auch keine Tarifverträge abschließen können. Infolgedessen gehören die Bereitschaft zum Arbeitskampf und die Tariffähigkeit nicht zu den Voraussetzungen, die eine Gewerkschaft im Sinne des Personalvertretungsrechts in der öffentlichen Verwaltung ausmachen. Daher sind auch reine Beamtenorganisationen Gewerkschaften. Dies gilt umso mehr, wenn sie Beamte und Arbeitnehmer organisieren.

Statt der Tariffähigkeit ist für Beamtenvereinigungen das Erfordernis der „Verbandsmacht" (= Durchsetzungskraft bzw. Mächtigkeit) maßgeblich. Durchsetzungskraft in diesem Sinne „besitzen solche Organisationen, die über eine größere Mitgliederzahl und eine leistungsfähige Organisation sowie über Mandate in einer nennenswerten Zahl von Personalvertretungen verfügen" (Ilbertz/Widmaier/Sommer, BPersVG a. F., § 2 Rn. 34 unter Hinweis auf BVerwG vom 25. 7. 2006 – 6 P 17.05, PersV 2007, 112). Enthält eine Vereinigung sowohl Arbeitnehmer als auch Beamte, muss sich die Durchsetzungskraft auf jede dieser Mitgliedergruppen erstrecken (BAG vom 6. 7. 1965 – 1 AZE 18/55, BAGE 4, 351). Das Personalvertretungsrecht gesteht an verschiedenen Stellen im Personalvertretungsgesetz den Gewerkschaften Befugnisse zu, die ansonsten eben nur einer größeren Anzahl von Beschäftigten oder aber dem Dienststellenleiter zustehen. Dies ist dann gerechtfertigt, wenn die Gewerkschaft eine gewisse Mächtigkeit hat.

Auch ein Verband, der die dienstrechtlichen Belange der Beschäftigten gegenüber dem Dienstherrn vertritt, ist eine Gewerkschaft im Sinne des Personalvertretungsgesetzes (OVG Nordrhein-Westfalen vom 5. 2. 1983 – CB 32/82).

Der Gewerkschaftsbegriff nach dem Personalvertretungsrecht lässt sich daher wie folgt definieren: „Gewerkschaften sind alle auf überbetrieblicher Grundlage errichteten Berufsorganisationen, die auf einem freiwilligen Zusammenschluss ihrer Mitglieder beruhen, von einem Wechsel ihrer Mitglieder unabhängig sind und deren Zweck darauf gerichtet ist, die Mitglieder gegenüber ihrem Dienstherrn bei der Gestaltung der dienstrechtlichen Beziehungen zu vertreten und sich für ihre wirtschaftlichen Belange einzusetzen" (Ilbertz/Widmaier/Sommer, BPersVG a. F., § 2 Rn. 43; Grabendorff, ZBR 1965, 195; HessVGH vom 2. 12. 1987 – HPV TL 1686/87, ZfPR 1990, 140).

Die Spitzenorganisationen der Gewerkschaften

Die großen Spitzenorganisationen in der Bundesrepublik Deutschland sind der dbb beamtenbund und tarifunion und der Deutsche Gewerkschaftsbund (DGB).

Die Spitzenorganisationen selbst sind keine „in der Dienststelle" oder „im Personalrat vertretenen Gewerkschaften" im Sinne des Bundespersonalvertretungsgesetzes. Sie haben keine natürlichen Personen, sondern Mitgliedsgewerkschaften als Mitglieder und vertreten daher die Interessen der ihnen angeschlossenen Gewerkschaften und Verbände. Außerdem besitzen Spitzenorganisationen nicht die Vertrautheit mit den Problemen der jeweiligen Dienststellen und der dort tätigen Dienstkräfte, die das Personalvertretungsgesetz fordert. Diese Anforderungen erfüllen die den Spitzenorganisationen angeschlossenen Fachgewerkschaften und -verbände.

Aufgaben und Befugnisse der Gewerkschaften nach dem BPersVG

Den Gewerkschaften wurde vom Gesetzgeber eine Reihe von Befugnissen zugewiesen:

- Vertrauensvolle Zusammenarbeit mit Dienststelle und Personalvertretung (§ 9 Abs. 1 BPersVG)
- Recht auf Zugang zu den Dienststellen (§ 9 Abs. 2 BPersVG)
- Antragsrechte hinsichtlich der Wahl und der Bestellung von Wahlvorständen (§§ 22 und 23 BPersVG)
- Teilnahmerecht an den Sitzungen des Wahlvorstandes (§ 21 BPersVG)
- Möglichkeit, Wahlvorschläge zu machen (§ 20 Abs. 1 BPersVG)
- Wahlanfechtungsrecht (§ 26 BPersVG)
- Anspruch auf eine Kopie des Protokolls über die Feststellung des Wahlergebnisses (§ 24 Abs. 2 BPersVG)
- Antragsrecht auf hinsichtlich des Ausschlusses eines Mitglieds aus der Personalvertretung oder hinsichtlich der Auflösung der Personalvertretung (§ 30 BPersVG)
- Beratende Teilnahme von Beauftragten einer im Personalrat vertretenen Gewerkschaft an den Sitzungen der Personalvertretung auf Antrag eines Viertels der Mitglieder oder der Mehrheit der Vertreter einer Gruppe (§ 37 Abs. 2 BPersVG)
- Hilfe bei der Verständigung bei Beeinträchtigung der Interessen
  - der Mehrheit der Vertreter einer Gruppe,
  - der Jugend- und Ausbildungsvertretung oder
  - der Schwerbehindertenvertretung

  durch einen Beschluss der Personalvertretung (§ 42 Abs. 1 BPersVG)
- Antrag auf Einberufung einer Personalversammlung, wenn im vorhergegangenen Kalenderhalbjahr weder eine Personalversammlung noch eine Teilversammlung durchgeführt worden ist (§ 59 Abs. 3 BPersVG)
- Beratende Teilnahme von Beauftragten der in der Dienststelle vertretenen Gewerkschaften an der Personalversammlung (§ 58 Abs. 2 BPersVG)

Damit die Gewerkschaften ihre Aufgaben und Befugnisse auch vor dem Hintergrund sich verändernder Arbeitsbedingungen weiterhin effektiv wahrnehmen können, wurde vom Gesetzgeber das in § 9 Abs. 2 BPersVG normierte Zugangsrecht der Gewerkschaften um ein elektronisches Zugangsrecht erweitert. Im Intranet der Dienststelle, das als zentrales Informations- und

Kommunikationsmedium zwischen Dienststelle und Beschäftigten dient, ist auf Wunsch der Gewerkschaften über einen Hyperlink auf deren Informationsangebote hinzuweisen. Das gleiche Recht steht auch der Arbeitgebervereinigung zu, der die Dienststelle angehört. Den Gewerkschaften werden dadurch bessere Informationsrechte eingeräumt, damit sie im Rahmen ihrer Aufgabenwahrnehmung nach § 9 Abs. 3 Satz 1 BPersVG die Beschäftigten der Dienststelle zeit- und ortsungebunden über aktuelle Informationen und ihre Anliegen unterrichten können.

Wichtig: Die Aufzählung der Befugnisse (Rechte) ist abschließend und erschöpfend.

In der Wahrnehmung ihrer Aufgaben unterliegen die Beauftragten der Gewerkschaften auch den Regelungen über die Schweigepflicht (§ 11 BPersVG). Soweit es die Möglichkeiten zur Bildung von Personalvertretungen und ihr Teilnahmerecht an Personalversammlungen betrifft, sind den Gewerkschaften vom Gesetzgeber eigenständige Rechte eingeräumt worden. Des Weiteren haben sie gegenüber den Leitern der Dienststellen und den Personalräten nur beratende und unterstützende Funktion. Sie sollen durch ihre besondere Sachkunde und Erfahrungen an der sachkompetenten Wahrnehmung personalvertretungsrechtlicher Aufgaben mitwirken (BVerwG vom 27. 4. 1979 – 6 P 45.78, ZBR 1979, 310). Die Gewerkschaften haben sich jeder Beeinflussung zu enthalten, sie haben auch kein Recht, sich in die Zusammenarbeit zwischen Personalvertretung und Dienststelle einzuschalten. Es bleibt den Personalvertretungen oder den Dienststellen überlassen, ob sie mit den Gewerkschaften zusammenarbeiten wollen. Eine Pflicht zur Zusammenarbeit ist aus § 9 Abs. 1 BPersVG nicht abzuleiten.

Personalratsamt und Gewerkschaftsmitgliedschaft

Koalitionsfreiheit

Auseinandersetzungen zwischen den Gewerkschaften dürfen nicht in die Personalvertretungen hineingetragen werden. Die Zusammenarbeit aller hat dem Wohl der Dienstkräfte und der Erfüllung der dienstlichen Aufgaben zu dienen.

Die Freiheit der gewerkschaftlichen Betätigung als Ausfluss der Koalitionsfreiheit nach Art. 9 Abs. 3 GG wird durch die Übernahme eines Personalratsamtes grundsätzlich nicht eingeschränkt (BVerwG vom 23. 2. 1979 – IV C 86.76, ZBR 1979, 377). Auch der Bundesgesetzgeber hat deutlich gemacht, dass die rein gewerkschaftliche Tätigkeit in der Dienststelle nicht eingeschränkt wird (§ 9 Abs. 4 BPersVG).

Trennung von Amt und Gewerkschaftstätigkeit

Die Mitglieder des Gremiums haben nach einer Entscheidung des Bundesverwaltungsgerichts „nicht die Interessen der Gewerkschaften, sondern die ihrer Gruppen und darüber hinaus aller Beschäftigten in gleicher Weise zu vertreten, auch wenn sie als Angehörige einer bestimmten Gewerkschaft in den Personalrat gewählt wurden“. Es ist immer auf die Trennung von Gewerkschaftsmandat und Personalratsamt zu achten. Die Mitglieder der Personalvertretung müssen sich so verhalten, dass das Vertrauen der Verwaltungsangehörigen in die Objektivität und Neutralität ihrer Amtsführung nicht beeinträchtigt wird. Der Personalrat und seine Mitglieder müssen alles vermeiden, was geeignet ist, die Stellung des Personalrats als Repräsentant der Gesamtheit der Beschäftigten und als neutraler Sachwalter ihrer Interessen zweifelhaft erscheinen zu lassen.

Neutralitätsgebot

Das in § 2 Abs. 4 Satz 3 BPersVG festgelegte Neutralitätsgebot schreibt vor, dass ein Personalratsmitglied in seiner Funktion für eine Gewerkschaft nicht unter Ausnutzung von Druck werben darf. Nach ständiger Rechtsprechung des Bundesverwaltungsgerichts handelt es sich dann um eine zum Ausschluss aus dem Personalrat führende Pflichtverletzung, wenn die Werbung nachhaltig war und im Zusammenhang mit ihr Druck auf den Umworbenen ausgeübt worden ist. Das Merkmal der Nachhaltigkeit ist bei einem „wiederholten Zureden und dauernden Einwirken auf den Beschäftigten“ erfüllt (BVerwG vom 6. 2. 1979 – 6 P 20.78, PersV 1980, 196). Sind die gewählten Mittel objektiv geeignet, das Vertrauen eines Beschäftigten in Objektivität und Neutralität der Amtsführung eines Personalratsmitgliedes zu zerstören oder zu erschüttern, ist von einem ausgeübten Druck auszugehen. Der Begriff des „Drucks" steht in engem Zusammenhang mit der nachhaltigen Werbung und verstärkt diese durch den offenen oder auch versteckten Hinweis auf die Möglichkeiten, die die Ausübung des Amtes eines Personalratsmitgliedes bietet (BVerwG vom 22. 8. 1991 – 1 DB 18.91, ZBR 1992, 57 = PersV 1992, 158).

Das Personalratsmitglied hat einen deutlichen Trennungsstrich zu seinem Amt zu ziehen. Eine ausdrückliche oder auch nur stillschweigende Anknüpfung an die einem Personalratsmitglied zustehenden Einflussmöglichkeiten ist zu vermeiden. In der Praxis allerdings dürfte dies unter Umständen recht schwierig sein. Es ist davon auszugehen, dass häufig der Angesprochene von sich aus den Werbenden mit dessen personalvertretungsrechtlichem Amt in Verbindung bringt.

Um eine unzulässige Form der Werbung handelt es sich auch dann, wenn gewerkschaftliches Werbe- und Informationsmaterial in den Räumen des Personalrats ausgelegt wird (OVG Niedersachsen vom 29. 9. 1972 – PB 1/72, PersV 1973, 50). Gibt eine im Personalrat vertretene gewerkschaftliche Fraktion ein Informationsblatt mit Hinweisen auf ihre Arbeit und Erfolge heraus, so ist dies zulässig. Die Information hat aber sachlich zu erfolgen. Sie darf sich nicht gegen einzelne Personalratsmitglieder wenden und keine herabsetzenden oder herabwürdigenden Äußerungen enthalten. Diffamierungen, Unterstellungen oder Verleumdungen sind nicht statthaft. Entscheidend sind die jedem Einzelfall zugrunde liegenden konkreten Umstände. Die Pflicht zur gewerkschaftsneutralen, objektiven Amtsführung geht im Konfliktfall immer vor.

§

Rechtsprechung

Grenzen der gewerkschaftlichen Werbung durch Personalratsmitglieder (BVerwG vom 22. 8. 1991 – 6 P 10/90, NJW 1992, 385)

Eine an sich zulässige Werbung eines Personalratsmitgliedes für eine Gewerkschaft ist eine zum Ausschluss aus dem Personalrat führende Pflichtverletzung, wenn die Werbung nachhaltig war und im Zusammenhang mit ihr Druck auf den Umworbenen ausgeübt worden ist. Das Merkmal der Nachhaltigkeit ist bei einem „wiederholten Zureden und dauernden Einwirken auf den Beschäftigten" erfüllt. Der Begriff des „Drucks“ steht in engem Zusammenhang mit der nachhaltigen Werbung und verstärkt diese durch den offenen oder auch versteckten Hinweis auf die Möglichkeiten, die die Ausübung des Amtes eines Personalratsmitgliedes bietet.

Rechte und Pflichten des Personalrats und seiner einzelnen Mitglieder

Grundsätze der Zusammenarbeit

Nach dem Leitmotiv des Personalvertretungsrechts, das als tragender Grundsatz in § 2 BPersVG normiert worden ist, sollen Dienststelle und Personalvertretung unter Beachtung der Gesetze und Tarifverträge vertrauensvoll zum Wohle der Beschäftigten und zur Erfüllung der der Dienststelle obliegenden Aufgaben zusammenarbeiten. Der sich aus dieser Vorschrift ergebende Grundsatz der vertrauensvollen Zusammenarbeit ist somit unmittelbar geltendes zwingendes Recht und bewusst vom Gesetzgeber allen weiteren Bestimmungen vorangestellt. Dieser tragende Gedanke des Personalvertretungsrechts enthält die Befriedungsfunktion des Gesetzes als eine Ausprägung des Sozialstaatsgedankens. Die beiden vom Gesetzgeber definierten Ziele der Zusammenarbeit stehen gleichrangig nebeneinander (BVerwG vom 25. 6. 1984 – 6 P 2.83, PersV 1984, 500 = ZBR 1985, 26). Der Aufgabenerfüllung der Dienststelle darf in einem Konfliktfall folglich nicht automatisch der Vorrang eingeräumt werden (BVerwG vom 25. 6. 1984 – 6 P 2.83, PersV 1984, 500).

Die enge und vertrauensvolle Zusammenarbeit nach Absatz 1 wirkt sich auch auf die Zusammenarbeit von Dienststelle, Personalvertretungen, Jugend- und Auszubildendenvertretung sowie der Schwerbehindertenvertretung aus.

Gleichberechtigte Partner

Vertrauensvolle Zusammenarbeit wird erreicht durch persönliche Kontakte, eine freimütige, offene Aussprache und durch gegenseitiges Vertrauen. Vertrauen darf nicht nur vom anderen Partner gefordert werden, sondern muss diesem auch entgegengebracht werden. Ausgestaltet wird diese durch eine partnerschaftliche Zusammenarbeit zwischen Dienststelle und Personalvertretung. Beide personalvertretungsrechtlichen Partner haben gemeinsam die gestellten Aufgaben zu erfüllen. Trotz unterschiedlicher Aufgabenstellung werden Personalvertretung und Dienststelle nach dem Gesetz zu Partnern, die zur gegenseitigen Offenheit verpflichtet sind. Der Personalrat steht dem Leiter der Dienststelle als gleichberechtigter Partner gegenüber (BVerwG vom 3. 10. 1983 – 6 P 23.81, ZBR 1984, 150 = PersV 1985, 506). Er ist der

Repräsentant der Beschäftigten gegenüber der Dienststelle und nicht deren sozialer Gegenspieler.

Ohne Einhaltung dieses Verhaltensgebots für Dienststellenleiter und Personalvertretung ist eine gedeihliche Zusammenarbeit im Interesse der Aufgabenerfüllung der Dienststelle und der dort tätigen Beschäftigten nicht möglich.

Ernster Wille zur Einigung

Ein weiterer Grundsatz ergibt sich aus § 65 BPersVG, wonach der Leiter der Dienststelle und die Personalvertretung über strittige Fragen mit dem ernsten Willen zur Einigung verhandeln müssen. Sie haben jeweils Vorschläge zur Beilegung von Meinungsverschiedenheiten zu machen. Beide müssen bereit sein, die Meinung des anderen und den jeweiligen gesetzlichen Aufgabenbereich zu respektieren, um einvernehmliche Lösungen von Streitfragen anzustreben. Dies bedeutet, dass die Personalvertretung auch den öffentlichen Interessen der Dienststelle Vorrang geben und die Dienststellenleitung auch das Wohl der Beschäftigten im Auge behalten muss.

Vertrauensvolle Zusammenarbeit

Der Grundsatz der vertrauensvollen Zusammenarbeit enthält zugleich die Ausgestaltung eines allgemeinen Beteiligungsrechtes, soweit im Einzelfall nicht andere förmliche Beteiligungsrechte greifen. Das bedeutet für die Praxis, dass Dienststelle und Personalvertretung auch solche Angelegenheiten erörtern können, die nicht der konkreten formellen Beteiligung der Personalvertretung unterliegen.

Zu den Elementen der vertrauensvollen Zusammenarbeit zählen:

- Partnerschaft und Gleichberechtigung
- Vertrauen, Offenheit, Ernsthaftigkeit, gegenseitiger Respekt und Kontinuität
- Verschwiegenheit
- keine einseitige Interessenvertretung
- Vertretung der Dienstkräfte und Erledigung der öffentlichen Aufgaben

- Friedenspflicht
- Monatsgespräch
- Neutralität
- nur hilfsweise Anrufung außenstehender Stellen
- rechtzeitige und umfassende Unterrichtung
- Recht und Billigkeit

Auch die Entscheidung des Bundesverfassungsgerichts (BVerfG vom 24. 5. 1995 – 2 BvF 1/92, BVerfGE 93, 37), die Rechtsprechung des Bundesverwaltungsgerichts und die jetzt erfolgte Rechtsänderung führen zu keinem anderen Ergebnis. Es verbleibt im Rahmen der verfassungsrechtlichen Vorgaben bei einer vertrauensvollen Zusammenarbeit im Sinne von Partnerschaft und Gleichberechtigung. Es kommt nicht zu einer Abwertung der Stellung der Personalvertretungen und es erfolgt keine Verlagerung zu Gunsten der Dienststelle. Die Gleichberechtigung endet erst durch die Begrenzung des rechtlichen Einflusses der Personalvertretungen in Form des Letztentscheidungsrechts eines Vertreters der obersten Dienstbehörde.

Verletzung der Grundsätze

Die Verletzung des Grundsatzes der vertrauensvollen Zusammenarbeit zwischen Dienststelle und Personalrat kann im Rahmen eines personalvertretungsrechtlichen Beschlussverfahrens durch das Verwaltungsgericht festgestellt werden. Ein so festgestellter Verstoß kann sowohl für das einzelne Personalratsmitglied, für den Leiter der Dienststelle als auch für den Personalrat als Gremium Rechtsfolgen haben.

Ein Verstoß auf Seiten der Personalvertretung oder eines der Mitglieder kann die Voraussetzungen des § 30 BPersVG erfüllen und zu einem Ausschluss aus dem Personalrat oder zur Auflösung der Personalvertretung durch Gerichtsbeschluss führen. Die Personalvertretung ihrerseits hat bei Verstößen des Dienststellenleiters die Möglichkeit, die vorgesetzte Dienststelle einzuschalten und um Unterstützung zu bitten. Verstöße des Dienststellenleiters können zu einer Dienstpflichtverletzung mit disziplinarrechtlichen Konsequenzen führen.

Allgemeine Aufgaben und Grundsätze

Friedenspflicht

Dem Dienststellenleiter und der Personalvertretung sind alle Handlungen untersagt, die ein gedeihliches Miteinander innerhalb der Dienststelle stören (§ 2 Abs. 2 BPersVG). Das Gebot, „alles zu unterlassen, was geeignet ist, die Arbeit und den Frieden der Dienststelle zu beeinträchtigen", richtet sich unmittelbar an den Dienststellenleiter und den Personalrat als Gremium und mittelbar an alle Personen, die für den Dienststellenleiter und den Personalrat handeln. Es kommt dabei nicht darauf an, dass die Handlungen den Frieden tatsächlich stören, sondern es reicht aus, dass sie geeignet sind, den Frieden zu stören.

Beiden personalvertretungsrechtlichen Partnern ist zur Wahrung des Arbeitsfriedens vor allem Zurückhaltung auferlegt. Dabei ist es allerdings nicht zu beanstanden, wenn ein Personalratsmitglied die Interessen der Beschäftigten mit Nachdruck und sachlicher Schärfe vertritt. Die Friedenspflicht gestattet durchaus sachliche Kritik, die mit einer entsprechenden Schärfe in der Redewendung vorgebracht wird (BDiG vom 17. 8. 1993 – VI BK 8/93, PersR 1994, 28).

Verstöße gegen die Friedenspflicht können auf Seiten der Personalvertretung und deren Mitgliedern den Tatbestand des § 30 BPersVG erfüllen. Bei Verstößen der Dienststellenleitung oder deren Beauftragten hat die Personalvertretung die Möglichkeit, die vorgesetzte Dienststelle einzuschalten und zu bitten, im Wege der Dienstaufsicht tätig zu werden. Die Folge kann eine dienstrechtliche oder disziplinarische Maßnahme sein. Möglich ist es auch, das Verwaltungsgericht anzurufen und in einem personalvertretungsrechtlichen Beschlussverfahren eine einstweilige Verfügung auf Unterlassung zu erwirken.

Neutralitätspflicht

Dienststelle und Personalvertretung haben alle Handlungen zu unterlassen, die bei den Beschäftigten begründete Zweifel an der Neutralität und Objektivität der Amtsführung entstehen lassen könnten (§ 2 Abs. 4 Satz 3 BPersVG). Dieses Gebot bindet Dienststellenleiter und Personalvertretung gleichermaßen.

Durch die Formulierung „Dabei müssen ..." hat der Gesetzgeber einen direkten Zusammenhang zu der in § 2 Abs. 4 Satz 1 BPersVG formulierten Überwachungspflicht hergestellt. Folglich haben sich Dienststelle und Personalvertretung bei der Wahrnehmung der allgemeinen Überwachungsaufgabe so zu verhalten, dass das Vertrauen der in der Dienststelle Beschäftigten in die Neutralität und Objektivität der Amtsführung nicht beeinträchtigt wird (Altvater u. a. § 67 Rn. 20). Die Behandlung der Dienststellenangehörigen nach Recht und Billigkeit sowie das Gleichbehandlungsgebot werden der Dienststelle und der Personalvertretung in ihrem Tätigwerden zu gleichen Teilen auferlegt.

Schweigepflicht

Die Schweigepflicht nach § 11 BPersVG bindet nicht nur den Dienststellenleiter und die Personalratsmitglieder, sondern alle Personen, die Aufgaben und Befugnisse nach dem Personalvertretungsgesetz wahrnehmen. Vertrauen zwischen den handelnden Personen kann sich nur dort entwickeln, wo ein verantwortungsvoller Umgang mit Informationen sichergestellt ist und grundsätzlich Stillschweigen gewahrt wird. Dies gilt insbesondere bei Informationen über private Umstände oder persönliche Daten, die die handelnden Personen im Zusammenhang mit der Wahrnehmung ihrer Beteiligungsrechte erhalten haben.

Umfang der Schweigepflicht

Alle Angelegenheiten und Tatsachen, die im Rahmen der Aufgabenwahrnehmung nach dem Personalvertretungsgesetz bekannt geworden sind, unterliegen der Schweigepflicht. Insgesamt sind von der Schweigepflicht also nicht nur persönliche Daten und Angelegenheiten einzelner Beschäftigter geschützt, sondern alle Informationen, „die über die reine Faktenbekanntgabe hinausgehen", außerdem die Darstellung komplexer Sachverhalte (Bieler, ZfPR 1995, 62). Der Gesetzgeber legt allen nach dem Personalvertretungsgesetz handelnden Personen ein Gebot der absoluten Verschwiegenheit über alle Dinge auf, die ihnen in Ausübung ihrer Aufgaben und Befugnisse bekannt geworden sind.

Personalratsintern muss sich jedes Personalratsmitglied darauf verlassen können, dass seine Meinungsäußerungen nicht nach außen getragen werden, insbesondere dann, wenn sie mit der Meinungsbildung in Zusammenhang stehen. Nach den Umständen des Einzelfalles kann sich die Schweigepflicht des Personalratsmitglieds auch auf das vermutete Abstimmungsverhalten im Personalrat bei geheimer Abstimmung beziehen. Gerade der Schutz der freien Willensbildung gebietet die grundsätzliche Einbeziehung auch dieser personalratsinternen Vorgänge in die Schweigepflicht (BVerwG vom 11. 1. 2006 – 6 PB 17.05, NVwZ-RR 2006, 333).

Ein Beschäftigter, der sich an den Personalrat gewandt hat und um die Vertraulichkeit des Wortes gebeten hat, muss sich auf die Verschwiegenheit der Personalratsmitglieder verlassen können. Dies gilt insbesondere gegenüber dem Leiter der Dienststelle: Auch aus dem Grundsatz der vertrauensvollen Zusammenarbeit lässt sich seitens der Dienststelle kein Anspruch ableiten, personalratsinterne Äußerungen oder Namen von Beschäftigten offenzulegen, die den Personalrat angesprochen haben. Die Bitte um Vertraulichkeit gilt aber nicht gegenüber den anderen Mitgliedern des Personalrats, soweit ein Handeln erwartet wird.

Wichtig: Gibt ein Personalratsmitglied vertrauliche Informationen gegenüber dem Dienststellenleiter rücksichtslos preis, so handelt es sich um einen schweren Vertrauensbruch, der ihn für das Personalratsamt ungeeignet erscheinen lässt (LAG München vom 15. 11. 1977 – 5 TaBV 34/77, BB 1979, 732 = DB 1978, 895).

Folgerichtig ist nach der Rechtsprechung ein Personalratsmitglied, das gegen die Vertraulichkeit des Wortes verstößt, für die Ausübung des Amtes nicht geeignet.

Praxis-Tipp:
Die Dienststelle muss aufgrund der Grundsätze der Zusammenarbeit solche Konfliktsituationen vermeiden und sollte entsprechende Informationen nicht abfragen.

Schweigepflicht innerhalb des Gremiums

Schweigepflicht besteht jedoch grundsätzlich nicht gegenüber den übrigen Mitgliedern der Personalvertretung, innerhalb des

Personalrats gilt das Gebot der gegenseitigen Offenheit. So muss auch ein Personalratsvorsitzender über mit der Dienststelle geführte Gespräche oder der Vorstand über die laufende Geschäftsführung berichten. Es handelt sich um einen Pflichtverstoß, wenn ein Vorsitzender das Gremium nicht umfassend und fortlaufend informiert. Nur so kann sichergestellt werden, dass eine umfassende Information aller Mitglieder gewährleistet ist und alle den gleichen Informationsstand haben.

Etwas anderes gilt nur, wenn ein namentlich benanntes Personalratsmitglied auf Wunsch eines Beschäftigten Einsicht in dessen Personalakte oder durch die Dienststelle Einsicht in Verschlusssachen mindestens der Geheimhaltungsstufe „VS – Vertraulich" erhalten hat. Ferner gilt die Einschränkung, wenn ein einzelnes, vom Personalrat benanntes Mitglied im Rahmen des Informationsanspruches von der Dienststelle die Mitteilung erhalten hat, welchen Beschäftigten ein BEM-Verfahren anzubieten ist (BVerwG vom 4. 9. 2012 – 6 P 5.11, BeckRS 2012, 58537). Soweit eine Angelegenheit, an der eine Personalvertretung zu beteiligen ist, als Verschlusssache der vorstehend genannten Geheimhaltungsgrade eingestuft ist, tritt an die Stelle der Personalvertretung ein Ausschuss für geheime Verschlusssachen (§ 125 Abs. 1 BPersVG).

Ein Ersatzmitglied, das für ein verhindertes ordentliches Personalratsmitglied an einer Sitzung teilnimmt, muss über diejenigen Angelegenheiten informiert werden, zu denen es zur Beschlussfassung aufgerufen ist. Auch die Jugend- und Auszubildendenvertretung muss die zur gesetzlichen Aufgabenwahrnehmung erforderlichen Informationen von der Dienststelle oder von der Personalvertretung erhalten. Nehmen die Schwerbehindertenvertretung oder die Vertretung der nichtständig Beschäftigten Aufgaben wahr, so können im Interesse einer sinnvollen Zusammenarbeit die zur Wahrnehmung der Aufgaben erforderlichen Informationen ebenfalls weitergegeben werden.

Schweigepflicht gegenüber Dienststelle, Einigungsstelle und Gewerkschaften

Die Schweigepflicht gilt außerdem nicht gegenüber der Dienststelle, der Dienstbehörde, der obersten Dienstbehörde sowie anderen Personalvertretungen, solange die Vertraulichkeit von Verhandlungen und Besprechungen nicht verletzt wird und es zur ordnungsgemäßen Wahrnehmung der Aufgaben erforderlich ist. Bereits aus den Grundsätzen der Zusammenarbeit ergibt sich eine Verpflichtung zur Offenheit. Wird die Einigungsstelle angerufen oder ein personalvertretungsrechtliches Beschlussverfahren vor den Verwaltungsgerichten durchgeführt, so gilt auch hier die Schweigepflicht nicht.

Nehmen Beauftragte von Gewerkschaften an einer Personalratssitzung teil, so unterliegen diese wiederum der Schweigepflicht. Dabei können den Gewerkschaften Informationen über allgemeine Fragen sozialer und organisatorischer Art mitgeteilt werden. Werden allerdings personenbezogene Daten einzelner Beschäftigter in einer Personalratssitzung erörtert, müssen Gewerkschaftsbeauftragte die Sitzung verlassen.

Offenkundige Daten

Die Schweigepflicht erstreckt sich nicht auf Tatsachen, die nicht bestimmten Personen zugeordnet werden können. Generell ist ein Bestehen der Schweigepflicht zu verneinen, solange Personen nicht explizit genannt werden und ihre Identifikation nicht möglich ist. Nach einer Entscheidung des Bundesverfassungsgerichts zur informationellen Selbstbestimmung werden allgemein bekannte oder jedermann zugängliche offenkundige Daten von der Schweigepflicht nicht erfasst. So ist eine Personalvertretung nicht daran gehindert, allgemein über ihre Tätigkeit z. B. am schwarzen Brett oder durch Informationsblätter zu berichten, auch weil die Beschäftigten Informationen über die vom Personalrat geleistete Arbeit erwarten. Ferner ist die Personalvertretung verpflichtet, in der Personalversammlung einen Tätigkeitsbericht zu erstatten.

Verstoß

Verstößt ein Personalratsmitglied gegen die Schweigepflicht, so kann ein Ausschluss aus der Personalvertretung durch Gerichtsbeschluss erfolgen. Sofern der Verstoß wissentlich oder vorsätzlich geschieht, handelt es sich in der Regel um eine grobe Pflichtverletzung im Sinne des § 30 BPersVG. In Literatur und

Rechtsprechung wird dabei die Frage nach der Schwere der Schuld des Verstoßes unterschiedlich bewertet. Nach einer Entscheidung des Verwaltungsgerichts Ansbach ist die Frage nach der Schwere der Schuld unerheblich, der schuldhafte Verstoß ist bereits ausreichend (VG Ansbach vom 5. 7. 1976, PersV 1977, 226). Das Bundesverwaltungsgericht hat in seiner Entscheidungspraxis eine entsprechende Rechtsposition eingenommen: Gibt ein Personalratsmitglied Informationen über das Abstimmungsverhalten einzelner Personalratsmitglieder an eine Gewerkschaftszeitschrift weiter, so kann es im Wege des Erlasses einer einstweiligen Verfügung ausgeschlossen werden. In einem solchen Fall ist es dem Personalrat nicht zuzumuten, den rechtskräftigen Ausgang des Hauptsacheverfahrens abzuwarten (OVG Niedersachsen vom 15. 12. 1997 – 18 M 4676/97, BeckRS 2005, 21294).

Wird der Straftatbestand der §§ 203 und 353b StGB erfüllt, so kommt auch eine strafrechtliche Verfolgung in Betracht. Beamte können zusätzlich disziplinarrechtlich verfolgt und Arbeitnehmer fristlos entlassen werden. Für die fristlose Entlassung ist allerdings Voraussetzung, dass für den Arbeitgeber eine weitere Beschäftigung nicht mehr zumutbar ist.

Überwachungs-, Schutz- und Förderaufgaben

Neben der Zusammenarbeit mit der Dienststelle obliegen der Personalvertretung weitere wichtige allgemeine Aufgaben, bei denen es sich um Überwachungs-, Schutz- und Förderungsaufgaben handelt. Allgemeine Aufgaben sind:

- Bestellung eines Wahlvorstandes (§ 21 Abs. 1 Satz 1 BPersVG)
- Erstattung eines Tätigkeitsberichtes (§ 59 Abs. 1 BPersVG)
- Überwachung der Behandlung der Beschäftigten, Unterbinden von Benachteiligung und Diskriminierung (§ 2 Abs. 4 BPersVG)
- Einsatz für die Vereinigungsfreiheit der Beschäftigten (§ 9 Abs. 5 BPersVG)
- Beantragung von der Dienststelle dienenden Maßnahmen (§ 62 Nr. 1 BPersVG)
- Überwachung der Anwendung der zu Gunsten der Beschäftigten bestehenden Normen (§ 62 Nr. 2 BPersVG)
- Entgegennahme von Anregungen und Beschwerden und Hinwirken auf deren Erledigung (§ 62 Nr. 3 BPersVG)

- Benachteiligung von Menschen mit Behinderungen entgegenwirken sowie die Inklusion und Teilhabe behinderter Menschen fördern, Eingliederung und berufliche Entwicklung schwerbehinderter und ihnen gleichgestellter Beschäftigter und sonstiger besonders schutzbedürftiger, insbesondere älterer Beschäftigter fördern (§ 62 Nr. 4 BPersVG)
- Beantragung von Maßnahmen zur beruflichen Förderung schwerbehinderter Menschen (§ 62 Nr. 5 BPersVG)
- Durchsetzung der tatsächlichen Gleichberechtigung von Männern und Frauen sowie Vermeidung der Benachteiligungen von Menschen, die sich keinem dieser Geschlechter zuordnen (§ 62 Nr. 5, 2. Halbs. BPersVG)
- Förderung der Eingliederung ausländischer Beschäftigter sowie Maßnahmen zur Bekämpfung gruppenbezogener Menschenfeindlichkeit in der Dienststelle beantragen (§ 62 Nr. 7 BPersVG)
- Zusammenarbeit mit der Jugend- und Auszubildendenvertretung (§ 62 Nr. 8 BPersVG)
- Förderung von Maßnahmen des Arbeitsschutzes und des Gesundheitsschutzes in der Dienststelle (§ 62 Nr. 9 BPersVG)

Formelle Beteiligungsrechte

Die Regelungen über die formellen Beteiligungsrechte gehören zu den zentralen Bestimmungen des Personalvertretungsrechts und sind von besonderer Bedeutung für die Aufgaben der Personalvertretung. Das formelle Beteiligungsverfahren kennt die Formen der Mitbestimmung (uneingeschränkte, eingeschränkte), der Mitwirkung und der Anhörung. Im Einzelnen:

- Allgemeiner Überblick über Umfang und Durchführung (§§ 70 bis 72 Mitbestimmung, §§ 81 bis 83 Mitwirkung und §§ 86 bis 87 Anhörung)
- Angelegenheiten, in denen der Personalrat ein Mitbestimmungsrecht hat:
  - Personalangelegenheiten (§ 78 BPersVG)
  - soziale Angelegenheiten (§ 79 BPersVG)
  - organisatorische Angelegenheiten (§ 80 BPersVG)

- Ausnahmen von der Beteiligung in personellen Angelegenheiten (§ 78 Abs. 3 bis 5 BPersVG)
- Angelegenheiten mit Mitwirkungsrecht (§§ 84, 85 BPersVG)
- Initiativrecht (§ 77 BPersVG)
- Mitwirkung bei ordentlichen Kündigungen (§ 85 BPersVG) mit Einwendungskatalog nach § 85 Abs. 1 Satz 3 BPersVG
- Anhörungstatbestände:
  - Weiterleitung von Personalanforderungen zum Haushaltsvoranschlag (§ 87 Abs. 1 BPersVG)
  - bei Neu-, Um- und Erweiterungsbauten (§ 87 Abs. 2 BPersVG)
  - vor grundlegenden Änderungen von Arbeitsverfahren und Arbeitsabläufen (§ 87 Abs. 3 BPersVG)
  - vor außerordentlichen Kündigungen und fristlosen Entlassungen (§ 86 BPersVG)

Sonstige Beteiligungsrechte

Sonstige Rechte und Pflichten aus der Beteiligung der Personalvertretung regeln Angelegenheiten oder begründen Ansprüche, die nicht den formellen Beteiligungsrechten zuzuordnen sind:

- Recht auf rechtzeitige und umfassende Unterrichtung (§ 66 Abs. 1 BPersVG)
- Einsichtnahme in Unterlagen (§ 66 Abs. 2 BPersVG)
- Beratende Teilnahme an Prüfungen (§ 67 BPersVG)
- Hinzuziehung in Fragen des Arbeitsschutzes und der Unfallverhütung (§ 68 BPersVG)
  - Unterstützung der für den Arbeitsschutz zuständigen Behörden, der Träger der gesetzlichen Unfallversicherung und der übrigen in Betracht kommenden Stellen durch Anregung, Beratung und Auskunft (§ 68 Abs. 1 BPersVG)
  - Einsatz bezüglich der Durchführung der Vorschriften über den Arbeitsschutz und die Unfallverhütung in der Dienststelle (§ 68 Abs. 1 BPersVG)
  - Recht auf Hinzuziehung in Angelegenheiten des Arbeitsschutzes (§ 68 Abs. 2 BPersVG):
  - Teilnahmerecht des beauftragten Mitglieds an Besprechungen in Sicherheitsfragen (§ 68 Abs. 3 BPersVG)

- Recht auf Aushändigung der Niederschrift über Untersuchungen, Besichtigungen und Besprechungen (§ 68 Abs. 4 BPersVG)
- Recht auf Aushändigung von Durchschriften zu Unfallanzeigen oder des zu erstattenden Berichts (§ 68 Abs. 5 BPersVG).

■ Datenschutz (§ 69 BPersVG)

Dienstbefreiung

Um das ihnen durch Wahl zugefallene Amt ordnungsgemäß wahrnehmen zu können, müssen die Mitglieder der Personalvertretung Zeit in Form von Dienstbefreiung erhalten (§§ 51, 52 Abs. 1 BPersVG). Soweit es zur ordnungsgemäßen Durchführung der Aufgaben erforderlich ist, gewährt das Personalvertretungsgesetz Dienstbefreiung ohne Minderung der Arbeitsentgelte oder Dienstbezüge. Die Ausübung der Personalratstätigkeit geht dem planmäßigen Dienst vor (OVG Nordrhein-Westfalen vom 26. 10. 1956 – VI B 515/56, ZBR 1957, 93 hier: Mitglieder des Wahlvorstandes), denn sie dient der vom Gesetz geforderten ordnungs- und sachgemäßen Erfüllung der dem Personalrat übertragenen Aufgaben (BVerwG vom 26. 10. 1977 – VII P 23.76, ZBR 1978, 242 = PersV 1979, 112).

Voraussetzungen für einen Rechtsanspruch auf Dienstbefreiung

Personalratsaufgaben sollen grundsätzlich während der Arbeitszeit durchgeführt werden. Durch die Formulierung in § 51 Satz 2 BPersVG wird klargestellt, dass die individuelle regelmäßige Arbeitszeit des Personalratsmitgliedes maßgeblich ist, nicht die allgemein gültige regelmäßige Wochenarbeitszeit in der Dienststelle. Das Gesetz sieht unter zwei Voraussetzungen einen Rechtsanspruch auf Dienstbefreiung vor:

- Die Dienstbefreiung muss für die ordnungsgemäße Durchführung von Personalratsaufgaben oder die ordnungsgemäße Wahrnehmung von Personalratsbefugnissen erforderlich sein und
- die Mitglieder des Personalrats mussten die Dienstbefreiung aus ihrer Sicht als für notwendig ansehen dürfen.

Liegen diese beiden Voraussetzungen vor, bedarf es keiner Zustimmung oder Einwilligung der Dienststellenleitung oder der sonstigen Vorgesetzten (BAG vom 9. 10. 1973 – 1 ABR 6/73; BAG vom 6. 8. 1981 – 6 AZR 505/78; LAG Baden-Württemberg vom 1. 6. 1976 – 7 TaBV 3/76, DB 1976, 1820; LPersVG RLP, Lautenbach/Ruppert § 39 Rn. 24).

Wichtig: Obwohl bei Vorliegen der rechtlichen Voraussetzungen die Verpflichtung zur Arbeitsleistung kraft Gesetzes entfällt, entbindet dies nicht von arbeitsvertraglichen oder dienstrechtlichen Verpflichtungen: von Seiten des Personalratsmitglieds besteht eine Abmeldepflicht. Es ist selbstverständlich, den jeweiligen Vorgesetzten von einer Abwesenheit im Rahmen der Personalratstätigkeit in Kenntnis zu setzen. Nur wenn der Dienststelle dieser Umstand bekannt ist, ist sie in der Lage, für die erforderliche Zeit eine Vertretung zu besorgen.

Die Mitglieder der Personalvertretungen sind darüber hinaus aufgerufen, die Dringlichkeit der beruflichen Tätigkeit und der Personalratsarbeit gegeneinander abzuwägen. Dabei hat das einzelne Mitglied zu prüfen, ob es die Inanspruchnahme der Dienstbefreiung auf Grund der gegebenen Sachlage nach pflichtgemäßem Ermessen und unter vernünftiger Würdigung aller objektiven Umstände für erforderlich ansehen darf. Ist die Wahrnehmung der dienstlichen Aufgabe im Ausnahmefall unabweisbar dringend erforderlich, so ist ihr der Vorzug zu geben (vgl. für das BetrVG: BAG vom 11. 6. 1997 – 7 AZR 229/96, Leits. ZBVR 1998, 73 = ZTR 1997, 524). Es handelt sich hierbei um eine Form der Freistellung zur Erfüllung personalvertretungsrechtlicher Aufgaben im Einzelfall. Verfügt ein Personalrat über keine Frei- oder Teilfreistellung, wird auch eine Freistellung zur Erledigung regelmäßig wiederkehrender Aufgaben (Teilnahme am Auswahlgespräch, laufende Geschäftsführung usw.) erforderlich sein. Hier handelt es sich folglich nicht mehr um einen Einzelfall. Es muss eine Lösung für die Dauer der Amtszeit gefunden werden. Hierbei kann es hilfreich sein, für einen begrenzten Zeitraum einmal den stundenmäßig anfallenden Aufwand der Personalratstätigkeit zu erfassen um so den Anspruch zu dokumentieren.

Erledigung der Personalratsaufgaben während der Arbeitszeit

Das einzelne Personalratsmitglied erledigt die ihm übertragenen Personalratsaufgaben während der üblichen Arbeitszeit. Für diesen Zeitraum ist das Mitglied von der Erbringung der Arbeitsleistung befreit, muss aber im entsprechenden Umfang Personalratstätigkeit verrichten (Ilbertz/Widmaier/Sommer, BPersVG a. F., § 46 Rn. 3a). Bei der Zuteilung des Arbeitspensums ist die Dienststelle gehalten, die Personalratstätigkeit eines Beschäftigten adäquat zu berücksichtigen (vgl. für das BetrVG: BAG vom 27. 6. 1990 – 7 ABR 43/89, BAGE 65, 230 = BB 1991, 759 = DB 199, 973).

Dienstliche Aufgaben

Die Verpflichtung zur Freistellung erledigt sich jedoch nicht dadurch, dass die zur Wahrnehmung der Aufgaben erforderliche freie Zeit gewährt wird. Die Dienststelle kann das Personalratsmitglied nicht für die Zeit, in der es Personalratstätigkeit verrichtet, von seiner dienstlichen Tätigkeit freistellen, nur um ihm anschließend das volle Arbeitspensum abzuverlangen, das auf eine Diensttätigkeit ohne Personalratszugehörigkeit zugeschnitten worden ist. Das Personalratsmitglied würde dadurch von der Dienststelle in die Zwangslage gebracht, entweder die ihm übertragenen dienstlichen Aufgaben oder aber die Personalratstätigkeit zu vernachlässigen. Es müsste sich folglich zwischen einem dienst- oder arbeitsrechtlichen Vergehen und einem Pflichtverstoß entscheiden. Auf Basis des Grundsatzes der vertrauensvollen Zusammenarbeit muss die Dienststelle solche Konfliktsituationen vermeiden und die ordnungsgemäße Wahrnehmung personalvertretungsrechtlicher Aufgaben sicherstellen. § 51 und § 52 Abs. 1 BPersVG erteilen zwar nicht automatisch eine Dienst- und Arbeitsbefreiung, den Vorschriften ist aber mittelbar zu entnehmen, dass dem einzelnen Personalratsmitglied ein gesetzlicher Anspruch auf Dienstbefreiung zusteht.

In einzelnen Fällen kann bei fehlender Dienstbefreiung durchaus ein Verstoß gegen § 10 BPersVG vorliegen. Das dort festgeschriebene Behinderungsverbot schließt grundsätzlich jede Form der Erschwerung oder Beeinträchtigung, Störung oder Belastung aus. Aus dem Sinngehalt des Gesetzes ist eindeutig abzuleiten, dass vom Gesetzgeber nicht gewollt ist, dass die Mitglieder des Personalrats Freizeit für ihre Tätigkeit in Anspruch nehmen müssen.

Nimmt ein Personalratsmitglied missbräuchlich eine Dienstbefreiung in Anspruch, so können sich daraus arbeits- oder dienstrechtliche Konsequenzen ergeben, sofern die personalvertretungsrechtliche Pflichtverletzung auf den dienst- bzw. arbeitsrechtlichen Bereich übergreift (Bieler, ZfPR 1997, 56). Ferner kann es sich um einen Pflichtverstoß im Sinne des § 30 BPersVG handeln.

Recht auf Freistellung

Unter Freistellung im Sinne des § 52 Abs. 1 und 4 BPersVG ist die Form der Dienstbefreiung zu verstehen, die nicht in eigener Verantwortung kurzfristig in Anspruch genommen, sondern von der Dienststelle generell gewährt wird. Da für die Teilnahme an der Personalratssitzung allgemein eine Dienstbefreiung gilt (BVerwG vom 22. 4. 1987 – 6 P 29.84, ZBR 1987, 247 = PersV 1988, 133), sind bei der Ermittlung des Freistellungsumfanges alle anderen Tätigkeiten, insbesondere die laufende Geschäftsführung, zu berücksichtigen.

Auswahl der freizustellenden Mitglieder

Der Personalrat entscheidet durch Beschluss, welches Personalratsmitglied freigestellt werden soll. In seiner Auswahl ist der Personalrat jedoch nicht frei, er hat die Vorschrift des § 53 BPersVG zwingend zu berücksichtigen. Wegen der besonders herausragenden Bedeutung des Gruppenprinzips sind bei der Beantragung der Freistellungen die nach § 34 Abs. 1 BPersVG gewählten Gruppenvertreter vor den nach § 34 Abs. 2 BPersVG hinzugewählten Mitgliedern des erweiterten Vorstands (Ergänzungsmitglieder) zu berücksichtigen (PersV 2004, 60). Kommt nur eine Freistellung in Betracht oder lässt sich nach dem Arbeitsanfall eine volle Freistellung nicht rechtfertigen, ist es zweckmäßig, den Vorsitzenden wegen seiner besonderen Funktion und des damit verbundenen Arbeitsanfalles freizustellen.

Freistellungsschlüssel

Der Zahlenkatalog für Freistellungen gilt nur für die (örtlichen) Personalvertretungen. Die Aufschlüsselung enthält Mindestzahlen, die den Normalfall regeln. Daher kann ein Dienststellenleiter bei einem den Freistellungsschlüssel ausschöpfenden Antrag nicht einwenden, dass diese Freistellung nicht erforderlich sei (OVG Nordrhein-Westfalen vom 15. 4. 1991 – 1 A 78/91, RiA 1992, 149; OVG Niedersachsen vom 5. 10. 1993 = 18 L 538/93, PersR 1993, 568).

Die Personalvertretung ihrerseits ist verpflichtet, die vom Gesetz eingeräumte Zahl der Freistellungen auszunutzen, um eine möglichst hohe Effektivität der Personalratsarbeit zu erreichen (BVerwG vom 26. 10. 1977 – 7 P 79.76, ZBR 1978, 242 = PersV 1979, 112). Verzichtet eine Personalvertretung ohne besonderen Grund auf eine ihr zustehende Freistellung, kann dies unter Würdigung der Umstände des Einzelfalles eine Pflichtverletzung im Sinne des § 30 BPersVG darstellen.

Wahrnehmung der Freistellung

Hat der Personalrat durch Beschluss ein Personalratsmitglied gänzlich freigestellt, so ist dieses vollständig von jeglicher dienstlichen Tätigkeit befreit. Der dem Personalrat zustehende Freistellungsanspruch soll sicherstellen, dass er seinen gesetzlichen Auftrag ordnungsgemäß und wirksam erfüllen kann (BVerwG vom 17. 1. 1969 – VII P 6.67, BVerwGE 31, 192). Der Anspruch auf Freistellung steht daher auch dem Personalrat als Gremium zu, welches über die Vergabe unter Berücksichtigung der gesetzlichen Vorgaben durch Beschluss entscheidet.

Der Gesetzgeber hat gezielt geregelt, dass die Freistellung der Erfüllung der dem Personalrat übertragenen Aufgaben dient. Das voll freigestellte Personalratsmitglied ist deshalb nicht befugt, über diese Zeit frei zu befinden, indem es dienstliche Aufgaben wahrnimmt, auch nicht ausnahmsweise. Auch ein Dienststellenleiter darf keine entsprechende Anweisung geben. Durch die Freistellung entfällt für das Personalratsmitglied die Pflicht zur Dienstleistung (BVerwG vom 19. 9. 1984 – 1 D 38.84, BVerwGE 76, 192; BVerwG vom 23. 2. 1994 = 1 D 65.91, ZBR 1994, 280). Allerdings ändert die Freistellung nichts an seiner Rechtsstellung in Bezug auf das Beschäftigungsverhältnis als Arbeitnehmer oder Beamter. Die sonstigen Rechte und Pflichten aus dem Beschäftigungsverhältnis, wie z. B. Arbeitszeitregelungen, bleiben durch die Freistellung unberührt. Auch Personalratsmitglieder, die voll freigestellt sind, haben einen Anspruch auf Freizeitausgleich, wenn sie über die von ihnen zu erbringende Arbeitszeit hinaus durch die Erfüllung personalvertretungsrechtlicher Aufgaben in Anspruch genommen werden.

Teilfreistellungen

Bereits aus § 52 Abs. 1 Satz 1 BPersVG ergibt sich der Anspruch für die Wahrnehmung personalvertretungsrechtlicher Aufgaben oder Befugnisse vom Dienst freigestellt zu werden. Darunter fällt neben dem individuellen Einzelfall auch die regelmäßig wiederkehrende Erfüllung personalvertretungsrechtlicher Aufgaben, für die auch unterhalb der Schwelle von 300 Beschäftigten eine Freistellung in einem gewissen Umfange erforderlich sein kann. Dabei kann es sich um die laufende Geschäftsführung, Arbeitsgruppensitzungen oder andere regelmäßig wiederkehrende Arbeiten handeln.

Durch den Wegfall des Wortes „ganz" in Absatz 2 n. F. eröffnet der Gesetzgeber nunmehr die Möglichkeit der Teilfreistellung. Eine Veränderung bei der Freistellungsstaffel ist nicht erfolgt. Die Regelung entspricht insoweit dem § 46 Abs. 4 BPersVG a. F. Der Gesetzgeber macht damit deutlich, dass auch Teilfreistellungen vorgenommen werden können.

Der § 52 Abs. 3 BPersVG erleichtert die Inanspruchnahme von Teilfreistellungen. Diese hatten sich in der Vergangenheit bereits zunehmend etabliert, praktisch bewährt und waren allgemein akzeptiert. Der Regelung kommt gerade in Zeiten zunehmender Teilzeitbeschäftigung eine besondere Bedeutung zu und dient auch der Vereinbarkeit von Familie, Pflege und Beruf. Nach der Rechtsprechung des Bundesverwaltungsgerichtes (BVerwG, Beschluss vom 25. 2. 1983 – 6 P 15.80) kamen Teilfreistellungen bisher allerdings nur ausnahmsweise in Betracht. Nunmehr hat der Gesetzgeber dem Personalrat einen größeren Entscheidungsspielraum eröffnet. Allerdings verbleibt es auch weiterhin bei dem Grundsatz der vollen Freistellung der

Vorstandsmitglieder (BVerwG, Beschluss vom 25. 2. 1983 – 6 P 15.80).

Der § 52 Abs. 3 Satz 3 BPersVG regelt, dass Freistellungen, um eine effektive Aufgabenwahrnehmung sicherzustellen, mindestens einen Umfang von 20 Prozent der regelmäßigen wöchentlichen Arbeitszeit betragen müssen. Mit der dort getroffenen Aussage „der regelmäßigen wöchentlichen Arbeitszeit" macht der Gesetzgeber deutlich, dass der Bezugspunkt für die Freistellung der Zeitumfang einer Vollzeitstelle ist. Eine von der Dienststelle zu gewährende Vollfreistellung entspricht somit dem Zeitumfang einer Vollzeitstelle. Maßgeblich für die Berechnung des in Satz 2 geregelten Volumens der Teilfreistellung ist daher immer das in der Dienststelle übliche Vollzeitvolumen gem. § 3 Abs. 1 Satz 1 der Arbeitszeitverordnung bzw. des für die Dienststelle geltenden Tarifvertrages (TVöD Bund). Bei Teilzeitbeschäftigten bezieht sich die Mindestgrenze von 20 Prozent somit nicht auf die individuelle Arbeitszeit, sondern auf die in der Dienststelle übliche allgemeine regelmäßige Arbeitszeit. Werden also Teilzeitbeschäftigte mit einer 20-Stunden-Woche vollständig von ihrer Arbeit freigestellt, dann handelt es sich dabei nicht um eine Vollfreistellung, sondern um eine Teilfreistellung.

Nach § 52 Abs. 1 Satz 2 BPersVG gilt das Benachteiligungsverbot für jegliche Form der Freistellung, also auch für die Teilfreistellung oder im individuellen Einzelfall in Anspruch genommene Freistellungen.

Stufenvertretung, Gesamtpersonalrat

Die Stufenvertretungen und der Gesamtpersonalrat haben einen Freistellungsanspruch nach § 91 bzw. § 94 BPersVG in entsprechender Anwendung des § 52 Abs. 1, 3, 4 BPersVG. Die Freistellungsstaffel nach § 52 Abs. 2 BPersVG findet jedoch keine Anwendung, es kommt allein auf Art und Umfang der der Stufenvertretung oder dem Gesamtpersonalrat obliegenden Aufgaben an. Hierbei ist besonders zu berücksichtigen, dass der Tätigkeit der Stufenvertretungen beim Verfahren der Nichteinigung eine besondere Bedeutung zukommt. An die Verhandlungsbereitschaft und den Einigungswillen der personalvertretungsrechtlichen Partner werden hohe Anforderungen gestellt. Eine Konsensbildung erfordert nicht nur eine besondere soziale Kompetenz, sondern auch einen großen zeitlichen Aufwand, dem im besonderen Maße Rechnung zu tragen ist. Nur so kann die Personalvertretung in die Lage versetzt werden, ihre Aufgaben kompetent wahrzunehmen.

Verbot der Anrufung außenstehender Stellen

3

Außenstehende Stellen dürfen erst angerufen werden, wenn eine Einigung innerhalb der Dienststelle nicht mehr möglich ist (§ 2 Abs. 3 BPersVG). Dazu gehören alle Stellen außerhalb der Dienststelle, die Streitschlichtungsfunktion haben.

Beispiele:

Vorgesetzte Dienststellen, Verwaltungsgerichte oder Einigungsstelle.

Aus dem Gebot der vertrauensvollen Zusammenarbeit ergibt sich für Dienststellenleiter und Personalvertretung die Verpflichtung, alle Konfliktfälle so zu behandeln, dass eine dienststelleninterne Lösung möglich ist. Dieses Verbot der Anrufung außenstehender Stellen richtet sich sowohl an den Dienststellenleiter als auch an die Personalvertretung.

Sach- und Rechtsauskünfte dienen der Beratung der Personalvertretung und dürfen daher selbstverständlich eingeholt werden. Gewerkschaften und Arbeitgebervereinigung sind ebenso wenig außenstehende Stellen wie der Landesbeauftragte für Datenschutz; diese Stellen üben Beratungsfunktionen aus. Sie werden nicht zur Beilegung von Streitigkeiten angerufen wie z. B. die Verwaltungsgerichte. In Wahrnehmung seiner Aufgaben im Rahmen des Arbeitsschutzes ist der Personalrat auch berechtigt, die für den Arbeitsschutz und die Arbeitssicherheit zuständigen Behörden oder Träger der Unfallverhütung in Anspruch zu nehmen.

Rechtsprechung

Verbot der Anrufung außenstehender Stellen; Beratung durch einen Rechtsanwalt (OVG Berlin vom 3. 3. 1999 – 60 PV 16/97, PersV 1999, 357) zum Landespersonalvertretungsgesetz Berlin

Beabsichtigt der Personalrat, zu seiner Beratung einen Rechtsanwalt hinzuzuziehen oder ihn zu beauftragen, das personalvertretungsrechtliche Beschlussverfahren einzuleiten, so muss dem ein ernsthafter Einigungsversuch mit dem Leiter der Dienststelle vorangehen. Dies ergibt sich zum einen schon aus dem in § 2 Abs. 1 PersVG Bln enthaltenen Grundsatz der vertrauensvollen Zusammenarbeit zwischen Dienststelle und Personalvertretung und zum anderen aus § 70 Abs. 3 PersVG Bln, wonach Dienststelle und Personalrat andere Stellen erst anrufen dürfen, nachdem eine Einigung nicht erzielt worden ist. Zuvor haben Dienststelle und Personalrat über strittige Fragen mit dem ernsten Willen zur Einigung zu verhandeln und Vorschläge für die Beilegung von Meinungsverschiedenheiten zu machen (vgl. § 70 Abs. 1 Satz 3 PersVG Bln).

Recht auf Durchführung von Entscheidungen

Soweit nichts anderes vereinbart ist, führt die Dienststelle nach Abschluss des Beteiligungsverfahrens die Angelegenheit in angemessener Frist durch (§ 64 Abs. 1 BPersVG). Wird nach Beteiligung der Personalvertretung ein Rechtsverstoß erkennbar oder ist eine wesentliche Änderung der tatsächlichen Voraussetzungen eingetreten, so kann eine Dienststelle ausnahmsweise gehindert sein, die Maßnahme umzusetzen. Ferner kann die Dienststelle aufgrund neuer Gesichtspunkte, Erkenntnisse oder Überlegungen von der beabsichtigten Maßnahme Abstand nehmen. Die gesetzliche Vorschrift begründet insoweit keine Verpflichtung zum Handeln, sondern regelt die Zuständigkeit. Wird die Maßnahme ohne das Vorliegen nachvollziehbarer sachlicher Gründe nicht unverzüglich oder zum vereinbarten Zeitpunkt durchgeführt oder zumindest eingeleitet, so wird man der Personalvertretung das Recht zusprechen müssen, das Verwaltungsgericht anzurufen. Der Gesetzgeber hat zwar eine solche Aussage nicht explizit getroffen, anderenfalls würde aber die Regelung des § 64 Abs. 1 BPersVG leerlaufen. Es kann sich in einem solchen Fall um einen Verstoß gegen das Gebot der vertrauensvollen Zusammenarbeit nach § 2 Abs. 1 BPersVG handeln.

Die Maßnahme muss vom Leiter der Dienststelle unverändert so durchgeführt werden wie sie Gegenstand des Beteiligungsverfahrens war. Ist der Dienststellenleiter veranlasst, die beabsichtigte Maßnahme zu einem späteren Zeitpunkt oder in geänderter Form durchzuführen, muss er diese erneut dem Personalrat zur Beteiligung vorlegen.

Maßnahmen, die ohne die gesetzlich vorgeschriebene Beteiligung oder unter Verstoß gegen wesentliche Verfahrensvorschriften durchgeführt werden, sind unzulässig. Soweit Rechtsvorschriften nicht entgegenstehen, sind in unzulässiger Weise durchgeführte Maßnahmen zurückzunehmen.

Pflicht zur Unterlassung von einseitigen Eingriffen in den Dienstbetrieb

Der Personalvertretung ist es untersagt, durch einseitige Handlungen in den Dienstbetrieb einzugreifen (§ 64 Abs. 2 BPersVG). Sie ist nicht befugt, eigenmächtig Anordnungen des Dienststellenleiters zu widerrufen, abzuändern oder an seiner Stelle zu treffen. § 64 Abs. 2 BPersVG betont hier besonders das ausschließliche Direktionsrecht des Leiters der Dienststelle.

Die Personalvertretung darf auch dann nicht in den Dienstbetrieb eingreifen, wenn sie der Auffassung ist, dass gegen geltendes Recht verstoßen werde. Sie hat die Möglichkeit, die Rücknahme der Maßnahme zu verlangen oder die vorgesetzte Dienststelle zu bitten, im Wege der Dienstaufsicht tätig zu werden.

Verstößt ein Personalratsmitglied oder die Personalvertretung als Gremium gegen diese gesetzliche Bestimmung, kann der Tatbestand des § 30 BPersVG erfüllt sein. Das hätte den Ausschluss des Personalratsmitgliedes oder die Auflösung der Personalvertretung durch Gerichtsbeschluss zur Folge.

§

Rechtsprechung

Durchführung von Entscheidungen (OVG Berlin vom 14. 5. 1997 – 60 PV 22.95, BeckRS 1997, 20917876)

Die Durchführung von Entscheidungen steht allein dem Dienststellenleiter im Rahmen seiner Befugnisse zu. Das gilt auch für die Durchführung von Entscheidungen, an denen der Personalrat beteiligt war oder die gemeinsam mit ihm getroffen worden sind. Die Beteiligung des Personalrats ist auf die innerdienstliche Willensbildung beschränkt, während der mit Außenwirkung verbundene Vollzug der Entscheidung allein dem Dienststellenleiter obliegt. Der Personalrat kann grundsätzlich nicht als Vollzugsorgan dienstlicher Entscheidungen auftreten.

Pflicht zur Wahrnehmung der Aufgaben im Interesse aller Beschäftigten

Der Personalrat und seine Mitglieder müssen alles vermeiden, was geeignet ist, die Stellung des Personalrats als Repräsentant der Gesamtheit der Beschäftigten und als neutraler Sachwalter ihrer Interessen zweifelhaft erscheinen zu lassen. Geprägt wird das Amt eines Personalrats nach der Rechtsprechung durch die Funktion, die Gesamtheit der Beschäftigten gegenüber der Dienststelle zu repräsentieren. Die Mitglieder der Personalvertretung müssen sich so verhalten, dass das Vertrauen der Beschäftigten in die Objektivität und Neutralität ihrer Amtsführung nicht beeinträchtigt wird.

Pflicht zur gewissenhaften Erfüllung der übertragenen Aufgaben, Pflichtverstoß

Die einzelnen Mitglieder und der Personalrat als Gremium sind zur gewissenhaften Ausübung der ihnen vom Gesetz übertragenen Aufgaben verpflichtet. Bei grober Pflichtverletzung oder grober Vernachlässigung der gesetzlichen Befugnisse besteht die Möglichkeit des Ausschlusses einzelner Mitglieder oder der Auflösung des Personalrats durch Gerichtsbeschluss (§ 30 BPersVG). Zu den gesetzlichen Pflichten gehört auch die vom Gesetzgeber in § 11 BPersVG normierte Beachtung der Schweigepflicht.

Ausschluss einzelner Mitglieder

Ein einzelnes Personalratsmitglied kann bei Nachweis des persönlichen Verschuldens aus dem Personalrat ausgeschlossen werden. Das Verschulden ist nicht auf Vorsatz oder grobe Fahrlässigkeit beschränkt, leichte Fahrlässigkeit ist bereits ausreichend.

Weitere Voraussetzung für den Ausschluss aus einer Personalvertretung ist eine grobe Pflichtverletzung eines Personalratsmitgliedes. Eine solche Pflichtverletzung ist gegeben, wenn der Verstoß objektiv erheblich oder schwerwiegend ist, also den Arbeitsfrieden innerhalb der Dienststelle ernstlich gefährdet oder nachhaltig stört (VG München vom 27. 11. 2019 – M 20 P 18.4904, BeckRS 2019, 32829). Daneben muss das Verhalten subjektiv schuldhaft sein, ein mangelndes Pflichtbewusstsein erkennen lassen oder auf die Tätigkeit der Personalvertretung von nicht unbedeutendem Einfluss sein (BVerwG vom 24. 3. 1997 – 6 B 92.96, ZfPR 1997, 112). Dabei können auch Wiederholungen an sich leichter Pflichtverletzungen in ihrer Summe zu einem groben Pflichtverstoß werden. Ist aus der Sicht eines objektiv urteilenden neutralen Beschäftigten durch das pflichtwidrige Handeln eines Personalratsmitglieds sein Vertrauen in die zukünftige ordnungsgemäße Amtsführung des Mitglieds zerstört oder zumindest schwer erschüttert, wird der Pflichtverstoß als schwerwiegend zu betrachten sein. Stellt der Personalrat einen Ausschlussantrag, ist er berechtigt, nicht aber verpflichtet, dem betroffenen Personalratsmitglied vor der Beschlussfassung Gelegenheit zur Äußerung zu geben (BVerwG vom 11. 1. 2006 – 6 PB 17.05).

Auflösung der Personalvertretung

Für die Auflösung der Personalvertretung reicht der Nachweis des objektiven Pflichtverstoßes aus. Von der Auflösung durch das Verwaltungsgericht sind auch diejenigen Personalratsmitglieder betroffen, die für den Verstoß nicht verantwortlich sind.

Eine grobe Verletzung der gesetzlichen Pflichten setzt ein aktives Handeln voraus. Bei einer groben Vernachlässigung der gesetzlichen Befugnisse handelt es sich dagegen eher um ein pflichtwidriges Unterlassen.

Antragsberechtigte

Antragsberechtigt sind je nach Tatbestand ein Viertel der Wahlberechtigten, eine in der Dienststelle vertretene Gewerkschaft, der Leiter der Dienststelle oder die Personalvertretung (§ 30 BPersVG).

Schutz der persönlichen Stellung des Personalratsmitglieds

Recht auf ungehinderte Ausübung der Aufgaben und Befugnisse

Mit der Schutzvorschrift in § 10 BPersVG will der Gesetzgeber die Unabhängigkeit derjenigen Personen sicherstellen, die nach dem Personalvertretungsgesetz handeln. Gleichzeitig wird die ungehinderte Ausübung der Tätigkeit gewährleistet. Die Vorschrift verbietet jede Behinderung der Personalratsarbeit.

Zur Erfüllung des Tatbestandes der Behinderung im Sinne des Personalvertretungsgesetzes genügt bereits die objektive Behinderung (Lorenzen/Haas/Schmitt, § 8 Rn. 8 und 20 BPersVG a. F.; Ilbertz/Widmaier/Sommer, BPersVG a. F., § 8 Rn. 4). Ein Verschulden muss nicht dargetan werden, denn die Unzulässigkeit ergibt sich bereits aus der Tatsache, dass eine objektive Behinderung vorliegt.

4

Bereits aus dem Grundsatz der vertrauensvollen Zusammenarbeit lässt sich ableiten, dass eine unbeabsichtigte Behinderung unverzüglich zu beheben ist. Geschieht dies nicht, besteht die Möglichkeit, die vorgesetzte Dienststelle zu bitten, im Wege der Dienstaufsicht tätig zu werden. Wird ein Personalratsmitglied wegen eines Verhaltens in Wahrnehmung seiner Personalratstätigkeit abgemahnt und ist diese Abmahnung nicht gerechtfertigt, stellt dies eine unzulässige Behinderung der Personalratsarbeit dar. Ungerechtfertigt ist eine solche Abmahnung, wenn das Verhalten des Personalratsmitgliedes nicht zugleich eine grobe Verletzung arbeitsvertraglicher Pflichten darstellt. Sind daher keine Pflichten aus dem Arbeitsverhältnis verletzt worden und wird allein ein Verhalten im Bereich der Personalratstätigkeit gerügt, so ist die Abmahnung unzulässig (OVG Berlin-Brandenburg vom 18. 5. 2010 – 61 PV 6/09, NZA-RR 2011, 54).

Recht auf Ausübung der Tätigkeit ohne Benachteiligung

Unter Benachteiligung gemäß § 10 BPersVG versteht der Gesetzgeber jede objektive Schlechterstellung oder Zurücksetzung einer Person, die Aufgaben nach dem Personalvertretungsgesetz wahrnimmt, gegenüber vergleichbaren anderen Beschäftigten.

Mittlerweile verlangt die Rechtsprechung nur noch eine kausale Verknüpfung zwischen der Schlechterstellung und der Personalratstätigkeit, auf eine subjektive Benachteiligungsabsicht seitens der Dienststelle kommt es dabei nicht an. Der Tatbestand der Benachteiligung ist so bereits dann erfüllt, wenn sie in ursächlichem Zusammenhang mit der Wahrnehmung personalvertretungsrechtlicher Aufgaben und Befugnisse steht und nicht auf sachlichen Gründen basiert (BVerwG vom 1. 2. 2010 – 6 PB 36.09, BeckRS 2010, 46646). Liegt objektiv eine Benachteiligung des Personalratsmitglieds wegen seiner Personalratstätigkeit vor, sind die Kriterien erfüllt. Nach den Ausführungen des Bundesverwaltungsgerichts verleiht diese objektiv-kausale Betrachtungsweise dem in § 10 BPersVG normierten Benachteiligungsverbot die notwendige Effizienz.

Eine Benachteiligung eines Personalrats- oder Ersatzmitgliedes liegt nach den Ausführungen des Oberverwaltungsgerichts Niedersachsen (OVG Niedersachsen vom 10. 1. 2018 – 18 LP 5/15) dann vor, „wenn ihm objektiv im Vergleich mit einem Beschäftigten in einer vergleichbaren Situation ohne Personalratsamt (durch positives Tun) ein dienstlicher oder privater Nachteil zugefügt (Schlechterstellung i. e. S. oder Zurücksetzung) oder (durch pflichtwidriges Unterlassen) eine Leistung (Vorteilsgewährung) vorenthalten wird, weil (kausal) es in einem Personalrat tätig ist oder war (Amtsstellung) oder sich dort in einer Angelegenheit in bestimmter Weise (konkretes Tätigwerden) verhalten hat".

Die Begünstigung von Personen, die Aufgaben nach dem Personalvertretungsgesetz wahrnehmen, ist gemäß § 10 BPersVG gleichfalls verboten. Es darf keine Besserstellung oder Bevorzugung gegenüber den anderen vergleichbaren Beschäftigten geben. Dieses Begünstigungs- und das Benachteiligungsverbot soll die innere und äußere Unabhängigkeit der Mitglieder des Personalrats sicherstellen. Das Gleiche gilt in analoger Anwendung ebenfalls für alle anderen Personen, die Aufgaben und Befugnisse nach dem Personalvertretungsgesetz wahrnehmen.

Verbot einer beruflichen Behinderung oder Benachteiligung

Nach § 10 BPersVG dürfen Personen, die Aufgaben oder Befugnisse nach dem Gesetz wahrnehmen, wegen ihrer Tätigkeit nicht benachteiligt oder begünstigt werden, dies gilt auch für ihre berufliche Entwicklung. Nach § 52 Abs. 1 BPersVG darf jegliche Form der Freistellung nicht zur Beeinträchtigung des beruflichen Werdegangs führen.

Insbesondere bei ganz von ihrer beruflichen Tätigkeit freigestellten und bei mehrfach freigestellten Personalratsmitgliedern schafft dieses Benachteiligungsverbot eine besondere Problematik, weil der berufliche Werdegang durch eine Freistellung nicht beeinträchtigt werden darf. Wenn der Gesetzgeber bestimmt, dass die Freistellung eines Personalratsmitglieds nicht zu einer Beeinträchtigung seines beruflichen Werdegangs führen darf, so liegt darin außer einem Benachteiligungsverbot auch ein an den Dienststellenleiter gerichtetes Gebot, dem Personalratsmitglied eine berufliche Entwicklung angedeihen zu lassen, wie es sie ohne die Freistellung genommen hätte. Auf entsprechende Maßnahmen des Dienststellenleiters zur Erfüllung dieses Gebots hat das freigestellte Personalratsmitglied einen unmittelbaren gesetzlichen Anspruch (BAG vom 26. 9. 1990 – 7 AZR 208/89, PersR 1991, 305).

Fiktion des beruflichen Werdegangs

Mitglieder von Personalvertretungen, die in vollem Umfang von ihren dienstlichen Tätigkeiten freigestellt sind, können in Bezug auf den Freistellungszeitraum nicht dienstlich beurteilt werden. Auch bei teilweise freigestellten Mitgliedern des Personalrats erstrecken sich die dienstlichen Beurteilungen nur auf den verbleibenden Teil der dienstlichen Tätigkeit. Gleichwohl darf es einem freigestellten Personalratsmitglied nicht zum Nachteil gereichen, dass es aufgrund seiner Freistellung für die Arbeit im Personalrat sein Fachwissen und seine spezifische laufbahn- und amtsbezogene Berufserfahrung nicht so weiterentwickeln konnte, wie es den Mitbewerbern in der Zeit seiner Freistellung möglich war.

Für ein freigestelltes Personalratsmitglied ist folglich eine fiktive Nachzeichnung des beruflichen Werdeganges vorzunehmen. Dabei ist die letzte dienstliche Beurteilung sachgerecht nach Maßgabe der Entwicklung vergleichbarer Beschäftigter fortzuschreiben (BVerwG vom 7. 11. 1991 – 1 WB 160.90, ZBR 1992, 177 = Leits. ZfPR 1991, 117).

Praxis-Tipp:

Bei der Behandlung und beruflichen Förderung freigestellter Personalratsmitglieder treten immer wieder Schwierigkeiten und Rechtsfragen auf. Insbesondere kann es in der Praxis immer dann problematisch werden, wenn sich ein von der dienstlichen Aufgabenerfüllung freigestelltes Personalratsmitglied auf eine höhere Stelle bewirbt. In einem solchen Fall ist die Dienststelle gehalten den nach Art. 33 Abs. 2 Grundgesetz (GG) geforderten Leistungsvergleich bei der Auswahl der Bewerber zu beachten. Der Vergleich ist nach der Rechtsprechung des Bundesverwaltungsgerichts anhand aktueller und hinreichend differenzierter Beurteilungen vorzunehmen (BVerwG vom 30. 6. 2011 – 2 C 19/10).

Um eine Gleichbehandlung freigestellter Personalratsmitglieder in den Bundesverwaltungen unter Berücksichtigung der ergangenen Rechtsprechung zu erzielen, hat das Bundesministerium des Innern ein Rundschreiben „Grundsätzliche Hinweise zur Rechtslage bei der Behandlung und Förderung freigestellter Personalratsmitglieder" herausgegeben (Erlass BMI D I 3 – 212 152/12 vom 12. 3. 2012). Damit wird auf den rechtlichen Rahmen hingewiesen, innerhalb dessen sich Behandlung und berufliche Förderung freigestellter Personalratsmitglieder halten müssen.

Folgende Punkte sind dabei hervorzuheben:

- Aktenkundige Bestimmung einer Gruppe von Vergleichsbeamten/-beamtinnen zu Beginn der Freistellung.
- Bei Ausschreibung eines Förderdienstpostens sind auch freigestellte Personalratsmitglieder nur aufgrund einer Bewerbung zu berücksichtigen.
- Fiktive Fortschreibung der letzten planmäßigen dienstlichen Beurteilung unter Berücksichtigung der Entwicklung von vergleichbaren Beamten und Beamtinnen. Dabei steht dem Dienstherrn ein weiter Ermessensspielraum zu, welchen Personenkreis er bei der Fortschreibung der dienstlichen Beurteilung eines freigestellten Personalratsmitglieds in den Blick nimmt (OVG Saarland vom 18. 4.

2007 – 1 R 19/05, NVwZ-RR 2007, 793). Bei der Fortschreibung einer dienstlichen Beurteilung, die über ein vom Dienst freigestelltes Personalratsmitglied zuletzt vor dessen Freistellung gefertigt wurde, darf der Dienstherr eine Leistungsentwicklung unterstellen, wie sie sich in Anlehnung an den Werdegang vergleichbarer Beamter voraussichtlich ergeben hätte (OVG Saarland vom 23. 1. 2003 – 1 W 30/02, BeckRS 2003, 18678).

- Der berufliche Werdegang einer Arbeitnehmerin/eines Arbeitnehmers ist im Wege einer fiktiven Nachzeichnung so zu behandeln wie der eines vergleichbaren Beschäftigten ohne Personalratsamt. Damit ist darauf abzustellen, welche höher bewertete Tätigkeit für den Betroffenen in Betracht gekommen wäre und anderen vergleichbaren, nicht freigestellten Arbeitnehmern auch übertragen wurde.

Ist die Förderung freigestellter Personalratsmitglieder, insbesondere ihre fiktive berufliche Nachzeichnung (hier z. B. Versetzung auf einen höherwertigen Dienstposten), an die Entwicklung einer Referenzgruppe vergleichbarer Beschäftigter gekoppelt, muss diese Gruppe hinreichend groß sein. Wird eine zu kleine Referenzgruppe gebildet, verstößt dies gegen das Benachteiligungsverbot gemäß § 52 Abs. 1 Satz 2 BPersVG. Nur so ist es möglich, statistische Zufälligkeiten, die sich insbesondere bei kleinen Gruppen gesteigert auswirken können, auf ein akzeptables Maß zu mindern (BVerwG vom 11. 12. 2014 – 1 WB 6.13, ZfPR 2/2015, 39). Unterschiedliche Leistungsentwicklungen lassen sich so besser ausgleichen. Will also die Dienststelle die berufliche Entwicklung eines voll freigestellten Personalratsmitgliedes anhand des Referenzgruppenmodells nachzeichnen, so muss die Referenzgruppe einschließlich des Personalratsmitgliedes aus mindestens fünf Personen bestehen. Der Dienststelle steht bei der Auswahl des Personenkreises, der bei einer fiktiven Fortschreibung herangezogen wird, ein weites Ermessen zu. Allerdings verstößt die Dienststelle gegen das personalvertretungsrechtliche Benachteiligungsverbot, wenn sie eine Vergleichsgruppe so zusammenstellt, dass ein berufliches Fortkommen im Vornhinein ausgeschlossen ist (BVerwG vom 30. 6. 2014 – 2 B 11.14; s. a. Hebeler, ZfPR 2015, 39).

Ist eine solche Fortschreibung aufgrund eines sehr langen Freistellungszeitraumes nicht möglich, muss ausnahmsweise Rückgriff auf nachrangige Gesichtspunkte wie zum Beispiel Assessment-Center, strukturierte Interviews oder Personalauswahlgespräche genommen werden (BayVGH vom 28. 7. 2014 – 3 ZB 13.1642). Der Hessische Verwaltungsgerichtshof hat eine Auswahlentscheidung für fehlerhaft gehalten, weil die letzte tatsächliche Beurteilung mehr als zehn Jahre zurücklag. Die inhaltliche Aussagekraft einer solch alten Beurteilung könne keine Grundlage für einen Qualitätsvergleich darstellen. Die Dienststelle habe dem freigestellten Personalratsmitglied eine Möglichkeit zum Erwerb einer neuen dienstlichen Beurteilung anzubieten (HessVGH vom 30. 3. 2022 – 1 B 308/21).

Ist bei teilweise freigestellten Personalratsmitgliedern der Teil der dienstlichen Tätigkeit auf weniger als 25 Prozent der Arbeitszeit abgesunken, ist ebenfalls eine Fortschreibung der dienstlichen Beurteilung vorzunehmen.

Die von ihrer dienstlichen Tätigkeit freigestellten Personalratsmitglieder dürfen von Maßnahmen der Berufsbildung innerhalb und außerhalb der Verwaltung nicht ausgeschlossen werden. Es darf ihnen nicht zum Nachteil gereichen, dass sie aufgrund der Freistellung ihr Fachwissen und ihre spezifische Berufserfahrung nicht in einem Maße weiterentwickeln konnten, wie vergleichbare nicht freigestellte Beschäftigte (BAG vom 19. 3. 2003 – 7 AZR 334/02, PersV 2004, 69; Schnellenbach, ZfPR 2002, 51).

Die nach §§ 10, 52 Abs. 1 Satz 2 BPersVG gebotene Nachzeichnung des beruflichen Werdegangs freigestellter Personalratsmitglieder beinhaltet nach ihrem Zweck und ihrer Rechtsnatur keine dienstliche Beurteilung im Sinne laufbahnrechtlicher Vorschriften und ist nicht zu eröffnen (OVG LSA vom 30. 5. 2000 – B 3 S 391/99, BeckRS 2000, 30472410).

Verfahren

Das Verfahren zur Verwirklichung des Grundsatzes der Vermeidung von Benachteiligungen und Begünstigungen liegt nach höchstrichterlicher Rechtsprechung im pflichtgemäßen Ermessen des Dienstherrn, insbesondere im Hinblick auf fehlende Beurteilungen von annähernd gleicher Aktualität.

Vom Dienst freigestellte Personalratsmitglieder sind vor einer Beförderung nicht ausnahmslos verpflichtet, die Aufgaben eines höherwertigen Dienstpostens zum Zwecke der Erprobung tatsächlich wahrzunehmen und damit auf die Freistellung zu verzichten (BVerwG vom 21. 9. 2006 – 2 C 13.05, ZfPR 2007, 98). Die tatsächliche Aufgabenwahrnehmung zur Erprobung kann entfallen, wenn sich aus der bisherigen Leistungsentwicklung, der Art und Weise der bisherigen Aufgabenwahrnehmung und der sachlichen und zeitlichen Nähe vergleichbarer, bereits vorhandener Tätigkeiten Anhaltspunkte für eine Abschätzung ableiten lassen, dass sich der Bewerber in einem entsprechenden Beförderungsamt bewährt haben würde, hätte er dieses für eine gewisse Zeit erprobungshalber ausgeübt.

Die Kollision der zwingenden beamtenrechtlichen Regelung einerseits und dem Benachteiligungsverbot des Personalvertretungsrechts andererseits ist auf der Ebene des materiellen Rechts auszugleichen: Ein solcher Ausgleich zwischen dem Benachteiligungsverbot des Personalvertretungsrechts und dem beamtenrechtlichen Gebot, sich der Eignung für den Beförderungsdienstposten zu vergewissern, kann dadurch hergestellt werden, dass aufgrund des bisherigen beruflichen Werdegangs des freigestellten Personalratsmitglieds und vergleichbarer Beschäftigter festgestellt wird, ob der Bewerber den Anforderungen der Erprobung aller Voraussicht nach gerecht werden würde.

Ein freigestelltes Personalratsmitglied kann einen Anspruch auf Schadensersatz haben, wenn es rechtzeitig Einwendungen gegen die Bildung einer Referenzgruppe und die eigene Reihung innerhalb dieser Gruppe geltend gemacht hat und diese nicht berücksichtigt wurden (OVG Niedersachsen vom 26. 3. 2013 – 5 LA 210/12, ZfPR online 6/2013, 8).

Die Verwaltungsgerichte können im Falle einer Überprüfung der behördlichen Ermessensentscheidung lediglich feststellen, ob der Dienstherr den anzuwendenden Begriff oder den gesetzlichen Rahmen der Beurteilungsermächtigung verkannt hat, von einem unrichtigen Sachverhalt ausgegangen ist, allgemeingültige Bewertungsmaßstäbe nicht beachtet oder sachfremde Erwägungen angestellt hat.

(Kein) Anspruch eines freigestellten Personalratsmitglieds auf leistungsbezogene Besoldung

Nach einer Entscheidung des Bundesverwaltungsgerichts hat ein gänzlich vom Dienst freigestelltes Personalratsmitglied keinen Anspruch auf Einbeziehung in die Entscheidung der Dienststelle über die Vergabe leistungsbezogener Besoldungselemente (BVerwG vom 23. 1. 2020 – 2 C 22.18). Damit weicht das Bundesverwaltungsgericht von den Entscheidungen der Vorinstanzen ab (OVG Saarland vom 5. 6. 2018 – 1 A 727/16, BeckRS 2018, 13979; VG Saarland vom 22. 11. 2016 – 2 K 812/15). Voraussetzung für eine derartige Gewährung leistungsbezogener Besoldungselemente ist eine herausragende besondere Leistung, entweder persönlich oder als Teammitglied. Die Feststellung einer solchen besonderen Leistung kann nur auf Basis einer belastbaren Tatsachengrundlage getroffen werden, was bei einem gänzlich vom Dienst freigestellten Personalratsmitglied faktisch nahezu ausgeschlossen ist. Das im Personalvertretungsrecht normierte Benachteiligungsgebot stößt hier an seine Grenzen, da auch die anerkannten fiktiven Nachzeichnungselemente die Tatsachenfeststellung nicht ersetzen können.

Ausnahmsweise kommt eine Einbeziehung in die Entscheidung der Dienststelle in Betracht, wenn vor Eintritt in die volle Freistellung wiederholt herausragende besondere Leistungen erbracht worden sind und diese durch die Dienststelle mit einer Form der Leistungsbesoldung honoriert wurden.

Recht auf amtsangemessene Weiterbeschäftigung

Endet die Freistellung eines Personalratsmitglieds, hat es keinen Anspruch auf seinen vorherigen Arbeitsplatz, sondern nur auf eine Beschäftigung, die seiner aktuellen Besoldungs- oder Entgeltgruppe entspricht (amtsangemessene Weiterbeschäftigung). Grundsätzlich ist ein Arbeitsplatz in derjenigen Dienststelle vorzusehen, in welcher das freigestellte Personalratsmitglied nachgezeichnet wurde. Die übertragenen Aufgaben sollen mindestens seiner früher ausgeübten Funktion gleichwertig sein, soweit zwingende dienstliche Gründe nicht entgegenstehen. Dem ausgeschiedenen Personalratsmitglied ist in besonderer Weise die Möglichkeit der Fortbildung einzuräumen.

Fazit für die Praxis: Ist ein freigestelltes Personalratsmitglied der Auffassung, wegen seiner Freistellung benachteiligt worden zu sein, müssen konkret unter Bezugnahme auf den beruflichen Werdegang vergleichbarer Beschäftigter Umstände vorgetragen werden, die eine Benachteiligung möglich erscheinen lassen. Dazu ist eine fiktive Nachzeichnung des beruflichen Werdeganges und der dienstlichen Beurteilung der Lage ohne Freistellung notwendig. Sinn und Zweck von § 10 und § 52 Abs. 1 Satz 2 BPersVG ist es, Freistellung und beruflichen Werdegang miteinander in Einklang zu bringen und die freie Entscheidung für die Fortsetzung der Personalratsarbeit zu sichern. Diese Gesetzesauslegung liegt der Rechtsfigur der „fiktiven Dienstpostenübertragung" zugrunde (VG Stade vom 4. 7. 2008 – 7 A 517/08, BeckRS 2008, 37662).

Schutz vor außerordentlicher Kündigung, Versetzung, Abordnung, Zuweisung

Das Gesetz will mit den Regelungen des § 55 BPersVG die ungestörte, unabhängige Amtsausübung der Mitglieder der Personalvertretung sicherstellen. Sie sollen vor Maßnahmen geschützt werden, die sie daran hindern könnten, ihr Mandat vorübergehend oder auf Dauer wahrzunehmen.

Außerordentliche Kündigung von Personalratsmitgliedern

Die außerordentliche Kündigung eines Personalratsmitgliedes, das in einem Arbeitsverhältnis steht, bedarf der Zustimmung des Personalrats (§ 55 Abs. 1 BPersVG). Sie kann nur dann ausgesprochen werden, wenn Tatsachen vorliegen, die den Arbeitgeber zur Kündigung aus wichtigem Grund ohne Einhaltung der Kündigungsfrist berechtigen und die Personalvertretung zugestimmt hat. Verweigert der Personalrat seine Zustimmung zu der außerordentlichen Kündigung oder äußert er sich nicht innerhalb der gesetzlichen Frist von drei Arbeitstagen, so kann die Dienststelle das Verwaltungsgericht anrufen. Der Antrag der Dienststelle und die Begründung müssen innerhalb der zweiwöchigen Ausschlussfrist nach § 626 Abs. 2 BGB beim zuständigen Verwaltungsgericht eingegangen sein (VG Dresden vom 23. 3. 2001 – 9 K 3359/00).

Die verweigerte Zustimmung des Personalrats kann auf Antrag der Dienststelle vom Verwaltungsgericht ersetzt werden. Hat das Verwaltungsgericht dem Antrag der Dienststelle stattgegeben und die fehlende Zustimmung des Personalrats ersetzt, kann die Kündigung grundsätzlich erst dann rechtswirksam ausgesprochen werden, wenn die Entscheidung formell rechtskräftig ist (BAG vom 24. 11. 2011 – 2 AZR 480/10, PersV 2012, 258). Eine vor Eintritt der Rechtskraft erklärte außerordentliche Kündigung des Arbeitnehmers ist unwirksam. Eine Ausnahme gilt lediglich in solchen Fällen, in denen sich das eingelegte Rechtsmittel gegen den die Zustimmung ersetzenden Beschluss des Verwaltungsgerichtes als willkürlich und offensichtlich aussichtslos darstellt.

In dem verwaltungsgerichtlichen Verfahren ist der betroffene Arbeitnehmer Beteiligter. Solange das Verfahren vor den Verwaltungsgerichten läuft, kann das Personalratsmitglied sowohl seine berufliche Tätigkeit als auch sein Personalratsamt weiter ausüben.

Rechtsprechung

Ausübung des Personalratsmandats trotz Kündigung (BVerwG vom 4. 2. 2021 – 5 VR 1.20)

Ein dem Personalrat angehörender Arbeitnehmervertreter, der Kündigungsschutzklage erhoben hat, ist nicht an der Ausübung des Personalratsamtes gehindert, wenn die angegriffene außerordentliche Kündigung offensichtlich unwirksam ist. Er darf an der Ausübung der Personalratstätigkeit nicht gehindert werden. Er ist, solange über die Kündigungsschutzklage nicht entschieden ist, weiterhin Mitglied des Personalrats. Die Mitgliedschaft im Personalrat setzt ein bestehendes Arbeitsverhältnis voraus. Eine Beendigung des Arbeitsverhältnisses ist erst nach einer rechtskräftigen, für den Arbeitnehmer negativen Entscheidung, gegeben. Das Personalratsmitglied hat einen Anspruch auf ungehinderte Ausübung seines Amtes als Personalrat. Daraus folgt, dass ihm, soweit es zur Wahrnehmung seiner Aufgaben als Personalrat erforderlich ist, ungehinderter Zutritt zur Dienststelle und deren Räumlichkeiten zu gewähren ist. Dieser Anspruch kann von dem außerordentlich gekündigten Arbeitnehmervertreter mit einer einstweiligen Verfügung durchgesetzt werden, wenn er glaubhaft machen kann, dass die mit der Kündigungsschutzklage angefochtene Kündigung offensichtlich unwirksam ist. Beste-

> hen in einem solchen Fall keine ernsthaften Zweifel am Fortbestand des Arbeitsverhältnisses, überwiegt der Schutz des Personalratsamtes. Kann das außerordentlich gekündigte Personalratsmitglied allerdings die offensichtliche Unwirksamkeit nicht glaubhaft machen, ist es an der Ausübung des Personalratsmandats gehindert. Das Personalratsmitglied gilt bis zur rechtskräftigen Entscheidung über die Kündigungsschutzklage als zeitweilig verhindert, das Ersatzmitglied rückt an seine Stelle und nimmt an den Sitzungen der Personalvertretung teil.

Diese Regelung gilt nicht für Beamte, da diese nicht in einem „Arbeitsverhältnis" stehen und auch nur unter bestimmten gesetzlichen Bestimmungen – dann aber kraft Gesetzes – zu entlassen sind. Es gibt in diesen Fällen auch für die Dienststelle keinen Handlungsspielraum.

4 Versetzung, Abordnung, Zuweisung

Die Mitglieder der Personalvertretung sind grundsätzlich vor Versetzung, Zuweisung oder Abordnung geschützt (§ 55 Abs. 2 BPersVG). Sie sollen nicht ihrem Vertretungsbereich entzogen werden können. Mit der vorgenommenen Ergänzung der Tatbestände um die Zuweisung wurde seitens des Gesetzgebers nunmehr Rechtssicherheit geschaffen.

Eine Versetzung, Abordnung oder Zuweisung ist nur möglich, wenn

- das betroffene Personalratsmitglied zustimmt
- die Maßnahme aus wichtigen dienstlichen Gründen, auch unter Berücksichtigung der Mitgliedschaft im Personalrat, unvermeidbar ist
- die Personalvertretung zustimmt
- eine Personalvertretung, die nicht mit derjenigen identisch sein muss, der das betroffene Mitglied angehört, nach § 78 Abs. 1 Nr. 5 und 7 BPersVG mitbestimmt hat

Eine mit dem Wechsel des Dienstortes verbundene Umsetzung innerhalb derselben Dienststelle gilt personalvertretungsrechtlich ebenfalls als Versetzung. Zu beachten ist in einem solchen Fall, dass das Einzugsgebiet im Sinne des Umzugskostenrechts zum Dienstort gehört. Die Mitarbeit in der Personalvertretung soll durch eine solche Maßnahme nicht erschwert oder gar unmöglich gemacht werden können. Stimmt ein Personalratsmitglied seiner Abordnung zu, muss es bedenken, dass es ggf. nach § 31 Abs. 1 Nr. 5 i. V. m. § 15 Abs. 1 sowie § 14 Abs. 2 BPersVG die Wählbarkeit und damit das Personalratsamt verliert. Wird ein Personalratsmitglied länger als drei Monate abgeordnet oder zugewiesen, verliert es das Wahlrecht in der alten Dienststelle und somit seine Wählbarkeit, da nur Wahlberechtigte wählbar sind. Dies gilt nur dann nicht, wenn feststeht, dass innerhalb weiterer neun Monate eine Rückkehr in die alte Dienststelle erfolgt. Mit dem novellierten Bundespersonalvertretungsgesetz wurde der bei Abordnung oder Zuweisung unschädliche Zeitraum, der also nicht zwangsläufig zum Verlust der Wahlberechtigung und damit der Wählbarkeit oder des Personalratsmandats führt, verlängert. Vor der Novellierung lag dieser Zeitraum bei maximal einem Tag weniger als neun Monate (§ 13 Abs. 1 Satz 2 BPersVG a. F.), nunmehr bei maximal zwölf Monaten minus einem Tag.

Für Ersatzmitglieder gelten die Schutzbestimmungen nur für die Dauer des Eintritts in den Personalrat oder in begründeten Ausnahmefällen. Eine solche Ausnahmesituation ist gegeben, wenn durch die Versetzung oder Abordnung der Eintritt des Ersatzmitgliedes in den Personalrat nachweisbar verhindert werden soll.

Der Schutz vor Versetzung, Abordnung und Zuweisung gemäß § 55 Abs. 2 BPersVG gilt für Mitglieder von Personalvertretungen in Auslandsdienststellen im Geschäftsbereich des Bundesministeriums der Verteidigung nur für die Dauer einer regelmäßigen Amtszeit in dem durch § 27 BPersVG festgelegten Umfang. § 55 Abs. 2 BPersVG gilt nicht für die nach § 14 BPersVG wahlberechtigten Beschäftigten im Geschäftsbereich des Auswärtigen Amtes (§ 121 Abs. 2 BPersVG).

Die Schutzvorschriften des § 55 Abs. 2 BPersVG sowie der § 15 und § 16 KSchG gelten ferner nicht für Beamte im Vorbereitungsdienst oder für in einer entsprechenden Berufsausbildung befindliche Arbeitnehmer. Absatz 2 des § 55 BPersVG gilt auch nicht für die Versetzung oder Abordnung dieser Beschäftigten im Anschluss an das Ausbildungsverhältnis. Die Mitgliedschaft im Personalrat ruht unbeschadet des § 31 BPersVG für die Zeit, in der sie entsprechend den Erfordernissen ihrer Ausbildung zu einer anderen Dienststelle versetzt oder abgeordnet sind (§ 55 Abs. 3 BPersVG).

Unzulässigkeit der ordentlichen Kündigung

Die ordentliche Kündigung von Personalratsmitgliedern ist grundsätzlich unzulässig (§ 15 KSchG). Der Schutz gilt noch für ein Jahr nach Beendigung der Amtszeit. Beruht die Beendigung der Mitgliedschaft auf einer gerichtlichen Entscheidung, so gilt dieser Schutz nicht. Ersatzmitglieder genießen den vollen Kündigungsschutz von dem Zeitpunkt an, an dem sie für ein ordentliches Mitglied auf Dauer oder im Fall der Verhinderung auf Zeit in den Personalrat nachrücken.

Der Kündigungsschutz beginnt im Fall des Ausscheidens eines ordentlichen Mitglieds an diesem Tag, im Fall der zeitweiligen Verhinderung mit dem ersten Tag der Verhinderung (Krankheitsbeginn, erster Urlaubstag, Beginn der Dienstreise usw.). Bei zeitweiliger Verhinderung endet der Kündigungsschutz mit Ablauf des letzten Tages der Verhinderung. Ersatzmitglieder genießen nur dann einen nachwirkenden Kündigungsschutz, wenn sie regelmäßig während der Vertretungszeit konkrete Aufgaben des Personalrats tatsächlich wahrgenommen haben (BAG vom 19. 4. 2012 – 2 AZR 233/11, NZA 12, 1449).

Die ordentliche Kündigung von Mitgliedern des Wahlvorstandes ist vom Zeitpunkt der Bestellung an und die von Wahlbewerbern vom Zeitpunkt der Aufstellung des Wahlvorschlages an unzulässig. Der Schutz gilt noch für sechs Monate nach Bekanntgabe des Wahlergebnisses.

Weiterbeschäftigungsgebot von Mitgliedern der Jugend- und Auszubildendenvertretungen

§ 56 BPersVG schützt die Beschäftigten, die in einem Berufsausbildungsverhältnis nach dem Berufsbildungsgesetz, dem Krankenpflegegesetz, dem Pflegeberufegesetz oder dem Hebammengesetz stehen. Will der Arbeitgeber das Arbeitsverhältnis eines Auszubildenden, der Mitglied in der Jugend- und Auszubildendenvertretung oder dem Personalrat ist, nach Beendigung des erfolgreich abgeschlossenen Ausbildungsverhältnisses nicht auf unbestimmte Zeit fortsetzen, so hat er dies dem Auszubildenden drei Monate vor Beendigung des Berufsausbildungsverhältnisses schriftlich mitzuteilen.

Der Gesetzgeber will dadurch die erforderliche Unabhängigkeit bei der Wahrnehmung personalvertretungsrechtlicher Aufgaben und die Kontinuität des Vertretungsorgans sicherstellen. Durch die in den § 91, § 94 und § 105 Satz 4 BPersVG aufgenommenen Verweise macht der Gesetzgeber deutlich, dass diese Regelung auch für die Stufenvertretungen, den Gesamtpersonalrat und die Jugend- und Auszubildendenvertretungen Anwendung findet.

Zu den in einem Berufsausbildungsverhältnis im Sinne dieses Gesetzes stehenden Beschäftigten gehören nur Auszubildende, die in einem Arbeitnehmerberuf ausgebildet werden. Beamte im Vorbereitungsdienst und Beamtenanwärter gehören nicht dazu.

Verlangen auf Weiterbeschäftigung

Verlangt der Auszubildende innerhalb der letzten drei Monate vor Beendigung des Berufsausbildungsverhältnisses schriftlich vom Arbeitgeber seine Weiterbeschäftigung, so gilt nach erfolgreichem Abschluss des Berufsausbildungsverhältnisses ein Arbeitsverhältnis auf unbestimmte Zeit begründet (§ 56 Abs. 2 BPersVG). Der Arbeitgeber muss in diesem Zeitraum mit dem Übernahmeverlangen von Mitgliedern einer Personal- und/oder Jugend- und Auszubildendenvertretung rechnen. Er hat die Pflicht, die Möglichkeit eines Übernahmeverlangens und damit das Entstehen eines Arbeitsverhältnisses kraft Gesetzes bei der Personalplanung zu berücksichtigen (BVerwG vom 1. 11. 2005 – 6 P 3.05, BVerwGE 124, 292).

Für das Weiterbeschäftigungsverlangen gilt das Schriftformerfordernis des § 126 Abs. 1 BGB (BVerwG vom 18. 8. 2010 – 6 P 15.09, DVBl 2010, 1028). Die im Gesetz vorgeschriebene schriftliche Form kann gemäß § 126 Abs. 3 BGB durch eine elektronische Form ersetzt werden, soweit die Voraussetzungen des § 126a BGB erfüllt werden. Richtet der Auszubildende sein Übernahmeverlangen per E-Mail an die Dienststelle, muss er, um der vorgesehenen Schriftform zu genügen, der Erklärung seinen Namen hinzufügen und das elektronische Dokument mit einer qualifizierten elektronischen Signatur versehen (OVG Hamburg vom 15. 1. 2011 – 8 Bf 272/09.PVL, ZfPR online 3/2010, 10 = PersV 2010, 231).

Die vorstehenden Ausführungen sind auch für die Fälle anwendbar, in denen das Berufsausbildungsverhältnis vor Ablauf eines Jahres nach Beendigung der Amtszeit der genannten Vertretungen erfolgreich endet.

Wahlbewerber dagegen genießen nicht den Schutz des § 56 BPersVG. Der Gesetzgeber hat hier eine dem § 15 Abs. 3 Satz 1 KSchG vergleichbare Regelung nicht getroffen. Der Arbeitgeber ist daher im Zeitraum vor der Wahl eines Auszubildenden zum Mitglied der Jugend- und Auszubildendenvertretung nicht gehalten, zu dessen Gunsten einen ausbildungsadäquaten Arbeitsplatz freizuhalten (BVerwG vom 20. 11. 2007 – 6 PB 14.07, NZA-RR 2008, 165).

Die öffentlichen Arbeitgeber sind gelegentlich dazu übergegangen, einzelnen Mitgliedern der Jugend- und Auszubildendenvertretungen einen befristeten oder Teilzeit-Arbeitsvertrag anzubieten, mit dem Argument, dass ihnen eine unbefristete Weiterbeschäftigung nicht zuzumuten sei.

Schließt der Jugendvertreter innerhalb der letzten drei Monate des Ausbildungsverhältnisses mit dem öffentlichen Arbeitgeber einen befristeten Arbeitsvertrag ab, so kann darin nach den Umständen des Einzelfalls der Verzicht auf unbefristete Weiterbeschäftigung liegen (BVerwG vom 31. 5. 2005 – 6 PB 1.05, NZA-RR 2005, 613).

Praxis-Tipp:

Will das Mitglied einer Jugend- und Auszubildendenvertretung in dieser Situation den Verlust des möglicherweise bestehenden weitergehenden Anspruchs vermeiden, sollte dies bei Unterschrift unter einen befristeten oder Teilzeit-Arbeitsvertrag durch einen Zusatz deutlich zum Ausdruck gebracht werden:

„Der Abschluss des Vertrages erfolgt unter dem ausdrücklichen Vorbehalt der rechtlichen Prüfung nach § 56 BPersVG."

Alternativ kann es auch unter Hinweis darauf geschehen, dass das Mitglied der Jugend- und Auszubildendenvertretung nicht auf seinen gesetzlichen Anspruch auf unbefristete Weiterbeschäftigung in einem Vollzeitarbeitsverhältnis verzichtet.

Entbindung von der Übernahmeverpflichtung

Will der Arbeitgeber das Arbeitsverhältnis nicht fortsetzen, weil er z. B. keine Beschäftigungsmöglichkeiten für den Auszubildenden hat, so muss er spätestens bis zum Ablauf von zwei Wochen nach Beendigung des Berufsausbildungsverhältnisses das Verwaltungsgericht anrufen. Lässt sich die Dienststelle anwaltlich vertreten, liegt ein rechtswirksames, an das zuständige Verwaltungsgericht gerichtetes Auflösungsbegehren nur dann vor, wenn der Rechtsanwalt die Vollmacht innerhalb der gesetzlichen Ausschlussfrist dem Gericht vorlegt. Die Vollmacht muss von einem zur gerichtlichen Vertretung der Dienststelle befugten Beschäftigten unterzeichnet sein (BVerwG vom 18. 8. 2010, a. a. O.).

4

Die Zumutbarkeit der Weiterbeschäftigung eines Mitglieds einer Jugend- und Auszubildendenvertretung beurteilt sich nach den Verhältnissen im Zeitpunkt der Beendigung des Berufsausbildungsverhältnisses. So ist beispielsweise die Weiterbeschäftigung eines Mitglieds der Jugend- und Auszubildendenvertretung unzumutbar, wenn seitens des Haushaltsgesetzgebers eine Stellenbesetzungssperre verhängt worden ist und Ausnahmen der Sache nach auf Fälle eines unabweisbaren vordringlichen Personalbedarfs beschränkt worden sind, ohne dass die Mitglieder der Jugend- und Auszubildendenvertretung von der Ausnahmeregelung erfasst sind (BVerwG vom 30. 5. 2007 – 6 PB 1.07). Die Weiterbeschäftigung eines Mitglieds einer Jugend- und Auszubildendenvertretung auf einer in der Dienststelle vorhandenen freien Stelle hat keinen Vorrang vor deren Besetzung mit einem Beschäftigten aus dem Personalüberhang (BVerwG vom 4. 6. 2009 – 6 PB 6.09, NZA-RR 2099, 568). Werden Arbeitsplätze nach dem Zeitpunkt der Beendigung des Berufsausbildungsverhältnisses frei, sind sie bei der Prüfung der Frage der Zumutbarkeit nicht zu berücksichtigen (BVerwG vom 29. 3. 2006 – 6 PB 2.06).

Zur Frage der Unzumutbarkeit einer Weiterbeschäftigung hat das Verwaltungsgericht Dresden zu der vergleichbaren gesetzlichen Regelung im Sächsischen Personalvertretungsgesetz einige Grundsätze aufgestellt (VG Dresden vom 23. 3. 2001 – 9 K 2911/99): Verfügt die Dienststelle noch über Planstellenreste, so muss sie diese zusammenfassen und vorrangig den im Personalvertretungsgesetz normierten Weiterbeschäftigungsanspruch erfüllen. Bei der Frage der Unzumutbarkeit muss immer die aktuelle reale Situation zugrunde gelegt werden. Insoweit enthält § 56 BPersVG eine Konkretisierung des im § 10 BPersVG festgeschriebenen Benachteiligungs- und Begünstigungsverbotes (OVG Berlin vom 18. 12. 2001 – 60 PV 6.01, BeckRS 2001, 30917923).

Der Weiterbeschäftigungsanspruch eines Mitglieds einer örtlichen Jugend- und Auszubildendenvertretung besteht nur bezogen auf die Dienststelle oder Einrichtung, bei der die Berufsausbildung erfolgt ist (SächsOVG vom 10. 7. 1997 – P 5 S 13/95, SächsVBl. 1998, 86). Hier kommt es allein darauf an, ob im Bereich der Ausbildungsdienststelle ein ausbildungsadäquater Dauerarbeitsplatz zur Verfügung steht. Etwas anderes gilt nach einer Entscheidung des Bundesverwaltungsgerichtes (BVerwG vom 19. 1. 2009 – 6 P 1/08, BVerwGE 133, 42) für den Weiterbeschäftigungsanspruch eines Mitglieds einer Jugend- und Auszubildendenstufenvertretung. Hier kommt es nicht nur auf die Ausbildungsdienststelle an, sondern darauf, ob in allen Dienststellen des Geschäftsbereiches der übergeordneten Dienststelle, bei der die Jugend- und Auszubildendenstufenvertretung gebildet ist, ein ausbildungsadäquater Dauerarbeitsplatz zur Verfügung steht. Das Bundesministerium des Innern hat mit seinem Rundschreiben vom 2. 3. 2009 – D 2-212 117/9 zum Weiterbeschäftigungsanspruch nach § 9 BPersVG a. F. (§ 56 BPersVG neu) ausdrücklich auf die diese Rechtslage hingewiesen.

Die Dienststelle verfügt über keinen freien Dauerarbeitsplatz, wenn sie eine zum Zeitpunkt des Ausbildungsendes unbesetzte Stelle für einen Beschäftigten freihalten muss, der wegen verminderter Erwerbsfähigkeit eine Rente auf Zeit erhält (BVerwG vom 9. 12. 2009 – 6 PB 35.09, PersR 2010/72).

Im Verfahren vor dem Verwaltungsgericht ist die Personalvertretung bzw. bei einem Mitglied der Jugend- und Auszubildendenvertretung auch diese Beteiligte. Der Antrag des Auszubildenden auf Weiterbeschäftigung, der an den Arbeitgeber zu richten ist, sowie der Antrag des Arbeitgebers an das Verwaltungsgericht sind unabhängig davon, ob der Arbeitgeber seiner Mitteilungspflicht nachgekommen ist.

Unfallfürsorge

Erleidet ein Beamter in ordnungsgemäßer Wahrnehmung seiner Rechte und Pflichten als Personalrat einen Unfall, so wird dieser einem Dienstunfall gleichgesetzt (§ 12 BPersVG). Erleidet ein Beamter in Ausübung der Personalratstätigkeit aufgrund eines Unfalles einen Körperschaden, so ist ihm, beziehungsweise im Todesfall seinen Hinterbliebenen, Unfallfürsorge nach dem Beamtenversorgungsgesetz (§ 30 ff. BeamtVG) zu gewähren.

Erleidet ein Arbeitnehmer in Ausübung der Personalratstätigkeit einen Unfall, so wird dieser als Betriebsunfall gewertet und ist entsprechend des Siebten Buches Sozialgesetzbuch (Gesetzliche Unfallversicherung) zu entschädigen. Die Tätigkeiten zur ordnungsgemäßen Wahrnehmung personalvertretungsrechtlicher Aufgaben werden der zu leistenden Arbeit gleichgestellt.

Die Schutzbestimmung des § 12 BPersVG erfasst nicht nur die Mitglieder des Personalrats, sondern alle Beamten und Arbeitnehmer, die Aufgaben nach dem Personalvertretungsgesetz wahrnehmen.

Geschäftsführung der Personalvertretung

Stellung und Aufgaben des Vorstandes

Bildung des Vorstandes

In der vom Wahlvorstand einberufenen konstituierenden Sitzung bildet der neu gewählte Personalrat aus seiner Mitte den Vorstand (§ 34 Abs. 1 Satz 1 BPersVG).

Das Gruppenprinzip des Personalvertretungsgesetzes bestimmt, dass jede im Personalrat vertretene Gruppe ein Vorstandsmitglied stellt, § 34 Abs. 1 Satz 2 BPersVG hat insofern einen zwingenden Charakter. Der Gesetzgeber macht dies durch die Formulierung „muss ... angehören" besonders deutlich. Hieraus folgt, dass ein in den Personalrat gewählter Gruppenvertreter nur aus besonderen Gründen auf das Amt im Vorstand verzichten kann. Liegt solch ein besonderer Grund nicht vor, so könnte die Weigerung den Tatbestand des § 30 BPersVG erfüllen. Die Größe des Vorstandes hängt von der Zahl der im Personalrat vertretenen Gruppen ab.

Wahl der Vorstandsmitglieder

In den Dienststellen des Bundes gibt es im Regelfall zwei Gruppen, die der Beamten und die der Arbeitnehmer, also der Tarifbeschäftigten. In Dienststellen der Bundeswehrverwaltung wählen die dort beschäftigten Soldaten die dortigen Personalvertretungen mit (BVerwG vom 21. 1. 2008 – 6 P 16/07). Erfüllt dieser Personenkreis in einer Dienststelle des Bundes die Voraussetzungen des § 17 Abs. 5 BPersVG, tritt dem Personalrat noch die weitere Gruppe der Soldaten hinzu.

Der Vorstand besteht also im Regelfall aus zwei, maximal aus drei Personalratsmitgliedern. Sind in einem Personalrat nicht alle Statusgruppen vertreten, so verringert sich die Anzahl der Vorstandsmitglieder entsprechend. Ist im Personalrat nur eine Statusgruppe, z. B. die Gruppe Arbeitnehmer, vertreten, so besteht der Vorstand nur aus einer Person. In dieser Konstellation fällt die Wahl des Vorsitzenden mit der Wahl des Gruppenvorstandsmitglieds zusammen. Eine Ausnahme hiervon gibt es lediglich in dem Fall, in dem der Personalrat aus elf oder mehr Mitgliedern, die alle einer Gruppe angehören, besteht. In diesem Fall gehören dem Vorstand drei Personalratsmitglieder an, da in

Anwendung des § 34 Abs. 2 unter strikter Beachtung der Regelung des Satzes 2 BPersVG zwei Ergänzungsmitglieder hinzuzuwählen sind. Der Personalrat bestimmt, nach Hinzuwahl der Ergänzungsmitglieder, die Reihenfolge der Vertretung des Vorsitzenden (BVerwG vom 27. 8. 1997 – 6 P 11.95, DÖV 1998, 563).

Jede Gruppe wählt mit einfacher Stimmenmehrheit aus der eigenen Gruppe das jeweilige auf sie entfallende Vorstandsmitglied. Es ist ausschließlich Sache der Gruppe, darüber zu bestimmen, welches Mitglied ihrer Gruppe in den Vorstand entsandt werden soll. Ist eine Gruppe nur durch eine Person im Personalrat vertreten, so ist diese kraft ihrer Wahl zugleich das auf die betreffende Gruppe entfallende Vorstandsmitglied.

Im Falle einer Stimmengleichheit bei der Wahl der Vorstandsmitglieder müssen sich die Bewerber, obwohl der Gesetzgeber dieses nicht ausdrücklich fordert, einer Entscheidung durch Los unterwerfen. Anderenfalls wäre die volle Handlungsfähigkeit der Personalvertretung in Frage gestellt. Aus diesem Grund stellt der Widerspruch gegen eine Losentscheidung eine grobe Pflichtverletzung im Sinne von § 30 BPersVG dar (BVerwG vom 15. 12. 1961 – VII P 3.61, BVerwGE 13, 242 = ZBR 1962, 90 = PersV 1962, 65). Die Wahl durch Losverfahren erfolgt in geheimer Form durch Ziehen eines Namenszettels.

Verzichten die Mitglieder einer Gruppe aus zwingenden Gründen auf die Zugehörigkeit zum Vorstand, bleibt dieser Sitz im Vorstand frei (BPersVG a. F. Ilbertz/Widmaier/Sommer, § 32 Rn. 12; Dietz-Richardi, §§ 32 und 33 Rn. 17; Fischer-Goeres, § 32 Rn. 4).

Die Frage der Wahl von Ersatzvorstandsmitgliedern ist im Gesetz nicht geregelt. Aus praktischen Erwägungen ist aber eine solche Wahl im Interesse der Handlungsfähigkeit im Hinblick auf die Mitvertretungsbefugnis des § 35 Abs. 2 Satz 2 BPersVG zu empfehlen. In einigen Landespersonalvertretungsgesetzen ist aus diesem Grund die Wahl von Ersatzvorstandsmitgliedern ausdrücklich normiert.

Die Wahl der Vorstandsmitglieder erfolgt grundsätzlich für die Amtszeit des Personalrats. Wenn das erforderliche Vertrauensverhältnis nicht mehr besteht, hat die jeweilige Gruppe jederzeit die Möglichkeit, das Vorstandsmitglied ihrer Gruppe mit einfacher Stimmenmehrheit der anwesenden Gruppenmitglieder abzuberufen. Einer besonderen Begründung hierfür bedarf es nicht. Wegen der Tragweite einer solchen Abberufung bedarf die Gruppenentscheidung jedoch der Aufnahme in die Tagesordnung. Der Gruppenbeschluss auf Abberufung ist verwaltungsgerichtlich nachprüfbar. Die gerichtliche Überprüfung beschränkt sich aber auf die Frage, ob alle gesetzlichen Bestimmungen, die für eine Beschlussfassung ausschlaggebend sind, beachtet worden sind. Das betroffene Vorstandsmitglied nimmt auch zu diesem Tagesordnungspunkt an der Sitzung teil, stimmt aber nicht mit ab (BPersVG a. F. Ilbertz/Widmaier/Sommer, BPersVG, § 32 Rn. 31; Dietz-Richardi, §§ 32 und 33 Rn. 33; Fischer-Goeres, § 32 Rn. 20). Das abberufene Mitglied verliert nur seine Zugehörigkeit zum Vorstand und die Stellvertretung im Vorsitz, nicht aber seine Mitgliedschaft im Personalrat.

Erweiterter Vorstand

Hat eine Personalvertretung elf oder mehr Mitglieder, so sind zwingend zwei weitere Mitglieder in den Vorstand zu wählen (§ 34 Abs. 2 BPersVG). Überschreitet der Personalrat eine gewisse Größe, geht der Gesetzgeber von einer erhöhten Arbeitsbelastung der Vorstandsmitglieder aus. Um die Erfüllung der Aufgaben und damit die volle Handlungsfähigkeit der Personalvertretung sicherzustellen, ist die Wahl der Ergänzungsmitglieder vorgesehen. Die Ergänzungsmitglieder werden vom Plenum und nicht von den Gruppenmitgliedern gewählt. Die Wahl erfolgt nach der Wahl der Gruppenvertreter als Vorstandsmitglieder, sie sind vollberechtigte Vorstandsmitglieder mit gleichen Rechten und Pflichten. Eine Einschränkung gibt es allerdings bei der Wahl des Vorsitzenden. Bei der Wahl der Ergänzungsmitglieder ist nach § 34 Abs. 2 BPersVG der Wählerwille zu berücksichtigen. Werden die Ergänzungsmitglieder nicht gewählt, so erfüllt diese Weigerung unter Umständen den Tatbestand eines Pflichtverstoßes im Sinne des § 30 BPersVG.

Aufgaben des Vorstandes

Nach dem Willen des Gesetzgebers führt der Vorstand gemeinsam die laufenden Geschäfte (§ 34 Abs. 1 Satz 3 BPersVG). Die Gesamtheit der Vorstandsmitglieder soll dies mit gleichen Rechten und Pflichten tun (BVerwG vom 16. 7. 1977 – VII P 1.75, BVerwGE 54, 323 = ZBR 1978, 203 = PersV 1978, 353). Dies schließt selbstverständlich eine Verteilung der Sachgebiete und Aufgaben auf die Vorstandsmitglieder nicht aus (BVerwG vom 20. 3. 1964 – VII P 3.63, BVerwGE 18, 162 = ZBR 1964, 278 = PersV 1964, 110). Hierzu sind allerdings weder der Vorstand des Personalrats noch der Personalratsvorsitzende berechtigt (BayVGH vom 17. 9. 1992 – 17 P 92.1270, Leits. ZfPR 1993, 203). Es ist Aufgabe des Personalrats, die Vorstandsgeschäfte allgemein und grundsätzlich auf Dauer auf die einzelnen Vorstandsmitglieder zu verteilen.

Bei den laufenden Geschäften handelt es sich um rein organisatorische, die Willensbildung des Personalrats vorbereitende, regelmäßig wiederkehrende Arbeiten. So hat der Vorstand die für eine Beschlussfassung des Gremiums erforderlichen Ermittlungen anzustellen und die einschlägigen Unterlagen zu beschaffen. Die Abgrenzung der laufenden Geschäfte von den Befugnissen des Gremiums ist von großer Bedeutung. Zu den laufenden Geschäften zählen:

- Vorbereitung der Plenumsentscheidungen
- Einholen von Informationen
- Allgemeine Auswertung von Beschlüssen
- Vorbereitung von Arbeitsgruppensitzungen
- Postbearbeitung in der Geschäftsstelle
- Allgemeiner Schriftverkehr

Hat der Vorstand in Wahrnehmung seiner Aufgaben Unterlagen erhalten, so müssen diese spätestens in der Sitzung den anderen Mitgliedern des Personalrats zur Kenntnis gebracht oder übergeben werden. Jedem Mitglied des Personalrats muss das Unterlagenmaterial in derselben Vollständigkeit zur Verfügung stehen, wie es dem Vorstand vorgelegen hat (HessVGH vom 9. 4. 1980 – BPV TK 15/78, PersV 1982, 376). Dabei ist es unerheblich, ob es sich um Unterlagen handelt, die der Vorstand im Rahmen der Beteiligung von der Dienststelle erhalten, oder um solche, die er selber beschafft hat.

Bestimmung des Personalratsvorsitzenden

Der Personalrat bestimmt mit einfacher Mehrheit, welches nach § 34 Abs. 1 BPersVG gewählte Vorstandsmitglied den Vorsitz übernimmt (§ 35 Abs. 1 Satz 1 BPersVG). Durch den Verweis in Satz 1 wird sichergestellt, dass nur ein nach § 34 Abs. 1 BPersVG gewähltes Vorstandsmitglied zum Vorsitzenden gewählt werden kann. Dies entspricht der Entscheidung des Bundesverwaltungsgerichts (BVerwG vom 5. 5. 2020 – 5 P 5.19), das die Wahl eines Ergänzungsmitgliedes zum Vorsitzenden ausgeschlossen hat. Diese Vorstandsmitglieder sind gesetzlich verpflichtet, für den Vorsitz zur Verfügung zu stehen. Sie haben kein Recht, sich durch Verzicht der Wahl für das Amt des Vorsitzenden zu entziehen. Zugleich bestimmt er die Vertretung des Vorsitzenden durch den/die Stellvertreter. Bei der Bestimmung des Vorsitzenden und der Reihenfolge seiner Stellvertreter handelt es sich nicht um eine Wahl im eigentlichen Sinne, sondern um einen Akt der Geschäftsführung, der nur in Form eines Beschlusses erfolgen kann. Er unterliegt somit den Anforderungen des § 39 BPersVG. Für die Bestimmung des Vorsitzenden und die Reihenfolge der Stellvertreter ist also die Mehrheit der Stimmen der anwesenden Mitglieder erforderlich.

Die Zahl der Stellvertreter richtet sich nach der Zahl der im Personalrat vertretenen Gruppen. Sofern die Vertreter einer Gruppe nicht darauf verzichten, sollen bei der Bestimmung der Stellvertreter die Gruppen berücksichtigt werden, denen der Vorsitzende nicht angehört. Dem Gruppenprinzip des Personalvertretungsrechts ist hier der absolute Vorrang einzuräumen. Wird dies bei der Bestimmung des Vorsitzenden und seiner Stellvertreter nicht berücksichtigt, so kann jedes Personalratsmitglied die Wahl in analoger Anwendung des § 26 BPersVG anfechten. Zu einem anderen Ergebnis gelangt man, wenn kein weiteres Personalratsmitglied, das einer anderen Gruppe als der des Vorsitzenden angehört, sich bereit erklärt hat, ein Vorstandsamt zu übernehmen (BPersVG a. F. Ilbertz/Widmaier/Sommer, § 32 Rn. 22). In Personalvertretungen mit elf und mehr Mitgliedern, in denen dem Vorstand zwei weitere Mitglieder hinzuzuwählen sind, müssen zunächst die nach § 34 Abs. 1 BPersVG bestimmten Vorstandsmitglieder bei der Stellvertretung berücksichtigt werden. Wegen des vom Gesetzgeber besonders hervorgehobenen Gruppenprinzips haben die in den Vorstand gewählten Gruppenvertreter eine „geborene, gesetzlich normierte Anwartschaft" auf den Vorsitz oder die Stellvertretung des

Vorsitzenden im Personalrat. Ein zum Zeitpunkt der Wahl zum Vorsitzenden dem Ergänzungsvorstand angehörendes Vorstandsmitglied ist nicht wählbar (BVerwG vom 15. 5 2020 – 5 P 5.19). In der früheren Rechtsprechung des Bundesverwaltungsgerichts war dies nicht ausdrücklich ausgeschlossen. Nach diesem Beschluss des Bundesverwaltungsgerichts verlangt die gesetzlich festlegte Übernahme des Vorsitzes durch ein Vorstandsmitglied, dass es sich bei diesem um einen nach § 34 BPersVG gewählten Gruppensprecher handelt. Diese Vorstandsmitglieder sind gesetzlich verpflichtet, für den Vorsitz zur Verfügung zu stehen. Sie haben kein Recht, sich durch Verzicht der Wahl für das Amt des Vorsitzenden zu entziehen.

Besteht ein Personalrat nur aus Angehörigen einer einzigen Gruppe, so kann ausnahmsweise ein nicht dem Vorstand angehörendes Personalratsmitglied zum Stellvertreter des Vorsitzenden bestimmt werden. Das Gleiche gilt, wenn der Personalrat nur aus zwei Gruppen besteht und aufgrund der dienstlichen Besonderheiten die Funktionsfähigkeit nicht anders sichergestellt werden kann. Ebenso ist es, wenn in einem aus mehreren Gruppen bestehenden Personalrat nur eine Gruppe zur Bestimmung eines Vorstandsmitglieds gelangt.

In der Praxis wird allerdings im Regelfall davon auszugehen sein, dass die Anzahl der Vorstandsmitglieder ausreichend ist, um im Vertretungsfall die Funktionsfähigkeit des Personalrats sicherzustellen.

Stellung des Personalratsvorsitzenden

Der Vorsitzende des Personalrats ist nicht Vorgesetzter der anderen Personalratsmitglieder, sondern „primus inter pares" (Erster unter Gleichen). Er ist Personalratsmitglied mit gleichen Rechten und Pflichten, dem aber durch personalratsinterne Wahl eine besondere Vertrauensstellung zugefallen ist, die mit zusätzlichen Aufgaben und Befugnissen ausgestattet ist. Zu diesen einzelnen, in den verschiedenen Paragraphen normierten zusätzlichen Aufgaben gehören z. B. die Festlegung der Tagesordnung, Einladung zur Sitzung, Leitung der Sitzung und der Personalversammlung, Verantwortung für die gesetzeskonforme Durchführung und Ausübung des Hausrechtes. Der Vorsitzende des Personalrats ist außerdem Empfänger der offiziellen Erklärungen der Dienststelle und er vertritt den Personalrat nach außen (§ 35 Abs. 2 BPersVG). Vergleichbare Befugnisse werden den übrigen Mitgliedern der Personalvertretung nicht zugestanden.

Vertretungsbefugnis

Nach dem Wortlaut des § 35 Abs. 2 BPersVG kann der Vorsitzende nur solche Erklärungen abgeben, die sich mit dem Willen der Personalvertretung decken, also der Beschlusslage entsprechen. Gibt der Vorsitzende gegenüber der Dienststelle eine Erklärung ab, kann sie davon ausgehen, dass er dazu ermächtigt war. Hat die Dienststelle allerdings begründete Zweifel an der Vertretungsbefugnis, ist sie verpflichtet, diesen Zweifeln nachzugehen (BVerwG vom 24. 5. 1965 – VI C 176.61, BVerwGE 21, 240 = PersV 1966, 113 = ZBR 1965, 346 = DÖD 1965, 229). Der Personalrat ist an eine außerhalb der Vertretungsbefugnis abgegebene Erklärung seines Vorsitzenden nicht gebunden.

Beschlüsse, die lediglich eine Gruppe betreffen, vertritt der Vorsitzende nur dann allein, wenn er dieser Gruppe persönlich angehört. Anderenfalls muss er den Beschluss gemeinsam mit dem Vorstandsmitglied der betreffenden Gruppe vertreten. Betrifft eine Gruppenangelegenheit mehr als eine Gruppe, gilt wiederum das Alleinvertretungsrecht des Vorsitzenden. Eine andere Auslegung lässt der Wortlaut von § 35 Abs. 2 BPersVG nicht zu. Weitere konkretisierende Ausführungen finden Sie im Kapitel Personalratssitzung unter der Überschrift „Mitvertretungsregelung“.

Geschäftsordnung

Die Personalvertretung kann in einer Geschäftsordnung Richtlinien für den internen Geschäftsablauf festlegen (§ 44 BPersVG). Die Geschäftsordnung muss vom Personalrat mit der Mehrheit seiner Mitglieder beschlossen sein. Die Mehrheit der anwesenden Mitglieder ist folglich nur dann ausreichend, wenn sie gleichzeitig auch die Mehrheit der tatsächlichen Mitglieder darstellt.

Durch eine Geschäftsordnung können keine Regelungen materiellen Inhalts getroffen werden. Sie kann nur das Gesetz ergänzende, eventuelle Lücken ausfüllende Regelungen treffen, z. B. über die interne Geschäftsverteilung.

Praxis-Tipp:
Eine Geschäftsordnung ist für Personalvertretungen ab einer gewissen Größe und für Stufenvertretungen sinnvoll.

Sprechstunden

Der Personalrat hat die Möglichkeit, Sprechstunden abzuhalten, um so den Beschäftigten Gelegenheit zu geben, ihre individuellen Probleme vorzutragen (§ 45 BPersVG). Die neu ins Gesetz aufgenommene Regelung des Absatzes 2 wurde von § 39 Abs. 2 BetrVG übernommen. Der Jugend- und Auszubildendenvertretung wird dadurch die Möglichkeit eröffnet, die Organisationsstrukturen des Personalrats bei der Durchführung von Sprechstunden zu nutzen. Die Sprechstunde hat folglich eine erhebliche Bedeutung für die Kommunikation zwischen dem Personalrat und den Beschäftigten.

Zu den allgemeinen Aufgaben des Personalrats gehört es, Anregungen und Beschwerden entgegenzunehmen, die Sprechstunde steht mit dieser Aufgabe unmittelbar im Zusammenhang. Weiterhin dient sie der Vorbereitung von Entscheidungen und Initiativen sowie der Informationsweitergabe an einzelne Beschäftigte, soweit hierfür nicht die Personalversammlung in Betracht kommt (BVerwG vom 18. 8. 2003 – 6 P 6.03, Leits. NZA-RR 2004, 112). In der Praxis wird es dabei sehr auf die Situation in der jeweiligen Dienststelle ankommen. Arbeiten beispielsweise alle Beschäftigten in einem Dienstgebäude, wird wohl niemand die Sprechstunde abwarten: Um individuelle Probleme vorzutragen, spricht man sofort ein Personalratsmitglied seines Vertrauens an. Gemäß § 45 Abs. 3 BPersVG können Sprechstunden auch mittels durch die Dienststelle freigegebener audiovisueller Einrichtungen (Videokonferenz) erfolgen, wenn dies in der Geschäftsordnung des Personalrates vorgesehen ist. Der Personalrat hat alle organisatorischen Maßnahmen zu treffen, um auszuschließen, dass Dritte vom Inhalt der Sprechstunde Kenntnis erhalten. Eine Aufzeichnung der Gespräche ist nicht zulässig. Soweit elektronische Kommunikationsmöglichkeiten eröffnet werden, sind diese auch für Beschäftigte mit Behinderung barrierefrei zugänglich und nutzbar zu gestalten.

Keine Rechtsberatung

Dem Personalrat ist es gestattet, im Zusammenhang mit einer konkreten personalvertretungsrechtlichen Angelegenheit während einer Sprechstunde Rechtsfragen zu erörtern, soweit dies zur Ausübung seiner Beteiligungsrechte erforderlich ist. Der Personalrat ist in der eigenverantwortlichen Ausgestaltung der Erörterung mit dem betroffenen Beschäftigten grundsätzlich frei, solange ein Bezug zwischen den Fragestellungen und seinem Beteiligungsrecht gewahrt ist. Eine von einer konkreten Angelegenheit losgelöste rechtsberatende Tätigkeit ist dem Personalrat jedoch nicht gestattet: Rechtsbetreuung oder Rechtsberatung der in der Dienststelle tätigen Beschäftigten gehört nicht zu seinen im Gesetz geregelten Aufgaben (BVerwG vom 18. 8. 2003, a. a. O.).

Zeit und Ort der Sprechstunde

Gemäß § 45 Abs. 1 Satz 2 BPersVG sind Ort und Zeit der Sprechstunden im Einvernehmen mit dem Leiter der Dienststelle zu bestimmen. Eine Versagung seitens der Dienststelle kommt nur in Betracht, wenn die Sprechstunde rechtswidrig wäre oder den Dienstbetrieb erheblich beeinträchtigen würde. Durch den Besuch der Sprechstunde entsteht weder ein Arbeitsversäumnis noch eine Minderung der Dienstbezüge oder des Arbeitsentgeltes. Muss der Besuch der Sprechstunde des Personalrats außerhalb der Arbeitszeit erfolgen, ist dem Beschäftigten Zeitausgleich im entsprechenden Umfang zu gewähren.

Nach § 90 Satz 1 BPersVG und § 94 i. V. m. § 90 Satz 1 BPersVG sind Stufenvertretungen und Gesamtpersonalrat nicht befugt, Sprechstunden abzuhalten. Eine entsprechende analoge Anwendung des § 45 BPersVG wurde vom Gesetzgeber nicht vorgesehen.

Geschäftssitz der Personalvertretung

Die Festlegung des Sitzes des Personalrats liegt in dessen Kompetenz (ZfPR 2008, 31). Er hat aber bei der Bestimmung seines Geschäftssitzes das sich aus den Grundsätzen der vertrauensvollen Zusammenarbeit ergebende Partnerschaftsprinzip zu beachten. Daraus resultiert, dass sich die Geschäftsstelle des Personalrats am Sitz des Dienststellenleiters befinden muss. Eine vom Sitz der Dienststelle abweichende Festlegung des Sitzes der Personalvertretung ist grundsätzlich unzulässig. Der Personalrat hat daher in der Regel einen Anspruch darauf, am Sitz des Dienststellenleiters Räumlichkeiten zugewiesen zu bekommen (VG Dessau vom 21. 11. 2003 – 11 A 5/03).

Wichtig: Der Leiter der Dienststelle und der Personalrat sind so auch jederzeit zu einem sachlichen Gespräch und einem persönlichen Kontakt in der Lage.

Für den Bereich der Stufenvertretungen hat der Gesetzgeber dies auch im Wortlaut des § 88 Abs. 1 BPersVG deutlich gemacht. Dort heißt es ausdrücklich: Stufenvertretungen werden bei den Behörden der Mittelstufe bzw. bei den obersten Dienstbehörden gebildet. Es heißt gerade nicht, dass Stufenvertretungen im Geschäftsbereich der Behörden der Mittelstufe bzw. der obersten Dienstbehörden gebildet werden. Für den Gesamtpersonalrat hat der Gesetzgeber eine Festlegung nicht getroffen. Es entspricht aber Sinn und Zweck des Gesetzes, hier analog zu verfahren.

Aufsuchen von Beschäftigten am Arbeitsplatz

Unter Berücksichtigung der dienstlichen Belange kann der Personalrat in Ausübung seines allgemeinen Überwachungsrechts auch einzelne Beschäftigte am Arbeitsplatz aufsuchen, um sich bei ihnen zu informieren. Dieses Recht ist gesetzlich nicht geregelt, aus dem Grundsatz der vertrauensvollen Zusammenarbeit und im Interesse eines geregelten Dienstablaufs ist aber eine Informationspflicht abzuleiten. Eine Zustimmung des Dienststellenleiters ist dazu nicht erforderlich. Es ist jedoch das Einvernehmen mit dem Leiter der Dienststelle herzustellen, da die Frage, ob dienstliche Belange dem Besuch entgegenstehen, also der Dienstablauf erheblich beeinträchtigt wird, nicht ausschließlich aus der Sicht der Personalvertretung beantwortet werden kann. Der Personalrat ist aber nicht verpflichtet, außer der Information über den Besuch weitere Auskünfte zu geben. Die Dienststelle hat die Möglichkeit, dem Besuch zu widersprechen. Dieses Recht wird dem Leiter der Dienststelle aber nur dann zugestanden, wenn der Besuch des Personalrats rechtsmissbräuchlich ist oder zu einer erheblichen Störung des Arbeitsablaufes oder der Ordnung führen würde.

Monatsgespräch

Der Leiter der Dienststelle und die Personalvertretung sind aufgerufen, mindestens einmal im Monat zu Besprechungen zusammenzutreffen (§ 65 Abs. 1 BPersVG). Dabei sollten neben der Gestaltung des Dienstbetriebes alle Vorgänge behandelt werden, die die Beschäftigten wesentlich berühren. Das beinhaltet auch die Aufforderung an den Vertreter der Dienststelle, über zukünftige Entwicklungen und beabsichtigte Maßnahmen zu berichten.

Ernster Wille zur Einigung

In diesem Gespräch müssen der Leiter der Dienststelle und die Personalvertretung über strittige Fragen mit dem ernsten Willen zur Einigung verhandeln. Sie haben jeweils Vorschläge für die Beilegung von Meinungsverschiedenheiten zu machen und sind aufgefordert, einen Konsens zu finden. Das bedeutet für die Praxis, dass der Leiter der Dienststelle nicht automatisch den dienstlichen Interessen den Vorrang geben darf. Der Personalrat muss diese aber in seinen Überlegungen berücksichtigen und darf nicht ausschließlich die Beschäftigteninteressen in den Vordergrund stellen.

Wichtig: Das Monatsgespräch ist stets mit dem gesamten Personalrat zu führen, es ist kein Gespräch alleine zwischen der Dienststelle und dem Vorsitzenden oder dem Vorstand. Der Gesetzgeber will so eine möglichst große Meinungsvielfalt erreichen.

Teilnehmerkreis

Der Schwerbehindertenvertretung steht nach dem Neunten Buch des Sozialgesetzbuches (§ 178 Abs. 5 SGB IX) ein Teilnahmerecht zu. Die Jugend- und Auszubildendenvertretung ist nach § 104 Abs. 3 BPersVG hinzuzuziehen, wenn Angelegenheiten dieses Vertretungsbereiches erörtert werden. Neu im Gesetz verankert wurde in § 104 Abs. 3 BPersVG das eigenständige Recht der Jugend- und Auszubildendenvertretung auf eine Besprechung mit dem Leiter der Dienststelle. Dieses Gespräch soll mindestens einmal im Halbjahr durchgeführt werden.

Wichtig: Der Teilnehmerkreis ist abschließend geregelt und kann nur einvernehmlich erweitert werden.

Es würde dem Grundsatz der vertrauensvollen Zusammenarbeit widersprechen, wenn einseitig weitere Personen zu diesen Gesprächen hinzugezogen würden, sei es von Seiten des Personalrats oder von Seiten des Dienststellenleiters. Für die Praxis ist daraus abzuleiten, dass die Gleichstellungsbeauftragte, Sachverständige oder weitere Personen nur hinzugezogen werden dürfen, wenn hierüber Einvernehmen zwischen Personalrat und dem Leiter der Dienststelle besteht.

Vertretungsmöglichkeit

Es entspricht der Systematik des Gesetzes und den Grundsätzen der Zusammenarbeit, dass im Regelfall der Leiter der Dienststelle persönlich das Gespräch mit dem Personalrat führt und er sich dem nicht entzieht. Einen direkten Anspruch auf jederzeitige persönliche Teilnahme des Dienststellenleiters hat der Personalrat allerdings nicht. Beauftragt der Leiter der Dienststelle unter Beachtung der gesetzlichen Vorgaben (§ 8 BPersVG) einen Vertreter mit der Gesprächsführung, so muss er den Vertreter mit seiner Handlungsbefugnis ausstatten und sich im Nachhinein auch dessen Handlungen zurechnen lassen. Anderenfalls wäre der gesetzlichen Aufforderung zur Konsensbildung nicht Genüge getan.

Verfahren

Verfahrensregelungen für die organisatorische Durchführung des Monatsgespräches sind im Gesetz nicht genannt, nach dem

Sinn des Gesetzes sind sie aber ebenfalls einvernehmlich festzulegen. Es ist auch nicht ausdrücklich geregelt, wer zu diesem Gespräch einlädt und wo es stattfindet, in der Praxis wird die Initiative vom Personalrat ausgehen. Eine Tagesordnung ist ebenfalls nicht vorgeschrieben, unter Berücksichtigung der gesetzlichen Vorgaben über den Ablauf des Gesprächs ist sie aber sinnvoll. Die Gesprächspartner müssen dazu in der Lage sein, sich so vorzubereiten, dass sie zu einer kompetenten Meinungsäußerung und sachgerechten Konsensbildung befähigt sind. Auch aus den Grundsätzen der vertrauensvollen Zusammenarbeit lässt sich ein solcher Anspruch ableiten. Wird die Tagesordnung vom Personalrat aufgestellt, bedarf dies eines Personalratsbeschlusses. Der Personalratsvorsitzende allein ist nicht befugt, eigenmächtig die Tagesordnung für ein Monatsgespräch festzusetzen (OVG Nordrhein-Westfalen vom 4. 10. 1990, PersV 1995, 40 = Leits. ZfPR 1991, 81).

5

Regelmäßiges Gesprächsforum

Das Monatsgespräch ist in § 65 BPersVG als wiederkehrendes Gesprächsforum vorgesehen. Es dient unter anderem auch dem regelmäßigen Informations- und Gedankenaustausch. Die Dienststelle soll hier über perspektivisch geplante Maßnahmen berichten. Diese Regelung gilt auch gemäß § 92 Abs. 3 BPersVG für Stufenvertretungen. Soll von dieser gesetzlichen Regelungstypik abgewichen werden, bedarf dies des Einvernehmens beider Gesprächspartner. Auf Seiten der Personalvertretung ist eine Beschlussfassung durch das Gremium als Kollegialorgan nötig. Es handelt sich dabei um keine Angelegenheit der dem Vorstand obliegenden laufenden Geschäftsführung. Eine ausnahmsweise abweichende Regelung darf nicht zu einer Aushöhlung der Rechte des Personalrats und seiner Mitglieder führen. Sie muss mit der Regelung des § 65 BPersVG im Einklang stehen. Dies gilt auch für verabredete (BVerwG vom 24.02.2022 – 5 A 5.20).

Monatsgespräch per Video- oder Telefonkonferenz:

Verfahrensregeln für das Monatsgespräch hat der Gesetzgeber nicht getroffen. Insoweit steht es den beiden personalvertretungsrechtlichen Partnern frei, diese einvernehmlich zu gestalten. Der Gesetzgeber hat mit der Schaffung des eigenständigen Paragrafen im Bundespersonalvertretungsgesetz (BPersVG) über das Monatsgespräch deutlich gemacht, dass er diesem eine besondere Bedeutung beimisst. Dieses Gespräch dient nicht nur der Erörterung und Lösung strittiger Fragen, sondern dient auch der Vertrauensbildung in Ausgestaltung des § 2 BPersVG und ist eine hochrangige Informationsquelle für den Personalrat. Die Monatsgespräche sollen zu einem offenen, unbefangenen und ergebnisorientierten, auf die Verständigung beider personalvertretungsrechtlichen Partner abzielenden Gespräch führen.

Für die Zeit der Pandemie hatte der Gesetzgeber auch für die Durchführung des Monatsgesprächs die Möglichkeit der Video- oder Telefonkonferenz geschaffen. Während er diese Regelungen für die Durchführung der Personalratssitzung und der Personalversammlung nach Auslaufen der Pandemie in das Bundespersonalvertretungsgesetz übernommen hat, ist eine entsprechende Regelung in den § 65 BPersVG zum Monatsgespräch nicht eingeflossen. Insbesondere gibt es auch keinen Bezug auf die technischen Voraussetzungen, die Vertraulichkeit und den Datenschutz. Diese sind in den gesetzlichen Bestimmungen zur Personalratssitzung sowie zur Personalversammlung explizit aufgeführt und sehr ausführlich ausgestaltet worden. Daraus lässt sich ableiten, dass der Gesetzgeber die Durchführung des Monatsgesprächs per Video- oder Telefonkonferenz bzw. die Zuschaltung einzelner Teilnehmerinnen/Teilnehmer grundsätzlich nicht zulassen wollte. Das Monatsgespräch hat weiterhin grundsätzlich in Präsenzform zu erfolgen (siehe hierzu: Ilbertz/Widmaier, BPersVG § 65 Rn. 1). In seiner Gesetzesbegründung an anderer Stelle hat der Bundesgesetzgeber auch klargestellt, dass allein Zeit- und Kostengründe nicht ausschlaggebend für die Durchführung per Videokonferenz oder die Zuschaltung Einzelner sind.

Obwohl der Gesetzgeber organisatorische Regelungen zur Durchführung des Monatsgesprächs nicht getroffen hat und diese einvernehmlich vereinbart werden können, lassen die vorstehenden Ausführungen den Rückschluss zu, dass eine Durchführung des Monatsgesprächs per Video- oder Telefonkonferenz grundsätzlich nicht gewollt ist und sich nur auf Ausnahmen beschränken kann.

Grundsätzlich verbleibt es bei der Durchführung bzw. der Teilnahme am Monatsgespräch bei dem Präsenzerfordernis. Es mag aus ganz besonderem Grund (Altvater u. a. BPersVG § 65 Rn. 6 – Durchführung während der Pandemie) im Einzelfall ausnahmsweise notwendig sein, ein solches Gespräch digital oder unter Zuschaltung einzelner Teilnehmerinnen/Teilnehmer zu ermöglichen. Voraussetzung dafür müsste aber das Einverständnis aller Teilnehmenden sowie die Einhaltung der vom Gesetzgeber an anderer Stelle (Personalratssitzung, Personalversammlung) aufgeführten sicherheits- und datenschutzrechlichen Aspekte sein. Kosten- oder Termingründe sind keine besonderen Gründe.

Ergebnisprotokoll

Der Personalvertretung ist zu empfehlen, eine Niederschrift in Form eines Ergebnisprotokolls zu fertigen. Die zwingende Vorschrift des § 43 BPersVG „Protokoll" findet auf das Monatsgespräch keine Anwendung. In diesem ist zwar auch „zu verhandeln", so dass durchaus von einer Verhandlung im weitesten Sinne gesprochen werden kann. Unstrittig ist aber, dass in einem Monatsgespräch keine Beschlüsse gefasst werden können und somit weder deren Wortlaut noch das Stimmergebnis zu dokumentieren sind. Da in einem Monatsgespräch aber ernsthafte Lösungsversuche unternommen werden sollen, ist es jedoch sinnvoll, die wesentlichen Ergebnisse in einer Niederschrift zu erfassen, um später Zweifelsfragen auszuräumen.

Praxis-Tipp:

Aus Gründen der Rechtssicherheit und aufgrund des Grundsatzes der vertrauensvollen Zusammenarbeit sollten die am Monatsgespräch Beteiligten eine Abschrift des Ergebnisprotokolls erhalten. Fertigt auch die Dienststelle eine Niederschrift an, so entspricht es dem vorstehenden Grundsatz, auch diese zur Verfügung zu stellen.

§ **Rechtsprechung**

Bekanntmachung des Personalrats über den Inhalt eines Monatsgespräches (OVG Berlin vom 12. 5. 1998 – 60 PV 1/96, BeckRS 1998, 30917711)

Der Personalrat ist befugt, die Dienstkräfte in einer Bekanntmachung darüber zu informieren, welche die Dienstkräfte berührenden Vorgänge in einem Monatsgespräch zwischen dem Dienststellenleiter und ihm behandelt und welche Entscheidungen dabei getroffen worden sind, solange er nicht als Vollzugsorgan dieser Entscheidung auftritt.

Aufbewahrung von Personalratsunterlagen

Der Gesetzgeber hat mit Ausnahme einer Regelung über die Wahlunterlagen keinerlei Aussagen zur Aufbewahrung der Unterlagen des Personalrats getroffen. Die Wahlunterlagen sind vom Personalrat mindestens bis zur Durchführung der nächsten Wahl aufzubewahren.

Der regelungsfreie Raum bezüglich der weiteren Unterlagen hat bei vielen Personalräten aus Rechtsunsicherheit in der Vergangenheit zu einer unterschiedlichen Herangehensweise geführt. Verschiedene Personalvertretungen haben ihre Unterlagen neu gewählten Vertretungen übergeben, andere haben die kompletten Unterlagen vernichtet.

Vor einigen Jahren hat der Bundesdatenschutzbeauftragte die Auffassung vertreten, dass die Unterlagen des Personalrats unmittelbar nach Beendigung der Beteiligung zu vernichten sind. Aus der Betrachtungsweise des Praktikers ist dem aber entgegenzuhalten, dass Personalratsarbeit bei dieser Vorgehensweise nicht mehr nachvollziehbar wird. So dienen die Niederschriften dem Beweis von Rechten und Rechtsverhältnissen. Ihnen kann folglich auch über die Amtszeit hinaus eine rechtliche Bedeutung zukommen.

Ferner lässt sich entgegen der Auffassung des Bundesdatenschutzbeauftragten aus dem Kommentar zum Bundesarchivgesetz ableiten, dass Personalräte zu den anbietungspflichtigen Stellen gehören. Personalvertretungen gehören zum Aufbau der Verwaltung und sind lediglich innerhalb der Dienststelle personalvertretungsrechtlich verselbstständigt.

Es ist daher nicht auszuschließen, dass Unterlagen des Personalrats als archivwürdig eingestuft werden. In der Vergangenheit ist dies in Einzelfällen bereits geschehen.

Beachtung des Datenschutzes

Die gesetzliche Regelung des § 69 BPersVG enthält die Bestimmungen zum Datenschutz und wurde neu in das Gesetz eingefügt. Der Personalrat erhält und verarbeitet eine Vielzahl sehr unterschiedlicher, teils hochsensibler personenbezogener Daten. Nach Satz 1 hat er dabei die datenschutzrechtlichen Vorschriften (EU-Datenschutz-Grundverordnung, Bundesdatenschutzgesetz) einzuhalten. Besonders zu beachten ist hierbei § 26 BDSG. Darin enthalten sind spezifische Bestimmungen zur Verarbeitung personenbezogener Daten von Beschäftigten durch die Interessenvertretungen der Beschäftigten. Nach Satz 2 ist die Dienststelle der für die Verarbeitung Verantwortliche im Sinne der datenschutzrechtlichen Vorschriften. Des Weiteren regelt der Gesetzgeber mit Satz 3, dass sich Dienststelle und Personalvertretung bei der Einhaltung der datenschutzrechtlichen Vorschriften gegenseitig unterstützen sollen. Daraus ergibt sich für die Dienststelle auch die Verpflichtung, dem Personalrat die hierfür erforderlichen Sachmittel zur Verfügung zu stellen, damit dieser in die Lage versetzt wird, die personenbezogenen Daten zu sichern.

Geschäftsbedarf, Kosten, Sachaufwand

Allgemeine Kostenregelung

Mit der Novellierung des Bundespersonalvertretungsgesetzes wurde die bisherige Regelung dahingehend präzisiert, dass nicht nur die Kosten der Tätigkeit des Personalrats, also des Gremiums, sondern auch die der einzelnen Mitglieder einschließlich eventuell nachrückender Ersatzmitglieder zu tragen sind. Ferner wurde klargestellt, dass es sich beim juristischen Kostenträger um den Bund handelt. Eine inhaltliche Änderung der bisherigen Regelung hatte dies aber nicht zur Folge. Die jeweilige Dienststelle muss die Kosten der Personalratstätigkeit aus den ihr zur Verfügung gestellten Haushaltsmitteln tragen. Bei den notwendigen Ausgaben des Personalrats sowie seiner Mitglieder handelt es sich um Ausgaben aufgrund gesetzlicher Verpflichtung. Daraus leitet sich die Pflicht der Dienststelle ab, die durch die Tätigkeit des Personalrats entstehenden Kosten zu tragen. So wird die Personalvertretung in die Lage versetzt, im Rahmen ihres Zuständigkeitsbereiches „zur Tätigkeit der Dienststelle einen qualitativ gleichwertigen Beitrag einzubringen" (VGH Baden-Württemberg vom 18. 9. 1990 – 15 S 831/89, ESVGH 41, 86). Alle Kosten, die es der Personalvertretung ermöglichen, ihre Aufgaben sach- und zeitgerecht wahrzunehmen, fallen unter die Vorschrift des § 46 Abs. 1 Satz 1 BPersVG.

Die Dienststelle hat der Personalvertretung Haushaltsmittel zur Verfügung zu stellen, damit diese, unabhängig vom Leiter der Dienststelle, die Art und Weise der Aufgabenerfüllung und die notwendigerweise anfallenden Kosten selbst bestimmen kann. Es kommt dabei darauf an, ob eine Personalvertretung aus ihrer Sicht die Kosten bei pflichtgemäßer Beurteilung der Sachlage für erforderlich hält (BVerwG vom 22. 6. 1962 – VII P 8.61, BVerwGE 14, 282 = ZBR 1962, 286 = PersV 1962, 180).

Sparsamkeitsgrundsatz

Da es sich um öffentliche Gelder handelt, hat die Personalvertretung den Grundsatz der sparsamen Verwendung der Haushaltsmittel unbedingt zu berücksichtigen. Als nichtrechtsfähiges Organ der Dienststelle ist der Personalrat Bestandteil der öffentlichen Verwaltung und insoweit an das Gebot der sparsamen und wirtschaftlichen Haushaltsführung (§ 7 BHO Wirtschaftlichkeit und Sparsamkeit, Kosten- und Leistungsrechnung) gebunden. Er kann über öffentliche Mittel nicht frei verfügen. Die kostenwirksamen Entscheidungen und Betätigungen des Personalrats unterliegen vom Grundsatz denselben haushaltsrechtlichen Bindungen, denen auch die Dienststelle insgesamt unterworfen ist. Neben der Beachtung aller rechtlichen Bestimmungen ist der Personalrat auch verpflichtet, die Grundsätze der Sparsamkeit und Wirtschaftlichkeit bei seinem Handeln zu beachten.

Ferner ergibt es sich aus dem Grundsatz der vertrauensvollen Zusammenarbeit, den Leiter der Dienststelle über weitreichende Kostenfolgen zu informieren und diese mit ihm zu erörtern.

Dieser hat das Recht zu überprüfen, inwieweit die Kosten in unmittelbarem Zusammenhang mit der Wahrnehmung personalvertretungsrechtlicher Aufgaben stehen.

Dieser Grundsatz verlangt zudem, dass der Personalrat vor der Festlegung des Haushaltsplanes gehört werden muss. Der Personalrat ist verpflichtet, seinen voraussichtlichen Bedarf rechtzeitig vor Aufstellung des Haushaltsplans bei der Dienststellenleitung geltend zu machen, um diese in den Stand zu versetzen, entsprechende Haushaltsanforderungen zu stellen.

Außerplanmäßige Kosten

Der Personalrat besitzt keine eigene Rechtspersönlichkeit. Er handelt als Teil der Dienststelle und ist somit nicht Träger vermögensrechtlicher Ansprüche und Verpflichtungen. Eine eigene Mittelbewirtschaftung findet also in der Regel nicht statt, der notwendige Finanzbedarf ist von der Dienststelle zu decken. Entstehen im laufenden Haushaltsjahr unvorhersehbare unvermeidliche Kosten, die bei der Haushaltsanforderung nicht berücksichtigt werden konnten und mit den bereitgestellten Mitteln nicht gedeckt werden können, eröffnet die Bundeshaushaltsordnung die Möglichkeit, Haushaltsmittel zum Ausgleich der überplanmäßigen Ausgaben nachzubewilligen. Da auch die Personalvertretung keine Verpflichtungen eingehen darf, ohne dass diese vom Haushalt gedeckt sind, ist sie aufgerufen, einen den Haushaltsansatz übersteigenden unvorhersehbaren unvermeidlichen Mittelbedarf so rechtzeitig anzuzeigen, dass dieser nachbewilligt werden kann.

Entstehen seitens der Personalvertretung Zahlungsverpflichtungen, die in Wahrnehmung der ihr obliegenden Aufgaben verursacht worden sind, kann die Dienststelle grundsätzlich nicht einwenden, dass die Haushaltsmittel erschöpft sind. Können aus anderen Titeln des Haushaltes Mittel übertragen werden, muss die Dienststelle alles versuchen, dies zu bewirken. Das ergibt sich aus dem Grundsatz der vertrauensvollen Zusammenarbeit. Die Dienststelle darf die Übernahme von Kosten für die Personalratstätigkeit nur dann mit der Begründung fehlender Haushaltsmittel ablehnen, wenn sie alle Möglichkeiten zur Bereitstellung über- und außerplanmäßiger Mittel ausgeschöpft hat (Ruppert, PersV 2001, 98).

Die Einsparungen in den Haushalten der öffentlichen Verwaltung haben zwangsweise auch zu einer Verknappung der Gelder geführt, die für die ordnungsgemäße Erfüllung personalvertretungsrechtlicher Aufgaben zur Verfügung gestellt werden. Der Gesetzgeber hat sich bei der Verabschiedung des Personalvertretungsgesetzes jedoch selbst verpflichtet, entsprechende Ansätze bei der Haushaltsplanberatung zu berücksichtigen. Den jeweiligen Verwaltungen ist aufgegeben, die Erfüllung der gesetzlichen Aufgaben sicherzustellen.

Im Personalvertretungsgesetz ist eine Reihe zu deckender Kosten enthalten. Dazu gehören insbesondere:

- Kosten der Wahl
- Kosten durch Freistellungen und Arbeitsabminderung
- Kosten für den Geschäftsbedarf
- Kosten für geeignete Räumlichkeiten und Literatur
- Schulungskosten
- Reisekosten
- Kosten der Personalversammlung
- Kosten für Sachverständige und Beratung
- Anwaltskosten

Eine Haushaltssperre bindet auch die Personalvertretung. Allerdings sind aufgrund der besonderen gesetzlichen Aufgabenstellung andere Maßstäbe anzusetzen als bei anderen Teilen der Dienststelle.

Werden die erforderlichen Haushaltsmittel nicht berücksichtigt, müsste die Personalvertretung (gegebenenfalls gestützt auf die Behauptung eines Verstoßes gegen das Verbot der Behinderung der Personalratsarbeit nach § 10 BPersVG) im Wege der Dienstaufsichtsbeschwerde oder im personalvertretungsrechtlichen Beschlussverfahren vor dem Verwaltungsgericht dafür sorgen, dass ein ausreichend hoher Haushaltsansatz erfolgt (BVerwG vom 24. 11. 1985 – 6 P 3.85, DVBl 1987, 420). Es darf nicht dazu kommen, dass mit einseitigem Verwaltungsakt durch die Verweigerung der Haushaltsmittel die gesetzmäßige Tätigkeit der Personalvertretung eingeschränkt oder behindert wird.

In aller Regel erzielen Personalvertretung und Leiter der Dienststelle Einigung über die Kostenregelungen des § 46 Abs. 1 BPersVG. Im Rahmen der Aufstellung des Haushaltsplanes sollte ausreichend Gelegenheit bestehen, die Festlegung der Kosten für die Personalratstätigkeit ausführlich zu erörtern.

Pflicht zur Übernahme von Reisekosten

Den Mitgliedern des Personalrats sind die Kosten für Reisen zu erstatten, die in Erfüllung der Aufgaben des Personalrats entstanden sind (§ 46 Abs. 2 Satz 1 BPersVG). Diese Kostenerstattung gehört zu den persönlichen Ansprüchen eines Personalratsmitglieds. Dazu zählen neben den Fahrtkosten auch die Kosten für Unterbringung und Verpflegung. Die Reisen eines Personalratsmitgliedes müssen nicht vom Leiter der Dienststelle oder dem Anordnungsbefugten genehmigt werden.

Die Personalvertretung entscheidet allein darüber, ob sie die Durchführung einer Reise nach sachgemäßen Erwägungen für erforderlich hält, denn sie ist kein dem Leiter der Dienststelle unterstelltes Organ.

Die Reisekostenvergütung erfolgt auf der Grundlage des Bundesreisekostengesetzes.

Trennungsgeld

Ein von seiner dienstlichen Tätigkeit freigestelltes Personalratsmitglied, das seine Aufgaben als Personalvertreter am Sitz der Personalvertretung, der nicht dem arbeitsrechtlichen Beschäftigungsort entspricht, wahrnimmt, hat Anspruch auf Erstattung der täglichen Fahrtkosten in der Form von Trennungsgeld (SächsOVG vom 13. 10. 1998 – P 5 S 16/96, ZfPR 1999, 197 = PersV 2000, 80 = PersR 1999, 498). Die Tätigkeit am Sitz der Personalvertretung ist in diesem Fall einer Abordnung gleichzusetzen, die gemäß der reisekostenrechtlichen Bestimmungen nach § 15 Abs. 1 BRKG einen Anspruch auf Trennungsgeld begründet (BVerwG vom 14. 2. 1990 – 6 P 12.88, PersV 1990, 351 = ZfPR 1990, 83).

Müssen freigestellte Mitglieder eines Personalrats, die am Sitz der Dienststelle eine zweite Unterkunft genommen haben, für das ihnen bewilligte Trennungsübernachtungsgeld Steuern und Sozialabgaben entrichten, ist die Dienststelle zum Ausgleich der dadurch entstandenen Mehrbelastung verpflichtet (BVerwG vom 27. 1. 2004 – 6 P 9.03, BFH/NV 2004, 336).

Mit der durch die Novellierung des Bundespersonalvertretungsgesetzes vorgenommenen Ergänzung durch Anfügung des 2. Halbsatzes zu Satz 1 und des Satzes 2 in § 46 Abs. 2 BPersVG wurde klargestellt, dass sich der erforderliche Aufwendungsersatz nicht nur auf die zu erstattende Reisekostenvergütung nach BRKG bezieht, sondern auch auf die entsprechende Anwendung der beamtenrechtlichen Bestimmungen. Der Gesetzgeber macht hier deutlich, dass die Vorschriften wegen der Eigenart der Personalratstätigkeit nicht unmittelbar, sondern entsprechend anwendbar sind. Reisen von Personalratsmitgliedern sind keine Dienstreisen, sondern erfolgen auf der Grundlage der Regelungen des Personalvertretungsgesetzes. Mit Absatz 2 Satz 2 stellt der Gesetzgeber sicher, dass für die Mitglieder des Personalrats bei Reisen für den Ersatz von Sachschäden an privaten Kraftfahrzeugen die beamtenrechtlichen Bestimmungen entsprechend gelten. Es erfolgt damit auch nach der konkreten gesetzlichen Regelung eine Gleichbehandlung von Personalratsmitgliedern und den übrigen Beschäftigten bei der Erstattung von Sachschäden an privateigenen Kraftfahrzeugen.

Pflicht der Dienststelle, Räume, Geschäftsbedarf und Büropersonal zur Verfügung zu stellen

Geeignete Räumlichkeiten

§ 47 BPersVG verpflichtet die Dienststelle, die Aufgabenwahrnehmung, insbesondere die laufende Geschäftsführung der Personalvertretung sicherzustellen. Die Personalvertretung muss ihre Aufgaben ordnungsgemäß erfüllen können. Dazu gehören:

- Abhalten von Sitzungen (§ 36 BPersVG)
- Abhalten von Sprechstunden (§ 45 BPersVG)
- laufende Geschäftsführung (§ 34 Satz 2 BPersVG)

Dazu wird es im Regelfall erforderlich sein, geeignete Räumlichkeiten zur Verfügung zu stellen, da sonst die Vertraulichkeit der Tätigkeit in hohem Maße gefährdet wäre. Dieses kann nur durch die Bereitstellung im Dienstgebäude oder gegebenenfalls das

Anmieten in unmittelbarer Nähe der Dienststelle geschehen. Ein Personalrat kann seinen Anspruch auf Raumbedarf mit einem Verpflichtungsantrag im personalvertretungsrechtlichen Beschlussverfahren geltend machen (BVerwG vom 29. 6. 2004 – 6 PB 3.04, Leits. NVwZ-RR 2004, 869).

Geschäftsbedarf

Auch die Kosten des erforderlichen Geschäftsbedarfs sind von der Dienststelle zu tragen (§ 47 BPersVG). Zum Geschäftsbedarf gehören unter anderem die erforderlichen Möbel, Arbeitsmittel, Telefon, Portokosten und Papier. Die Personalvertretung muss beispielsweise die Möglichkeit haben, Ferngespräche zu führen. Für die Aufzeichnung der Gesprächsdaten sind wegen der besonderen Stellung des Personalrats besonders enge Kriterien anzusetzen. Im Idealfall sollten vom Anschluss des Personalrats keine aus- und eingehenden Rufnummern, sondern nur die Kosten gespeichert werden.

Je nach Umfang der Aufgaben und Größe der Personalvertretung können zum Geschäftsbedarf auch ein Kopiergerät, ein Telefax, ein Aktenvernichter, ein Anrufbeantworter, ein PC, ein Internet-Zugang und ein E-Mail-Anschluss gehören. Die zur sachgemäßen Erfüllung der dem Personalrat obliegenden Aufgaben erforderlichen Mittel sind von der Dienststelle zur Verfügung zu stellen. Insoweit wird auch die Rechtsprechung des Bundesverwaltungsgerichts (BVerwG vom 2. 5. 2014 – 6 PB 12.14) nachvollzogen. Ferner besteht die Verpflichtung der Dienststelle, die für die Personalratsarbeit erforderliche Informations- und Kommunikationstechnik zur Verfügung zu stellen, soweit deren Nutzung in der Dienststelle üblich ist.

Büropersonal

Die Dienststelle hat Büropersonal in dem zur sachgerechten Wahrnehmung der Aufgaben erforderlichen Umfang zur Verfügung zu stellen. Darunter versteht der Gesetzgeber Hilfskräfte, die die büromäßige Abwicklung der Arbeit des Personalrats durchführen. Dazu zählen im Wesentlichen Schreibkräfte für die Erledigung und die Verwaltung des Schriftgutes der Personalvertretung. Als ein Maßstab für die Ermittlung des erforderlichen

Bedarfs kann die Anzahl der Personalratsmitglieder dienen. Das Oberverwaltungsgericht Sachsen-Anhalt geht bei einem aus neun Mitgliedern bestehenden Personalrat, von denen eines voll freigestellt ist, von der Zuweisung einer Bürokraft mit 20 Wochenstunden aus (OVG Sachsen-Anhalt vom 30. 7. 2003 – 5 L 5/02, ZfPR 11/2003, 304).

Wichtig: Bei der Auswahl der Bürokraft steht dem Personalrat wegen des besonderen zu begründenden Vertrauensverhältnisses ein Mitspracherecht zu.

Die Bereitstellung von Büropersonal kann von der Dienststelle nicht mit der Begründung verwehrt werden, dass der Personalrat über die entsprechende, im Gesetz vorgesehene Anzahl von Freistellungen verfüge. Diese Freistellungen sind nicht für die Erledigung von Büroarbeiten, sondern für die Geschäftsführung der Personalvertretung zu gewähren. Fällt die dem Personalrat zur Verfügung gestellte Bürokraft aus, so muss durch eine Vertretungsregelung die Aufgabenerfüllung sichergestellt sein. Der Personalrat benötigt dann für diesen Zeitraum einen Ersatz (SächsOVG vom 7. 7. 1998 – P 5 S 4/97).

Gesetzestexte, Kommentare, Fachzeitschriften

Die Personalvertretung hat Anspruch auf „jederzeitigen Zugriff" auf Gesetzestexte, Erläuterungen und Kommentare. Nur so kann sichergestellt werden, dass sie ihre Aufgaben mit der gebotenen Sachkompetenz wahrnehmen kann. Ein Kommentar gehört nach der Rechtsprechung des Bundesverwaltungsgerichts zum „unentbehrlichen Rüstzeug" für die Personalratsarbeit (BVerwG vom 26. 8. 1988 – 6 P 18.86, BVerwGE 79, 361 = ZBR 1988, 321 = PersV 1988, 394 = ZfPR 1989, 10).

Die Personalratstätigkeit darf nicht durch zeitraubende Einengungen und Nebenarbeiten beeinträchtigt werden, die durch unzureichende Ausstattung mit Geschäftsbedarf verursacht werden. Dem Personalrat müssen Fachzeitschriften und Erläuterungswerke zur ständigen Benutzung zur Verfügung gestellt werden. Personalvertretungen benötigen bei der Vorbereitung und Durchführung von Sitzungen vielfach einen Kommentar oder ein Erläuterungswerk, um den ihnen gestellten Aufgaben gerecht werden zu können (VGH Baden-Württemberg vom 18. 9. 1990 – 15 S 831/89, ESVGH 41, 86).

Bei Stufenvertretungen kann es unter Berücksichtigung der Besonderheiten des Geschäftsbereiches durchaus erforderlich sein, dass diese über mehrere Erläuterungswerke verfügen müssen. Dies wird regelmäßig der Fall sein, wenn die Vorstandsmitglieder weite Wege zur Geschäftsstelle der Stufenvertretung zurücklegen müssen, um die einschlägigen Bestimmungen einzusehen und sich sachkundig zu machen. Unabhängig vom Zeitaufwand würden auch unnötigerweise Fahrtkosten anfallen.

Nutzung von Internet und Intranet

Die Dienststelle hat die für die laufende Geschäftsführung erforderlichen Mittel zur Verfügung zu stellen. Dazu gehört auch die üblicherweise in der Dienststelle genutzte Informations- und Kommunikationstechnik, also auch der Zugang zum Internet, mit dessen Hilfe sich der Personalrat umfassend und schnell über aktuelle Fragen des Personalvertretungsrechts informieren kann. Veröffentlichungen im Intranet ermöglichen dem Personalrat, die Beschäftigten der Dienststelle aktuell und zeitnah über seine Tätigkeit zu unterrichten. Dies gilt umso mehr für die Fälle, in denen die sonstigen Informationsmöglichkeiten nicht ausreichen. Online-Bibliotheken bieten hier eine schnelle Recherche und immer den aktuellen Rechtsstand. Auch z. B. Entscheidungen der obersten Bundesgerichte sind im Volltext im Internet abrufbar; die so vereinfachte Rechtsrecherche spart nicht nur Zeit, sondern auch Kosten.

Beim Intranet handelt es sich um ein übliches dienststelleninternes Kommunikationsmittel, sodass der Personalrat einen Anspruch auf Nutzung des Intranets zur Information der Beschäftigten hat. Der Personalrat unterliegt natürlich auch dem Grundsatz der sparsamen Verwendung der Haushaltsmittel. Ist aber der Internetanschluss für den Personalrat ohne erheblichen Kostenaufwand möglich, weil die Dienststelle über eine entsprechende technische Ausstattung verfügt, so wird eine Erforderlichkeit auch unter diesem Gesichtspunkt zu bejahen sein. Ferner ist zu berücksichtigen, dass dem Personalrat durch Gesetz die Nutzung digitaler Medien eröffnet worden ist. Hierbei sind auch die Einsparpotenziale, z. B. durch die beschleunigte Rechtsrecherche, zu berücksichtigen.

Pflicht zur Übernahme von Sachverständigenkosten

Zu den von der Dienststelle zu tragenden Kosten gehören auch solche, die dadurch entstehen, dass sich der Personalrat zur Erfüllung seines gesetzlichen Auftrags dienststellenfremder Personen zur Beratung oder gutachterlicher Stellungnahmen bedient (BVerwG vom 8. 11. 1989 – 6 P 7.87, ZfPR 1990, 86; BVerwG vom 18. 6. 1991 – 6 P 2.90, ZfPR 1991, 136).

Einer Personalvertretung steht das Recht zu, sich über bestimmte Fragen tatsächlicher Art und über solche, deren Beantwortung eine bestimmte Sachkunde erfordern, selbst zu informieren, um sachgerechte Beschlüsse fassen zu können. Die Kostentragungspflicht seitens der Dienststelle besteht immer dann, wenn sich der Personalrat objektiv innerhalb des ihm vom Gesetz zugewiesenen Aufgabenbereichs befindet und er die Beratung nach sachgerechten Erwägungen für erforderlich halten konnte (VG Köln vom 7. 5. 2010 – 33 K 659/10 PVB).

Zunächst jedoch muss die Personalvertretung versuchen, internen Sachverstand zu nutzen. Steht interne Kompetenz zu dem gesetzlich begrenzten Thema nicht zur Verfügung oder bestehen Zweifel an der Objektivität des internen Sachverstandes, so ist die Personalvertretung berechtigt, sich externen Sachverstandes zu bedienen (BVerwG vom 14. 7. 1977 – VII P 24.76, BVerwGE 54, 195 = ZBR 1977, 412 = PersV 1978, 126; BVerwG vom 27. 2. 1985 – 6 P 9.84, ZBR 1985, 173).

Pflicht zur Übernahme von Anwaltskosten

Nach § 11 Abs. 2 Arbeitsgerichtsgesetz, das im personalvertretungsrechtlichen Beschlussverfahren Anwendung findet (§ 108 Abs. 2 BPersVG), können sich die Parteien durch einen Rechtsanwalt als Bevollmächtigten vertreten lassen. Die Kosten der anwaltlichen Vertretung des Personalrats im verwaltungsgerichtlichen Beschlussverfahren sind von der Dienststelle zu tragen, wenn die Rechtsverfolgung der Durchsetzung, Klärung oder Wahrnehmung der dem Personalrat zustehenden Befugnisse und Rechte dient und der Personalrat die Vertretung durch einen Anwalt nach pflichtgemäßen Ermessen für erforderlich hält. Es handelt sich hierbei um durch die Tätigkeit des Personalrats entstandene Kosten im Sinne des § 46 Abs. 1 BPersVG. Der Personalrat hat allerdings zu beachten, dass er einen Anwalt beauftragt, dessen Gebührenforderung in ihrer Höhe der gesetzlichen Vergütung gemäß den Regelungen des Rechtsanwaltsvergütungsgesetzes entspricht. Auch hier hat der Personalrat den Grundsatz der Sparsamkeit und Wirtschaftlichkeit (§ 7 BHO) einzuhalten. Vor Inanspruchnahme eines Rechtsanwaltes müssen alle Möglichkeiten zur Durchsetzung der Interessen der Personalvertretung ausgeschöpft werden, um aus eigener Kraft in vertrauensvoller Zusammenarbeit mit dem Dienststellenleiter anstehende Probleme zu lösen (vgl. Verbot der Anrufung außenstehender Stellen, § 2 Abs. 3 BPersVG). Die Zuhilfenahme externen Sachverstandes oder einer (Rechts-)Beratung bleiben davon unberührt.

Auch die Kosten eines Anwaltes, den der Personalrat außerhalb eines gerichtlichen Verfahrens in Anspruch genommen hat, sind unter Würdigung aller Umstände des Einzelfalls von der Dienststelle zu tragen. Der Personalrat muss aber zunächst alle ihm zur Verfügung stehenden Mittel ausschöpfen, um sich selbst sachkundig zu machen. Dazu gehört Recherche in Kommentaren und Literatur ebenso wie die Nutzung dienststelleninternen Sachverstandes oder die Befragung von vorgesetzten Dienststellen oder Gewerkschaften (SächsOVG vom 16. 12. 1997 – P 5 S 29/96, ZfPR 1999, 191 = PersR 1999, 12 = NZA-RR 1999, 221).

Der Anspruch auf Kostenerstattung kann insbesondere dann bestehen, wenn die Beratung dazu geführt hat, ein personalvertretungsrechtliches Beschlussverfahren zu vermeiden (VG Meiningen vom 4. 6. 1996 – 3 P 50010/95). Ein Einverständnis der Dienststelle ist nicht erforderlich. Ein Erstattungsanspruch besteht nicht, wenn das Beschlussverfahren mutwillig oder aus haltlosen Gründen begonnen wurde (BVerwG vom 9. 3. 1992 – 6 P 11.90, BVerwGE 90, 76).

Rechtsprechung

Freistellungsanspruch des Personalrats hinsichtlich der Anwaltskosten (BVerwG vom 9. 3. 1992 – 6 P 11.90, BVerwGE 90, 76)

Ein Freistellungsanspruch gegen die Dienststelle ist dann nicht gegeben, wenn das Beschlussverfahren mutwillig oder aus haltlosen Gründen in Gang gesetzt worden ist. Von einer Haltlosigkeit ist auszugehen, wenn die Rechtsverfolgung von vornherein offensichtlich aussichtslos war. Eine Rechtsverfolgung ist insbesondere auch dann mutwillig, wenn von zwei gleichwertigen prozessualen Wegen der kostspieligere beschritten wird. Ob eine Gleichwertigkeit gegeben ist, wird dabei nach den Aufgaben beurteilt, die dem Personalrat obliegen. Scheitert der Freistellungsanspruch aus einem der beiden Gründe, so haftet die Dienststelle dem Rechtsanwalt mangels Verpflichtung aus dem Anwaltsvertrag auch nicht unmittelbar für seine Honorarforderungen. Es ist dem Rechtsanwalt nicht nur zuzumuten, sondern dieser ist aus den bei Vertragsabschluss bestehenden Sorgfaltspflichten heraus sogar verpflichtet, dem Personalrat von der Durchführung haltloser oder gar mutwilliger Verfahren abzuraten. Kommt er dieser Pflicht nicht nach, so ist es nicht unbillig, wenn ihm für seine Tätigkeit eine Honorierung aus öffentlichen Kassen versagt wird.

Kosten des Einigungsverfahrens

Die sachlichen und personellen Kosten des Verfahrens vor der Einigungsstelle sind ebenfalls Kosten im Sinne des § 46 Abs. 1 BPersVG.

Platz für Bekanntmachungen

Zu dem von der Dienststelle zur Verfügung zu stellenden Geschäftsbedarf gehören auch Möglichkeiten, Bekanntmachungen und Anschläge zu veröffentlichen (§ 48 BPersVG). An einem sog. „schwarzen Brett" kann der Personalrat Mitteilungen, die sich aus seinen gesetzlichen Aufgaben und Befugnissen ergeben, eigenverantwortlich und nach eigenem Ermessen an die Beschäftigten weitergeben.

Der Personalrat entscheidet, was, in welcher Form und wie lange er etwas am „schwarzen Brett" bekannt machen will. So ist es ihm z. B. auch nicht verwehrt, die Beschäftigten über das Ergebnis eines Monatsgesprächs in einer Bekanntmachung zu unterrichten. Er ist befugt, die Beschäftigten darüber zu informieren, welche die Dienstkräfte berührenden Vorgänge in einem Monatsgespräch zwischen dem Dienststellenleiter und ihm behandelt und welche Entscheidungen dabei getroffen worden sind. Der Personalrat hat in diesem Fall aber darauf zu achten, dass er nicht als Vollzugsorgan dieser Entscheidung auftritt.

Der Personalrat hat ferner das Recht, die in der Dienststelle üblicherweise verwendeten Informations- und Kommunikationssysteme zu nutzen. Der Gesetzgeber hat damit den Beschluss des Bundesverwaltungsgerichts (BVerwG vom 27. 10. 2009 – 6 P 11.08) umgesetzt.

§

Rechtsprechung

Bekanntmachungen des Personalrats (OVG Berlin vom 14. 5. 1997 – 60 PV 22.95, BeckRS 1997, 30917876 zum Landespersonalvertretungsgesetz Berlin)

Nach § 39 Abs. 2 PersVG Bln bedürfen Bekanntmachungen des Personalrats in seinem Aufgabenbereich nicht der Zustimmung der Dienststelle. Daraus folgt in der Tat, dass der Personalrat in eigener Verantwortung entscheidet, was, in welcher Form und wie lange etwas am „schwarzen Brett" bekannt zu machen ist. Er muss sich dabei allerdings „in seinem Aufgabenbereich" halten. Mit dem fraglichen Aushang hat der Personalrat die Dienstkräfte darüber informiert, was in einem Monatsgespräch zwischen ihm und den Vertretern der Dienststelle besprochen worden ist. In den Monatsgesprächen sollen insbesondere alle Vorgänge behandelt werden, die die Dienstkräfte wesentlich berühren (§ 70 Abs. 1 Satz 2 PersVG Bln). Zu diesen Vorgängen gehören sicherlich auch Regelungen über die Verfahrensmodalitäten, die die Dienstkräfte bei Krankmeldungen und der Benutzung diensteigener Fahrzeuge einzuhalten haben. Deshalb hat sich der Personalrat durchaus im Rahmen seines Aufgabenbereichs gehalten, wenn er in dem hier fraglichen Monatsgespräch über die Einführung solcher Regelungen gesprochen hat. Dem Personalrat war es auch nicht verwehrt, die Dienstkräfte über das Ergebnis dieser Besprechung in einer Bekanntmachung zu unterrichten. Dem steht nicht entgegen, dass das Monatsgespräch nicht öffentlich stattfindet. Aus der Nichtöffentlichkeit kann eine Schweigepflicht bezüglich der wesentlichen Ergebnisse dieses Gesprächs nicht begründet werden. Die Nichtöffentlichkeit dient der Gewährleistung einer möglichst unbefangenen Diskussion; unzulässig wäre daher eine Darstellung des wesentlichen Gesprächsverlaufs, nicht hingegen der wesentlichen Ergebnisse, wie dies hier der Fall ist.

Schriftliche Mitteilungen an die Beschäftigten

Unter Berücksichtigung der konkreten Verhältnisse in einer Dienststelle und einer umfassenden zeitnahen Information der Beschäftigten kann es erforderlich sein, schriftliche Mitteilungen an die Beschäftigten herauszugeben. Da der Bundesgesetzgeber im Bundespersonalvertretungsgesetz keine explizite entsprechende Regelung getroffen hat, kommt es bei der Entscheidung über die vereinzelte Herausgabe einer Informationsschrift sehr auf den Einzelfall und die jeweilige Situation an.

Aus der Verpflichtung der Personalvertretung zur Beachtung des Grundsatzes zur sparsamen Haushaltsführung entscheidet sie selbst nach pflichtgemäßem Ermessen über die Herausgabe einer Informationsschrift. Reichen zum Beispiel die sonstigen Informationsmöglichkeiten (Personalversammlung, schwarzes Brett, Sprechstunde, Informations- und Kommunikationssysteme) nicht aus, kann die Personalvertretung eine Informationsschrift herausgeben, um so das Informationsbedürfnis zu decken.

Dem Personalrat ist im Regelfall die Mitbenutzung des dienststelleninternen E-Mail-Systems oder Intranets gestattet. Veröffentlichungen oder Weiterleitungen von Bekanntmachungen des Personalrats sind – von den Fällen strafbaren Verhaltens abgesehen – nicht vom Ergebnis einer Inhaltskontrolle seitens der Dienststelle abhängig. Hält die Dienststelle eine Veröffentlichung des Personalrats für unzulässig, ist sie auf die Inanspruchnahme gerichtlichen Rechtsschutzes verwiesen (BVerwG vom 27. 10. 2009 – 6 P 11.08, PersV 2010, 187).

Verbot der Beitragserhebung

Da sowohl die einzelnen Personalratsmitglieder als auch die Personalvertretung als Organ ehrenamtlich tätig sind (§ 54 Abs. 1 i. V. m. § 46 BPersVG), dürfen sie weder Leistungen fordern noch annehmen (§ 49 BPersVG). Anderenfalls wäre die Unabhängigkeit der Personalvertretung gefährdet.

Schulungs- und Bildungsveranstaltungen

Nach Inkrafttreten des novellierten Bundespersonalvertretungsgesetzes 2021 war es auch erforderlich das Rundschreiben des Bundesministeriums des Innern und für Heimat (BMI) zur Kostenerstattung für die Teilnahme an Schulungs- und Bildungsveranstaltungen sowie der hierfür notwendigen Freistellung nach

§ 54 Abs. 1 BPersVG zu überarbeiten. Das BMI hat mit Datum vom 06.05.2022 Az. D2 30001/13#4 das Rundschreiben für die Teilnahme an Schulungs- und Bildungsveranstaltungen sowie der hierfür notwendigen Freistellungen nach § 54 Abs. 1 Bundespersonalvertretungsgesetz (BPersVG) neu gefasst. Aufgrund des neuen BPersVG als Ablösegesetz, der einschlägigen Rechtsprechung des Bundesverwaltungsgerichtes sowie der Instanzgerichte, der in den vergangenen Jahren mit digitalen Schulungsmethoden gemachten Erfahrungen und der aktuellen Preisentwicklung war eine Überarbeitung erforderlich. Das Rundschreiben des BMI dient den Personalvertretungen und den Vertretern der Dienststellen als Orientierungshilfe. Dadurch soll erreicht werden, dass das Verfahren möglichst nach einheitlichen Kriterien zügig sowie sach- und konsensorientiert durchgeführt wird.

Beispielhaft einige Schwerpunkte des neuen Rundschreibens:

- Hervorhebung des Beurteilungsspielraums der Personalvertretung in Bezug auf die Aspekte der Erforderlichkeit
- Festlegung der Dienststelle auf eine zehntägige Frist für die Entscheidung der Dienststelle
- Fehlen aus Sicht der Dienststelle Antragsunterlagen, so hat sie diese unverzüglich unter genauer Bezeichnung nachzufordern
- Gleichwertigkeit der Schulungsformate mit einem Auswahlrecht der Personalvertretung
- Kein automatischer Vorrang von Online-Formaten
- Festsetzung eines neuen Pauschalbetrags in Höhe von 250 EUR
- Wegfall der Prüfung kostengünstiger Vergleichsangebote sofern der Pauschalbetrag nicht überschritten wird
- Schaffung von Voraussetzungen für Arbeitstagungen, Personalrätekonferenzen von Veranstaltungen als Pendant zu vergleichbaren Veranstaltungen der Dienststelle

Für die gewählten Mitglieder, die Personalvertretung selbst und auch die Dienststelle ist es von existenzieller Bedeutung, dass die Mitglieder der Personalvertretung in die Lage versetzt werden, die ihnen obliegenden Aufgaben zielgerichtet und kompetent wahrnehmen zu können. Die Personalvertretung als Gremium ist darauf angewiesen, dass ihre Mitglieder über die für Personalratstätigkeit benötigten Kenntnisse verfügen. Um überhaupt mit der Dienststelle als gleichberechtigter und sachkundiger Partner verhandeln zu können, müssen die Mitglieder des Personalrats über einen festen Bestand personalvertretungsrechtlich relevanten Wissens verfügen. Die Teilnahme an Schulungsveranstaltungen ist seitens der Dienststelle zu unterstützen, da auch diese ein besonderes Interesse an einer qualitativ hochwertigen Beteiligung der Personalvertretung hat. Dazu tragen Schulungen und Fortbildungen wesentlich bei. Die Mitglieder des Gremiums müssen in der Lage sein die Beschäftigten und die Dienststelle in allen in die Zuständigkeit der Personalvertretung fallenden Fragen und Angelegenheiten fachkundig beraten und Auskunft geben zu können.

Vermittlung der erforderlichen Kenntnisse

Die Mitglieder des Personalrats sind unter Fortzahlung der Dienstbezüge oder des Arbeitsentgelts sowie Übernahme der Schulungskosten für die Teilnahme an Schulungs- und Bildungsveranstaltungen vom Dienst freizustellen, sofern für die Personalratstätigkeit erforderliche Kenntnisse vermittelt werden. Insoweit besteht eine Pflicht zur Übernahme der Kosten bei Teilnahme von Personalratsmitgliedern an Schulungs- und Bildungsveranstaltungen (§ 54 Abs. 1 i. V. m. § 46 BPersVG). Zur möglichst optimalen Aufgabenerfüllung unter Berücksichtigung aller Aspekte der Beschäftigten muss die Dienststelle ein Interesse an einem kompetenten Personalrat haben (Lorse, PersV 2008, 124).

Das zentrale Kriterium für die Freistellung durch die Dienststelle und die damit einhergehende Kostenübernahme ist die Erforderlichkeit der Schulungs- und Bildungsveranstaltung. Es müssen also Kenntnisse vermittelt werden, die für die Tätigkeit im Personalrat und die Wahrnehmung der Aufgaben der Personalvertretung von Bedeutung sind. Unter Berücksichtigung des Grundsatzes der sparsamen und wirtschaftlichen Verwendung öffentlicher Mittel (§ 7 Abs. 1 S. 1 Bundeshaushaltsordnung (BHO) steht der Personalvertretung ein eigener Beurteilungsspielraum zu. Der Dienststelle steht das Recht auf Prüfung zu, ob sich der Beurteilungsspielraum innerhalb des Gebotes nach § 7 BHO bewegt. Die Dienststelle kann eine Freistellung und die

Kostenzusage verwehren, wenn die angestrebte Schulungs- und Bildungsveranstaltung inhaltlich nicht erforderlich ist, in keinem angemessenen Verhältnis zum zu erwartenden Schulungseffekt steht oder der Wirtschaftlichkeitsprüfung nicht standhält.

Nach der Rechtsprechung des Bundesverwaltungsgerichts sind die tatsächlichen angemessenen Kosten einer Schulungs- und Bildungsveranstaltung auf der Grundlage eines Entsendungsbeschlusses von der jeweiligen Dienststelle zu tragen.

Bei der Prüfung auf Erforderlichkeit kommt es von Seiten der Personalvertretung und der Dienststelle auf die individuelle Einzelfallprüfung an. Zweck der gesetzlichen Bestimmung ist es, sicherzustellen, dass die Personalvertretungen über die für die Personalratstätigkeit notwendigen Kenntnisse verfügen. Die Schulungsveranstaltung muss also hinsichtlich der inhaltlichen Thematik auf die Vermittlung von Kenntnissen ausgerichtet sein, die ihrer Art nach für die Tätigkeit in der Personalvertretung benötigt werden. Ein Schulungsbedürfnis ist immer dann zu rechtfertigen, wenn die Inhalte Bezugspunkte zu den Problemen der Personalratsarbeit aufweisen und sich durch eine offensichtliche Sachnähe auszeichnen (VG Berlin vom 30. 10. 2001 – VG 71 A 7/01).

Objektive und subjektive Erforderlichkeit

Unter Berücksichtigung des Gebots der sparsamen Verwendung der Haushaltsmittel hat der Personalrat vor Beschlussfassung die objektive und subjektive Erforderlichkeit der Veranstaltung zu prüfen (BVerwG vom 7. 12. 1994 – 6 P 36.93, BVerwGE 97, 166). Die objektive Erforderlichkeit wird immer dann gegeben sein, wenn in der Schulungs- und Bildungsveranstaltung Kenntnisse vermittelt werden, die zum gesetzlichen Aufgabengebiet der Personalvertretung gehören und das Wissen darum aktuell benötigt wird. Subjektiv erforderlich ist die Schulungsveranstaltung für das einzelne Personalratsmitglied immer dann, wenn die Kenntnisse zur Ausübung der allgemeinen Tätigkeit innerhalb des Gremiums oder für die Wahrnehmung einer bestimmten Aufgabe innerhalb der Personalvertretung notwendig sind (BVerwG vom 23. 4. 1991 – 6 P 19.89, BVerwGE 88, 137) und es kein weiteres, auf diesem Gebiet geschultes Mitglied gibt.

Unterscheidung zwischen Grund- und Spezialschulung

Diese Unterscheidung zwischen Grund- und Spezialschulung dient dazu, die Bereiche, in denen grundsätzlich jedes Personalratsmitglied Kenntnisse besitzen muss, von denen abzugrenzen, in denen einzelne Personalratsmitglieder zusätzlich geschult werden müssen: Einer Grundschulung im Personalvertretungsrecht bedarf jedes neu gewählte Personalratsmitglied, einer Grundschulung im Arbeits- bzw. Dienstrecht jedes Gruppenmitglied, um die Tätigkeit im Personalrat ordnungsgemäß ausüben zu können. Der Teilnahme an einer Spezialschulung bedarf es, um besonderen Aufgaben, die ihm innerhalb der Personalvertretung zukommen, gerecht werden zu können oder wenn der Personalrat mit einer bestimmten Fragestellung befasst ist.

Die Unterscheidung zwischen Grund- und Spezialschulung sagt somit nur etwas über die Zahl der schulungsberechtigten Personalratsmitglieder aus, nicht aber über die Rechtsgebiete und Fragestellungen, zu denen ein genereller Schulungsbedarf besteht.

Grundschulung

Die Personalvertretung als Gremium ist darauf angewiesen, dass ihre Mitglieder über die für Personalratstätigkeit benötigten Grundkenntnisse verfügen. Um überhaupt mit der Dienststelle als gleichberechtigter und sachkundiger Partner verhandeln zu können, müssen die Mitglieder des Personalrats über einen Grundbestand personalvertretungsrechtlich relevanten Wissens verfügen. Ein neugewähltes Personalratsmitglied bedarf daher einer Grundschulung, um seine Tätigkeit im Personalrat überhaupt sachgemäß ausüben zu können.

Nach der ständigen Rechtsprechung des Bundesverwaltungsgerichts ist eine Grundschulung von etwa einer Woche Dauer in jedem Fall als erforderlich anzusehen.

Eine Grundschulung soll spätestens bis zum Ende des auf die Personalratswahl folgenden Kalenderjahres stattfinden. Es kann davon ausgegangen werden, dass sich das Personalratsmitglied nach diesem Zeitpunkt die Grundlagen auf eine andere als die im Gesetz vorgesehene Weise angeeignet hat. Insbesondere gegen Ende dieses Zeitraumes ist folglich eine Grundschulung in jedem

Fall notwendig und unaufschiebbar erforderlich. In dieser Situation muss die Personalvertretung nicht wegen fehlender Haushaltsmittel auf die Entsendung verzichten: Die Dienststelle muss die Instrumentarien des Haushaltsrechts nutzen und die Ausgaben für die Schulungsteilnahme durch Einsparungen an anderer Stelle erbringen (BVerwG vom 26. 2. 2003 – 6 P 9.02, BVerwGE 118, 1).

Für Arbeitnehmervertreter ist die Vermittlung von Grundkenntnissen im Arbeitsrecht für eine ordnungsgemäße Personalratstätigkeit unentbehrlich. Dazu gehören Grundkenntnisse im individuellen und kollektiven Arbeitsrecht sowie im Tarifvertragsrecht (OVG Nordrhein-Westfalen vom 16. 4. 2008 – 1 A 4630/06.PVB, BeckRS 2010, 51529). Der arbeitsrechtliche Schulungsbedarf eines neu gewählten Personalratsmitglieds ist daher anzuerkennen, wenn und soweit die entsprechenden Kenntnisse nicht bereits in einer Grundschulung zum Personalvertretungsrecht thematisiert worden sind. Werden in solch einer Schulung Grundlagen des Arbeitsrechts vermittelt, so handelt es sich nicht um eine Spezialschulung, sondern um die Vermittlung von Grundwissen, über das Arbeitnehmervertreter im Personalrat verfügen müssen (BVerwG vom 14. 6. 2006 – 6 P 13.05, BVerwGE 126, 122). Mit dieser Entscheidung ist das Bundesverwaltungsgericht von seiner bisherigen Rechtsprechung abgerückt, nach der Schulungen zum Arbeitsrecht nach den strengeren Maßstäben der Spezialschulung zu beurteilen waren. Für neu gewählte Vertreter der Gruppe Beamte ist in analoger Anwendung eine Grundschulung „Dienstrecht" als erforderlich anzusehen, soweit die Kenntnisse nicht anderweitig erworben worden sind.

Der Personalrat ist nicht berechtigt, ein behördeninternes Fortbildungsangebot, welches sich nicht bereits von vornherein nach den dazu in Betracht zu ziehenden Umständen als nicht gleichwertig erweist, zu Gunsten einer wesentlich kostenaufwendigeren gewerkschaftlichen Schulung auszuschlagen (BVerwG vom 16. 6. 2011 – 6 PB 5.11, ZfPR 2011, 116). Personalratsmitglieder müssen also zunächst an der kostengünstigeren Schulung teilnehmen. Stellt sich im Nachhinein heraus, dass die besuchte Schulung nicht gleichwertig war, besteht das Recht auf eine weitere Schulung.

Die Teilnahme an einer Grundschulung schließt die Teilnahme an einer zweiten Grundschulung dann nicht aus, wenn in der zweiten Schulung Kenntnisse vermittelt werden, die zu einer notwendigen Vertiefung bereits vorhandener Kenntnisse führen (OVG Saarland vom 17. 7. 2014 – 4 A 492/13, BeckRS 2014, 53947). Dies wird immer dann der Fall sein, wenn beispielsweise Angelegenheiten aus dem zentralen Bereich der Beteiligungsrechte vertiefend anhand der zugehörigen Begleitgesetze und Tarifverträge vermittelt werden.

Ersatzmitglieder

Für ein Ersatzmitglied sind die Kosten zu übernehmen, wenn es regelmäßig an Personalratssitzungen teilnimmt. Nur so kann die Arbeitsfähigkeit des gesamten Gremiums sichergestellt werden. Für die Praxis bedeutet dies, dass zumindest das jeweils erste Ersatzmitglied einen Anspruch auf Grundschulung hat. Abhängig von der Größe des Personalrates oder der jeweiligen Gruppe bei Persönlichkeitswahl oder der Anzahl der von einem Wahlvorschlag gewählten Gruppenvertreter bei Verhältniswahl besteht der Anspruch auch für weitere Ersatzmitglieder.

Spezialschulung

Die Unterscheidung zwischen Grund- und Spezialschulung dient dazu, die Bereiche, in denen grundsätzlich jedes Personalratsmitglied Kenntnisse besitzen muss, von denen abzugrenzen, in denen einzelne Personalratsmitglieder zusätzlich geschult werden müssen. Die Vermittlung weitergehender, vertiefender Kenntnisse beurteilt sich nach den Grundsätzen für Spezialschulungen. Die Teilnahme eines Personalratsmitglieds an einer Spezialschulung ist immer dann als unaufschiebbar anzusehen, wenn der dort vermittelte Schulungsinhalt zeitnahen Bezug zu einer Fragestellung hat, mit der der Personalrat aktuell betraut ist. Der Personalrat benötigt die in der Schulung vermittelten Kenntnisse, um einem akuten Handlungsbedarf zu genügen. Die vermittelten Schulungsinhalte müssen Bezug zur Aufgabenerfüllung der Personalvertretung haben und inhaltlich aktuell anlassbezogen sein. Das zu entsendende Personalratsmitglied muss die konkreten Kenntnisse benötigen, um seine Aufgaben innerhalb der Personalvertretung erfüllen zu können. Unter Berücksichtigung der sparsamen und wirtschaftlichen Verwendung der Haushaltsmittel reicht es im Regelfall aus, wenn ein Mitglied des Personalrates mit der speziellen Materie vertraut ist. Ausnahmen sind aber möglich, wenn beispielsweise das Thema so komplex ist, dass es von einem einzelnen Personalratsmitglied nicht bewältigt werden kann. Auch muss die Kontinuität der Aufgabenerfüllung durch den Personalrat bei längerer Abwesenheit des über die Spezialkenntnisse verfügenden Personalratsmitgliedes sichergestellt sein. Die Fortführung der Aufgabenerfüllung bei komplexen Themen mit übergreifender Bedeutung ist sicherzustellen (siehe hierzu zum Arbeitsschutz und der Unfallverhütung BVerwG vom 14. 6. 2006 – 6 P 13.05).

5

Die Erforderlichkeit einer Schulung zu den Themen Kommunikation und Konfliktbewältigung ist nach der Rechtsprechung des OVG Berlin dann gegeben, wenn das Thema in seinem Anwendungsbereich für die Personalratsarbeit behandelt wird (OVG Berlin vom 23. 9. 1998 – 60 PV 11.97, PersR 1999, 358). Die sachkompetente und konfliktfreie Aufgabenwahrnehmung einschließlich einer konfliktfreien, zumindest aber konfliktreduzierenden Gesprächsführung zwischen allen personalvertretungsrechtlichen Partnern trägt den Anforderungen an eine moderne Verwaltung Rechnung. Dazu gehören auch Kenntnisse über schon bestehende oder erprobte Strategien zur Konfliktbewältigung und Streitschlichtung, die auf modernen Erkenntnissen der Verhandlungspsychologie, des gemeinsamen Interessensausgleichs und der Aktivierung partnerschaftlicher Konsenspotenziale aufbauen (VG Berlin vom 16. 4. 1997 – VG 61 A 23/96).

Die Erforderlichkeit der Teilnahme an einer Spezialschulung kann von der Dienststelle nicht mit der Begründung verneint werden, dass man sich die Schulungsinhalte auch durch Selbststudi-um mit Büchern oder durch Nachfrage bei anderen Personalratsmitgliedern aneignen könne (VGH BaWü vom 13. 9. 2019 – 15 S 985/19).

Anspruch auf Erstattung von Schulungskosten

Den Erstattungsanspruch muss das einzelne Personalratsmitglied gegenüber der Dienststelle geltend machen und ggf. durchsetzen. Allerdings ist – neben dem betroffenen Personalratsmitglied, das seinen Erstattungsanspruch durchsetzen muss – auch der Personalrat befugt, in einem personalvertretungsrechtlichen Beschlussverfahren das Bestehen des Schulungsanspruches feststellen zu lassen. Der Personalrat ist hier in seiner eigenen Rechtsstellung, nämlich seinem Entsenderecht, betroffen. Das Entsenderecht des Personalrats wird von dem Erstattungsanspruch eines Mitgliedes nicht überlagert oder verdrängt.

Da der Anspruch auf Freistellung der Personalvertretung zusteht, hat sie daher eine Entscheidung darüber zu treffen, ob und welches Mitglied zu einer bestimmten Schulungsmaßnahme zu entsenden ist. Die Teilnahme eines Personalratsmitgliedes an einer für die Tätigkeit im Personalrat erforderlichen Schulungsveranstaltung kann nur aus zwingenden dienstlichen Gründen verwehrt werden. Stehen Haushaltsmittel nicht mehr zur Verfügung und ist auch kein Nachtragshaushalt mehr möglich, so ist die Teilnahme gleichfalls nicht möglich. In beiden Fällen ist aber keine Absage auf Dauer statthaft; das betroffene Personalratsmitglied hat einen Rechtsanspruch auf Teilnahme, wenn die Voraussetzungen des § 54 Abs. 1 BPersVG erfüllt sind. Die Dienststelle kann lediglich bitten, die Teilnahme auf einen späteren Zeitpunkt zu verschieben. Die Veranstaltungen im Sinne von § 54 Abs. 1 BPersVG liegen nicht nur alleine im Interesse des Personalratsmitgliedes, „sondern vor allem im Interesse der Beschäftigten und der Dienststelle an einer ordnungsgemäßen Wahrnehmung personalvertretungsrechtlicher Aufgaben" (BVerwG vom 27. 4. 1979 – 6 P 45.78, BVerwGE 58, 54).

5

Rechtsprechung

Beurteilungsspielraum der Personalvertretung bei der Prüfung der „Erforderlichkeit der Schulung" (VG Köln vom 28. 7. 1999 – 33 L 1790/99.PVB, BeckRS 1999, 158389)

Das Schulungsbedürfnis beschränkt sich nicht etwa nur auf die Wahrnehmung von Mitbestimmungsrechten, sondern kann auch im Hinblick auf die Wahrnehmung der allgemeinen Aufgaben der Personalvertretung gegeben sein. Ferner ist zu berücksichtigen, dass der Personalvertretung bei Ausfüllung des unbestimmten Rechtsbegriffs „Erforderlichkeit der Schulung" ein gewisser

Beurteilungsspielraum zusteht (vgl. OVG Nordrhein-Westfalen vom 25. 2. 1998 – 1 A 2269/96.PVB, BeckRS 2005, 30585).

Weitere Bildungsvarianten

Keine Schulungs- und Bildungsveranstaltungen im Sinne des § 54 BPersVG sind nach der Rechtsprechung zu § 46 Abs. 6 BPersVG a.F. gewerkschaftliche Personalrätekonferenzen, Fachkongresse und nicht im Gesetz vorgesehene Arbeitstagungen von Personalvertretungen. Allerdings kann sich auch hier ein Anspruch auf Freistellung und Kostentragung durch die Dienststelle ergeben, wenn ein unmittelbarer Bezug zu den Aufgaben der Personalvertretung besteht. In diesen ergibt sich der Anspruch aber nicht aus § 54 Abs. 1 BPersVG, sondern aus den allgemeinen Grundsätzen der §§ 46 (Kosten der Personalratstätigkeit) und 52 Abs. 1 (Freistellung) BPersVG.

Ebenfalls nicht erforderlich im engeren Sinne des § 54 Abs. 1 BPersVG sind geschäftsbereichsinterne oder ressortübergreifende Arbeitstagungen von Personalvertretungen (BVerwG vom 27. 4. 1979 – 6 P 89.78). Es entspricht allerdings dem Gebot der Fairness und der Gleichbehandlung den Personalvertretungen in gleicher Weise Zusammenkünfte zu ermöglichen wie den Vertretern der Dienststelle.

Die Dauer sowohl der Grundschulung als auch der Spezialschulung bemisst sich nach dem Thema, das heißt dem Inhalt und dem Schwierigkeitsgrad sowie dem Umfang. Es gibt keine zeitliche Obergrenze. Alleiniges Kriterium ist die Erforderlichkeit der Schulung. Bei einer Grundschulung ist von einer Dauer von regelmäßig fünf Arbeitstagen auszugehen. Als Geeignete Formen von Schulungs- und Bildungsveranstaltungen kommen verschiedene Formate in Betracht. Dies können sein:

- Externe Seminare von bewährten Anbietern
- Inhouse-Schulungen in den Räumlichkeiten der Dienststelle durch externe Anbieter
- Indoor-Schulungen durch die Dienststelle selbst
- Fernlehrgänge im Selbststudium mit einer abschließenden Präsenzveranstaltung
- Online-Schulungen ggf. ergänzt durch einen Präsenzabschluss

Die Personalvertretungen entscheiden nach eigenem pflichtgemäßem Ermessen, welches die am besten geeignete und mit Blick auf die Wissensvermittlung effektivste Form der Schulung ist. Auch hierbei ist die Wirtschaftlichkeit zu berücksichtigen. Digitale Formen der Wissensvermittlung haben dabei allein aus Kostenerwägungen keinen Vorrang vor Präsenzveranstaltungen. Die Höhe der von der Dienststelle zu tragenden Reisekosten bestimmt sich in entsprechender Anwendung des Bundesreisekostengesetzes (BRKG).

Kosten der Veranstaltung

In der Praxis werden Schulungs- und Bildungsveranstaltungen zu einem Festpreis angeboten. Die Dienststelle ist verpflichtet die Kosten der Schulungsveranstaltung zu tragen, soweit diese nach dem Grundsatz der Erforderlichkeit und der Wirtschaftlichkeit dem Grunde und der Höhe nach in einem angemessenen Verhältnis zum angestrebten Schulungseffekt stehen. Dabei muss die Dienststelle insbesondere die Wirtschaftlichkeit der Veranstaltung prüfen. So wäre beispielhaft zu prüfen, ob nicht eine Inhouse-Schulung durch einen externen Anbieter in Betracht kommt. Der Personalrat ist dann nicht berechtigt, ein behördeninternes Fortbildungsangebot, welches sich nicht bereits von vornherein nach den dazu in Betracht zu ziehenden Umständen als nicht gleichwertig erweist, zu Gunsten einer wesentlich kostenaufwendigeren gewerkschaftlichen Schulung auszuschlagen (BVerwG vom 16. 6. 2011 – 6 PB 5.11, ZfPR 2011, 116). Personalratsmitglieder müssen also zunächst an der kostengünstigeren Schulung teilnehmen. Stellt sich im Nachhinein heraus, dass die besuchte Schulung nicht gleichwertig war, besteht das Recht auf eine weitere Schulung. Im Falle der Inhouse- oder Indoor-Schulung ist die Dienststelle verpflichtet organisatorisch sicherzustellen, dass eine ununterbrochene ungestörte Teilnahme möglich ist. Werden die zu schulenden Personalratsmitglieder während der hausinternen Schulung zur Erfüllung von dienstlichen Aufgaben herangezogen, verliert die Schulung ihre Effektivität und macht einen Nachschulungsbedarf erforderlich (BVerwG vom 12. 11. 2012 – 6 P 4.12). Grundsätzlich verbleibt es aber immer bei dem Recht der einzelnen Personalratsmitglieder, sich für das Bildungsangebot bei einem von ihm bevorzugten

Bildungsträger zu entscheiden. Einer Personalvertretung steht das Recht zu, sich für eine Schulung zu entscheiden, die die benötigten Inhalte und Kenntnisse am besten und effektivsten vermittelt (BVerwG vom 27. 4. 1979 – 6 P 45.78). Allein aus Kostengründen muss sich kein Personalratsmitglied auf ein Bildungsangebot einer konkurrierenden Gewerkschaft verweisen lassen (OVG Berlin vom 20. 12. 1999 – 60 PV 5.98). Wird die Schulungsveranstaltung von einem gewerkschaftlichen Anbieter durchgeführt, dürfen aus Gründen des Verbots der Gegnerfinanzierung nur die durch die konkrete Veranstaltung entstandenen schulungsbedingten Kosten als erstattungsfähig anerkannt werden. Darunter fallen keine Vorhaltekosten, die unabhängig von der Schulung anfallen. Näheres hierzu regelt das Rundschreiben unter dem Punkt 5.2.2.2."Verbot der Gegnerfinanzierung".

Pauschalierung

Danach können aus Gründen der Verwaltungsvereinfachung Schulungskosten eines externen Anbieters unter Einschluss des Entgelts für Verpflegung und Unterkunft in Höhe von 250 Euro je Schulungstag und Teilnehmer als pauschal angemessen anerkannt werden. Einer Prüfung, ob es kostengünstigere Anbieter gibt, bedarf es in diesem Fall nicht. Wenn ein gewerkschaftlicher Anbieter schriftlich versichert, dass keine nicht-schulungsbedingten Vorhaltekosten in dem Teilnehmerbetrag enthalten sind, entfällt dann auch der detaillierte Nachweis der schulungsbedingten Kosten. Fallen höhere Kosten an, so sind auch diese von der Dienststelle zu tragen, wenn sie angemessen sind. Eine Überschreitung des Pauschalbetrages bedeutet folgerichtig nicht, dass diese nicht erstattungsfähig sind.

Die Erstattung der Fahrtkosten, ist in diesem Pauschalbetrag nicht einzurechnen.

Entsendungsbeschluss

Hält die Personalvertretung die Teilnahme eines Personalratsmitgliedes an einer Schulungs- und Bildungsveranstaltung zur ordnungsgemäßen Erfüllung ihrer Aufgaben für erforderlich, so legt sie dies in einem Beschluss (dem sogenannten Entsendungsbeschluss) fest. Dabei erstreckt sich der Beurteilungsspielraum der Personalvertretung auf sämtliche für die Erforderlichkeit relevanten Aspekte. Dazu gehört insbesondere die Auswahl des zu entsendenden Personalratsmitgliedes, der Gegenstand (Inhalt) der Schulung, der Zeitpunkt und der Ort der Schulung, das Schulungsformat sowie die Dauer und der Anbieter der Veranstaltung (BVerwG vom 14. 6. 2006 – 6 P 13.05; OVG Berlin-Brandenburg vom 16. 1. 2014 – OVG 62 PV 14.12).

Die Personalvertretung hat ihren Beschluss der Dienststelle schriftlich oder in elektronischer Form rechtzeitig vorzulegen. Zu der Mitteilung gehört auch eine Begründung der Erforderlichkeit der Schulungsveranstaltung sowie die Übermittlung der weiteren wesentlichen Informationen. Insbesondere bei Spezialschulungen sind die Auswahl des zu entsendenden Personalratsmitgliedes und die Erforderlichkeit des Schulungsinhaltes konkret darzulegen.

Reaktion der Dienststelle

Die Dienststelle entscheidet auf der Grundlage des Entsendungsbeschlusses über die Bewilligung der Freistellung nach § 54 Abs. 1 BPersVG sowie über die Erstattung der Kosten für die Teilnahme des Mitgliedes der Personalvertretung nach § 54 Abs. 1 i. V. m. § 46 BPersVG. Die Dienststelle ist dabei verpflichtet die Erforderlichkeit der Schulungs- und Bildungsveranstaltung sowie die Angemessenheit der Kosten (Wirtschaftlichkeit nach § 7 Abs. 1 Satz 1 BHO) zu prüfen. Der der Personalvertretung zustehende eigenständige Beurteilungsspielraum muss dabei berücksichtigt werden. Die Dienststelle soll über den Beschluss der Personalvertretung bezüglich der Freistellung sowie der Kostenübernahme zeitnah entscheiden. In der Regel soll dies innerhalb einer Frist von zehn Arbeitstagen geschehen. Fehlen aus Sicht der Dienststelle Antragsunterlagen, so hat sie diese unverzüglich unter genauer Bezeichnung nachzufordern.

Rechtsmittel

Im Falle der Ablehnung durch die Dienststelle können sowohl das Personalratsmitglied, weil es in seinen Rechten beeinträchtigt ist, als auch der Personalrat, weil er an seiner Aufgabenwahrnehmung gehindert wird, das Verwaltungsgericht anrufen. Unter Berücksichtigung der Umstände kann auch zusätzlich eine einstweilige Verfügung in Betracht kommen.

Sitzungen der Personalvertretung

Einberufung der Personalratssitzung

Einladung durch Vorsitzenden

Die Einladung zur Personalratssitzung erfolgt durch den Personalratsvorsitzenden (§ 36 Abs. 2 BPersVG). Die Häufigkeit richtet sich nach pflichtgemäßem Ermessen, entsprechend Zahl und Dringlichkeit der anfallenden Geschäftsvorgänge. Die Erforderlichkeit zur Durchführung einer Sitzung besteht immer dann, wenn der Personalrat eine Angelegenheit zu erörtern oder zu entscheiden hat, die in seinen Zuständigkeitsbereich fällt. Erhält also beispielsweise die Personalvertretung eine Beteiligungsvorlage, so muss sie innerhalb einer vorgegebenen Frist eine Sitzung durchführen, um eine Entscheidung zu treffen. In der Praxis bedeutet dies, dass Personalvertretungen in kleinen Dienststellen mit wenigen Aufgaben nur sporadisch Sitzungen durchführen müssen, während große Personalvertretungen und Stufenvertretungen wöchentlich oder alle zwei Wochen einen festen Sitzungstag haben.

Nutzung von Audio- und Videokonferenzen

Soweit nicht mindestens ein Viertel der Personalratsmitglieder oder die Mehrheit der Vertreter einer im Personalrat vertretenen Gruppe innerhalb der vom Vorsitzenden bestimmten Frist widerspricht, ist die Nutzung einer Video- und/oder Telefonkonferenz in der Personalratssitzung zulässig. Die Sitzung kann, soweit die im Gesetz genannten Kriterien erfüllt sind, vollständig oder unter Zuschaltung einzelner Personalratsmitglieder mittels Video- oder Telefonkonferenz durchgeführt werden. Über die Verweise in § 90 Abs. 1 Satz 1, § 94, § 97 Abs. 1 und § 104 Abs. 4 BPersVG gilt die Neuregelung auch für die Stufenvertretungen, den Gesamtpersonalrat, die Arbeitsgemeinschaft der Hauptpersonalräte und die Jugend- und Auszubildendenvertretungen. Ob der Personalrat die Möglichkeit des Einsatzes der Kommunikationsmittel nutzt, liegt in seiner Entscheidung. Ein hohes Sicherheitsniveau wird dadurch gewährleistet, dass der Personalrat auf die ausschließliche Nutzung der durch die Dienststelle freigegebenen Technik begrenzt ist. Der Personalrat hat sicherzustellen, dass keine ihm nicht angehörende Person Kenntnis vom Inhalt der Sitzung nimmt. Auf Verlangen ist dies dem Personalrat gegenüber zu bestätigen und im Protokoll zu vermerken. Es muss weiterhin sichergestellt sein, dass die zur Verfügung gestellte Technik nach den Regelungen des Behindertengleichstellungsgesetzes (BGG) und der Barrierefreie-Informationstechnik-Verordnung (BITV 2.0) auch für Beschäftigte mit Behinderungen barrierefrei zugänglich und nutzbar ist. Das Recht eines Personalratsmitglieds auf Teilnahme an der Sitzung vor Ort bleibt durch die Durchführung der Sitzung mittels Video- oder Telefonkonferenz unberührt.

Wichtig: Personalratsentscheidungen dürfen nur in einer ordnungsgemäß einberufenen und durchgeführten Sitzung getroffen werden, also nicht „zufällig" oder nur durch den Vorstand bzw. den Vorsitzenden.

Antragsrecht

Einberufungspflicht besteht auf Antrag bestimmter Personen, Gruppen oder der Sondervertretungen (§ 36 Abs. 3 BPersVG). Den Antrag können stellen:

- ein Viertel der Mitglieder des Personalrats
- die Mehrheit der Vertreter einer Gruppe
- der Dienststellenleiter
- die Vertrauensperson der schwerbehinderten Menschen in Angelegenheiten, die besonders schwerbehinderte Beschäftigte betreffen
- die Mehrheit der Mitglieder der Jugend- und Auszubildendenvertretung in Angelegenheiten, die besonders die in § 99 BPersVG genannten Beschäftigten betreffen

Der Gegenstand, dessen Erörterung beantragt worden ist, muss auf die Tagesordnung gesetzt werden. Unterlässt der Vorsitzende ohne besonderen Grund die Ladung, stellt dies eine grobe Pflichtverletzung dar, die nach § 30 BPersVG zum Ausschluss aus der Personalvertretung führen kann. Andere Personen, z. B. einzelne Personalratsmitglieder oder Beschäftigte, sowie Gruppen, wie die Gewerkschaften, besitzen kein Antragsrecht und können lediglich Anregungen zur Tagesordnung geben.

Rechtzeitige Ladung

Die Mitglieder des Personalrats sind rechtzeitig unter Mitteilung der Tagesordnung vom Vorsitzenden einzuladen (§ 36 Abs. 2 BPersVG). Gleiches gilt für die weiteren Teilnahmeberechtigten. Das bedeutet für die Praxis, dass die Schwerbehindertenvertretung ebenso einzuladen ist. Auch die Jugend- und Auszubildendenvertretung und die Schwerbehindertenvertretung sind in gleicher Weise einzuladen, wenn sie ein Recht auf Teilnahme haben (§ 37 Abs. 1 Satz 4 BPersVG). Hat der Personalrat im Vorfeld die Teilnahme weiterer Personen (Dienststellenleiter, Gewerkschaftsbeauftragte, Sachverständige) beschlossen, so müssen auch diese rechtzeitig unter Mitteilung der sie betreffenden Tagesordnungspunkte eingeladen werden.

Schriftform ist zwar nicht zwingend vorgesehen, da die Ladung und die Tagesordnung aber den Mitgliedern eine Vorbereitung ermöglichen sollen, ist es empfehlenswert, die Beteiligten schriftlich zu laden.

Bei der Definition des Begriffs „rechtzeitig" kommt es sehr auf den Einzelfall und die äußeren Umstände an: Den Teilnehmern an einer Sitzung muss eine angemessene Vorbereitungszeit eingeräumt werden. Jedes Personalratsmitglied muss aufgrund der vorliegenden Tagesordnung die Möglichkeit haben, sich sachkundig und mit den einzelnen Beratungsgegenständen vertraut zu machen.

Dienstliche Erfordernisse

Die Sitzungen finden unter Berücksichtigung der dienstlichen Erfordernisse in der Regel während der Arbeitszeit statt (§ 38 Abs. 1 BPersVG). Unter Arbeitszeit versteht der Gesetzgeber die allgemein übliche Arbeitszeit in der Dienststelle und nicht die individuelle Arbeitszeit des einzelnen Personalratsmitgliedes. Dies ist dann nicht unproblematisch, wenn Mitglieder des Personalrats teilzeitbeschäftigt sind oder im Schichtdienst arbeiten.

Zumindest bei Teilzeitbeschäftigten sollte der Vorsitzende deren individuelle Arbeitszeit berücksichtigen. Eine Verpflichtung hierfür besteht allerdings nicht. Der Gesetzgeber hat insbesondere auch für diese Fälle vorgesehen, dass Personalratsmitgliedern, die außerhalb ihrer individuellen Arbeitszeit beansprucht werden, dafür im entsprechenden Umfang Freizeitausgleich zu gewähren ist.

Die Personalvertretung hat bei der Anberaumung ihrer Sitzungen auf die dienstlichen Erfordernisse Rücksicht zu nehmen. Auch im Eigeninteresse sollte eine Personalvertretung die Sitzungen zu einem Zeitpunkt abhalten, von dem bekannt ist, dass allen Mitgliedern des Plenums eine Teilnahme möglich ist. Bei Personalvertretungen mit festen Sitzungszeiten stellt sich dieses Problem allerdings nicht, denn die Termine sind über einen längeren Zeitraum im Voraus bekannt.

Unterrichtung des Leiters der Dienststelle

Der Leiter der Dienststelle ist vorher vom Zeitpunkt der Sitzung zu verständigen (§ 38 Abs. 1 BPersVG). Damit ist allerdings nicht gemeint, dass der Termin der Sitzung mit dem Leiter der Dienststelle zu vereinbaren ist. Bei Personalvertretungen mit festgelegten Sitzungsterminen wird es ausreichend sein, wenn die Zeiten zu Beginn der Amtszeit mitgeteilt worden sind.

Teilnahmerechte

Nichtöffentlichkeit der Sitzung

Die Sitzungen des Personalrats sind nicht öffentlich (§ 38 Abs. 2 BPersVG). Der Vorsitzende des Personalrats hat deswegen darauf zu achten, dass nur solche Personen an der Sitzung teilnehmen, denen das Gesetz dieses Recht ausdrücklich einräumt.

Wichtig: Eine Erweiterung des im Gesetz ausdrücklich genannten Teilnehmerkreises ist nicht zulässig. Die Aufzählung der Ausnahmen ist durch den Gesetzgeber abschließend und erschöpfend geregelt. Weder im Einvernehmen, noch durch Beschluss oder gar in der Geschäftsordnung können weitere Teilnahmerechte für zulässig erklärt werden (BVerwG vom 14. 7. 1977 – VII P 24.76, BVerwGE 54, 195 = PersV 1978, 126).

Teilnehmende Personalratsmitglieder

Teilnahmeberechtigt sind zunächst die ordentlichen Personalratsmitglieder, bei deren Verhinderung das jeweilige Ersatzmitglied (§ 36 Abs. 2 BPersVG i. V. m. § 33 Abs. 1 Satz 2 BPersVG). Das zum Zeitpunkt der Personalratssitzung verhinderte Mitglied des Personalrats hat dies unter Angabe der Gründe unverzüglich der oder dem Vorsitzenden mitzuteilen. Der Eintritt eines Ersatzmitgliedes erfolgt kraft Gesetzes in den dort abschließend geregelten Fällen.

Der Personalrat soll möglichst in seiner vollständigen Besetzung zusammentreten. Der Gesetzgeber will damit eine möglichst große Meinungsvielfalt sicherstellen und Willkür bei der Meinungsbildung ausschließen. Es handelt sich zu diesem Zeitpunkt folgerichtig nicht um eine Frage der Beschlussfähigkeit der Personalvertretung.

Fernbleiben nur aus wichtigen Gründen

Ein Personalratsmitglied kann nicht der Sitzung mit der Begründung fernbleiben, dass es dienstlich überlastet sei. Die Personalratstätigkeit geht dem ordentlichen Dienst vor. Bleibt ein Personalratsmitglied aus nicht tragenden Gründen der Sitzung fern, so kann dies den Tatbestand des § 30 BPersVG erfüllen. Jedes Personalratsmitglied ist verpflichtet, für eine gedeihliche Zusammenarbeit innerhalb der Personalvertretung zu sorgen (OVG Nordrhein-Westfalen vom 8. 5. 1961 – CB 3/61, ZBR 1962, 162 = PersV 1963, 111) und alles zu vermeiden, was eine Beschlussunfähigkeit zur Folge haben könnte.

Zeitweilige Verhinderung

Ist ein Personalratsmitglied zeitweilig verhindert, so rückt das Ersatzmitglied nur für die Dauer der Verhinderung in die Rechtsstellung des Personalratsmitglieds ein. Als Fälle der zeitweiligen Verhinderung kommen beispielsweise folgende Tatbestände in Betracht:

- Urlaub
- Krankheit
- dienstliche Abwesenheit

- Kur
- Ruhen der Mitgliedschaft
- Fälle der Befangenheit

Eine Verhinderung liegt nicht vor, wenn ein Personalratsmitglied während der Sitzung plötzlich erkrankt und deshalb einen Arzt aufsuchen muss oder es aus persönlichen Beweggründen der Sitzung fernbleibt. Dasselbe gilt, wenn plötzlich und unvorhersehbar ein Dienstgeschäft zu erledigen ist.

Ist ein Personalratsmitglied zeitweilig verhindert, ist es verpflichtet, dies dem Vorsitzenden anzuzeigen (§ 36 Abs. 2 Satz 3 BPersVG) und das jeweilige Ersatzmitglied in Kenntnis zu setzen. Die Ladung des Ersatzmitglieds erfolgt dann durch den Vorsitzenden. Diese muss auch dann noch erfolgen, wenn der Vorsitzende unmittelbar zu Beginn der Sitzung von der Verhinderung eines Personalratsmitglieds erfährt und der Eintritt des Ersatzmitglieds problemlos möglich ist. Der Eintritt wird immer dann erfolgen müssen, wenn die Ladung zeitlich und örtlich noch möglich ist und dem jeweiligen Ersatzmitglied die Teilnahme noch zugemutet werden kann. Ein Personalratsvorsitzender ist im Falle eines unangezeigten Nichterscheinens eines von ihm ordnungsgemäß zur Sitzung geladenen Personalratsmitgliedes nicht verpflichtet, sich sachkundig zu machen, ob eine Verhinderung tatsächlich vorliegt (SächsOVG vom 7. 4. 1998 – P 5 S 20/97, PersV 1999, 500).

Der Vorsitzende des Personalrats trägt die volle Verantwortung für die ordnungsgemäße Ladung der Personalrats- und im Verhinderungsfall der Ersatzmitglieder. Ein unkorrektes Verhalten kann eine grobe Pflichtverletzung im Sinne des § 30 BPersVG sein und zum Ausschluss aus der Personalvertretung führen (BVerwG vom 14. 2. 1969 – VII P 11.67, PersV 1970, 60).

Ausscheiden aus dem Personalrat

Scheidet ein Personalratsmitglied während der Amtszeit aus, so tritt das Ersatzmitglied bis zum Ende der Amtszeit in die Rechtsstellung des ausgeschiedenen Mitglieds ein.

Reihenfolge des Eintritts der Ersatzmitglieder

In § 33 Abs. 2 BPersVG wird bestimmt, in welcher Reihenfolge die Ersatzmitglieder eintreten. Ferner wurde die Reihenfolge bereits

5

vom Wahlvorstand festgestellt. Bei Listenwahl ist ein Rückgriff auf andere Listen auch dann nicht gestattet, wenn die betroffene Liste erschöpft ist, das heißt über kein Mitglied mehr verfügt. Dieses würde nach ständiger Rechtsprechung den Wählerwillen verfälschen, da der Wähler sich mit seiner Entscheidung bewusst für diese Liste und gegen eine andere ausgesprochen hat. Eine fehlerhafte Besetzung der Personalvertretung lässt die Gültigkeit der Beschlüsse zweifelhaft erscheinen (BVerwG vom 24. 10. 1975 – VII P 14.73, BVerwGE 49, 271 = ZBR 1976, 195).

Ein Nachrücken in eine besondere Vertrauensstellung (Vorstand, Vorsitz), die dem ausgeschiedenen oder zeitweilig verhinderten Mitglied durch personalratsinterne Wahl zugefallen ist, ist nicht möglich.

Die Anwesenheit eines nicht teilnahmeberechtigten, z. B. in Elternzeit befindlichen Personalratsmitgliedes ist nur dann von erheblicher Bedeutung, wenn das verhinderte Personalratsmitglied durch seine bloße Anwesenheit oder Mitsprache wesentlichen Einfluss auf das Beratungs- und Beschlussergebnis genommen hätte (SächsOVG vom 7. 4. 1998 – P 5 S 20/97, PersV 1999, 500).

Weitere Teilnahmerechte

Diese ergeben sich unmittelbar aus den verschiedenen rechtlichen Bestimmungen:

- ein Mitglied bzw. die gesamte Jugend- und Auszubildendenvertretung (§ 37 Abs. 1 BPersVG)
- Vertrauensperson der Schwerbehinderten (§ 37 Abs. 1 BPersVG)
- Dienststellenleitung oder deren Beauftragte (§ 40 Abs. 3 BPersVG)
- ein Beauftragter einer im Personalrat vertretenen Gewerkschaft (§ 40 Abs. 2 BPersVG)
- Mitglieder des Richterrates in Wahrnehmung gemeinsamer Aufgaben (§ 53 Abs. 1 DRiG)
- dem Personalrat zur Verfügung gestelltes Büropersonal zur Aufnahme einer Niederschrift (§ 38 Abs. 2 Satz 2 BPersVG)

Nach einer Entscheidung des Bundesverwaltungsgerichts zu § 35 BPersVG a. F. können auf Beschluss der Personalvertretung auch

Sachverständige und andere Auskunftspersonen an der Sitzung teilnehmen (BVerwG vom 24. 10. 1975 – VII P 11.73, BVerwGE 49, 259).

Sind in Gerichten an einer Angelegenheit sowohl der Richterrat als auch der Personalrat beteiligt, so entsendet der Richterrat für die gemeinsame Beschlussfassung Mitglieder in den Personalrat. Die Anzahl der entsandten Mitglieder des Richterrats muss zur Zahl der Richter im gleichen Verhältnis stehen wie die Zahl der Personalratsmitglieder zu Beamten und Arbeitnehmern. Mindestens entsendet der Richterrat jedoch die in § 17 Abs. 3 und Abs. 5 BPersVG bestimmte Zahl von Mitgliedern (§ 53 Abs. 2 DRiG).

Wichtig: Die Teilnahme der Dienststellenleitung oder deren Beauftragter, der Gewerkschaftsbeauftragten und der Sachverständigen erfolgt nur für die Dauer der Erörterung. Die Beratung und Beschlussfassung der Personalvertretung, insbesondere die Meinungsbildung und das Abstimmungsverhalten der einzelnen Personalratsmitglieder, unterliegen dem besonderen Vertrauensschutz.

Werden in einer Personalratssitzung schutzbedürftige, personenbezogene Daten eines Beschäftigten erörtert, können an dieser Erörterung keine Gewerkschaftsbeauftragten oder Sachverständigen teilnehmen. Etwas anderes gilt nur, wenn der Betroffene der Teilnahme zugestimmt hat oder die Daten offenkundig, also allgemein bekannt sind (Grundrecht auf informationelle Selbstbestimmung).

Ein Verstoß gegen das Gebot der Nichtöffentlichkeit durch Teilnehmer nicht berechtigter Personen führt grundsätzlich nicht dazu, dass gefasste Beschlüsse ungültig sind. Eine wiederholte Übertretung dieser Ordnungsvorschrift erfüllt aber den Tatbestand einer groben Vernachlässigung der gesetzlichen Pflichten im Sinne des § 28 Abs. 1 BPersVG.

Die Tagesordnung

Die Festsetzung der Tagesordnung erfolgt durch den Vorsitzenden (§ 36 Abs. 2 Satz 2 BPersVG). Einzelne Personalratsmitglieder können Tagesordnungspunkte empfehlen, haben aber kein eigenständiges Antragsrecht. Dies wird beispielhaft immer dann der Fall sein, wenn ein Beschäftigter eine Anregung oder Beschwerde an ein Personalratsmitglied herangetragen hat und um Prüfung durch den Personalrat gebeten hat. Zwang zur Aufnahme einzelner Punkte in die Tagesordnung besteht unter bestimmten Voraussetzungen (§ 36 Abs. 3 BPersVG). Der Vorsitzende muss dann den Gegenstand, der beantragt ist, auf die Tagesordnung setzen.

Konkretisierung der Tagesordnung

Die übermittelte Tagesordnung muss es jedem Personalratsmitglied ermöglichen, sich ein eigenständiges Meinungsbild von den zur Beratung anstehenden Fragen zu machen. Die jeweilige zur Beschlussfassung anstehende Maßnahme muss dabei ausführlich und konkret bezeichnet sein. Eine nur globale und zahlenmäßige Angabe der Beratungsgegenstände reicht nicht aus.

Beispiel:

Ein Tagesordnungspunkt „TOP 4 Beschlussvorlagen der Gruppe Arbeitnehmer“ ist nicht zulässig.

Jedes geladene Personalratsmitglied muss einen unmittelbar aus der Tagesordnung ersichtlichen Bezug zu den konkreten Einzelfällen herstellen können, die in der Sitzung behandelt werden sollen. Die übersandte Tagesordnung muss eine so deutliche Bezeichnung der Beratungsgegenstände enthalten, dass ohne weiteres erkennbar ist, über welchen Sachverhalt entschieden werden soll. Fehlt es an einer solchen Konkretisierung, ist dem einzelnen Personalratsmitglied eine sachgerechte Vorbereitung auf die Sitzung und zu den einzelnen Beratungsgegenständen nicht möglich (OVG Nordrhein-Westfalen vom 27. 4. 2015 – 20 A 122/14.PVB, NZA-RR 2015, 670). Eine weitere Informationsmöglichkeit besteht etwa durch Einsichtnahme in die Unterlagen.

Allerdings haben die Mitglieder der Personalvertretung keinen Rechtsanspruch auf vorherige Übersendung aller für die Sitzung vorgesehenen Unterlagen. Einzige Informationsquelle ist nach einer Entscheidung des Bundesverwaltungsgerichts (BVerwG vom 29. 8. 1975 – VII P 2.74, ZBR 1976, 124) die Personalratssitzung. Der Vorstand ist insoweit verpflichtet, in der Sitzung den Mitgliedern der Personalvertretung die Unterlagen in derselben Vollständigkeit zur Verfügung zu stellen, wie sie ihm selber vorgelegen haben (HessVGH vom 9. 4. 1980 – BVP TK 15/78). Ferner besteht gegenseitige Auskunftspflicht in der Personalratssitzung.

Nachträgliche Änderungen

Eine Ergänzung oder Änderung der Tagesordnung ist nur unter bestimmten Voraussetzungen möglich. Ein Personalratsbeschluss zu einem Tagesordnungspunkt (TOP) ist rechtswidrig, wenn dieser in der Tagesordnung nicht enthalten war, erst in der Personalratssitzung auf die Tagesordnung gesetzt wurde und nicht alle anwesenden Personalratsmitglieder damit einverstanden sind, der Tagesordnungspunkt also gegen den Widerspruch einzelner Mitglieder nachträglich auf die Tagesordnung gesetzt wurde (OVG Nordrhein-Westfalen vom 27. 4. 2015 – 20 A 122/14.PVB, NZA-RR 2015, 670; BAG vom 9. 7. 2013 – 1 ABR 2/13 (A), AuR 2014, 37; BAG vom 22. 1. 2014 – 7 AS 6/13, AuR 2014, 205; BAG vom 15. 4. 2014 – 1 ABR 2/13 (B), BAGE 148, 26).

In der Praxis kommt es des Öfteren vor, dass dem Personalrat kurzfristig nach Einladung der Mitglieder von der Dienststelle beteiligungspflichtige Angelegenheiten zur Beschlussfassung vorgelegt werden. In diesen Fällen hat der Vorsitzende die Möglichkeit, zu Beginn der Sitzung um Ergänzung der Tagesordnung zu bitten und hierüber Beschluss fassen zu lassen. Sind alle anwesenden Personalratsmitglieder mit der Ergänzung der Tagesordnung einverstanden, das heißt niemand widerspricht, wird der in der Nichtmitteilung des Tagesordnungspunktes liegende Ladungsfehler in der Kommentarliteratur als geheilt angesehen.

Von der bisherigen Rechtsprechung zum Personalvertretungsrecht, dass bei einer solchen Beschlussfassung alle Personalratsmitglieder anwesend sein müssen, sind das Bundesarbeitsgericht und das OVG Nordrhein-Westfalen in ihrer Rechtsprechung zum Betriebsverfassungsrecht abgerückt. Das Bundespersonalvertretungsgesetz regelt die Voraussetzungen einer wirksamen Beschlussfassung: Das Gesetz bestimmt in § 39 Abs. 1 BPersVG (§ 37 Abs. 1 BPersVG a. F.), dass Beschlüsse des Personalrats mit einfacher Stimmenmehrheit der anwesenden Mitglieder gefasst werden. § 39 Abs. 2 BPersVG regelt, dass der Personalrat beschlussfähig ist, wenn mindestens die Hälfte seiner Mitglieder anwesend ist. Für die Heilung des Verfahrensmangels reicht es aus, dass alle Personalratsmitglieder bzw. die Ersatzmitglieder rechtzeitig zur Personalratssitzung geladen worden sind, Beschlussfähigkeit gegeben ist und die Erschienenen die Ergänzung oder Erstellung der Tagesordnung einstimmig beschließen. Nicht erforderlich ist, dass an dieser Sitzung alle Personalratsmitglieder teilnehmen. Dem Schutz der Willensbildung wird bereits durch das oben dargestellte Erfordernis der Einstimmigkeit für die Ergänzung oder Aufstellung der Tagesordnung angemessen und hinreichend Rechnung getragen (BAG vom 9. 7. 2013 – 1 ABR 2/13, MDR 2014, 906).

§

Rechtsprechung

- Rechtmäßigkeit eines Personalratsbeschlusses (OVG Nordrhein-Westfalen vom 27. 4. 2015 – 20 A 122/14.PVB, NZA-RR 2015, 670)

  Ist ein Beratungsgegenstand erst in der Personalratssitzung auf die Tagesordnung gesetzt worden und sind nicht alle anwesenden Personalratsmitglieder mit der Behandlung dieses Tagesordnungspunktes einverstanden, ist der gefasste Beschluss rechtswidrig.

- Fehlerhafte Ladung zu einer Betriebsratssitzung (BAG vom 15. 4. 2014 – 1 ABR 2/13 (B), BAGE 148, 26)

  Eine mangels Übermittlung der Tagesordnung verfahrensfehlerhafte Ladung zu einer Betriebsratssitzung kann durch die im Übrigen ordnungsgemäß geladenen Mitglieder und Ersatzmitglieder des Betriebsrats in der Betriebsratssitzung geheilt werden, wenn dieser beschlussfähig i. S. d. § 33 Abs. 2 BetrVG ist und die Anwesenden einstimmig beschließen, über einen Regelungsgegenstand zu beraten und abzustimmen. Nicht erforderlich ist, dass an dieser Sitzung alle Betriebsratsmitglieder teilnehmen.

- Beschlussfassung des Betriebsrats – Änderung oder Ergänzung der Tagesordnung (BAG vom 22. 1. 2014 – 7 AS 6/13, AuR 2014, 205)

  Für die Heilung eines Verfahrensmangels i. S. d. § 29 Abs. 2 Satz 3 BetrVG reicht es aus, dass alle Betriebsratsmitglieder einschließlich erforderlicher Ersatzmitglieder rechtzeitig zur Sitzung geladen worden sind und die beschlussfähig Erschienenen in dieser Sitzung eine Ergänzung oder Erstellung der Tagesordnung einstimmig beschließen.

Die Sitzungsdurchführung

Die Sitzungs- und Verhandlungsleitung liegt beim Vorsitzenden des Personalrats (§ 36 Abs. 2 BPersVG). Er kann im Rahmen der Sitzungsdurchführung bestimmte Tagesordnungspunkte einem einzelnen Personalratsmitglied übertragen. Der Vorsitzende leitet auch dann die Verhandlung, wenn der Dienststellenleiter anwesend ist. Er übt das Hausrecht aus.

Im Rahmen der Verhandlungsleitung hat der Vorsitzende folgende Aufgaben:

- Eröffnen und Schließen der Sitzung
- Feststellung der Anwesenheit, der Verhinderung und der Beschlussfähigkeit
- Erteilung und Entzug des Wortes
- Vornahme und Auswertung von Abstimmungen
- Führung der Anwesenheitsliste und Veranlassung einer Niederschrift

Beschlussfähigkeit

Zum Zeitpunkt der Abstimmung muss der Personalrat beschlussfähig sein (§ 39 Abs. 2 BPersVG), also mindestens die Hälfte seiner Mitglieder anwesend sein. Im Verhinderungsfall erfolgt eine Stellvertretung durch Ersatzmitglieder. Ist nur eine Gruppe zur Beschlussfassung aufgerufen, gelten die gleichen Prinzipien.

Ausschluss von Beratung und Beschlussfassung, § 41 BPersVG

Der Ausschluss von Beratung und Beschlussfassung wegen Befangenheit war bisher im BPersVG anders als in den meisten Landespersonalvertretungsgesetzen nicht geregelt. Es galten die allgemeinen Grundsätze der Befangenheit in „eigenen Angelegenheiten". Mit den Regelungen des § 41 BPersVG ist eine eigenständige personalvertretungsrechtliche Befangenheitsregelung in das BPersVG aufgenommen worden. Der Absatz 1 regelt in der Aufzählung die Fälle, in denen ein Mitglied des Personalrats von der Beratung und Beschlussfassung ausgeschlossen ist:

- Nummer 1 erfasst diejenigen Fälle, in denen die persönlichen Interessen eines Personalratsmitglieds oder eines seiner Angehörigen im Sinne des § 20 Abs. 5 VwVfG von einer beteiligungspflichtigen Maßnahme betroffen sind. Es muss sich hierbei aber um eine beteiligungspflichtige (z. B. personelle Einzelmaßnahme), nicht um eine personalratsinterne (z. B. Entsendungsbeschluss, personalratsinterne Wahlen) Angelegenheit handeln. Ein Ausschlussgrund ist ferner auch dann nicht gegeben, wenn das Personalratsmitglied als Teil einer Gruppe (z. B. Organisationseinheit) von der Maßnahme betroffen ist. Im Regelfall wird es auch wie bisher immer um personelle Einzelmaßnahmen gehen.

- Nummer 2 regelt die Fälle eines ihn selbst betreffenden Antrags auf Ausschluss aus dem Personalrat.

Die Sätze 3 bis 6 regeln das Verfahren und die Vorgehensweise. So ist das Personalratsmitglied verpflichtet, den Vorsitzenden des Personalrats frühestmöglich vom Vorliegen einer Befangenheit zu informieren. Allerspätestens muss dies vor Eintritt in die Beratung erfolgen. In Zweifelsfällen entscheidet der Personalrat in Abwesenheit des eventuell befangenen Mitgliedes darüber, ob ein Ausschlussgrund vorliegt. Nach Satz 5 ist das Personalratsmitglied vorher anzuhören. Liegt ein Ausschlussgrund vor, so hat das betroffene Mitglied für die Dauer der Beratung und Beschlussfassung zu diesem Tagesordnungspunkt den Raum zu verlassen. Dies ist in der Sitzungsniederschrift (Protokoll) zu vermerken. Sofern das betroffene Personalratsmitglied mittels Video- oder Telefonkonferenz teilnimmt, ist sicherzustellen, dass das ausgeschlossene Personalratsmitglied zu diesem Tagesordnungspunkt die Konferenz verlassen hat.

Absatz 2 des § 41 BPersVG regelt, dass dies entsprechend für die weiteren Personen gilt, die zur Teilnahme an den Sitzungen des Personalrats berechtigt sind (z. B. JAV-Mitglieder, Vertrauensperson der schwerbehinderten Menschen). Absatz 3 regelt den Eintritt des Ersatzmitgliedes bei Vorliegen einer Befangenheit, denn zu diesem Tagesordnungspunkt gilt das betroffene Personalratsmitglied als zeitweilig verhindert. Sichergestellt wird eine möglichst vollständige Besetzung des Personalrats. Dies gilt auch, wenn sich die Befangenheit kurzfristig erst in der Sitzung herausstellt, ein Ersatzmitglied erreichbar ist und es unter Berücksichtigung der dienstlichen Belange unverzüglich an der Sitzung teilnehmen kann. Eine Beschlussfassung ohne Eintritt eines Ersatzmitgliedes kann nur dann erfolgen, wenn ein Ersatzmitglied faktisch nicht nachgeladen werden kann. Die Ladungsabläufe/-versuche sind in der Sitzungsniederschrift zu vermerken.

Absatz 4 regelt, dass ein Beschluss nichtig ist, wenn zu der Beratung oder Beschlussfassung ein ausgeschlossenes Mitglied anwesend war und gar mitgewirkt hat. Dies gilt lediglich dann nicht, wenn durch die Mitwirkung des befangenen Personalratsmitgliedes die Beschlussfassung nicht geändert oder beeinflusst wurde. Ist der Personalratsbeschluss nichtig, gelten die für im Beteiligungsverfahren geltenden Rechtsfolgen (ggf. Zustimmung durch Fristablauf [Zustimmungsfiktion]). Die Nichtigkeit des Beschlusses berührt die Wirksamkeit einer Maßnahme, die die Dienststelle im Vertrauen auf den Beschluss des Personalrats durchgeführt hat, nicht.

Berücksichtigung des Gruppenprinzips

Die Regelungen des § 40 BPersVG stellen das Gruppenprinzip in den Vordergrund. Gemeinsame Angelegenheiten, die alle Gruppen gemeinsam betreffen, berät und beschließt der Personalrat gemeinsam (§ 40 Abs. 1 BPersVG). Betrifft eine Angelegenheit ausschließlich Angehörige einer Gruppe, so erfolgt nach gemeinsamer Beratung die Abstimmung nur in der betroffenen Gruppe (§ 40 Abs. 2 Satz 1 BPersVG). Ist eine Beschäftigtengruppe im Personalrat nicht vertreten, findet diese Regelung keine Anwendung. Über Angelegenheiten dieser Gruppe beschließt dann der gesamte Personalrat (§ 40 Abs. 2 Satz 2 BPersVG). Absatz 2 gilt in analoger Anwendung auch, wenn nicht alle im Personalrat vertretenen Gruppen von einer Angelegenheit betroffen sind. In diesen Fällen sind nur die von der Angelegenheit betroffenen Gruppen zur Beschlussfassung aufgerufen (§ 40 Abs. 3 BPersVG).

Die Beschlussfassung erfolgt, soweit im Gesetz nichts anderes bestimmt ist, mit einfacher Stimmenmehrheit der anwesenden Mitglieder (§ 39 Abs. 1 BPersVG). Der Gesetzgeber hat beim Mehrheitsbegriff auf die anwesenden Mitglieder abgestellt und gleichzeitig geregelt, dass Stimmenthaltung als Ablehnung gewertet wird. Bei Stimmengleichheit ist der Antrag abgelehnt. Der neu in das Gesetz aufgenommene Absatz 3 dient der Klarstellung dahingehend, dass auch andere zur Beschlussfassung aufgerufene Personen, die nicht dem Personalrat angehören, bei der

Ermittlung der Mehrheit zu berücksichtigen sind. Dies können im Fall des § 37 Abs. 1 Satz 3 BPersVG die Mitglieder der Jugend- und Auszubildendenvertretung oder nach § 53 DRiG die entsandten Mitglieder des Richterrats sein.

In Absatz 4 ist geregelt, dass in der Geschäftsordnung des Personalrats eine Beschlussfassung im elektronischen Verfahren vorgesehen werden kann. Die Beschlussfassung im elektronischen Verfahren ist unzulässig, wenn ein Mitglied des Personalrats oder eine nach § 37 BPersVG teilnahmeberechtigte Person (Jugend- und Auszubildendenvertretung, Schwerbehindertenvertretung, Gewerkschaftsbeauftragte, Vertreter der Dienststelle) binnen einer vom Vorsitzenden zu bestimmenden Frist widerspricht. Das Ergebnis der Beschlussfassung im elektronischen Verfahren ist spätestens in der nächsten Sitzung des Personalrats bekanntzugeben. Durch die nunmehr geschaffene Möglichkeit der Beschlussfassung im elektronischen Verfahren wurde die Arbeits- und Handlungsfähigkeit der Personalvertretung gestärkt. Ferner senkt es den Zeitaufwand und trägt der Vereinbarkeit von Familie und Beruf Rechnung. Zulässig ist allerdings eine solche Beschlussfassung nur mit Billigung aller teilnahmeberechtigten Personen (Konsensprinzip). Die Beschlussfassung des Personalrats im elektronischen Umlaufverfahren muss zur Wahrung der Nichtöffentlichkeit und Verschwiegenheit über die besonders gesicherte IT-Infrastruktur der Dienststelle erfolgen. Seitens der zur Abstimmung befugten Personen dürfen weder private E-Mail-Postfächer noch Privatrechner genutzt werden. In einer Geschäftsordnung sind im Vorfeld die für dieses Verfahren vorgesehenen Beschlussgegenstände sowie die Einzelheiten des Verfahrens festzulegen. Spätestens in der nächsten Sitzung des Personalrats erfolgt die Bekanntgabe der Ergebnisse des Beschlussverfahrens. Dies dient insbesondere der Transparenz des Verfahrens.

Abstimmungsfrage

Die Abstimmungsfrage muss so gestellt werden, wie die Angelegenheit zur Beteiligung vorgelegt worden ist. Im Falle einer absehbaren Stimmengleichheit kann das Abstimmungsergebnis nicht dadurch manipuliert werden, dass die Abstimmungsfrage vom Vorsitzenden negativ formuliert wird.

Aufhebung oder Änderung eines Beschlusses

Der Personalrat kann einen Beschluss nur aufheben oder ändern, solange er noch keine Rechtswirkungen nach außen, d. h. außerhalb des Personalrats, entfaltet hat. Rechtswirkung nach außen ist spätestens dann eingetreten, wenn die Mitteilung des Personalrats über den gefassten Beschluss in den Zugriffsbereich des Dienststellenleiters gelangt ist; die Mitteilung muss ihm nicht selbst bekannt sein. Daraus folgt, dass Personalvertretungen Beschlüsse, die noch keine Rechtswirkung nach außen erzielt haben, verändern können. Voraussetzung dafür ist, dass sie mit einfacher Stimmenmehrheit der anwesenden Mitglieder beschlossen werden. Soll ein zu einem bestimmten Tagesordnungspunkt gefasster Beschluss noch einmal beraten und evtl. verändert werden, muss der Vorsitzende dies zulassen, sofern es die einfache Mehrheit der anwesenden Mitglieder verlangt. Eine erneute Behandlung der Angelegenheit in derselben Sitzung stellt aber eine Erweiterung der Tagesordnung dar, die der Zustimmung aller Mitglieder bedarf (Kunze, PersV 1995, 337). Um Zufallsmehrheiten zu vermeiden, müssen an dieser erneuten Beschlussfassung alle Personalratsmitglieder beteiligt werden, die bei der ursprünglichen Abstimmung anwesend waren (BVerwG vom 5. 5. 1989 – 6 P 13.86, PersV 1989, 485 = ZfPR 1989, 136).

Mitvertretungsregelung

Hat die Personalvertretung in einer Angelegenheit beschlossen, die lediglich die Angehörigen einer einzigen Gruppe betrifft, wird dieser Beschluss nur dann vom Vorsitzenden allein unterzeichnet und nach außen vertreten, wenn er selbst der betroffenen Gruppe angehört (§ 35 Abs. 2 BPersVG, § 32 Abs. 3 BPersVG a. F., vgl. BVerwG vom 16. 9. 1977 – VII P 1.75, BVerwGE 54, 223 = ZBR 1978, 203 = PersV 1978, 353). Erklärungen, die unter Missachtung der gesetzlich vorgeschriebenen Vertretungsbefugnis abgegeben werden, sind unwirksam (BVerwG vom 14. 7. 1986 – 6 P 12.84, ZBR 1986, 312 = PersV 1987, 199). Im Falle einer unwirksamen Zustimmungsverweigerung wird die Zustimmung der Personalvertretung durch Fristablauf fingiert.

Aus dem Grundsatz der vertrauensvollen Zusammenarbeit ergibt sich, dass ein Dienststellenleiter verpflichtet ist, den Verstoß gegen die Mitvertretungsregelung, den er innerhalb der gesetzlichen Erklärungsfrist erkannt hat, dem Personalrat mitzuteilen. Ein anderes Verhalten wäre rechtsmissbräuchlich. Misst der Dienststellenleiter im Falle einer Zustimmungsverweigerung dem Verstoß gegen die Mitvertretungsregelung keine Bedeutung bei und behandelt sie als wirksam mitgeteilt, so handelt er gleichfalls rechtsmissbräuchlich (BVerwG vom 21. 4. 1992 – 6 P 8.90, ZfPR 1992, 141).

Suspensives Veto

Die Möglichkeit zur Aussetzung von Beschlüssen nach § 42 BPersVG stellt eine Erweiterung des Minderheitenschutzes dar.

Die Aussetzung erfolgt wegen einer erheblichen Beeinträchtigung wichtiger Interessen der durch die betreffende Gruppe vertretenen Beschäftigten. Den Antrag auf Aussetzung können stellen:

- die Mehrheit der Vertreter einer Gruppe
- die Mehrheit der Vertreter der Jugend- und Auszubildendenvertretung
- die Schwerbehindertenvertretung

Wichtig: Der Gesetzgeber benennt abschließend den Kreis derjenigen, die befugt sind, den Antrag auf Aussetzung zu stellen.

Die Aussetzung eines Personalratsbeschlusses erfolgt für die Dauer von fünf Arbeitstagen und hat keine Fristverlängerung zur Folge.

Die Aussetzungsfrist von fünf Arbeitstagen beginnt mit dem Zeitpunkt der Beschlussfassung. Innerhalb der Aussetzungsfrist soll ein Versuch der Verständigung unternommen werden, ggf. durch Einbeziehung der unter den Mitgliedern der Vertretungen oder dem Personalrat vertretenen Gewerkschaften. Unmittelbar nach Ablauf der Frist erfolgt eine erneute Beschlussfassung. Wird der Ursprungsbeschluss bestätigt, ist es nicht möglich, die Aussetzung erneut zu beantragen.

Protokoll, § 43 BPersVG

Rechtsnatur

Bei dem Protokoll handelt es sich um eine Urkunde des privaten Rechts im Sinne von § 416 ZPO. Sie unterliegt dem strafrechtlichen Schutz des § 267 StGB und kann für den Beweis von Rechten und Rechtsverhältnissen erheblich sein.

Das Protokoll soll als Mindestangaben gemäß § 43 Abs. 1 BPersVG den Wortlaut der Beschlüsse und das Abstimmungsergebnis enthalten. Darüber hinaus sollten Ort und Tag der Sitzung, der behandelte Gegenstand und die gestellten Anträge enthalten sein. In der Praxis wird es als Ergebnisprotokoll geführt. Ein Wortprotokoll ist allerdings auch zulässig, da der Gesetzgeber von Mindestangaben spricht.

Wichtig: Unzulässig ist allerdings der Wechsel zwischen Wort- und Ergebnisprotokoll, wenn damit z. B. beabsichtigt ist, nur bestimmte (negative) Wortbeiträge eines bestimmten Personalratsmitgliedes zu protokollieren. Die Verhandlungsniederschrift ist also entweder als Wort- oder als Ergebnisprotokoll zu führen.

Die Anwesenheitsliste mit eigenhändiger Unterschrift der Teilnehmer ist dem Protokoll beizufügen (§ 43 Abs. 1 Satz 3 BPersVG). Die Liste dient dem gerichtsverwertbaren Nachweis, dass nur solche Teilnehmer anwesend waren, denen das Gesetz dieses Recht ausdrücklich einräumt. Es ist daher darauf zu achten, dass alle Teilnehmer, also nicht nur die Personalratsmitglieder, ihre Anwesenheit bestätigen.

Die Unterzeichnung des Protokolls erfolgt durch den Vorsitzenden sowie ein weiteres Personalratsmitglied (§ 43 Abs. 1 BPersVG). Wird das Protokoll von einer Bürokraft des Personalrats (§ 38 Abs. 2 BPersVG) gefertigt, so unterzeichnet diese nur dann, wenn sie selbst auch Personalratsmitglied ist.

Einsichtsrecht

Den Mitgliedern des Personalrats steht ein jederzeitiges uneingeschränkbares Einsichtsrecht in das Protokoll zu (BVerwG vom 24. 10. 1969 – VII P 13.68, ZBR 1970, 98 = PersV 1970, 107). Haben der Dienststellenleiter oder Beauftragte von Gewerkschaften an einer Sitzung teilgenommen, ist ihnen ein entsprechender Auszug aus dem Protokoll zuzuleiten (§ 43 Abs. 2 Satz 1 BPersVG).

Einwendungen

Gegen das Protokoll können Einwendungen erhoben werden. Einwendungen gegen das Protokoll sind unverzüglich schriftlich oder elektronisch (z. B. per E-Mail) zu erheben und dem Protokoll beizufügen (§ 43 Abs. 2 Satz 2 BPersVG). In der Praxis wird der Vorsitzende des Personalrats das Protokoll in der folgenden Sitzung „genehmigen" lassen. Personalrats- oder Ersatzmitglieder, die an der Ursprungssitzung nicht teilgenommen haben und daher auch nicht beurteilen können, ob das Protokoll korrekt ist, müssten sich enthalten. Stimmenthaltungen sind aber, wie bereits dargestellt, als Ablehnung zu werten. In einer ungünstigen Konstellation könnte dies zu einer Ablehnung des Protokolls führen. Die Frage des Vorsitzenden sollte also lauten: *„Gibt es Einwendungen gegen das Protokoll?"*

Eine Beschlussfassung über das Protokoll ist weder erforderlich noch vorgesehen. Auch über die Berechtigung von schriftlich erhobenen oder in der Sitzung zu Protokoll gegebenen Einwendungen ist nicht Beschluss zu fassen.

Beteiligungsrechte der Personalvertretung

Allgemeine Aufgaben der Personalvertretung

Allgemeine Aufgaben sind die Zuständigkeiten, die den Personalvertretungen zugewiesen werden, ohne dass sie im Katalog der konkreten formellen Beteiligungsrechte genannt sind. Damit wird die Zuständigkeit der Personalvertretungen um die dort genannten Aufgaben erweitert. Bisher war hier § 68 BPersVG a. F. einschlägig. Jetzt sind diese Aufgaben geregelt in den §§ 62, 66 Abs. 1 und 2 BPersVG. Der Katalog wurde in wesentlichen Teilen dem Betriebsverfassungsgesetz (BetrVG) angeglichen. Zusammengefasst handelt es sich hierbei um dem Personalrat übertragene Überwachungs-, Schutz- und Förderungsaufgaben. Von einer herausragenden Bedeutung ist hier das „Wächteramt" des Personalrats. Der Personalrat muss diese allgemeinen Aufgaben neben den förmlichen Beteiligungsrechten wahrnehmen. Eine Unterlassung würde eine grobe Vernachlässigung der gesetzlichen Befugnisse darstellen. Schon aufgrund seiner allgemeinen Aufgaben steht der Personalvertretung ein sehr umfassendes Informationsrecht zu. Sie kann diese Aufgaben, insbesondere das Wächteramt, nur wahrnehmen, wenn sie über die entsprechenden Informationen verfügt.

Informationsanspruch der Personalvertretung

Der Personalrat ist zur Durchführung seiner Aufgaben rechtzeitig und umfassend von der Dienststelle zu unterrichten (§ 66 Abs. 1 BPersVG). Ihm sind die hierfür erforderlichen Unterlagen, einschließlich der für die Durchführung seiner Aufgaben erforderlichen personenbezogenen Daten, vorzulegen. Im Falle der elektronischen Übermittlung der personenbezogenen Daten durch die Dienststelle an den Personalrat gelten die allgemeinen datenschutzrechtlichen Vorschriften. Je umfassender eine Personalvertretung über den ihrer Beteiligung unterliegenden Bereich vom Dienststellenleiter unterrichtet wird, umso nützlicher und reibungsloser lässt sich die vertrauensvolle Zusammenarbeit gestalten, die auf das Wohl der Beschäftigten und die Erfüllung der dienstlichen Aufgaben gerichtet ist (BVerwG vom 26. 2. 1960 – VII P 4/59, BVerwGE 10, 196).

Rechtzeitige Unterrichtung

Der Personalrat ist dann rechtzeitig informiert, wenn er durch seine Einwände und Vorstellungen noch gestaltend in die zur Beteiligung vorgelegte Maßnahme eingreifen kann. Dies kann aber nur dann passieren, wenn auf Seiten der Dienststelle nicht bereits unabänderliche Fakten geschaffen worden sind, die im Beteiligungsverfahren nicht mehr verändert werden können. Auf die von der Dienststelle beabsichtigte Maßnahme muss der Personalrat also noch einwirken können; es darf nicht schon eine Vorentscheidung getroffen worden sein, die bereits vollendete Tatsachen geschaffen hat (BVerwG vom 12. 1. 1962 – VII P 1.60, BVerwGE 13, 291 = ZBR 1962, 156 = PersV 1962, 60; BVerwG vom 28. 4. 1967 – VII P 12.65, ZBR 1967, 274). Die Personalvertretung muss vor seiner Beteiligung die Möglichkeit haben, sich ein eigenständiges ausgewogenes Meinungsbild zu machen.

Umfassende Unterrichtung

Die Unterrichtung des Personalrats ist dann als umfassend anzusehen, wenn ihm alle Unterlagen vorliegen, die die Dienststelle ihrer Entscheidung zugrunde gelegt hat. Auf Basis dieser Unterlagen kommt es dann zur Beratung und Beschlussfassung einer Maßnahme. Einschlägig sind alle Unterlagen, die sich auf die mitbestimmungspflichtige Maßnahme beziehen. Eine umfassende Unterrichtung der Personalvertretung fördert die Zusammenarbeit zwischen Personalvertretung und Dienststelle und liegt sowohl im Interesse der Erfüllung der dienstlichen Aufgaben als auch im Interesse der Beschäftigten.

Über konkrete Einzelinformationen hinaus benötigt der Personalrat den Überblick über alle Fakten und Vorhaben, die mit der geplanten Maßnahme in Zusammenhang stehen. Nur so hat er die Möglichkeit, eventuellen Rechtsverstößen und Unbilligkeit (Wächteramt) im Vorfeld entgegenzuwirken (BVerwG vom 27. 2. 1985 – 6 P 9.85, PersR 1985, 124).

Wichtig: Die Verpflichtung zur Information des Personalrats bleibt nicht auf die Ausübung der konkreten Beteiligungsrechte beschränkt. Vielmehr bezieht sie sich auch auf die Wahrnehmung der im Gesetz aufgezählten allgemeinen Aufgaben.

Nach einer Entscheidung des Bundesverwaltungsgerichtes (BVerwG vom 27. 7. 1983 – 6 P 42.80, ZBR 1984, 79) gehören dazu beispielhaft die Eingliederung und berufliche Förderung schwerbehinderter Menschen und die Eingliederung ausländischer Beschäftigter. Der Zweck des § 66 Abs. 1 BPersVG besteht also darin, dem Personalrat die notwendigen rechtlichen und tatsächlichen Grundlagen zu vermitteln, er muss zu einer sachgerechten, d. h. seinem allgemeinen Vertretungsauftrag gerecht werdenden Entscheidung befähigt werden. Ohne eine ausreichende Information kann keine Personalvertretung die ihr vom Gesetz übertragenen Rechte und Pflichten erfüllen. Nur wenn die Personalvertretung den gleichen Informationsstand wie der Dienststellenleiter hat, ist die für eine tatsächlich wirksame Personalratsarbeit unerlässliche „geistige Waffengleichheit" gewährleistet (OVG Rheinland-Pfalz vom 16. 9. 1986 – 5 A 6/86). Die Personalvertretung wäre sonst zu einem sachlichen Gespräch mit dem Dienststellenleiter nicht in der Lage, wie es gerade bei Wahrnehmung der allgemeinen Überwachungsaufgabe geboten ist.

Unterlagen, die der Personalrat zur Wahrnehmung seiner Beteiligungsrechte mehrmals oder immer wieder benötigt, sind ihm auf Dauer in Kopie von der Dienststelle zu überlassen. Dazu gehören beispielsweise der Stellenplan und die Personalbedarfsberechnung (BVerwG vom 23. 1. 2002 – 6 P 5.01, PersV 2003, 153). Das Bundesverwaltungsgericht hat diese Entscheidungspraxis ständig weiterentwickelt und so den Informationsanspruch der Personalvertretungen aufgrund ihrer allgemeinen Aufgaben (Wächteramt) kontinuierlich gestärkt. Im Spannungsfeld zwischen Informationsanspruch und individuellem personenbezogenen Datenschutz gibt es aber auch Konkretisierungen: So kann ein Personalrat nicht verlangen, dass ihm die in der elektronischen Arbeitszeiterfassung gespeicherten Daten unter Namensnennung der Beschäftigten zur Verfügung gestellt werden, wenn er seine Überwachungsaufgabe bereits dann effektiv wahrnehmen kann, indem er ausschließlich die anonymisierten Arbeitszeitlisten der Dienststelle erhält (BVerwG vom 19. 3. 2014 – 6 P 1.13, BeckRS 2014, 51361). Hieraus lässt sich eine Art zweistufiges Verfahren ableiten. Erst auf der zweiten Stufe des Kontrollverfahrens (Wächteramt) kann anlassbezogen für eine effiziente zielgerichtete Wahrnehmung der dem Personalrat übertragenen Überwachungsaufgabe eine Namensnennung geboten sein.

Grenzen des Informationsrechts

Welche Unterlagen die Dienststelle dem Personalrat im Rahmen der Informationspflicht vorzulegen hat, ergibt sich unmittelbar aus der Vorschrift des § 66 Abs. 1 BPersVG. Die Information hat in allen Angelegenheiten zu erfolgen, bei denen der Personalrat eine Aufgabe hat. Zu seinen Aufgaben zählen aber nicht nur die formellen Beteiligungsrechte, sondern auch die allgemeinen Aufgaben, insbesondere das „Wächteramt" nach § 2 Abs. 4 und § 62 Nr. 2 BPersVG. Daraus folgt aber auch, dass dem Personalrat kein allumfassendes Informationsrecht zusteht. Insbesondere kann er nicht die Vorlage aller Unterlagen der Dienststelle verlangen, um dadurch eine allgemeine Kontrolle der Tätigkeit der Dienststelle vorzunehmen.

Personalakten/Dienstliche Beurteilungen

So setzt § 66 Abs. 2 Satz 1 BPersVG dem Personalrat Grenzen bei der Einsicht in Personalakten. Danach dürfen Personalakten nur mit Zustimmung des Beschäftigten und ggf. auch nur von einem von dem Beschäftigten bestimmten Mitglied der Personalvertretung eingesehen werden. Dienstliche Beurteilungen sind auf Verlangen des Beschäftigten dem Personalrat zur Kenntnis zu bringen (§ 66 Abs. 2 Satz 2 BPersVG). Diesbezüglich bestehen keine Bedenken, wenn die Personalvertretung eine Aufgliederung des Notenspiegels nach Abteilungen und Laufbahngruppen getrennt erhält.

Betriebliches Eingliederungsmanagement

Entsprechende Grenzen ergeben sich nach der Rechtsprechung auch im Rahmen des betrieblichen Eingliederungsmanagements (BVerwG vom 4. 9. 2002 – 6 P 5.11, NZA-RR 2013, 164). Nach dieser Entscheidung ist die Dienststelle verpflichtet, einem vom Personalrat benannten Mitglied regelmäßig die Namen derjenigen Beschäftigten mitzuteilen, denen ein betriebliches Eingliederungsmanagement anzubieten ist. Ferner ist die Dienststelle verpflichtet, diesem Mitglied Einsicht in das Hinweisschreiben an die betroffenen Beschäftigten zu gewähren. Der Personalrat in seiner Gesamtheit erhält von diesen Informationen erst dann Kenntnis, wenn das vom Gremium benannte Mitglied in Wahrnehmung seines Überwachungsauftrages Rechtsverstöße oder Unregelmäßigkeiten feststellt.

Die Vorlage von Unterlagen an den Personalrat muss also ebenso wie die Information selbst in untrennbarer Beziehung zu seinen Aufgaben und deren Wahrnehmung stehen. Die Erforderlichkeit muss sich aus einer bestimmten und konkreten Aufgabe des Personalrats ergeben. Sie besteht immer dann, wenn ohne Vorlage dieser Unterlagen die Beteiligungsrechte nicht oder nur unvollkommen wahrgenommen werden könnten.

Formen der Beteiligung des Personalrats

Der Gesetzgeber unterscheidet bei der Beteiligung der Personalvertretungen unterschiedliche Formen:

- die (im Resultat uneingeschränkte) Mitbestimmung (§ 79 und § 80 Abs. 1 Nr. 1 bis 9 und Nr. 14 bis 18 BPersVG)
- die (im Resultat eingeschränkte) Mitbestimmung (§ 78 Abs. 1 und § 80 Abs. 1 Nr. 10 bis 13 und 19 bis 21 BPersVG)
- die Mitwirkung (§§ 84 und 85 BPersVG)
- die Anhörung (§§ 86 und 87 BPersVG)

Dabei schafft die durch die Novellierung eingeführte, konkrete Aufzählung der Beteiligungsfälle Klarheit und Rechtssicherheit:

- § 78 (Mitbestimmung in Personalangelegenheiten),
- § 79 (Mitbestimmung in sozialen Angelegenheiten),
- § 80 (Mitbestimmung in organisatorischen Angelegenheiten),
- § 84 (Mitwirkung),
- § 85 (Mitwirkung bei Kündigungen),
- § 86 (Anhörung bei außerordentlicher Kündigung und fristlosen Entlassungen) und
- § 87 (Weitere Angelegenheiten der Anhörung) BPersVG

Der Gesetzgeber unterscheidet seit der Novellierung nach inhaltlichen Sachzusammenhängen (Personalangelegenheiten, sozialen Angelegenheiten, organisatorischen Angelegenheiten). Die organisatorischen Angelegenheiten, die vor der Novllierung in den § 75 Abs. 3 und § 76 Abs. 2 BPersVG a. F. geregelt waren, sind in § 80 BPersVG zusammengefasst, um zusätzliche nunmehr mitbestimmungspflichtige Tatbestände erweitert und neu geordnet worden. Der Gesetzgeber hat dabei die folgenden systematisch gereihten Blöcke gebildet:

- „Arbeitszeit und Arbeitsformen",
- „Bezüge und Entgelt",
- „Ausbildung, Fortbildung, Beurteilung, Auswahlrichtlinien",
- „Vorschlagswesen – Personalfragebogen",
- „Gesundheits- und Arbeitsschutz" und
- „Hebung Arbeitsleistung, Arbeitsmethoden, technische Einrichtungen".

In der praktischen Anwendung der einzelnen Beteiligungstatbestände wird immer wieder deutlich, dass einige eindeutig definiert werden können (z. B. Einstellung und Kündigung). Andere wiederum sind abstrakt gefasst, wie z. B. „Regelung der Ordnung in der Dienststelle" oder „Maßnahmen zur Hebung der Arbeitsleistung". Diese eröffnen Gestaltungsmöglichkeiten und sind unter Berücksichtigung der Rechtsprechung einer sachgerechten Auslegung zugänglich. Einige Tatbestände sollen nachfolgend erwähnt und stichwortartig behandelt werden. Eine komplette Abhandlung aller Tatbestände bleibt umfassenden Kommentaren vorbehalten.

Allgemeine Aufgaben der Personalvertretung

Allgemeine Aufgaben sind die Zuständigkeiten, die den Personalvertretungen zugewiesen werden, ohne dass sie im Katalog der konkreten formellen Beteiligungsrechte genannt sind. § 62 BPersVG erweitert also die Zuständigkeit der Personalvertretungen um die dort genannten Aufgaben. Der Katalog wurde in wesentlichen Teilen dem Betriebsverfassungsgesetz (BetrVG) angeglichen. Zusammengefasst handelt es sich hierbei um dem Personalrat übertragene Überwachungs-, Schutz- und Förderungsaufgaben. Der Personalrat muss diese allgemeinen Aufgaben neben den förmlichen Beteiligungsrechten wahrnehmen. Eine Unterlassung würde eine grobe Vernachlässigung der gesetzlichen Befugnisse darstellen. Auch aus den allgemeinen Aufgaben heraus steht der Personalvertretung ein sehr umfassendes Informationsrecht zu. Sie kann diese Aufgaben nur wahrnehmen, wenn sie über die entsprechenden Informationen verfügt.

Mitbestimmung

Mit dem novellierten Bundespersonalvertretungsgesetz setzt der Gesetzgeber die Rechtsprechung des Bundesverfassungsgerichts zu den sich aus dem Demokratieprinzip (Art. 20 Abs. 2 GG) ergebenden Grenzen personalvertretungsrechtlicher Mitbestimmung (BVerfG vom 24. 5. 1995 – 2 BvF 1/92 – sowie vom 20. 7. 2001 – 2 BvL 8/00 –) um. Die Mitbestimmungstatbestände wurden neu strukturiert. Es verbleibt im Resultat bei der Unterscheidung in uneingeschränkte Mitbestimmung und eingeschränkte Mitbestimmung der Personalvertretung. Unter uneingeschränkter Mitbestimmung versteht man die Fälle, in denen die Einigungsstelle zu einer die Parteien bindenden Entscheidung befugt ist.

Unter eingeschränkter Mitbestimmung subsumiert man die Fälle der Mitbestimmung, bei denen nach der Rechtsprechung des Bundesverfassungsgerichts (a. a. O.) die Entscheidung der Einigungsstelle nur den Charakter einer Empfehlung an die zuständige Dienstbehörde hat (eingeschränkte Mitbestimmung). Dabei handelt sich um innerdienstliche Angelegenheiten, die schwerpunktmäßig die Erledigung von Amtsaufgaben betreffen.

In den der Mitbestimmung unterliegenden Fällen der §§ 78 bis 80 BPersVG richtet sich das Verfahren nach den Vorschriften des § 70 BPersVG. Demnach kann eine Maßnahme, die der Mitbestimmung des Personalrats unterliegt, nur mit einer Zustimmung getroffen werden (§ 70 Abs. 1 BPersVG).

Verfahren der Mitbestimmung

Das Mitbestimmungsverfahren wird dadurch eingeleitet, dass der Leiter der Dienststelle den Personalrat von der beabsichtigten Maßnahme unterrichtet und dessen Zustimmung hierzu beantragt (§ 70 Abs. 2 BPersVG).

Auf Verlangen des Personalrats muss der Leiter der Dienststelle die Maßnahme begründen. Außer in Personalangelegenheiten hat die Begründung in schriftlicher oder elektronischer Form zu erfolgen (§ 70 Abs. 2 Satz 2 BPersVG).

Praxis-Tipp:
Aus Gründen der Rechtssicherheit sollte grundsätzlich im beiderseitigen Interesse Schriftform vereinbart werden.

Fristen

Die Mitteilungsfrist beginnt mit dem Zugang der Mitteilung über die beabsichtigte Maßnahme beim Personalrat, wegen der Außenvertretungsbefugnis im Regelfall also immer beim Vorsitzenden des Personalrats. Bei großen Personalvertretungen, die über eine Geschäftsstelle verfügen, wird unter Berücksichtigung der tatsächlichen Gegebenheiten und des jeweiligen Organisationsgrades auch der Eingang des Schriftsatzes auf der Geschäftsstelle als ausreichend angesehen werden können. Die Mitteilung muss jedenfalls in den Machtbereich des Personalrats gelangt sein und dieser muss die Möglichkeit haben, von dem Inhalt der Erklärung Kenntnis zu nehmen (SächsOVG vom 12. 1. 1999 – P 5 S 38/96, PersR 2000, 76). Die Frist wird allerdings nur durch eine die Anforderungen des Gesetzes erfüllende Vorlage in Gang gesetzt.

Die Fristberechnung erfolgt nach §§ 187 bis 193 BGB: Die Frist beginnt an dem Arbeitstag, der auf den Tag der Unterrichtung folgt, und endet mit Ablauf des letzten Arbeitstages der Beteiligungsfrist. Bei der Fristberechnung sind nur Arbeitstage zu berücksichtigen.

Der Personalrat ist gehalten, seinen Beschluss über die beantragte Maßnahme innerhalb einer Frist von zehn Arbeitstagen dem Dienststellenleiter mitzuteilen (§ 70 Abs. 3 Satz 1 BPersVG). Sollte der Personalrat nicht innerhalb dieser Frist seine Zustimmung zu der Maßnahme unter Angabe von Gründen schriftlich oder elektronisch verweigern, gilt die Maßnahme durch Fristablauf als gebilligt.

Die bisherige starre Frist hat die Personalvertretungen bei komplexen Sachverhalten vor erhebliche praktische Probleme gestellt. Nicht selten führte das in der Praxis dazu, dass die Personalvertretungen eine Maßnahme vorsorglich ablehnten, um so Zeit für die Klärung und notwendigen Erörterungen zu gewinnen. Der Gesetzgeber hat seit der Novellierung die Möglichkeit vorgesehen, dass Personalrat und Dienststelle im Einzelfall oder für die Dauer der Amtszeit des Personalrats schriftlich oder elektronisch abweichende Fristen vereinbaren können. Zwar wären danach auch Fristverkürzungen möglich, es dürften hier aber wohl eher verlängerte Fristen zum Tragen kommen. Der Gesetzgeber wollte einem unverhältnismäßigen Zeitdruck entgegenwirken, wie er insbesondere bei komplexen Sachverhalten, der ungewöhnlichen Häufung von Beteiligungsverfahren oder bei umfangreichen Angelegenheiten Beteiligungspflichtiger, entsteht.

Die mit der Novellierung ins Gesetz eingefügte Möglichkeit der Übermittlung der Zustimmungsverweigerung entspricht der Rechtsprechung des Bundesverwaltungsgerichts. Dieses hatte festgestellt, dass immer dann, wenn der Personalrat das Schreiben, mit dem er seine Zustimmung verweigert, dem Leiter der Dienststelle als eingescannte PDF-Datei im Anhang zu einer E-Mail übermittelt, das im Personalvertretungsgesetz geforderte Schriftformerfordernis erfüllt ist. Das eingescannte Schreiben muss die Gründe für die Ablehnung und eine bildliche Wiedergabe der eigenhändigen Unterschrift(en) des Vorsitzenden sowie je nach Sachverhalt im Rahmen der Mitvertretungsregelung die des Gruppenvertreters enthalten, zumindest aber deren Namen wiedergeben (BVerwG vom 15. 12. 2016 – 5 P 9.15).

Das diesen Anforderungen genügende eingescannte Schreiben trägt der Identitätsfunktion, die für die Erklärung unverzichtbar ist, ausreichend Rechnung. Es ist nicht notwendigerweise eine Originalunterschrift erforderlich, die Identität wäre bereits dann gewahrt, wenn die eigenhändige Unterschrift nicht bildlich wiedergegeben wäre (BAG vom 9. 12. 2008 – 1 ABR 79/07, NZA 2009, 627).

Nach der o. g. Entscheidung des Bundesverwaltungsgerichtes ist ein bei fehlender Unterschrift geringfügig höheres Fälschungsrisiko zu vernachlässigen. Eine von einem Unbefugten abgegebene Zustimmungsverweigerung hätte keine Folgen. Rechtlich maßgeblich ist allein der vom Personalrat gefasste Beschluss. Damit wurde klargestellt, dass die im Gesetz bisher vorgesehene Schriftlichkeit oder die elektronische Ersatzform nicht den strengen Anforderungen an das Schriftformerfordernis des Zivilrechts unterliegen (BVerwG a. a. O.).

Die Möglichkeit der elektronischen Kommunikation zwischen Dienststelle und Personalvertretung ist durch die Neuregelung als allgemeiner Grundsatz im Personalvertretungsgesetz verankert worden. Zu beachten ist aber, dass es hiervon Ausnahmen gibt (Weiterbeschäftigungsansprüche von Auszubildenden, die Mitglied in einer Interessenvertretung sind, Abschluss von Dienstvereinbarungen). Hier gilt weiterhin das Schriftformerfordernis des BGB.

Fehlt der Erklärung des Personalrats die Begründung, so ist diese unbeachtlich. Der zuständige Dienststellenleiter muss von der Personalvertretung in die Lage versetzt werden, ihren Standpunkt zu der beabsichtigten Maßnahme zu erkennen und er muss erfahren, auf welche Einwendungen die Ablehnung gestützt wird. Soweit der Personalrat dabei Beschwerden oder Behauptungen tatsächlicher Art vorträgt, die für einen Beschäftigten ungünstig sind oder für ihn nachteilig werden können, hat die Dienststelle dem Beschäftigten Gelegenheit zur Äußerung zu geben; die Äußerung ist aktenkundig zu machen (§ 70 Abs. 3 Satz 4 BPersVG).

Das Gleiche gilt, wenn die Dienststelle im Rahmen eines Beteiligungsverfahrens gegenüber dem Personalrat entsprechende Beschwerden oder Behauptungen vorträgt (Dietz-Richardi, § 69 BPersVG a. F. Rn. 44). Daraus lässt sich aber kein generelles Anhörungsrecht der Beschäftigten im Rahmen eines Beteiligungsverfahrens ableiten. Allerdings steht dem Personalrat ein Selbstinformationsrecht zu, wenn sich aufgrund der von der Dienststelle vorgelegten Materialien Zweifelsfragen ergeben. Ob und inwieweit der Personalrat jedoch berechtigt ist, im Rahmen eines Mitbestimmungsverfahrens Beschäftigte zwecks Anhörung am Arbeitsplatz aufzusuchen oder sie vorzuladen, bleibt offen (OVG Nordrhein-Westfalen vom 4. 3. 1993 – CL 25/89, PersV 1994, 235 = Leits. ZfPR 1994, 57).

Fristverkürzung im begründeten Einzelfall

In besonders dringenden Fällen kann der Leiter der Dienststelle die Äußerungsfrist des Personalrats auf drei Arbeitstage verkürzen (§ 70 Abs. 3 Satz 2 BPersVG). Es handelt sich hierbei um eine verkürzte Frist im besonders begründeten Einzelfall.

Ob die Voraussetzungen für eine Verkürzung der Beteiligungsfrist gegeben sind, entscheidet der Dienststellenleiter nach pflichtgemäßem Ermessen, seine Gründe hat er dem Personalrat mitzuteilen. Der Dienststellenleiter kann die Erklärungsfrist weder auf einen größeren noch auf einen geringeren Zeitraum abkürzen. Ein solcher Grund ist gegeben, wenn andernfalls einem Beschäftigten Rechtsverluste drohen oder Rechtsnachteile bei der Dienststelle einträten, die gegenüber der Allgemeinheit nicht zu vertreten sind (BVerwG vom 15. 11. 1995 – 6 P 4.94, ZfPR 1996, 88). Hält die Personalvertretung die Voraussetzungen für die Verkürzung der Äußerungsfrist für nicht gegeben, kann sie das Verwaltungsgericht anrufen. In diesem Fall ist der Antrag auf Erlass einer einstweiligen Verfügung zulässig. Der Antrag ist innerhalb der verkürzten Frist beim zuständigen Verwaltungsgericht zu stellen.

Vorläufige Regelungen

Bei Maßnahmen, die der Natur der Sache nach keinen Aufschub dulden, kann der Leiter der Dienststelle bis zur endgültigen Entscheidung vorläufige Regelungen nach § 76 BPersVG treffen. Ob ein Grund für eine solche vorläufige Regelung vorliegt, entscheidet der Leiter der Dienststelle nach pflichtgemäßem Ermessen. Allerdings muss er dabei berücksichtigen, dass die vorläufige Maßnahme sachlich und zeitlich auf das unbedingt notwendige Maß beschränkt bleibt. Sie darf grundsätzlich nicht so weit gehen, dass eine wirkungsvolle Ausübung des Mitbestimmungsrechts dadurch unmöglich gemacht wird. Eine solche Regelung wäre nur dann zulässig, wenn anderenfalls eine Schädigung überragender Gemeinschaftsgüter oder Interessen eintreten würde (BVerwG vom 22. 8. 1988 – 6 P 27.85, ZfPR 1989, 69). In einem derartigen Fall hat der Dienststellenleiter dem Personalrat den Inhalt der vorläufigen Regelung mitzuteilen, zu begründen und unverzüglich das Mitbestimmungsverfahren einzuleiten bzw. fortzusetzen. Durch eine solche Maßnahme dürfen allerdings weder rechtlich noch tatsächlich vollendete Tatsachen geschaffen werden, die im weiteren Verfahren nicht mehr veränderbar sind.

Der Personalrat hat auch bei vorläufigen Regelungen die Möglichkeit, in einem personalvertretungsrechtlichen Beschlussverfahren vom Verwaltungsgericht überprüfen zu lassen, ob die vom Dienststellenleiter genannten Dringlichkeitsgründe tatsächlich für das Verfahren nach § 76 BPersVG ausreichend sind.

Nichteinigung

Für den Fall der Nichteinigung zwischen Personalrat und Dienststellenleiter bestimmen die Vorschriften über das Mitbestimmungsverfahren gemäß § 71 BPersVG die weitere Vorgehensweise. Die Einigungsstelle entscheidet endgültig oder spricht eine Empfehlung aus.

Um den Eintritt der Billigungsfiktion zu vermeiden, ist der Personalrat gehalten – von Fällen des Rechtsmissbrauchs abgesehen –, sich mit einer Mitbestimmungsvorlage bei unveränderter Sach- und Rechtslage erneut zu befassen, nachdem er einen ersten Antrag auf Zustimmung abgelehnt hatte, ohne dass der Dienststellenleiter das Stufenverfahren eingeleitet hat (BVerwG vom 12. 9. 2011 – 6 PB 13.11, ZfPR 2012, 34 = PersV 2012, 29 = PersR 2011, 530).

Ausnahmen von der Beteiligung, Versagensgründe

Der Gesetzgeber hat eine Reihe von Einschränkungen der Beteiligung vorgenommen und dazu Regelungen getroffen.

In Personalangelegenheiten von Arbeitnehmern bzw. Beamten bestimmt der Personalrat nach § 78 Abs. 3 BPersVG nur auf deren Antrag mit. Dies betrifft:

- die in § 15 Abs. 2 i. V. m. § 8 BPersVG bezeichneten Beschäftigten
- Beamte auf Zeit
- Beschäftigte mit überwiegend wissenschaftlicher oder künstlerischer Tätigkeit

§ 15 Abs. 2 BPersVG nennt Beschäftigte, die zu selbstständigen Entscheidungen in Personalangelegenheiten befugt sind, und verweist wiederum zusätzlich auf den in § 8 BPersVG genannten

Personenkreis. Bei den zu treffenden Entscheidungen muss es sich um Personalangelegenheiten von nicht untergeordneter Bedeutung handeln. Dies ist nur der Fall, wenn die Dienstkraft die Kompetenz zur Durchführung von Maßnahmen hat, die zwischen Dienststelle und Personalrat förmlich zu verhandeln sind. Die Dienstkraft muss stellenplan- bzw. geschäftsordnungsmäßig die Befugnis haben, in Personalangelegenheiten in eigener Verantwortung endgültig zu entscheiden. Nicht beteiligungspflichtige Personalangelegenheiten, welche der Personalrat etwa im Rahmen seiner allgemeinen Aufgaben verfolgt, sind dagegen von nur untergeordneter Bedeutung (BVerwG vom 22. 6. 2005 – 6 P 2.05, BeckRS 2005, 28698).

Zur Beantwortung der Frage, wer zu selbständigen Entscheidungen in Personalangelegenheiten befugt ist, ist im Regelfall auf die Zeichnungsbefugnis abzustellen. Bereitet ein Beschäftigter Entscheidungen nur vor und ist dann an die Zustimmung eines Vorgesetzten gebunden, so zählt er nicht zu diesem Personenkreis. Es handelt sich hierbei u. a. um den Leiter der Dienststelle, seinen ständigen Vertreter sowie bei obersten Dienstbehörden um den Leiter der Abteilung für Personal- und Verwaltungsangelegenheiten. Bei Bundesoberbehörden ohne nachgeordnete Dienststellen und bei Behörden der Mittelstufe sind dies die jeweils entsprechenden Abteilungsleiter, soweit sie zur Vertretung bestimmt worden sind. Ferner ist vom Personalrat zu prüfen, ob nicht eventuell gemäß § 78 Abs. 4 BPersVG ein gänzlicher Ausschluss vorliegt.

Ist die Mitbestimmung des Personalrats in Bezug auf den in § 15 Abs. 2 BPersVG genannten Personenkreis von einem Antrag des Beschäftigten abhängig, so ist dieser auch bereits dann erforderlich, wenn die dort erfasste Aufgabe erst übertragen werden soll. Ist eine von der vorstehend genannten Vorschrift erfasste Stelle zu besetzen, hat der Personalrat nur dann einen Anspruch auf Vorlage der Bewerbungsunterlagen, wenn der von der Dienststelle ausgewählte Bewerber einen Antrag auf Beteiligung gestellt hat. Das Mitbestimmungsverfahren wird nicht dadurch ausgelöst, dass einer oder mehrere der weiteren Bewerber, die nicht zum Zuge gekommen sind, einen Antrag auf Beteiligung gestellt haben (BVerwG vom 20. 3. 2002 – 6 P 6.01).

Die Beteiligung des Personalrats entfällt in den Mitbestimmungsangelegenheiten des § 78 Abs. 1 BPersVG (bei Beamtenstellen von A 16 sowie vergleichbaren Arbeitnehmerstellen an aufwärts sowie für die in § 54 Abs. 1 BBG bezeichneten Beamten und vergleichbare Arbeitnehmer) sowie bei den Mitwirkungstatbeständen des § 84 Abs. 1 Nr. 4 bis 6 BPersVG (in § 78 Abs. 3 BPersVG genannter Personenkreis). Im Falle der ordentlichen Kündigung eines Arbeitnehmers nach § 85 BPersVG ist § 78 Abs. 3 BPersVG entsprechend anzuwenden.

In den der Mitbestimmung unterliegenden Fällen des § 78 Abs. 1 Nr. 15 BPersVG (Geltendmachung von Ersatzansprüchen) bestimmt der Personalrat nach § 78 Abs. 2 BPersVG nur auf Antrag der oder des Beschäftigten mit; diese oder dieser ist von der beabsichtigten Maßnahme rechtzeitig vorher in Kenntnis zu setzen. In den der Mitwirkung unterliegenden Angelegenheiten des § 84 Abs. 1 Nr. 4 bis 6 BPersVG (Erlass einer Disziplinarverfügung mit Ausspruch einer Zurückstufung oder Entfernung aus dem Beamtenverhältnis, Entlassung von Beamten auf Probe oder auf Widerruf, vorzeitiger Versetzung in den Ruhestand, Feststellung der begrenzten Dienstfähigkeit) wird der Personalrat nach § 84 Abs. 2 BPersVG nur auf Antrag des Beschäftigten beteiligt. Auch hier ist die beabsichtigte Maßnahme dem Beschäftigten rechtzeitig vorher zur Kenntnis zu bringen. Dieser ist von der Dienststelle dahingehend zu unterrichten, dass er den Personalrat durch die Dienststelle beteiligen lassen kann.

Weitere zusätzliche Einschränkungen finden sich in den Vorschriften für besondere Verwaltungszweige der §§ 110 ff. BPersVG (Kapitel 9 Abschnitt 1), die sich dann ausschließlich auf den jeweiligen konkreten Verwaltungszweig beziehen.

In den der Mitbestimmung des Personalrats unterliegenden Fällen des § 78 Abs. 1 BPersVG können seitens der Personalvertretung im Falle einer Zustimmungsverweigerung nur die Gründe des § 78 Abs. 5 BPersVG geltend gemacht werden. Der Personalrat kann im Rahmen seiner Mitwirkung nach § 84 Abs. 1 BPersVG Einwendungen nur auf die in § 78 Abs. 5 BPersVG bezeichneten Gründe stützen.

Verweigerung der Zustimmung in den Fällen des § 78 Abs. 1 BPersVG

Der Personalrat kann seine Zustimmung nach § 78 Abs. 5 Nr. 1 BPersVG verweigern, wenn die Maßnahme gegen ein Gesetz, eine Verordnung, eine Tarifvertragsbestimmung, eine gerichtliche Entscheidung, den Gleichstellungsplan, eine Verwaltungsanordnung oder gegen eine Richtlinie im Sinne des § 80 Abs. 1 Nr. 12 BPersVG (personelle Auswahl bei Einstellungen, Versetzungen, Umgruppierungen und Kündigungen) verstößt. Hierbei handelt es sich im Wesentlichen um Rechtsverstöße, wozu auch gehört, dass die Personalvertretung nicht ordnungsgemäß beteiligt worden ist.

Ferner kann der Personalrat seine Zustimmung nach § 78 Abs. 5 Nr. 2 BPersVG verweigern, wenn die durch Tatsachen begründete Besorgnis besteht, dass der Betroffene oder andere Beschäftigte durch die von der Dienststelle beabsichtigte Maßnahme benachteiligt werden, ohne dass dies aus dienstlichen oder persönlichen Gründen gerechtfertigt ist. Zur Rechtfertigung der von ihr befürchteten Besorgnis muss die Personalvertretung nicht den konkreten Nachweis bestimmter Tatsachen führen. Ausreichend ist die Angabe von Gründen, aus denen ein solcher Schluss möglich ist. Einem Dienststellenleiter steht es daher nicht zu, die sachliche Erfolgsaussicht der Begründung abschließend zu bewerten. Dadurch nämlich würde er das Einigungsverfahren unterbinden und das Mitbestimmungsverfahren sinnlos machen (VG Köln vom 29. 3. 1978, PersV 1979, 199). Es kommt hierbei nicht auf die Betrachtungsweise der Dienststelle an (VG Dresden vom 11. 1. 2002 – K 2183/01; Rehak, SächsVBl. 2003 15).

Die Gefahr einer Störung des Friedens in der Dienststelle muss nach der Regelung des Gesetzes nach § 78 Abs. 5 Nr. 3 BPersVG infolge eines unsozialen oder gesetzwidrigen Verhaltens des betreffenden Beschäftigten bzw. Bewerbers möglich sein. Der Personalrat kann dann die Zustimmung zu einer personellen Maßnahme verweigern. Der Gesetzgeber verlangt aber den Nachweis der Besorgnis, dass der Beschäftigte oder Bewerber den Frieden durch unsoziales oder gesetzwidriges Verhalten stören werde. In der Praxis wird dieser Beweis allerdings schwer zu führen sein. Unter unsozialem Verhalten versteht man die

Einstellung des Beschäftigten oder Bewerbers, die die notwendige Einfügung in die soziale Gemeinschaft vermissen lässt, entweder durch ein Verhalten gegenüber Vorgesetzten oder gegenüber Kolleginnen/Kollegen bzw. unterstellten Beschäftigten. Unter gesetzwidrigem Verhalten ist ein Verhalten zu verstehen, das der Rechtsordnung widerspricht, z. B. eine Neigung zu Eigentumsdelikten, Beleidigungen oder Tätlichkeiten.

Grenzen der Beteiligung

Einer Beteiligung der Personalvertretungen sind auch Grenzen gesetzt. So dürfen Entscheidungen der Dienststelle, die wegen ihrer Auswirkungen auf das Gemeinwohl wesentlicher Bestandteil der Regierungsverantwortung sind, nicht auf neutrale Stellen übertragen werden, die außerhalb der Regierungsverantwortung stehen. Die Personalvertretungen und die Einigungsstelle verfügen über keine hinreichende demokratische Legitimation; sie sind verfassungsrechtlich weder das Volk noch von diesem gewählt. Die von der Verwaltung zu erfüllenden Aufgaben werden vom Parlament (dem gewählten Organ) bestimmt.

6

Nach § 75 Abs. 2 BPersVG kann die oberste Dienstbehörde einen Beschluss der Einigungsstelle in Angelegenheiten, die im Einzelfall wegen ihrer Auswirkungen auf das Gemeinwesen wesentlicher Bestandteil der Regierungsgewalt sind, innerhalb von vier Wochen nach dessen Zustellung ganz oder teilweise aufheben und in der Angelegenheit endgültig entscheiden.

Das Oberverwaltungsgericht Berlin hat in zwei Entscheidungen zur Frage der Regierungsverantwortung Festlegungen getroffen, die häufig auch von Dienststellen zitiert werden. Dieses soll zum Anlass genommen werden, die beiden Entscheidungen in ihren Kernaussagen kurz darzustellen.

Parlamentarische Organisationsentscheidungen

So findet eine Mitbestimmung der Personalvertretungen an den auf der Verfassung von Berlin beruhenden parlamentarischen Organisationsentscheidungen nicht statt. Es handelt sich dabei um eine politische Entscheidung des Abgeordnetenhauses, wenn eine neue Senatsverwaltung gebildet und die Aufgaben in geänderten Geschäftsbereichen zusammengefasst werden. Von der Entscheidung des Abgeordnetenhauses werden auch die in den neu gebildeten Geschäftsbereichen tätigen Dienstkräfte unmittelbar erfasst. Ihre Überleitung in den neu gebildeten Geschäftsbereich stellt keine Versetzung im Sinne des Personalvertretungsgesetzes dar. Der Begriff Geschäftsbereich erfasst den Bestand an Aufgaben und das Personal (OVG Berlin vom 14. 7. 1983 – 60 PV 16/82).

Verlagerung von Zuständigkeiten

Werden durch Verordnung erkennbar nur die Zuständigkeiten für bestimmte Aufgaben auf eine andere Dienststelle übertragen, werden die in dem jeweiligen Bereich tätigen Dienstkräfte nicht unmittelbar erfasst. Zur Überleitung der Beschäftigten bedarf es in jedem Einzelfall einer Versetzungsmaßnahme, die der Zustimmung der betroffenen Personalvertretungen unterliegt. Nach Sinn und Wortlaut einer Zuständigkeitsverordnung wird durch sie nur die Übertragung von Aufgaben geregelt. Mit einer Neuverteilung der Aufgaben muss nicht zwingend eine Umverteilung des Personals verbunden sein (OVG Berlin vom 20. 12. 1999 – 60 PV 8/99).

Eine die Mitbestimmung des Personalrats ausschließende gesetzliche Regelung ist dann gegeben, wenn sie einen Ausschließlichkeitscharakter besitzt. Bedarf es also zum Vollzug keines Ausführungsaktes, ist die Regelung als vollständig, erschöpfend und umfassend anzusehen. In diesem Fall hat die Personalvertretung lediglich die Möglichkeit einer Beteiligung im Rahmen der Richtigkeitskontrolle aufgrund eines allgemeinen Überwachungsauftrages. Ist jedoch die Ausgestaltung einer gesetzlichen Regelung als Einzelmaßnahme dem Dienststellenleiter überlassen, dann „unterliegt dessen Entscheidung – auch bei reinen normenvollziehenden Maßnahmen ohne Ermessensspielraum – der Richtigkeitskontrolle des Personalrats im Wege der Mitbestimmung“ (BVerwG vom 18. 5. 2004 – 6 P 13.03, BVerGE 121, 38; BVerwG vom 1. 6. 2007 – 6 PB 4.07).

In der personalvertretungsrechtlichen Praxis wird es sich bei derartigen Maßnahmen häufig um Maßnahmen der Verwaltungsmodernisierung (Change-Management) handeln. Darunter fallen z. B. Entscheidungen der Regierung oder des gewählten Organs über die Auflösung oder Zusammenlegung von Dienststellen, Errichtung von Dienststellen, Privatisierungen usw. Diese Entscheidungen sind der Beteiligung der Personalvertretungen entzogen, nicht aber die daraus resultierenden Folgemaßnahmen, soweit dem Leiter der Dienststelle hier ein Entscheidungsspielraum verbleibt.

Schutzzweckgrenze

Wichtig: Verbleibt im Zusammenhang mit einer mitbestimmungspflichtigen organisatorischen Maßnahme ein selbständiger Handlungsspielraum im innerdienstlichen Bereich, entfällt folgerichtig das Beteiligungsrecht des Personalrats nicht (Ilbertz/Widmaier/Sommer, BPersVG a. F., § 104 Rn. 2).

Unter dem Gesichtspunkt der vom Bundesverfassungsgericht und vom Bundesverwaltungsgericht definierten sogenannten Schutzzweckgrenze ist die Mitbestimmung nur dann ausgeschlossen, wenn die zur Rede stehende Maßnahme keinen innerdienstlichen Charakter aufweist (BVerwG vom 19. 5. 2003 – 6 P 16.02, ZfPR 2003, 266). Ist eine Personalvertretung bei der Umsetzung der Maßnahmen, z. B. der Zusammenlegung von Dienststellen oder dem Stellenabbau, jeweils im Einzelfall zu beteiligen, muss sie ihre Beteiligung unter Berücksichtigung des politischen Willens ausüben. Aufgabe der Personalvertretung wird es in diesem Fall sein, die Interessen der Beschäftigten zu wahren und darauf zu achten, dass bei der Einzelfallentscheidung die rechtlichen Bestimmungen von der Dienststelle beachtet werden und eine sachgerechte Sozialauswahl stattfindet.

Ausgewählte Themen sowie Einzelfälle der Beteiligung

Schlagwort Digitalisierung – Digitale Verwaltung 4.0

Der öffentliche Dienst in Deutschland steht aktuell vor großen Herausforderungen, nicht nur wegen der Pandemiesituation. Die Konkurrenz mit der Privatwirtschaft um gutes Personal fordert auch konzeptionell und strategisch heraus, nicht nur in Form materieller Anreize. Die Digitalisierung der Verwaltung nimmt an Dynamik zu. Die demografische Entwicklung erfordert neue Impulse auch beim Wissenstransfer und Wissensmanagement. Diesbezüglich notwendige Organisationsveränderungen lösen Folgen aus, die bereits bei der Planung berücksichtigt werden sollten und in die eine Einbindung der Betroffenen bereits im Vorfeld sinnvoll ist, damit ein „Change Management" gelingt. In den kommenden Jahren werden sich daher Personalvertretung und Dienststelle mit der sich beschleunigenden Digitalisierung in der öffentlichen Verwaltung befassen müssen. Wie wirken sich die Möglichkeiten des mobilen Arbeitens auf Arbeitszeitregelungen in den Behörden und die Vereinbarkeit von Arbeits- und Privatleben aus? Lässt sich die cloud-basierte Arbeit im öffentlichen Dienst mit dem Beschäftigtendatenschutz vereinbaren? Wie kann ein Personalrat bei der Beteiligung an komplexen digitalisierten Verfahren in der Verwaltung Schritt halten? Wie können die Beschäftigten dabei technisch, körperlich und psychisch Schritt halten? Können digitale Arbeitsverfahren wirklich helfen, Sparvorgaben zu erfüllen oder die Auswirkungen des demografischen Wandels zu dämpfen? Das Update der öffentlichen Verwaltung auf die Version 4.0 wird begleitet von großen und vielfältigen gesellschaftlichen, technischen und politischen Megatrends, die viele Fragen aufwerfen. Um welche Fragen wird es in der Personalratsarbeit der nächsten Jahre gehen?

Digitale Verwaltung und deren Auswirkungen auf die Beschäftigten

Unter Digitalisierung versteht man heute keinen ausschließlichen technischen Vorgang mit kalkulierbaren Folgen. Es handelt sich vielmehr um die Transformation unserer bisherigen „automatisierten Gesellschaft" in eine „digitale Gesellschaft". Im Rahmen dieser Entwicklung, die sich immer mehr beschleunigt, werden sich Werte wandeln und die Arbeitsbedingungen der Beschäftigten massiv ändern. Die Personalvertretung als gewählte Interessenvertretung der Beschäftigten steht vor der Herausforderung, die mit der Digitalisierung verbundenen Veränderungen kompetent zu begleiten. Es ist ein Prozess, der sich immer mehr beschleunigt und dessen Ende und Auswirkungen heute noch nicht abzuschätzen sind.

Beteiligungsrechte bei Verwaltungsmodernisierungen, insbesondere die Einführung technischer Einrichtungen

Die Digitalisierung der Verwaltung hat in den vergangenen Jahren rasant an Fahrt gewonnen und wird sich noch immer beschleunigen. Personalräte stehen damit im Rahmen ihrer Beteiligungsrechte vor neuen Herausforderungen. Wie kann die Einführung elektronischer Verfahren sinnvoll begleitet werden, was sind die Möglichkeiten, was die Grenzen der dem Personalrat zustehenden Beteiligung? Dabei sind Fragen des Datenschutzes sowie einer möglichen Kontrolle des Arbeitsverhaltens der Beschäftigten von besonderer Bedeutung.

Beteiligungsrechte bei Verwaltungsmodernisierungen, Arbeitszeit/-modelle

Für die Beschäftigten sind bei der Gestaltung der Arbeitswelt von morgen Ideen und Regelungen von großer Bedeutung, die zu einer weiteren Flexibilisierung der Arbeitszeit bis hin zur Vertrauensarbeitszeit führen. Die Vereinbarkeit von Arbeits- und Privatleben, der Erhalt und die Verbesserung der Motivation und Arbeitszufriedenheit in Zeiten der digitalen Transformation der Gesellschaft sind dabei zentrale Anliegen. Gute Arbeitszeitmodelle dienen nicht nur diesen Zielen; sie sind auch ein Imagefaktor, gerade bei der Gewinnung von Nachwuchskräften.

Qualifizierung der Beschäftigten, Beteiligungs- und Initiativrechte

Im Zusammenhang mit der Digitalisierung der Verwaltung ist Qualifizierung eines der Schlüsselworte. Der Personalrat ist hiervon in zweifacher Hinsicht betroffen: Qualifizierung der Beschäftigten und der Personalratsmitglieder. Der Personalrat muss dafür Sorge tragen, dass die Beschäftigungsfähigkeit aller Kolleginnen und Kollegen durch geeignete Weiterbildungen und Qualifizierungen gefördert wird und bis ins Alter erhalten bleibt. Je nach Ausgestaltung in den einzelnen Paragrafen des Landespersonalvertretungsgesetzes unterliegen Fragen der Fortbildungsplanung und die Auswahl von Teilnehmerinnen und Teilnehmern an solchen Maßnahmen der Beteiligung des Personalrates. Zudem bietet das Initiativrecht hier Gestaltungsmöglichkeiten. Aber auch auf Seiten der Personalräte entsteht ein erhöhter Qualifizierungsbedarf. Nur so kann der Personalrat auf Augenhöhe mit der Dienststelle bleiben und gemeinsam mit ihr die digitale Zukunft gestalten.

Psychische Belastungen und Gesundheitsmanagement

Sparvorgaben, demografischer Wandel, Fachkräftemangel – auch im Hinblick auf die zunehmende Digitalisierung von Prozessen – und Wettbewerbsnachteile öffentlicher Dienstherren bei der Personalgewinnung sorgen in Verbindung mit ständig wachsenden und sich verändernden Aufgaben für teils erhebliche Mehrbelastungen der Beschäftigten. Dies führt häufig zu psychischen Belastungen für die Beschäftigten, aus denen sich ernsthafte Krankheiten wie Burnout, Depression oder Sucht entwickeln können.

Im Rahmen der Beteiligung der Personalvertretung gibt es eindeutige Beteiligungstatbestände, die allgemein unstrittig sind. Andere wiederum sind abstrakt gefasst, wie beispielsweise Regelungen der Ordnung in der Dienststelle oder Maßnahmen zur Hebung der Arbeitsleistung. Einige relevante Tatbestände werden im Folgenden kurz erwähnt und stichwortartig behandelt. Eine komplette Abhandlung aller Tatbestände bleibt umfassenden Kommentaren vorbehalten.

Ordnung der Dienststelle und des Verhaltens der Beschäftigten (§ 80 Abs. 1 Nr. 18 BPersVG)

Unter diesen Tatbestand werden diejenigen Regelungen des Dienststellenleiters zusammengefasst, die alle Beschäftigten gleichermaßen betreffen. Dazu gehören insbesondere z. B.:

- Verbot des Radiohörens
- Verbot, eigene Elektrogeräte mitzubringen
- Rauchverbot
- Vergabe dienststelleneigener Parkplätze
- Hausordnung
- Mülltrennung
- Dienstkleiderordnung

- generelle Krankengespräche
- Mobbing- oder Suchtvereinbarungen

Die Mitbestimmung greift auch, wenn die Regelung aufgrund einer gesetzlichen Vorgabe erfolgt und dem Leiter der Dienststelle ein Gestaltungsspielraum bleibt. So gibt es ein gesetzliches Rauchverbot in öffentlichen Gebäuden, Ausgestaltung und Umsetzung können aber individuell geregelt werden. Von solchen Regelungen können auch andere Beteiligungstatbestände tangiert sein. Beispielsweise Mobbing- oder Suchtvereinbarungen können auch im Rahmen der Verhütung von Gesundheitsschädigungen/Gesundheitsgefährdungen getroffen werden. Wird eine Parkfläche oder ein Parkhaus von der Dienststelle angemietet, handelt es sich um die Errichtung einer Sozialeinrichtung im Sinne von § 79 Abs. 1 Nr. 4 BPersVG. Vergabe und Nutzungsbestimmungen sind jedoch vom Tatbestand des § 80 Abs. 1 Nr. 18 BPersVG erfasst.

Beginn und Ende der täglichen Arbeitszeit und der Pausen sowie die Verteilung der Arbeitszeit auf die einzelnen Wochentage (§ 80 Abs. 1 Nr. 1 BPersVG)

Die Mitbestimmung bei der Festlegung der Arbeitszeit beruht auf den kollektiven Interessen der Beschäftigten und greift immer dann, wenn die Dienststelle Regelungen trifft, die Teile oder die Gesamtheit der Beschäftigten berühren. Sie greift auch, wenn nur Teile der Arbeitszeit betroffen sind. Eine Einschränkung der Mitbestimmung ist nur insoweit gegeben, als gesetzliche oder tarifliche Vorgaben Vorrang haben und der Dienststelle kein eigenständiger Handlungsspielraum mehr verbleibt oder eine Dienstvereinbarung abgeschlossen wurde. Die Mitbestimmung erstreckt sich nicht nur auf den Beginn und das Ende der täglichen Arbeitszeit, sondern auch auf Pausen, die Verteilung auf die einzelnen Wochentage und auf die Anordnung von Mehrarbeit oder Überstunden. Auch die Anordnung von Rufbereitschaft ist eine Festlegung zu Beginn und Ende der Arbeitszeit und unterliegt daher der Mitbestimmung der Personalvertretung (BVerwG vom 4. 9. 2012 – 6 P 10.11, BeckRS 2012, 213365). Muss für Gruppen von Beschäftigten die tägliche Arbeitszeit nach Erfordernissen, die die Dienststelle nicht voraussehen kann, unregelmäßig und kurzfristig festgesetzt werden, beschränkt sich die Mitbestimmung auf die Grundsätze für die Aufstellung der Dienstpläne, insbesondere für die Anordnung von Dienstbereitschaft, Mehrarbeit und Überstunden (§ 80 Abs. 2 BPersVG).

Die Ausgestaltung der Arbeitszeit ist in besonderer Weise durch Dienstvereinbarungen möglich und damit ein erstrangiges Handlungsfeld für Personalvertretungen über das Initiativrecht nach § 77 BPersVG.

Maßnahmen zur Verhütung von Dienst- und Arbeitsunfällen und Berufskrankheiten (§ 80 Abs. 1 Nr. 16 BPersVG)

Bei Ausübung dieses Mitbestimmungsrechts hat der Personalrat darauf zu achten, dass die Dienststelle präventiv alle notwendigen Maßnahmen zur Verhütung von Dienst- und Arbeitsunfällen, Berufskrankheiten und sonstigen Gesundheitsschädigungen sowie von Gesundheitsgefährdungen ergreift. Durch die Hinzufügung des Merkmals der Berufskrankheiten wird die Bedeutung der Mitbestimmung bei der Prävention anerkannter Berufskrankheiten hervorgehoben und klarer zum Ausdruck gebracht. Dafür ist der Dienststellenleiter als gesetzlicher Vertreter der Behörde allein verantwortlich.

6

Die Begriffe Dienst- bzw. Arbeitsunfall sind im jeweiligen Beamtenversorgungsgesetz und im SGB VII definiert. Der Begriff „sonstige Gesundheitsschädigungen" ist im Sinne der Arbeitsschutzregelungen auszulegen. Solche Schädigungen können sowohl physischer als auch psychischer Art sein. Gegenstand der Mitbestimmung ist die jeweilige, im Einzelfall vorgesehene Maßnahme oder eine genereller Art.

Präventive Maßnahmen des Arbeitsschutzes können sein:

- Verhaltensmaßnahmen (z. B. Alkohol- oder Rauchverbote, Verhalten bei Mobbing)
- Organisatorische Maßnahmen (z. B. Sicherung von Arbeiten in gefährdeten Bereichen)
- Technische Maßnahmen (z. B. Schutzausrüstung)
- Medizinische Maßnahmen (z. B. vorbeugende Untersuchungen, Impfungen)

Grundsätze des behördlichen und betrieblichen Eingliederungsmanagements (§ 80 Abs. 1 Nr. 17 BPersvG)

Im bisherigen BPersVG (§ 75 Abs. 3 Nr. 11 BPersVG a. F.) war das behördliche und betriebliche Eingliederungsmanagement zwar nach herrschender Meinung enthalten, aber unzureichend und nicht eindeutig dargestellt. Dies hat sich mit der Novellierung im Gesetz geändert. Die besondere Mitbestimmungspflichtigkeit der Personalvertretungen bei der Festlegung allgemeiner Grundsätze des betrieblichen oder behördlichen BGM und BEM ergänzt nunmehr die Beteiligung der Personalvertretung bei der individuellen Eingliederung betroffener Beschäftigter nach § 167 Abs. 2 SGB IX. Gerade angesichts der demografischen Entwicklung einer alternden Belegschaft und zunehmender Herausforderungen, verursacht durch Arbeitsverdichtung, Rationalisierung und Digitalisierung der Arbeitsabläufe, kommen dem Betrieblichen Gesundheitsmanagement (BGM) und dem Betrieblichen Eingliederungsmanagement (BEM) eine zunehmende Bedeutung zu. Wichtig sind sich fortentwickelnde Prozesse zur langfristigen Erhaltung und Förderung der Gesundheit sowie zur Überwindung und Vorbeugung von Arbeitsunfähigkeit. Der präventive und fürsorgliche Ansatz des BGM und BEM wird durch den Mitbestimmungstatbestand besonders hervorgehoben.

Einstellung (§ 78 Abs. 1 Nr. 1 BPersVG)

Die Einstellung, mit der Novellierung für Arbeitnehmer und Beamte in einem Tatbestand zusammengefasst, unterliegt der Mitbestimmung des Personalrats. Die Einstellung von Beamten erfolgt auf Lebenszeit, auf Zeit, auf Probe oder auf Widerruf. Grundlage für die Einstellung ist die Begründung eines Beamtenverhältnisses. Von einer Integrationsabsicht in die Dienststelle (zumindest zeitweise) ist aufgrund der Ausgestaltung des jeweiligen Beamtenverhältnisses auszugehen. Eine ohne Mitbestimmung des Personalrats vorgenommene Einstellung eines Beamten wird dennoch durch Annahme der Urkunde rechtswirksam. Hier steht das rechtliche Hemmnis im Beamtenrecht entgegen, die Beteiligung des Personalrats ist keine Ernennungsvoraussetzung. Dem Personalrat bleibt nur die Möglichkeit, verwaltungsgerichtlich die Rechtswidrigkeit des Handelns der Dienststelle feststellen zu lassen. Bei der Einstellung von Arbeitnehmern kommt eine Vereinbarung aufgrund tarifvertraglicher Vorgaben und Rahmenbedingungen (Rechte und Pflichten des Beschäftigten) zustande, die eine Integration in die Dienststelle und deren weisungsabhängige Arbeitsabläufe vorsieht. Auslöser der Mitbestimmung ist diese Integrationsabsicht, nicht der Inhalt des Arbeitsvertrages. Ein ohne Mitbestimmung des Personalrats abgeschlossener Arbeitsvertrag ist deshalb rechtswirksam, allerdings ist eine Beschäftigung in der Dienststelle ausgeschlossen, solange der Personalrat nicht zugestimmt hat.

Für die Beurteilung, ob eine Absicht zur Integration in die Dienststelle besteht, kann die vorgesehene Dauer der Beschäftigung und die tatsächliche Ausübung des Weisungsrechts des Dienststellenleiters ein wichtiges Indiz sein. Bei einer nur kurzfristig zu erbringenden Arbeitsleistung dürfte es in der Regel an einer Integrationsabsicht mangeln. Die Dauer der wöchentlichen Arbeitszeit oder die Höhe des vertraglich vereinbarten Entgeltes sind dagegen kein Indiz.

Durch die Rechtsprechung entwickelt ist auch die Mitbestimmung des Personalrats bei der Stufenzuordnung nach dem TVöD, da entsprechende Rechte bereits bei der Eingruppierung (§ 78 Abs. 1 Nr. 4 BPersVG) greifen, ohne dass damit die Einstellung generell verhindert werden könnte.

Übertragung einer höher oder niedriger zu bewertenden Tätigkeit oder eines höher oder niedriger zu bewertenden Dienstpostens (§ 78 Abs. 1 Nr. 3 BPersVG)

Der Gesetzgeber hat trotz der Zusammenfassung in einem Paragrafen eine Differenzierung zwischen den Fallgruppen der Übertragung einer Tätigkeit (Arbeitnehmerinnen/Arbeitnehmer) und eines Dienstpostens (Beamtinnen/Beamte) vorgenommen. Der Beteiligungstatbestand gilt durch diese differenzierende Klarstellung für beide Gruppen gleichermaßen.

Bei einem Arbeitnehmer führt die Übertragung einer höher oder niedriger zu bewertenden Tätigkeit im Regelfall zur Zuordnung zu einer anderen Entgeltgruppe. Unmaßgeblich ist, aus welchem Grund der Arbeitgeber diese Feststellung trifft, z. B. durch Übertragung einer höherwertigen Tätigkeit, durch Zuweisung eines anderen Arbeitsplatzes, durch Erweiterung des bisherigen Aufgabenspektrums oder durch Erfüllen persönlicher Voraussetzungen, die im Ergebnis zu einer höheren Entgeltgruppe führen. Die Mitbestimmung erstreckt sich auch auf die Stufenzuordnung. Die Rückgruppierung kann entweder einvernehmlich, durch Übertragung einer niedriger zu bewertenden Tätigkeit oder durch die Korrektur einer falsch vorgenommenen Eingruppierung erfolgen. Das Mitbestimmungsrecht ist in einem solchen Fall auf den Schutz des betroffenen Beschäftigten gerichtet.

Bei einem Beamten wird das Mitbestimmungsrecht dadurch ausgelöst, dass ihm eine Planstelle einer höheren oder niedriger bewerteten Besoldungsgruppe übertragen wird. Vor allen Dingen kommen hier Aufstiegsverfahren oder die Übertragung eines höher bewerteten Dienstpostens als Beförderungsvoraussetzung in Betracht. Im Falle der Übertragung einer dauernden niedriger zu bewerteten Tätigkeit dient das Mitbestimmungsrecht des Personalrats dazu, den Beamten zu schützen. Der Beamte ist allerdings gegen Änderungen seines dienstlichen Aufgabenspektrums nur dahingehend geschützt, dass diese amtsangemessen sein müssen. Grundsätzlich hat ein Beamter Anspruch auf Übertragung eines seiner statusgemäßen Beschäftigung entsprechenden Amtes im abstrakt funktionalen Sinn (BVerwG vom 18. 9. 2008, PersV 2009, 130; BVerwG vom 2. 12.2009, PersR 2010, 85).

Eingruppierung, Höher- oder Rückgruppierung von Arbeitnehmerinnen oder Arbeitnehmern einschließlich der hiermit jeweils verbundenen Stufenzuordnung, jedoch nicht bei in das Ermessen des Arbeitgebers gestellten Stufenzuordnungen (§ 78 Abs. 1 Nr. 1 BPersVG)

Eingruppierung

Die Eingruppierung ist neben der Einstellung ein gesonderter Mitbestimmungstatbestand. Eine Eingruppierung kann aber auch bei Schaffung eines völlig neuen Arbeitsplatzes notwendig sein. Die Stufenzuordnung wird ebenfalls von der Mitbestimmung erfasst. Die Mitbestimmung bei Eingruppierung erstreckt sich nach dem Tenor der Entscheidung des Bundesverwaltungsgerichts (BVerwG vom 7. 3. 2011 – 6 P 15.10) konkret auf die Stufenzuordnung nach § 16 Abs. 2, Abs. 3 Satz 1 bis 3 und Abs. 5

Satz 2 TVöD-Bund. Die Mitbestimmung der Personalvertretung im Rahmen der Stufenzuordnung bei Eingruppierung kommt in den Fällen des § 16 Abs. 3 Satz 4 TVöD-Bund erst zum Zuge, wenn die Dienststelle unter Beachtung der Mitbestimmung bei der Lohngestaltung gemäß § 80 Abs. 1 Nr. 8 BPersVG Grundsätze zur Anrechnung förderlicher Berufstätigkeit beschlossen hat.

Diesen Leitsatz des Bundesverwaltungsgerichts zu Grunde legend, besteht für die Stufenzuordnung von eingestellten Beschäftigten nach § 16 (Bund) TVöD

- in Stufe 1 gemäß § 16 Abs. 2 Satz 1 TVöD,
- in Stufe 2 oder Stufe 3 unter Berücksichtigung einschlägiger Berufserfahrung gemäß § 16 Abs. 2 Satz 2 TVöD,
- in die im vorhergehenden Arbeitsverhältnis erworbene Stufe gemäß § 16 Abs. 2 Satz 4 TVöD (horizontale Wiedereinstellung),
- in die Stufe 2 (Eingangsstufe) gemäß § 16 Abs. 5 Satz 2 TVöD

ein Mitbestimmungsrecht des Personalrats.

Stufenzuordnungen, die

- aufgrund der Berücksichtigung förderlicher Zeiten zur Personaldeckung gemäß § 16 Abs. 2 Satz 3 TVöD
- unter Berücksichtigung der im vorhergehenden Arbeitsverhältnis erworbenen Stufe gemäß § 16 Abs. 3 TVöD
- zur Gewährung von Zulagen nach § 16 Abs. 6 TVöD

erfolgen, sind in das Ermessen des Arbeitgebers gestellt.

Erlässt die Dienstelle jedoch allgemeine Grundsätze dazu, ist der Personalrat nach § 80 Abs. 1 Nr. 8 zu beteiligen. Werden solche Grundsätze aufgestellt, erstreckt sich die Mitbestimmung des Personalrats bei Eingruppierung auch auf deren Einhaltung. Bei Stufenzuordnungen nach Ende der regulären Stufenlaufzeit gemäß § 16 Abs. 4 und Abs. 5 Satz 3 erster Halbsatz TVöD ist der Personalrat hierüber regelmäßig zu informieren, damit er in die Lage versetzt ist, seine allgemeine Überwachungsaufgabe nach § 62 Nr. 2 BPersVG (Wächteramt) ordnungsgemäß wahrnehmen zu können.

Sofern für das Arbeitsverhältnis die einschlägigen tariflichen Regelungen gelten, ergibt sich die Eingruppierung aus deren Anwendung. Aber auch eine übertarifliche Eingruppierung unterliegt der Mitbestimmung. Weist der Dienststellenleiter einem

Arbeitnehmer einen neuen Arbeitsplatz zu und beabsichtigt er die Beibehaltung der bisherigen Eingruppierung, so unterliegt dies der Mitbestimmung des Personalrats bei Eingruppierung; dies gilt auch, wenn der neue Arbeitsplatz schon einmal unter Beteiligung des Personalrats bewertet worden war (BVerwG vom 8. 11. 2011 – 6 P 23.10). Die Aufgabe des Personalrats ist es, darauf zu achten, dass hierbei die Behandlung aller Arbeitnehmer nach Recht und Billigkeit erfolgt (Gleichbehandlungs-, Leistungsgrundsatz) und die bestehenden Regelungen richtig angewendet werden. Im Rahmen der Mitbestimmung des Personalrats bei der Eingruppierung steht ihm allerdings kein Mitgestaltungsrecht, sondern lediglich ein Mitbeurteilungsrecht (Plausibilitätskontrolle) zu. Sie soll sicherstellen, dass die Rechtsanwendung möglichst zutreffend ist.

Übertragung einer höher oder niedriger zu bewertenden Tätigkeit

Der Mitbestimmungstatbestand ist erfüllt, wenn einem Arbeitnehmer eine Tätigkeit übertragen werden soll, die von der bisherigen Tätigkeit abweicht und den Tätigkeitsmerkmalen einer höheren oder auch einer niedrigeren Entgeltgruppe zuzuordnen ist. Die Übertragung einer höher zu bewertenden Tätigkeit erfolgt in der Regel durch Zuweisung eines höherwertigen Aufgabenbereiches oder einer Übertragung zusätzlicher höherwertiger Aufgaben. Wird einem Arbeitnehmer ein anderer Arbeitsplatz als der bisherige zugewiesen oder wird seine Tätigkeit so verändert, dass die Gesamttätigkeit einer niedrigeren Entgeltgruppe entspricht, ist der Tatbestand der Übertragung einer niedriger bewerteten Tätigkeit erfolgt. Die jeweilige Übertragung hat von der dafür sachlich zuständigen Stelle zu erfolgen.

Wichtig: In beiden Fällen bedarf es einer Änderung des Arbeitsvertrages. Im Falle der Übertragung einer höher zu bewertenden Tätigkeit wird dies im gegenseitigen Einvernehmen erfolgen. Ausreichend ist eine schriftliche Mitteilung des Arbeitgebers, die der Arbeitnehmer stillschweigend annimmt. Die Übertragung einer niedriger bewerteten Tätigkeit führt in der Regel zu einer Änderungskündigung, die dann allerdings wieder der Mitwirkung des Personalrats nach § 78 Abs. 1 Nr. 4 BPersVG unterliegt.

Höher- oder Rückgruppierung

Bei der Höher- oder Rückgruppierung handelt es sich um eine Umgruppierung. Beide Varianten stehen im unmittelbaren Zusammenhang mit der Feststellung des Arbeitgebers, dass die aktuelle Tätigkeit des Arbeitnehmers nach dem gültigen Tarifvertrag nicht mehr den Merkmalen der Entgeltgruppe entspricht, in die er eingruppiert worden ist. Die aktuelle Tätigkeit muss also nach dem für die Dienststelle maßgeblichen Tarifvertrag einer höheren oder niedrigeren Entgeltgruppe entsprechen. Im Rahmen seiner Mitbestimmung hat der Personalrat, wie auch bei der Eingruppierung, eine sogenannte „Richtigkeits-/Plausibilitätskontrolle". Er hat also zu prüfen, ob die mitgeteilte Tätigkeit zu dem von der Dienststelle festgestellten Ergebnis im Tarifvertrag führt. Ferner hat er darauf zu achten, dass die Dienststelle die Entgeltordnung in gleichen oder vergleichbaren Fällen einheitlich anwendet (Altvater u. a., § 75 Rn. 41 ff.).

Umgruppierung führt zur Zuordnung zu einer anderen Entgeltgruppe. Nicht maßgeblich ist dabei, aus welchem Grund der Arbeitgeber diese Feststellung trifft, z. B. durch Übertragung einer höherwertigen Tätigkeit, Veränderung des Aufgabenbereichs oder Erreichen persönlicher Voraussetzungen. Die Mitbestimmung erstreckt sich auch auf die Stufenzuordnung. Die Rückgruppierung kann entweder einvernehmlich, durch Übertragung einer niedriger zu bewertenden Tätigkeit oder durch die Korrektur einer falsch vorgenommenen Eingruppierung erfolgen.

Erlass von Richtlinien über die personelle Auswahl bei Einstellungen, Versetzungen, Umgruppierungen und Kündigungen (§ 80 Abs. 1 Nr. 12 BPersVG)

Dieser Tatbestand der eingeschränkten Mitbestimmung ist – wie viele andere auch – aus dem Betriebsverfassungsgesetz entnommen. Bei den Richtlinien handelt es sich um generelle (abstrakte) Regelungen, die in den genannten Bereichen Transparenz und eine gleichmäßige Behandlung für die Einzelentscheidungen schaffen sollen. Sie gelten für

- Einstellungen
- Versetzungen

- Umgruppierungen
- Kündigungen

Richtlinien können entweder als Anweisung – mit Zustimmung des Personalrats – oder in Form einer Dienstvereinbarung ergehen. Die Mitbestimmung erfasst alle Beschäftigtengruppen. Zudem schließt eine Mitbestimmung bei dieser generellen Regelung die Beteiligung bei den personellen Einzelmaßnahmen, die sich aus einer Richtlinie ergeben, keinesfalls aus. Aufgabe des Personalrats ist es, als Sachwalter der Interessen der Beschäftigten darauf zu achten, dass solche Regelungen rechtmäßig ergehen und die Interessen der Beschäftigten dabei ausreichend berücksichtigt werden.

Absehen von der Ausschreibung von Dienstposten, die besetzt werden sollen (§ 78 Abs. 1 Nr. 12 BPersVG)

Stellen im öffentlichen Dienst sind grundsätzlich auszuschreiben. Die Ausschreibung dient der Absicherung des Bewerberverfahrensanspruchs und ist aus Art. 33 Abs. 2 GG abgeleitet, wonach jeder Deutsche nach seiner Eignung, Befähigung und fachlichen Leistung gleichen Zugang zu einem öffentlichen Amt hat (Grundsatz der Bestenauslese). Die Mitbestimmung des Personalrats greift unabhängig davon, ob die Nichtvornahme der Ausschreibung auf einem speziellen Regelwerk gründet oder in das Ermessen des Dienststellenleiters gestellt ist. Eine weitgehende Pflicht zur dienststellenbezogenen Ausschreibung eröffnet sich, wenn Frauen in einzelnen Bereichen unterrepräsentiert sind. Ein Zwang zur Ausschreibung kann insbesondere in größeren Dienststellen auch im Zusammenhang mit § 18 TzBfG entstehen, weil befristet Beschäftigte auf unbefristete Stellen hinzuweisen sind.

Nach einem Urteil des Bundesverwaltungsgerichts (BVerwG vom 14. 1. 2010 – 6 P 10.09) rechtfertigt sich die Beteiligung des Personalrats bereits aus der Überlegung, dass die Auswahl der Person, mit der eine freie Stelle besetzt werden soll, in der Regel das berufliche Fortkommen oder sonstige Belange und Vorstellungen anderer in der Dienststelle Beschäftigter berührt. Deshalb besteht ein entsprechendes schutzwürdiges kollektives Interesse an der Mitbestimmung des Personalrats, um sein Recht der Richtigkeitskontrolle auszuüben. Zugleich wird mit der Mitbestimmung des Personalrats – so das Bundesverwaltungsgericht – vermieden, dass die Exekutive in die Lage versetzt wird, durch die Ausgestaltung der Ausnahmetatbestände die Mitbestimmung nach Belieben auszuschließen oder einzuschränken. Beabsichtigt der Dienststellenleiter von einer Ausschreibungspraxis generell oder für den Einzelfall abzuweichen, muss er den Personalrat im Wege der Mitbestimmung beteiligen (BVerwG vom 4. 2. 2014 – 6 PB 36.13).

Einführung und Anwendung technischer Einrichtungen, die dazu bestimmt sind, das Verhalten oder die Leistung der Beschäftigten zu überwachen (§ 80 Abs. 1 Nr. 21 BPersVG)

Die in § 80 Abs. 1 Nr. 21 BPersVG aufgeführten Maßnahmen unterliegen nach § 75 Abs. 3 BPersVG nur der eingeschränkten Mitbestimmung des Personalrats. Die Einführung technischer Überwachungseinrichtungen berührt in sehr direkter Weise den Persönlichkeitsschutz der Beschäftigten. Die Mitbestimmung hat hier den Sinn, sicherzustellen, die Gefahren für den Persönlichkeitsschutz der Beschäftigten am Arbeitsplatz, die von der Technisierung der Verhaltens- und Leistungskontrolle ausgehen, auf das erforderliche Maß zu beschränken. Unter dem Begriff „Einführung" ist nicht nur die erste Installierung der technischen Einrichtung zu verstehen, sondern auch deren Einbindung in bereits bestehende Einrichtungen sowie, wegen einer schnellen leichten Verknüpfungsmöglichkeit, auch der Anschluss zusätzlicher Geräte an bereits vorhandene (Beckschulze-Henkel, DB 2001, 1491, 1500). Anwendung meint die allgemeine Handhabung der eingeführten technischen Einrichtung, also die Festlegung der Art und Weise ihrer Verwendung. Nach der Rechtsprechung des Bundesverwaltungsgerichts reicht es aus, wenn die technische Einrichtung nach ihrer Konstruktion oder konkreten Verwendungsweise in der Lage ist, entsprechende Verhaltens- und/oder Leistungsdaten zu erheben. Der Tatbestand ist selbst dann erfüllt, wenn ein entsprechendes Programm noch nicht vorhanden ist, die technische Einrichtung aber unmittelbar die Überwachung der Beschäftigten ermöglicht und ohne Weiteres mit einem entsprechenden Programm versehen werden kann (BVerwG vom 5. 2. 1990 – 6 PB 14.89, PersR 1990, 114; BVerwG vom 27. 11. 1991 – 6 P 7.90, ZBR 1992, 275 = PersV 1992,

385 = ZfPR 1992, 100; BVerwG vom 23. 9. 1992 – 6 P 26.90, BVerwGE 91, 45 = Leits. ZBR 1993, 129 = PersV 1993, 225 = ZfPR 1993, 40).

Voraussetzung für die Erfüllung des Tatbestandes ist damit allein, dass die technische Einrichtung unmittelbar die Überwachung von Verhalten und/oder Leistung der Beschäftigten ermöglicht (HessVGH vom 29. 3. 1989 – BPV TK 3572/87). Maßgeblich ist demnach nicht, ob die Dienststelle entsprechende Kontrollen beabsichtigt und die Daten gesammelt und ausgewertet werden sollen (HessVGH vom 14. 11. 1990 – BPV TK 974/90, Leits. ZBR 1991, 255). Allein entscheidend für das Auslösen des Mitbestimmungstatbestandes ist, ob eine Verhaltens- und/oder Leistungskontrolle möglich ist. Beim heutigen Stand der Technik ist davon auszugehen, dass die meisten technischen Einrichtungen eine Verhaltens- und/oder Leistungskontrolle ermöglichen. Sinn des Beteiligungstatbestandes ist es, eine ausreichende Berücksichtigung der persönlichen Belange und des Schutzes der Persönlichkeitsrechte der Beschäftigten sicherzustellen. Nach einer Entscheidung des Sächsischen Verfassungsgerichtshofs greift der Beteiligungstatbestand in besonderer Weise in die Rechte und Interessen der Beschäftigten und damit in die Grundrechtssphäre ein.

Gestaltung der Arbeitsplätze (§ 80 Abs. 1 Nr. 4 BPersVG)

Nach der Rechtsprechung des Bundesverwaltungsgerichts besteht der Zweck der Mitbestimmung darin, durch anforderungsgerechte Gestaltung der Arbeitsplätze die Beschäftigten vor physischer oder psychischer Überforderung zu schützen (BVerwG vom 30. 8. 1985 – 6 P 20.83, PersR 85, 184). Vom Mitbestimmungsrecht sind die räumlichen Bedingungen erfasst. Arbeitsplatz kann auch der Raum eines Kraftfahrzeuges (LKW oder PKW) oder der Telearbeitsplatz sein, in dem ein Beschäftigter sich ständig oder überwiegend aufhält.

Die Gestaltung eines Arbeitsplatzes umfasst u. a.

- Mobiliar
- technische Geräte
- Anzahl der Arbeitsplätze in einem Raum

- Lichtverhältnisse
- Belüftung
- Lärm

Die Mitbestimmung wird auch hier durch eine beabsichtigte Maßnahme ausgelöst, also nicht erst, wenn ein Arbeitsplatz bereits vollständig gestaltet ist. Vom Mitbestimmungstatbestand nicht umfasst werden Einrichtungen wie Flure, Treppen, Pausen- und Sanitätsräume; die Mitbestimmung beschränkt sich auf die Gestaltung solcher Räumlichkeiten innerhalb der Dienststelle, in denen Arbeit zu leisten ist (BVerwG vom 17. 2. 1986 – 6 P 21.84, BVerwGE 74, 28).

Maßnahmen zur Hebung der Arbeitsleistung und Erleichterung des Arbeitsablaufs (§ 80 Abs. 1 Nr. 19 BPersVG)

Unter dem Tatbestand „Maßnahmen zur Hebung der Arbeitsleistung" ist nach der Rechtsprechung des Bundesverwaltungsgerichts jede Maßnahme des Dienststellenleiters zu verstehen, die bei einem Beschäftigten zu einer körperlichen und/oder geistigen Mehrbelastung führt, die er an anderer Stelle nicht ausgleichen kann. Dabei müssen die folgenden Voraussetzungen erfüllt sein:

- es muss sich um eine beabsichtigte Maßnahme handeln,
- sie muss auf Dauer oder zumindest auf einen längeren Zeitraum angelegt sein,
- sie muss eine physische und/oder psychische Mehrbelastung darstellen,
- es darf keinen Ausgleich geben.

Sind diese Voraussetzungen erfüllt, greift das Mitbestimmungsrecht des Personalrats. Hintergrund des Beteiligungsrechtes ist es, überhöhte Leistungsanforderungen körperlicher und/oder geistiger Art und den daraus resultierenden permanenten Leistungsdruck von einzelnen Beschäftigten abzuwenden.

Der Mitbestimmungstatbestand „Maßnahmen zur Erleichterung des Arbeitsablaufs" setzt voraus, dass die Erleichterung ständig wiederkehrende Arbeitsvorgänge betrifft (BVerwG vom 14. 3. 1986 – 6 P 10.83, PersV 1986, 469; VGH Baden-Württemberg vom 27. 11. 1984 – 15 S 3059/83, ZBR 1985, 175).

Einführung grundlegend neuer Arbeitsmethoden (§ 80 Abs. 1 Nr. 20 BPersVG)

Bei der Einführung grundlegend neuer Arbeitsmethoden bestimmt der Personalrat im Wege der eingeschränkten Mitbestimmung mit. Voraussetzung ist allerdings eine erhebliche und andauernde körperliche oder geistige Auswirkung der beabsichtigten Maßnahme auf den oder die Beschäftigten. Die umfassende Umstellung und Neugestaltung von gewohnten Abläufen in der Arbeitserledigung sind hier ebenso gemeint, wie die Verteilung von Aufgaben auf einen anderen Personenkreis (Teamarbeit) oder die Konzentration auf einzelne Beschäftigte. Substanziell veränderte neue Softwareprogramme, die den Arbeitsplatz des Beschäftigten in besonderer Weise neu prägen, sind ebenfalls hierunter zu fassen. Im Einzelfall ist jedoch die Abgrenzung zu anderen Beteiligungstatbeständen wie die Hebung der Arbeitsleistung, die Erleichterung im Arbeitsablauf oder die grundlegende Veränderung von Arbeitsverfahren und -abläufen nicht immer einfach.

Mitwirkung

In den der Mitwirkung unterliegenden Fällen der §§ 84 und 85 BPersVG richtet sich das Verfahren nach den Vorschriften der §§ 81 und 82 BPersVG. Danach ist die von der Dienststelle beabsichtigte Maßnahme vor ihrer Durchführung mit dem Ziel einer Verständigung rechtzeitig und eingehend mit dem Personalrat zu erörtern, soweit er an der Entscheidung mitwirkt.

Verfahren

Auch in diesem Verfahren muss sich der Personalrat innerhalb einer Frist von zehn Arbeitstagen zu der vorgelegten Maßnahme äußern (§ 81 Abs. 2 BPersVG). Der Personalrat und der Leiter der Dienststelle können im Einzelfall oder für die Dauer der Amtszeit der Personalvertretung abweichende Fristen vereinbaren. Die Vereinbarung kann schriftlich oder elektronisch erfolgen. Soweit er Einwendungen hat, muss er diese dem Leiter der Dienststelle unter Angabe von Gründen fristgerecht mitteilen. Hält der Personalrat bei Erörterung mit der Dienststelle seine Einwendungen oder Vorschläge nicht aufrecht oder lässt er die Frist von zehn Arbeitstagen verstreichen, gilt die vorgelegte Maßnahme als gebilligt. Soweit der Personalrat dabei Beschwerden oder Behauptungen tatsächlicher Art vorträgt, die für einen Beschäftigten ungünstig sind oder für ihn nachteilig werden können, hat die Dienststelle dem Beschäftigten Gelegenheit zur Äußerung zu geben; die Äußerung ist aktenkundig zu machen (§ 81 Abs. 2 Satz 4 BPersVG).

Entspricht die Dienststelle den Einwendungen des Personalrats nicht oder nicht im vollen Umfang, teilt sie dem Personalrat ihre Entscheidung unter Angabe der Gründe schriftlich oder elektronisch mit (§ 81 Abs. 3 BPersVG). Der Personalrat einer nachgeordneten Dienststelle kann in diesem Fall binnen drei Arbeitstagen nach Zugang der Mitteilung die Angelegenheit auf dem Dienstweg der jeweils übergeordneten Dienststelle, bei der eine Stufenvertretung besteht, schriftlich oder elektronisch mit dem Antrag auf Entscheidung vorlegen (§ 81 Abs. 1 BPersVG).

6

Der Personalrat hat dem Leiter der Dienststelle eine Kopie seines Antrages zuzuleiten. In diesem Fall hat die Dienststelle die beabsichtigte Maßnahme bis zur Entscheidung der angerufenen Dienststelle auszusetzen (§ 82 Abs. 2 BPersVG). Die übergeordnete Dienststelle entscheidet nach Verhandlung mit der bei ihr bestehenden Stufenvertretung über die Angelegenheit. Das Verfahren endet auf der Ebene der obersten Dienstbehörde. Diese entscheidet nach Verhandlung mit der bei ihr bestehenden Stufenvertretung endgültig. Eine Anrufung der Einigungsstelle ist nicht möglich.

§ 70 Abs. 3 Satz 4 BPersVG gilt entsprechend für die Mitwirkung: Trägt der Personalrat Beschwerden oder Behauptungen tatsächlicher Art vor, die für einen Beschäftigten ungünstig sind oder für ihn nachteilig werden können, ist dem Beschäftigten Gelegenheit zur Äußerung zu geben; die Äußerung ist aktenkundig zu machen.

In den Fällen des § 81 Abs. 1 Nr. 4 bis 6 BPersVG wirkt der Personalrat nur auf Antrag des Beschäftigten mit. Dieser ist von der beabsichtigten Maßnahme rechtzeitig vorher in Kenntnis zu setzen und darauf hinzuweisen, dass er die Möglichkeit hat, den Personalrat durch die Dienststelle beteiligen zu lassen.

Die Fälle des § 84 Abs. 1 Nr. 4 bis 6 BPersVG unterliegen gegenüber dem in § 78 Abs. 3 BPersVG genannten Beschäftigten (Leiter der Dienststelle, der ständige Vertreter sowie der weiteren in § 84 BPersVG genannten Beschäftigten; Beschäftigte, die zu selbstständigen Entscheidungen in Personalangelegenheiten der Dienststelle befugt sind; der Beamtinnen und Beamten auf Zeit und der Beschäftigten mit überwiegend wissenschaftlicher oder künstlerischer Tätigkeit) nicht der Mitwirkung. Der Personalrat kann in den Fällen der Mitwirkung nach § 84 Abs. 1 Nr. 4 BPersVG seine Einwendungen auf die in § 78 Abs. 5 Nr. 1 und 2 BPersVG bezeichneten Gründe stützen.

Vorläufige Regelungen

Bei Maßnahmen, die der Natur der Sache nach keinen Aufschub dulden, kann der Leiter der Dienststelle bis zur endgültigen Entscheidung eine vorläufige Regelung nach § 83 BPersVG treffen. Die vorläufige Regelung ist dem Personalrat mitzuteilen und zu begründen. Das Mitwirkungsverfahren ist unverzüglich einzuleiten oder fortzusetzen. Auch in diesen Fällen ist darauf zu achten, dass durch die vorläufige Maßnahme weder rechtliche noch tatsächlich vollendete Fakten geschaffen werden, die im weiteren Verfahren nicht mehr verändert werden können.

Es kommt beim Mitwirkungsverfahren somit allein auf die Initiative des Personalrats an, ob bei Nichtberücksichtigung seiner Ablehnungsgründe durch die Dienststelle das Stufenverfahren eröffnet wird.

Mitwirkungs- und Anhörungsrecht bei Kündigungen

Spricht der Arbeitgeber gegenüber einem Beschäftigten eine ordentliche Kündigung aus, wirkt der Personalrat nach § 85 BPersVG mit. Er kann gegen die Kündigung Einwendungen erheben. Dabei muss er sich nicht nur auf die in § 85 Abs. 1 Satz 3 Nr. 1 bis 5 BPersVG aufgeführten Tatbestände stützen, sondern kann auch andere als die gesetzlichen Gründe vortragen; bei dem gesetzlichen Katalog handelt es sich nicht um eine abschließende Aufzählung (BAG vom 29. 9. 1983 – 2 AZR 179/82, PersV 1985, 293).

Praxis-Tipp:
Der Personalrat kann weitere Gründe anführen, jedoch muss mindestens einer der in § 85 Abs. 1 Satz 3 Nr. 1 bis 5 BPersVG aufgeführten Tatbestände angegeben sein.

Der Einwendungskatalog umreißt lediglich die Voraussetzungen für einen Weiterbeschäftigungsanspruch (LAG München vom 9. 3. 1988 – 5 Sa 884/87, PersR 1989, 22). Wird dem Arbeitnehmer trotz Einwendungen des Personalrats gekündigt, muss die Dienststelle ihm mit der Kündigung eine Abschrift der Stellungnahme des Personalrats zuleiten. Dies gilt nur dann nicht, wenn die Stufenvertretung nach Verhandlung mit der bei ihr gebildeten Dienststelle die Einwendungen nicht aufrechterhält.

Vor fristlosen Entlassungen und außerordentlichen Kündigungen ist der Personalrat nach § 86 BPersVG anzuhören. Der Dienststellenleiter hat die beabsichtigte Maßnahme gegenüber dem Personalrat zu begründen. Beabsichtigt die Personalvertretung, Einwendungen zu erheben, muss sie diese unverzüglich, spätestens aber binnen drei Arbeitstagen dem Leiter der Dienststelle schriftlich mitteilen.

Eine ohne Beteiligung der Personalvertretung ausgesprochene Kündigung ist unwirksam.

Anhörung

In § 87 BPersVG hat der Gesetzgeber die Fälle definiert, in denen die Personalvertretung angehört werden muss.

Anhörungstatbestände

Vor der Weiterleitung von Personalanforderungen zum Haushaltsvoranschlag sowie vor der Personalplanung ist der Personalrat nach § 87 Abs. 1 BPersVG anzuhören. Gibt der Personalrat einer nachgeordneten Dienststelle eine Stellungnahme zu den Personalanforderungen oder zur Personalplanung ab, so ist diese zusammen mit den Personalanforderungen oder der Personalplanung der übergeordneten Dienststelle vorzulegen. Ebenfalls anzuhören ist der Personalrat bei Neu-, Um- und Erweiterungsbauten von Diensträumen nach § 87 Abs. 2 BPersVG sowie vor grundlegenden Änderungen von Arbeitsverfahren und Arbeitsabläufen (§ 87 Abs. 3 BPersVG).

Umfassende und rechtzeitige Information des Personalrats bei Anhörung

Auch vor der Anhörung muss der Dienststellenleiter den Personalrat umfassend informieren. Nur so ist sichergestellt, dass die Personalvertretung in die Lage versetzt wird, sich ein ausgewogenes, eigenständiges Meinungsbild machen zu können. Eine Begründung der Maßnahme ist vom Gesetzgeber zwar nicht vorgesehen, würde aber dem Gebot der vertrauensvollen Zusammenarbeit entsprechen.

Die Dienststelle muss der Personalvertretung außerdem rechtzeitig ihre Absicht mitteilen, eine bestimmte Maßnahme durchführen zu wollen. Die Personalvertretung muss die Möglichkeit haben, sich zu äußern. Lehnt die Personalvertretung die beabsichtigte Maßnahme ab, kann die Dienststelle diese trotzdem durchführen. Ein Stufenverfahren ist nicht möglich.

Eine ohne Anhörung der Personalvertretung durchgeführte Maßnahme ist rechtswidrig. Gerade weil die Anhörung ein erheblich abgeschwächtes Beteiligungsrecht ist, muss sichergestellt sein, dass diese vor Durchführung der beabsichtigten Maßnahme erfolgt (BVerwG vom 9. 5. 1985 – 2 C 23.83, ZBR 1985, 347).

Abschließende Aufzählung

Die Aufzählung der Beteiligungsrechte ist abschließend und erschöpfend, eine Erweiterung ist nicht möglich.

Der Personalrat ist zur Beteiligung verpflichtet, er kann auf sein Recht nicht verzichten oder es übertragen: Der Gesetzgeber hat der Personalvertretung mit den Regelungen über die unterschiedlichen Formen der Beteiligung Rechte eingeräumt und gleichzeitig die Verpflichtung auferlegt, diese auch in Anspruch zu nehmen. Nimmt eine Personalvertretung die ihr eingeräumten Rechte nicht wahr, so kann diese Untätigkeit den Tatbestand des § 30 BPersVG „grobe Vernachlässigung der gesetzlichen Pflichten" erfüllen.

Beteiligungsfrist, Fristablauf

Die Beteiligungsfrist wird nur durch eine den Anforderungen des Gesetzes genügende Vorlage in Gang gesetzt. Der Dienststellenleiter, der eine Maßnahme beabsichtigt, muss zur Regelung der Angelegenheit in eigener Zuständigkeit befugt sein. Handelt er aufgrund der Weisung einer übergeordneten Stelle, so muss ihm ein Gestaltungsspielraum hinsichtlich der beabsichtigten Maßnahme verbleiben (BVerwG vom 10. 3. 1992 – 6 P 13.91, ZFPR 1992, 107).

Die Fristberechnung erfolgt nach §§ 187 bis 193 BGB.

Fristbeginn

Die Beteiligungsfrist beginnt also nur dann zu laufen, wenn es sich bei der dem Personalrat vorgelegten Angelegenheit um eine „beabsichtigte Maßnahme" handelt und diese ausreichend begründet ist. Es handelt sich dann um eine beabsichtigte Maßnahme, wenn der Leiter der Dienststelle seine Vorüberlegungen abgeschlossen hat und sich die Maßnahme nicht mehr im Planungsstadium befindet. Von einer konkret beabsichtigten Maßnahme kann also noch nicht gesprochen werden, solange der Dienststellenleiter noch mit Erwägungen darüber befasst ist, ob und wie er eine beteiligungspflichtige Maßnahme veranlassen will. Allerdings darf die Maßnahme noch nicht eingeleitet worden sein, denn der Personalrat muss die Möglichkeit haben, mit seiner Auffassung noch einwirken zu können.

Der Personalrat muss also bei Eingang einer Angelegenheit zunächst prüfen, ob diese bereits das Stadium der beabsichtigten Maßnahme erreicht hat. Ist dies nicht der Fall, handelt es sich um eine Einbindung des Personalrats im Rahmen der vertrauensvollen Zusammenarbeit und der daraus resultierenden Informationsverpflichtung. Eine Frist wird dadurch nicht in Gang gesetzt. Sodann hat der Personalrat zu prüfen, ob die beabsichtigte Maßnahme von der Dienststelle genau bezeichnet und ausreichend begründet worden ist. Er muss aufgrund der gegebenen Informationen in der Lage sein, die wesentlichen Gesichtspunkte erkennen zu können, um sich ein eigenständiges Meinungsbild zu machen. Alle für das Beteiligungsverfahren relevanten Punkte müssen in der Unterrichtung enthalten und für den Personalrat erkennbar sein. Ist die Information der Dienststelle unzureichend, unvollständig oder nicht nachvollziehbar, beginnt die Beteiligungsfrist nicht zu laufen. Der Personalrat muss in diesen Fällen gemäß dem Grundsatz der vertrauensvollen Zusammenarbeit innerhalb der Beteiligungsfrist den Mangel rügen und vorsorglich darauf hinweisen, dass die Frist nicht in Gang gesetzt ist.

Sind die vorstehend erörterten Kriterien erfüllt und handelt es sich bei der zur Beteiligung vorgelegten Angelegenheit um eine beabsichtigte Maßnahme, die ausreichend begründet ist, so ist die Frist in Gang gesetzt.

Abweichende Fristen vereinbaren

Ferner besteht die Möglichkeit, dass Personalrat und Dienststelle im Einzelfall oder für die Dauer der Amtszeit des Personalrats schriftlich oder elektronisch abweichende Fristen vereinbaren können. Dies wird regelmäßig immer dann der Fall sein, wenn objektiv erkennbar ist, dass es dem Personalrat wegen des besonders komplexen Sachverhalts oder großen Umfangs der Maßnahme nicht zumutbar ist, eine Stellungnahme innerhalb der üblichen Frist abzugeben. Gerade in der Praxis zeigt sich immer wieder das Problem, dass Beteiligungsverfahren sehr komplex sind. Bei Fragen der Verwaltungsmodernisierung und den damit in Zusammenhang stehenden Privatisierungs- und Rationalisierungsentscheidungen oder Organisationsveränderungen (Change-Management) wird die im Gesetz vorgesehene Frist nicht ausreichen. Hier sind oft komplexe Sachverhalte und Abläufe zu beachten, die sogar eine Beratung von Personalrat und Dienststelle im Rahmen einer Prozessbegleitung erfordern.

Der Leiter der Dienststelle hat die Möglichkeit, sein Beteiligungsersuchen zurückzuziehen und zu einem späteren Zeitpunkt erneut an den Personalrat zu richten.

Streitigkeit über den Beginn der Frist und auch die Frage, ob eine von der Dienststelle gegebene Begründung ausreichend war, können in einem personalvertretungsrechtlichen Eil- und Hauptsacheverfahren vor dem Verwaltungsgericht geklärt werden.

Änderung der Sach- oder Rechtslage

Ändert sich nach Beteiligung des Personalrats die Sach- oder Rechtslage der von der Dienststelle beabsichtigten Maßnahme oder kann die Dienststelle die Angelegenheit nicht zum vereinbarten Zeitpunkt bzw. wie beantragt durchführen, so muss sie ein erneutes Beteiligungsverfahren einleiten. Es beginnt eine neue Frist zu laufen. Ändert sich der zugrunde liegende Sachverhalt im laufenden Beteiligungsverfahren, wird ebenfalls eine neue Frist in Gang gesetzt. Gegebenenfalls kann der Personalrat die Einleitung eines neuen Beteiligungsverfahrens verlangen.

Heilung unterbliebener Beteiligung

Das Personalvertretungsrecht kennt, von wenigen Ausnahmen abgesehen (Wahlanfechtung, Weiterbeschäftigung von Mitgliedern der Jugend- und Auszubildendenvertretung, außerordentliche Kündigung von Personalratsmitgliedern), keine Verfristung. Beteiligt die Dienststelle den Personalrat zu einem späteren Zeitpunkt und stimmt dieser dann der Maßnahme zu, so gilt der Beteiligungsfehler als von Beginn an geheilt. Dies gilt allerdings nicht für Maßnahmen, die bereits ausgelaufen sind (z. B. befristete Einstellung).

Der Personalrat hat immer die Möglichkeit, verwaltungsgerichtlich feststellen zu lassen, dass er zu beteiligen gewesen wäre. Daneben kommt aber auch dem individuellen Arbeits- oder Dienstrecht eine Bedeutung zu. Es obliegt in einem solchen Verfahren dem Arbeits- oder Verwaltungsrichter, seine Konsequenzen aus einer fehlerhaften oder gar unterlassenen Beteiligung zu ziehen.

Digitale Verwaltung 4.0

Der öffentliche Dienst in Deutschland steht aktuell vor großen Herausforderungen. Die Konkurrenz mit der Privatwirtschaft um gutes Personal fordert auch konzeptionell und strategisch heraus, nicht nur in Form materieller Anreize. Die Digitalisierung der Verwaltung nimmt an Dynamik zu. Die demografische Entwicklung erfordert neue Impulse auch beim Wissenstransfer und Wissensmanagement. Diesbezüglich notwendige Organisationsveränderungen lösen Folgen aus, die bereits bei der Planung berücksichtigt werden sollten und in die eine Einbindung der Betroffenen bereits im Vorfeld sinnvoll ist, damit ein „Change Management“ gelingt. In den kommenden Jahren werden sich daher Personalvertretung und Dienststelle mit der sich beschleunigenden Digitalisierung in der öffentlichen Verwaltung befassen müssen. Wie wirken sich die Möglichkeiten des mobilen Arbeitens auf Arbeitszeitregelungen in den Behörden und die Vereinbarkeit von Arbeits- und Privatleben aus? Wie kann ein Personalrat bei der Beteiligung an komplexen digitalisierten Verfahren in der Verwaltung Schritt halten? Wie können die Beschäftigten dabei technisch, körperlich und psychisch Schritt halten? Können digitale Arbeitsverfahren wirklich helfen, Sparvorgaben zu erfüllen oder die Auswirkungen des demografischen Wandels zu dämpfen? Wie wird sich künstliche Intelligenz (KI) auf den Arbeitsalltag in den Behörden auswirken?

Das Update der öffentlichen Verwaltung auf die Version 4.0 wird begleitet von großen und vielfältigen gesellschaftlichen, technischen und politischen Megatrends, die viele Fragen aufwerfen. Um welche Fragen wird es in der Personalratsarbeit der nächsten Jahre gehen?

Beteiligungsrecht bei Verwaltungsmodernisierungen, bei der Einführung technischer Neuerungen

Die Digitalisierung der Verwaltung hat in den vergangenen Jahren rasant an Fahrt gewonnen und wird sich noch immer mehr beschleunigen. Personalräte stehen damit im Rahmen ihrer Beteiligungsrechte vor neuen Herausforderungen. Dabei sind Fragen des Datenschutzes sowie einer möglichen Kontrolle des Arbeitsverhaltens der Beschäftigten von besonderer Bedeutung. Wie kann die Einführung elektronischer Verfahren sinnvoll begleitet werden, was sind die Möglichkeiten, was die Grenzen der dem Personalrat zustehenden Beteiligung? Lässt sich die Cloud-basierte Arbeit im öffentlichen Dienst mit dem Beschäftigtendatenschutz vereinbaren? Können digitale Arbeitsverfahren helfen, Sparvorgaben zu erfüllen oder die Auswirkungen des demografischen Wandels zu dämpfen?

Beteiligung im Gesundheitsmanagement

Unter Digitalisierung versteht man keinen ausschließlichen technischen Vorgang mit kalkulierbaren Folgen. Es handelt sich vielmehr um die Transformation unserer bisherigen analogen in eine digitale Gesellschaft. Im Rahmen dieser Entwicklung werden sich Werte wandeln und die Arbeitsbedingungen der Beschäftigten massiv ändern. Auch Sparvorgaben, der demografische Wandel, Fachkräftemangel und Wettbewerbsnachteile öffentlicher Dienstherren bei der Personalgewinnung sorgen i. V. m. den durch die Digitalisierung ständig wachsenden und sich verändernden Aufgaben für eine teils erhebliche Mehrbelastung der Beschäftigten. Dies führt häufig zu psychischen Belastungen für die Beschäftigten, aus denen sich ernsthafte Krankheiten wie Burnout, Depression oder Sucht entwickeln können. Es ist ein Prozess, der sich immer mehr beschleunigt und dessen Ende und Auswirkungen heute noch nicht abzuschätzen sind. Die Personalvertretung als gewählte Interessenvertretung der Beschäftigten steht vor der Herausforderung, die mit der Digitalisierung verbundenen Veränderungen kompetent zu begleiten und die Beschäftigten gerade auch im Gesundheitsmanagement tatkräftig zu unterstützen.

Beteiligung bei der Erarbeitung von neuen Arbeitsmodellen

Wie wirken sich die Möglichkeiten des mobilen Arbeitens auf Arbeitszeitregelungen in den Behörden und die Vereinbarkeit von Arbeits- und Privatleben aus? Für die Beschäftigten sind bei der Gestaltung der Arbeitswelt von morgen Ideen und Regelungen von großer Bedeutung, die zu einer weiteren Flexibilisierung der Arbeitszeit bis hin zur Vertrauensarbeitszeit führen. Die Vereinbarkeit von Arbeits- und Privatleben, der Erhalt und die Verbesserung der Motivation und Arbeitszufriedenheit in Zeiten der digitalen Transformation der Gesellschaft sind dabei zentrale Anliegen. Gute Arbeitszeitmodelle dienen nicht nur diesen Zielen, gerade bei der Gewinnung von Nachwuchskräften sind sie auch ein Imagefaktor.

Qualifizierung der Beschäftigten und des Personalrats selbst

Im Zusammenhang mit der Digitalisierung der Verwaltung ist Qualifizierung eines der Schlüsselworte. Der Personalrat ist hiervon in zweifacher Hinsicht betroffen: Zum einen muss der Personalrat dafür Sorge tragen, dass die Beschäftigungsfähigkeit aller Kolleginnen und Kollegen durch geeignete Weiterbildungen und Qualifizierungen gefördert wird und bis ins Alter erhalten bleibt. Je nach Ausgestaltung in den einzelnen Vorschriften des Bundespersonalvertretungsgesetzes unterliegen sowohl Fragen der Fortbildungsplanung als auch die Auswahl von Teilnehmerinnen und Teilnehmern an solchen Maßnahmen der Beteiligung des Personalrates. Zudem bietet das Initiativrecht hier Gestaltungsmöglichkeiten. Doch bei der Beteiligung an komplexen digitalisierten Verfahren in der Verwaltung entsteht auch auf Seiten der Personalräte erhöhter Qualifizierungsbedarf. Nur so kann der Personalrat auf Augenhöhe mit der Dienststelle bleiben und gemeinsam mit ihr die digitale Zukunft gestalten.

Teilnahme an Prüfungen

Teilnahme im Interesse des Prüflings

Werden von der Dienststelle im Zuständigkeitsbereich eines Personalratsmitglieds Beschäftigte geprüft, wird diesem das Recht eingeräumt, an den Prüfungen beratend teilzunehmen (§ 67 BPersVG). Das Teilnahmerecht bezieht sich auf jede Art von Prüfung. Die Auswahl des an der Prüfung teilnehmenden Personalratsmitglieds erfolgt durch Plenumsbeschluss. Bei seiner Beschlussfassung hat der Personalrat darauf zu achten, dass es sich um ein für die Prüfung sachverständiges Mitglied handelt.

Das teilnehmende Personalratsmitglied darf nicht in den Prüfungsablauf eingreifen, kann aber dennoch aufklärende, dem Prüfungsablauf dienende Fragen stellen. Nach der Wortwahl des Gesetzes ist dem Personalratsmitglied nämlich nicht nur die Anwesenheit gestattet, sondern auch die „beratende Teilnahme". Diese Teilnahme dient den Interessen des Prüflings. So hat das Personalratsmitglied darauf zu achten, dass Prüfungsbestimmungen eingehalten und die zu Gunsten der Beschäftigten geltenden Regelungen beachtet werden. Es soll Mittler zwischen Prüfling und Prüfungskommission sein und dafür Sorge tragen, dass nicht einzelne Prüflinge aus unsachlichen Erwägungen heraus unterschiedlich behandelt werden.

Beratung des Ergebnisses

Kritisch zu bewerten ist die allgemein vorherrschende Meinung, dass eine Teilnahme des Personalratsmitgliedes an der Beratung des Prüfungsergebnisses nicht möglich sei, weil zu diesem Zeitpunkt die Prüfung beendet sei.

Geht man vom Sinn des Gesetzes aus, so dient die Teilnahme dem Schutz des zu prüfenden Beschäftigten. Gerade auch bei der Beratung des Prüfungsergebnisses ist darauf zu achten, dass die Interessen des Beschäftigten gewahrt bleiben und die zu seinen Gunsten geltenden Regelungen beachtet werden (im Ergebnis: Ilbertz/Widmaier/Sommer, BPersVG a. F., § 80 Rn. 10; Dietz-Richardi, § 80 Rn. 14; Lorenzen u. a., § 80 Rn. 19). In der Konsequenz nimmt das Personalratsmitglied auch nach dem Ende der tatsächlichen Prüfung in der Beratung des Ergebnisses bis zur Entscheidung weiterhin seine ihm zugewiesene Aufgabe wahr.

Hinzuziehung bei Arbeitsschutz und Unfallverhütung

Aus der Vorschrift des § 68 BPersVG ergibt sich neben bestehenden konkreten Mitbestimmungstatbeständen für den Personalrat eine Reihe von Rechten und Pflichten im Rahmen der Beteiligung beim Arbeitsschutz:

- Pflicht, bei der Bekämpfung von Unfall- und Gesundheitsgefahren die für den Arbeitsschutz zuständigen Behörden, die Träger der gesetzlichen Unfallversicherung und die übrigen in Betracht kommenden Stellen durch Anregung, Beratung und Auskunft zu unterstützen (§ 68 Abs. 1 BPersVG)
- Pflicht, sich für die Durchführung der Vorschriften über den Arbeitsschutz und die Unfallverhütung in der Dienststelle einzusetzen (§ 68 Abs. 2 BPersVG)
- Recht auf Hinzuziehung in Angelegenheiten des Arbeitsschutzes (§ 68 Abs. 2 BPersVG)
- Recht zur Teilnahme an Besprechungen mit den Sicherheitsbeauftragten (§ 68 Abs. 3 BPersVG)
- Recht auf Aushändigung von Durchschriften zu Unfallanzeigen (§ 68 Abs. 5 BPersVG)

Der Personalrat erhält die Niederschriften über Untersuchungen, Besichtigungen und Besprechungen, zu denen er hinzuzuziehen ist.

Bei der Abwehr von Unfall- und Gesundheitsgefahren ist dem Personalrat aber kein förmliches Beteiligungsrecht eingeräumt worden. Er soll den Leiter der Dienststelle, die für den Arbeitsschutz zuständigen Behörden, die Träger der gesetzlichen Unfallversicherung und die übrigen in Betracht kommenden Stellen beraten und unterstützen.

Es ist nicht erforderlich, dass der Personalrat insgesamt tätig wird. Ausreichend ist, wenn das Gremium eines oder mehrere Mitglieder durch Beschluss beauftragt, die hierzu besonders sachverständig sind. Der Personalrat hat außerdem die Möglichkeit, Einrichtungen außerhalb der Dienststelle einzuschalten, die für Arbeitsschutzmaßnahmen zuständig sind. Er kann diesen externen Sachverstand nutzen, um sich beraten zu lassen, um eine Hausbegehung durchzuführen oder um Mängel aufzuzeigen. Das Recht und die Pflicht der Personalvertretung bestehen unabhängig vom Sicherheitsbeauftragten oder -ausschuss. Aus dem Grundsatz der vertrauensvollen Zusammenarbeit ist abzuleiten, dass der Leiter der Dienststelle über ein entsprechendes Tätigwerden vorher zu unterrichten ist.

Die Personalvertretung ist verpflichtet, ihre Tätigkeit auch auf alle den Arbeitsschutz und die Unfallverhütung betreffenden gesetzlichen, tariflichen und sonstigen Regelungen zu richten. Dazu zählen u. a. die folgenden allgemeinen Bestimmungen:

- Allgemeines Gleichbehandlungsgesetz
- Arbeitsschutzgesetz
- Arbeitsstättenverordnung
- Arbeitszeitgesetz
- Arbeitszeitverordnung
- Bundesbeamtengesetz
- Bundesdatenschutzgesetz
- Bundes-Immissionsschutzgesetz
- Bundesurlaubsgesetz
- Gesetz über Betriebsärzte, Sicherheitsingenieure und andere Fachkräfte für Arbeitssicherheit
- Jugendarbeitsschutzgesetz

- Mutterschutzgesetz
- Sozialgesetzbuch, insbesondere SGB IX (Rehabilitation und Teilhabe von Menschen mit Behinderung)
- Verordnung über den Erholungsurlaub

Im Rahmen ihrer Beteiligungspflicht ist die Personalvertretung nicht nur gehalten, Anregungen und Auskunft zu geben sowie zu beraten, sie muss auch aktiv für eine strikte Beachtung aller Arbeitsschutz- und Unfallverhütungsvorschriften eintreten. So hat die Personalvertretung dafür zu sorgen, dass beanstandete Mängel abgestellt oder behoben werden. Der Gesetzgeber hat mit dieser Regelung den Personalrat zu einer aktiven Mitwirkung verpflichtet. Kommt eine Personalvertretung ihren Aufgaben nach § 68 BPersVG nicht nach, so kann dies den Tatbestand einer Pflichtverletzung nach § 30 BPersVG erfüllen.

Rechtsfolgen einer fehlerhaften Mitbestimmung

Das Mitbestimmungsrecht der Personalvertretung kann auf unterschiedliche Weise verletzt werden. So liegt eine Verletzung vor, wenn der Dienststellenleiter bei einer mitbestimmungspflichtigen Maßnahme

- den Personalrat überhaupt nicht beteiligt,
- den Personalrat nicht ordnungsgemäß beteiligt,
- nicht den zuständigen Personalrat beteiligt,
- sich über die Zustimmungsverweigerung des Personalrats hinwegsetzt oder
- gegen wesentliche Verfahrensvorschriften verstößt.

Mitbestimmungspflichtige Maßnahmen, bei denen eine Mitbestimmung entweder überhaupt nicht oder in fehlerhafter Form durchgeführt worden ist, sind rückgängig zu machen, wenn und soweit rechtliche Hemmnisse dem nicht entgegenstehen. Die Rücknahme durch die Dienststelle muss rechtlich und tatsächlich möglich sein (BVerwG vom 28. 8. 2008, PersR 2008, 458 = ZfPR online 11/2008 S. 10; BVerwG vom 14. 6. 2011, PersR 2011, 516 = ZfPR online 7/2011 S. 2).

Seitens der Personalvertretung besteht ein gerichtlich durchsetzbarer verfahrensrechtlicher Anspruch gegenüber der Dienststelle auf Nachholung des formellen Mitbestimmungsverfahrens im konkreten Einzelfall. Stimmt die Personalvertretung dann zu, hat sie von Beginn an geheilt.

Ist das Mitbestimmungsrecht des Personalrats verletzt, ist bezüglich der Rechtsfolgen zu unterscheiden, ob es sich um Verwaltungsakte oder um rechtsgeschäftliche Maßnahmen handelt.

Rechtsfolgen bei Verwaltungsakten

Verwaltungsakte sind grundsätzlich auch dann wirksam, wenn sie rechtswidrig zustande gekommen sind. Die Rechtsfolge der Nichtigkeit tritt nur ein, wenn sie an besonders schwerwiegenden Fehlern leiden und dies offenkundig ist. Dies ist hier in aller Regel nicht gegeben.

Derartige Maßnahmen sind nur nach § 42 VwGO anfechtbar. Klageberechtigt ist allerdings nur die Person, die geltend machen kann, durch den Verwaltungsakt in ihren Rechten verletzt worden zu sein. Der Personalrat ist nur insoweit klageberechtigt, als er die fehlerhafte Beteiligung feststellen lassen kann. Er wurde zwar in seinem Mitbestimmungsrecht beeinträchtigt, aber nicht durch die Maßnahme selbst.

Ist die Anfechtung durch die betroffene Person erfolgreich, ist die Maßnahme rückgängig zu machen. Zu beachten ist allerdings, dass bei beamtenrechtlichen Ernennungen in den §§ 11, 12 BBG eine abschließende Regelung von Nichtigkeit und Rücknahme besteht. Die Beteiligung des Personalrats ist keine Ernennungsvoraussetzung, das heißt, hier stehen einer Rücknahme die beamtenrechtlichen Bestimmungen entgegen. Es handelt sich um annahmepflichtige Verwaltungsakte. Der Personalrat hat lediglich die Möglichkeit, feststellen zu lassen, dass er hätte vor der Ernennung beteiligt werden müssen.

Rechtsfolgen bei rechtsgeschäftlichen Maßnahmen

Die Zustimmung des Personalrats ist bei rechtsgeschäftlichen Maßnahmen grundsätzlich Wirksamkeitsvoraussetzung („nur mit seiner Zustimmung"). Die fehlerhafte oder Nichtbeteiligung des Personalrats führt daher grundsätzlich zur Unwirksamkeit der beabsichtigten Maßnahme. Dieser Grundsatz wurde vom BAG mehrfach modifiziert und aufgelockert. So tritt die Rechtsfolge der Unwirksamkeit nur in den Fällen ein, in denen durch die

Verletzung des Mitbestimmungsrechts Individualrechtspositionen der Beschäftigten beeinträchtigt werden.

Beispielhaft sind zur Verdeutlichung nachstehend einige Fälle aus der Praxis aufgeführt:

Beispiele:

- **Einstellung eines Arbeitnehmers**

  Nach der Rechtsprechung des Bundesarbeitsgerichts hat zum Schutz des betroffenen Arbeitnehmers ein Arbeitsvertrag auch dann Bestand, wenn die Personalvertretung der Einstellung nicht zugestimmt hat oder sie nicht beteiligt worden ist. Der Vertrag ist allerdings „schwebend unwirksam", bis die Personalvertretung zugestimmt hat. In der Praxis bedeutet dies, dass die Dienststelle den Bewerber nicht beschäftigen darf. Dieser muss täglich seine Arbeitsleistung anbieten und hat Anspruch auf Erfüllung aus dem Vertrag.

- **Ernennung eines Beamten**

  Eine ohne Beteiligung oder Zustimmung der Personalvertretung vorgenommene Ernennung bleibt für den Beamten wirksam. Nach dem Beamtenrecht ist die Entgegennahme der Urkunde ausschlaggebend. Es handelt sich um einen annahmepflichtigen Verwaltungsakt. Die Beteiligung der Personalvertretung ist keine Ernennungsvoraussetzung. Die beteiligungspflichtige Maßnahme ist allerdings rechtswidrig. Folge ist, dass die Dienststelle das Mitbestimmungsverfahren nachholen muss.

- **Höhergruppierung eines Arbeitnehmers**

  Eine Höhergruppierung ist ohne vorherige Zustimmung des Personalrats unwirksam. Der Arbeitgeber ist aber zur Zahlung nach der höheren Vergütungsgruppe verpflichtet. Die Rechtsprechung differenziert hier entsprechend dem Sinn und Zweck des Mitbestimmungsrechts dahingehend, ob es sich um eine den Arbeitnehmer begünstigende oder belastende Maßnahme handelt. In jedem Fall aber ist das Beteiligungsverfahren nachzuholen.

- **Kündigung**

  Sowohl die ordentliche als auch die außerordentliche Kündigung/fristlose Entlassung eines Arbeitnehmers ist zivilrechtlich unwirksam, wenn es die Dienststelle versäumt hat, das Beteiligungsverfahren durchzuführen.

Initiativrecht des Personalrats

Zur effektiven Wahrnehmung der Interessen der Beschäftigten hat der Gesetzgeber der Personalvertretung im Rahmen der Bestimmungen des § 77 BPersVG das Recht eingeräumt, selbst die Initiative zu ergreifen und Maßnahmen vorzuschlagen. Werden Angelegenheiten, die nach den §§ 78 bis 80 BPersVG der Mitbestimmung der Personalvertretung unterliegen, nicht geregelt oder bleiben sie lange ungeregelt, steht der Personalvertretung das Recht zu, einen Initiativantrag zu stellen (BVerwG vom 13. 2. 1976 – VII P 9.74, BVerwGE 50, 176 = ZBR 1976, 351 = PersV 1977, 179).

Der Personalrat hat seinen Antrag zu begründen, um der Dienststelle eine umfassende Beurteilungsgrundlage zu geben, damit sie in die Lage versetzt wird, sachgerecht zu entscheiden. Auch in diesem Verfahren besteht die Möglichkeit sowohl der schriftlichen als auch der elektronischen Kommunikation zwischen Personalrat und Dienststelle.

Die Dienststelle hat über den Antrag des Personalrats innerhalb einer Frist von sechs Wochen zu entscheiden. Durch die in das BPersVG eingefügte Reaktionspflicht soll das Verfahren beschleunigt, der Dienststelle aber gleichzeitig ausreichend Zeit für eine umfassende Prüfung eingeräumt werden. Ist der Dienststelle innerhalb der gesetzten Frist eine Entscheidung nicht möglich, hat sie den Personalrat darüber zu informieren, ihm den voraussichtlichen Zeitpunkt der Entscheidung mitzuteilen und die längere Prüfungsfrist zu begründen. Da es sich bei der Regelung in § 77 Abs. 2 Satz 1 BPersVG um eine Soll-Vorschrift handelt, tritt, anders als in einigen Landespersonalvertretungsgesetzen, keine Fiktionswirkung ein.

Reaktionspflicht der Dienststelle auf Initiativanträge des Personalrats

Im Personalvertretungsgesetz des Bundes war in der alten Fassung eine Frist für die Entscheidung der Dienststelle über den Initiativantrag des Personalrats nicht enthalten. Bisher musste sich die Dienststelle zwar nicht unverzüglich, aber nach der Rechtsprechung aus den Grundsätzen der vertrauensvollen Zusammenarbeit heraus, in angemessener Frist zu der vom Personalrat im Wege des Initiativantrages beantragten Maßnahme äußern (VGH Baden-Württemberg vom 4. 6. 1991 – 15 S 2826/90). Dies führte in der Praxis und der Literatur immer wieder zu Streitigkeiten darüber, welche Frist angemessen ist. Der § 77 Abs. 2 Satz 1 BPersVG regelt seit der Novellierung 2021, dass über den Antrag des Personalrats innerhalb von sechs Wochen entschieden werden muss. Wenn die Einhaltung dieser Frist seitens der Dienststelle nicht möglich ist, hat sie einen Sachstandshinweis zu erteilen und die Verzögerung zu begründen. Ist also der Dienststelle die Einhaltung der Frist nicht möglich, soll sie dem Personalrat die Gründe für die längere Dauer und den voraussichtlichen Entscheidungszeitpunkt nennen. Ziel der Regelung ist es einerseits, das Verfahren zu beschleunigen, andererseits der Dienststelle ausreichend Zeit zu geben, sich mit dem Inhalt des Initiativantrages zu beschäftigen und diesen inhaltlich zu prüfen. Da der Gesetzgeber die Bestimmung aber als eine Soll-Vorschrift formuliert hat, tritt bei Überschreitung der Zeit weder ein Rechtsverlust noch eine Zustimmungsfiktion ein. Auch Abweichungen durch Sonderregelungen in den Vorschriften für die besonderen Verwaltungszweige sind zu berücksichtigen.

Auch beim Initiativrecht ist zwischen dem uneingeschränkten und dem eingeschränkten Initiativrecht zu unterscheiden.

(Im Resultat) Uneingeschränktes Initiativrecht

Nach § 77 Abs. 2 Nr. 1 BPersVG hat der Personalrat die Möglichkeit, Maßnahmen, die nach § 78 Abs. 1 Nr. 12, § 79 Abs. 1 Nr. 4 und 5 sowie § 80 Abs. 1 Nr. 1, 3, 4, 6 bis 9, 14, 16, 18 und 21 BPersVG seiner Mitbestimmung unterliegen, schriftlich oder elektronisch dem Leiter seiner Dienststelle vorzuschlagen. Das qualifizierte uneingeschränkte Antragsrecht erstreckt sich auf die folgenden Angelegenheiten:

- Absehen von der Ausschreibung von Dienstposten, die besetzt werden sollen (§ 78 Abs. 1 Nr. 12 BPersVG)

- Errichtung, Verwaltung und Auflösung von Sozialeinrichtungen ohne Rücksicht auf ihre Rechtsform (§ 79 Abs. 1 Nr. 4 BPersVG)
- Aufstellung von Sozialplänen einschließlich Plänen für Umschulungen zum Ausgleich oder zur Milderung von wirtschaftlichen Nachteilen, die dem Beschäftigten infolge von Rationalisierungsmaßnahmen entstehen (§ 79 Abs. 1 Nr. 5 BPersVG)
- Beginn und Ende der täglichen Arbeitszeit und der Pausen sowie die Verteilung der Arbeitszeit auf die einzelnen Wochentage (§ 80 Abs. 1 Nr. 1 BPersVG)
- Einführung, Änderung und Aufhebung von Arbeitszeitmodellen (§ 80 Abs. 1 Nr. 3 BPersVG)
- Gestaltung der Arbeitsplätze (§ 80 Abs. 1 Nr. 4 BPersVG)
- Aufstellung allgemeiner Urlaubsgrundsätze und des Urlaubsplanes, Festsetzung der zeitlichen Lage des Erholungsurlaubs für einzelne Beschäftigte, wenn zwischen der Dienststelle und den beteiligten Beschäftigten kein Einverständnis erzielt wird (§ 80 Abs. 1 Nr. 6 BPersVG)
- Zeit, Ort und Art der Auszahlung der Dienstbezüge und Arbeitsentgelte (§ 80 Abs. 1 Nr. 7 BPersVG)
- Fragen der Lohngestaltung innerhalb der Dienststelle, insbesondere die Aufstellung von Entlohnungsgrundsätzen, die Einführung und Anwendung von neuen Entlohnungsmethoden und deren Änderung sowie die Festsetzung der Akkord- und Prämiensätze und vergleichbarer leistungsbezogener Entgelte, einschließlich der Geldfaktoren (§ 80 Abs. 1 Nr. 8 BPersVG)
- Durchführung der Berufsausbildung bei Arbeitnehmerinnen und Arbeitnehmern (§ 80 Abs. 1 Nr. 9 BPersVG)
- Grundsätze über die Bewertung von anerkannten Vorschlägen im Rahmen des behördlichen oder betrieblichen Vorschlagwesens (§ 80 Abs. 1 Nr. 14 BPersVG)
- Maßnahmen zur Verhütung von Dienst- und Arbeitsunfällen und Berufskrankheiten sowie zum Gesundheitsschutz im Rahmen der gesetzlichen Vorschriften oder der Unfallverhütungsvorschriften (§ 80 Abs. 1 Nr. 16 BPersVG)
- Regelung der Ordnung in der Dienststelle und des Verhaltens der Beschäftigten (§ 80 Abs. 1 Nr. 18 BPersVG)

- Einführung und Anwendung technischer Einrichtungen, die dazu bestimmt sind, das Verhalten oder die Leistung der Beschäftigten zu überwachen (§ 80 Abs. 1 Nr. 21 BPersVG)

Sollte der Dienststellenleiter dem Antrag des Personalrats nicht oder nicht in vollem Umfang entsprechen, so bestimmt sich das weitere Verfahren nach den Vorschriften der §§ 71 bis 75 BPersVG.

In den oben genannten Fällen besteht ein uneingeschränktes Initiativrecht des Personalrats mit einem Letztentscheidungsrecht der Einigungsstelle.

Eingeschränktes Initiativrecht

Beantragt der Personalrat nach § 77 Abs. 2 Nr. 2 BPersVG eine Maßnahme, die nach anderen als den vorstehend bezeichneten Bestimmungen seiner Mitbestimmung unterliegt, so hat er auch diese dem Leiter der Dienststelle vorzuschlagen. Entspricht dieser dem Antrag nicht oder nicht in vollem Umfang, so bestimmt sich das weitere Verfahren nach § 71 BPersVG. Die oberste Dienstbehörde entscheidet endgültig.

Für den Bereich des eingeschränkten Initiativrechts hat das Bundesverwaltungsgericht Abstand von seiner bisherigen Entscheidungspraxis genommen. Nach der bis dahin erfolgten ständigen Rechtsprechung war es einem Personalrat verwehrt, zugunsten einzelner Beschäftigter initiativ zu werden. In personellen Angelegenheiten konnte ein Personalrat nur zur Wahrung der kollektiven Interessen der Beschäftigten im Wege des Initiativrechts tätig werden. Mit einer Entscheidung im Jahr 2001 (BVerwG vom 24. 10. 2001 – 6 P 13.00, BVerwGE 115, 205 = PersR 2002, 21) hat das Bundesverwaltungsgericht die Grundsätze des Initiativrechts in personellen Angelegenheiten neu bestimmt. Mit der Aussage, dass die Befugnis des Personalrats, in Wahrnehmung seiner Mitbestimmungsrechte personelle Maßnahmen zu Gunsten einzelner, sogar namentlich benannter Beschäftigter beantragen zu können, nicht im Widerspruch zu seiner generellen Aufgabenstellung stehe, hat sich das Gericht für ein individualrechtliches Verfahren entschieden. Dies gilt umso mehr, als das Bundesverwaltungsgericht in einer Entscheidung zum Landespersonalvertretungsrecht Nordrhein-Westfalen (a. F.) hervorgehoben hat, dass der Personalrat beim Dienststellenleiter Maßnahmen zugunsten einzelner, namentlich benannter Beschäftigter beantragen kann. Es ist davon auszugehen, dass das Bundesverwaltungsgericht seine bisherige Auffassung zur Einschränkung des Initiativrechts aufgegeben hat und generell dort ein personenbezogenes Initiativrecht in personellen Angelegenheiten bejaht, wo das Letztentscheidungsrecht eines Vertreters der obersten Dienstbehörde sichergestellt ist.

Die Wahrnehmung individualrechtlicher Interessen im Rahmen des Initiativrechts steht somit nicht im Gegensatz zu der Entscheidung des Bundesverfassungsgerichts. Das dort geforderte Letztentscheidungsrecht bei Angelegenheiten, die die Wahrnehmung des Amtsauftrages nicht nur erheblich berühren (dazu gehört das individualrechtliche Initiativrecht in personellen Angelegenheiten), ist durch die Regelung in § 77 Abs. 2 Nr. 2 BPersVG sichergestellt. Aus diesem Grund stellt ein entsprechender Antrag auch keinen Eingriff in das Auswahlermessen dar. Soweit das Letztentscheidungsrecht eines Vertreters der obersten Dienstbehörde sichergestellt ist, steht dem Personalrat auch ein Initiativrecht in personellen Einzelangelegenheiten zu (a. a. O., ZfPR 2002, 101 = PersV 2002, 347 = PersR 2003, 51 = Widmaier in PersV 2004, 23). So hat konkret das Verwaltungsgericht Braunschweig festgestellt, dass dem Personalrat ein auf die Höhergruppierung eines namentlich benannten Arbeitnehmers gerichteter Initiativantrag zusteht (VG Braunschweig vom 21. 6. 2010 – 9 A 3/10, PersV 2011, 29; siehe hierzu auch OVG Bremen vom 13. 10. 2009 – P A 63/07.PVL, PersR 2010, 37, und OVG Saarland vom 5. 12. 2016 – 5 A 16/16, ZfPR online 4/2017).

6

Allgemeines Initiativrecht

Beantragt der Personalrat in Wahrnehmung seiner allgemeinen Aufgaben eine Maßnahme, die nicht seiner Mitbestimmung unterliegt, so kann er auch diese der Dienststelle vorschlagen. Der Leiter der Dienststelle erörtert die Maßnahme mit dem Personalrat und entscheidet endgültig.

Dienstvereinbarungen

Rechtliche Rahmenbedingungen

Eine Dienstvereinbarung (§ 63 BPersVG) dient dazu, bestimmte Angelegenheiten für die nach dem Gesetz handelnden Partner verbindlich festzulegen, soweit eine gesetzliche oder tarifliche Regelung nicht besteht. Eine Dienstvereinbarung kann nur in den in § 63 Abs. 1 Satz 1 BPersVG genannten Fällen der § 78 Abs. 1 Nr. 12 bis 15, des § 79 Abs. 1 Nr. 4 und 5 sowie des § 80 Abs. 1 BPersVG abgeschlossen werden, soweit eine gesetzliche oder tarifliche Regelung nicht besteht und es sich nicht um Einzelangelegenheiten handelt. Durch die Bündelung der äußeren Grenzen des Abschlusses von Dienstvereinbarungen soll der Gefahr des Abschlusses unzulässiger Inhalte effektiver begegnet werden. Soweit in einem Tarifvertrag Arbeitsentgelte und sonstige Arbeitsbedingungen geregelt sind, oder, wenn sie dort üblicherweise geregelt werden, sind sie einer Regelung durch Dienstvereinbarung nicht zugänglich. Lässt allerdings ein Tarifvertrag den Abschluss ergänzender Dienstvereinbarungen zu, ist ein Abschluss möglich. Personalvertretung und Dienststelle führen gemeinsame Erörterungen mit dem Ziel durch, zu einer gemeinsamen übereinstimmenden Willenserklärung zu gelangen. Klargestellt wird, dass Dienstvereinbarungen, wie der Name schon ausdrückt, gemeinsam vereinbart und nicht gemeinsam beschlossen werden. Grundlage für die Dienstvereinbarung ist nicht ein formell herbeizuführender gemeinsamer Beschluss von Personalrat und Dienststelle, sondern eine einvernehmliche Vereinbarung zwischen beiden personalvertretungsrechtlichen Partnern. Die Dienstvereinbarung ist in schriftlicher oder elektronischer Form abzuschließen und in geeigneter Form bekanntzugeben. Das auch bisher geltende Schriftformerfordernis wurde dahingehend ergänzt, dass der Abschluss der Dienstvereinbarung auch in elektronischer Form zulässig ist. Nach den Regelungen der § 3a Abs. 2 Satz 2 VwVfG und § 126a BGB setzt dieses aber das Vorhandensein einer qualifizierten elektronischen Signatur voraus.

Dienstvereinbarungen, die für einen größeren Bereich abgeschlossen werden, gehen den Dienstvereinbarungen für einen kleineren Bereich vor. Dies ist auch dann der Fall, wenn bereits bestehende Dienstvereinbarungen abweichende Regelungen enthalten. Bei einer Dienstvereinbarung handelt es sich um eine generelle Regelung für eine Vielzahl von Einzelfällen. Besteht keine Dienstvereinbarung, hat die Beteiligung im Einzelfall zu erfolgen.

Rechtsnatur

In der Literatur gibt es zwei unterschiedliche Theorien über die Rechtsnatur einer Dienstvereinbarung.

Die Dienstvereinbarung ist nach der Vertragstheorie ein öffentlich-rechtlicher Vertrag zwischen der Dienststelle und der Personalvertretung (Ilbertz/Widmaier/Sommer, BPersVG a. F., § 73 Anm. 4). Dem gegenüber steht die Satzungstheorie, nach der eine Dienstvereinbarung den Charakter einer Satzung hat und somit ein Gesetz im materiellen Sinne ist (Lorenzen u. a. § 73 Rn. 4).

Von der Rechtsprechung ist der Theorienstreit nicht entschieden.

Für die Arbeit der Personalvertretung ist es unerheblich, welcher Rechtsnatur die Dienstvereinbarung ist. Soweit eine Dienstvereinbarung keine Ausnahmeregelungen zulässt, ist der Inhalt unabdingbar. Sie gilt für alle Beschäftigten der Dienststelle beziehungsweise des Bereiches, für den sie abgeschlossen worden ist. Dienstvereinbarungen schaffen für die Dienststelle und die dort Beschäftigten unmittelbar geltendes Recht. Nach ihren Vorschriften müssen alle gegenwärtig oder auch zukünftig in der Dienststelle Beschäftigten vom Dienststellenleiter behandelt werden. Von ihr kann nicht durch Einzelabrede für einzelne Beschäftigte abgewichen werden. Das ordnungsgemäße Zustandekommen einer Dienstvereinbarung ist durch die Verwaltungsgerichte überprüfbar.

Kündigung, Erlöschen einer Dienstvereinbarung

Die Gültigkeit einer Dienstvereinbarung endet durch

- Zeitablauf
- Erlöschen der Dienststelle oder Zusammenlegung von Dienststellen

- Übereinstimmende Willenserklärung von Personalrat und Dienststelle
- Kündigung
- Bindende Entscheidung der Einigungsstelle
- Abschluss einer anderslautenden höherrangigen Dienstvereinbarung
- Anderslautendes höheres Recht (Gesetz, Rechtsverordnung, Tarifvertrag)
- Ablauf des Tarifvertrages

Ist eine Kündigungsfrist vereinbart, so ist nur eine fristgerechte Kündigung möglich. Anderenfalls kann die Kündigung der Dienstvereinbarung jederzeit ohne Einhaltung einer Frist erfolgen. Trotz einer vereinbarten Kündigungsfrist ist aus besonderen Gründen auch eine fristlose Kündigung möglich.

Die Geltung einer abgeschlossenen Dienstvereinbarung hängt grundsätzlich von der Existenz der Dienststelle ab. Die Dienstvereinbarung verliert ihren Geltungsgrund und wird unwirksam, wenn eine Dienststelle erlischt oder sonst in einer Weise so verändert wird, dass sie ihre Identität einbüßt. Dies bedeutet aber umgekehrt auch, dass eine Dienstvereinbarung so lange fortbesteht, wie die Dienststelle ihrem Wesen und ihren Aufgaben nach erhalten bleibt. Das trifft auch dann zu, wenn eine Dienststelle aufgrund einer Umorganisation der Verwaltung einem anderen Rechtsträger zugeordnet wird (Fischer/Goeres, GKÖD, Band V, Kap. 73 Rn. 23). Folgerichtig ist im Falle eines Rechtsträgerwechsels die Wahrung der Identität der Dienststelle die weitere und letztlich entscheidende Voraussetzung für die Fortgeltung einer Dienstvereinbarung (BVerwG vom 25. 6. 2003 – 6 P 1.03, PersV 2004, 48).

Nachwirkung

Darunter versteht man die Weitergeltung ihrer Bestimmungen bis zum Abschluss einer neuen Vereinbarung. Bei der Beantwortung der Frage, ob eine Dienstvereinbarung nachwirkt, ist darauf abzustellen, ob es sich um eine ersetzbare oder um eine freiwillige Dienstvereinbarung handelt. Eine Dienstvereinbarung kann dann nicht nachwirken, wenn den Vertragsparteien die übereinstimmende Regelungsmacht über den konkreten Tatbestand fehlt.

Bildung und Beteiligung von Stufenvertretungen

Stufenvertretungen

Für den Geschäftsbereich mehrstufiger Verwaltungen sind gemäß den Bestimmungen des § 88 BPersVG bei den Behörden der Mittelstufe Bezirkspersonalräte, bei den obersten Behörden Hauptpersonalräte zu bilden.

Abweichende Regelungen

Für Amtszeit und Mitgliedschaft der Stufenvertretung gelten die gleichen gesetzlichen Bestimmungen wie für die örtlichen Personalvertretungen. Die Bestimmungen des Bundespersonalvertretungsgesetzes über die Geschäftsordnung und die Rechtsstellung der Personalratsmitglieder gelten mit einigen nachstehend aufgeführten Abweichungen entsprechend:

- Für die Einladung des Wahlvorstandes zur konstituierenden Sitzung gilt § 36 Abs. 1 BPersVG mit der Maßgabe, dass die Mitglieder der Stufenvertretung spätestens zehn Arbeitstage nach dem Wahltag einzuberufen sind.
- Die Bestimmungen des Bundespersonalvertretungsgesetzes über die Abhaltung von Sprechstunden während der Arbeitszeit gelten nicht für die Stufenvertretungen.
- Stufenvertretungen haben keinen Anspruch auf Anwendung des Katalogs über die Anzahl der von ihrer dienstlichen Tätigkeit für die Personalratsarbeit ganz freizustellenden Mitglieder nach § 52 Abs. 2 BPersVG.

Zuständigkeit der Stufenvertretung

Die Zuständigkeit der Stufenvertretungen bestimmt sich nach § 92 Abs. 1 BPersVG. Danach ist in Angelegenheiten, in denen die Dienststelle nicht zur Entscheidung befugt ist, an Stelle des Personalrats die bei der zuständigen Dienststelle gebildete Stufenvertretung zu beteiligen. Sind in einer Angelegenheit mehrere Personalvertretungen eines Geschäftsbereiches nebeneinander zu beteiligen, so ist die dort gebildete Stufenvertretung zu beteiligen. Welche Personalvertretung zu beteiligen ist, hängt davon ab, in welcher Eigenschaft der Leiter der Mittelbehörde oder der obersten Dienstbehörde tätig wird, für welchen Bereich er die beabsichtigte Maßnahme treffen will und welche Beschäftigten von der Maßnahme betroffen sind. Das Bundesverwaltungsgericht stellt in der oben erwähnten Entscheidung vom 13. 9. 2002 nicht mehr allein darauf ab, in welcher Funktion der Leiter der Mittelbehörde oder der obersten Dienstbehörde tätig wird, sondern legt nunmehr den Gesamtvorgang bei Beantwortung der Frage nach der zu beteiligenden Personalvertretung zugrunde (ZfPR 12/2002, 328; ZfPR 11/2003, 292).

Hat die beabsichtigte Maßnahme ausschließlich Auswirkungen auf die Dienststelle „Mittelbehörde" oder „oberste Dienstbehörde" und ist sie allein auf diese bezogen, dann ist der dort gebildete örtliche Personalrat zu beteiligen. Die bei der Dienststelle „Mittelbehörde" oder „oberste Dienstbehörde" gebildete Stufenvertretung ist als erstzuständige Personalvertretung immer nur ersatzweise anstelle des Personalrats einer bestimmten Dienststelle zu beteiligen. Sie ist nicht dazu berufen, zentral bei allen Dienststellen die im Bereich der übergeordneten Dienststelle auftretenden personalvertretungsrechtlichen Belange erstmals geltend zu machen und dabei untereinander auszugleichen (OVG Rheinland-Pfalz vom 17. 7. 2007 – 4 A 11396/06.OVG).

Eine Zuständigkeit der Stufenvertretung ist auch dann gegeben, wenn sie im Rahmen des Mitbestimmungs- und Mitwirkungsverfahrens nach den §§ 71 und 82 BPersVG angerufen wird (Stufenverfahren).

In Angelegenheiten, die einzelne Beschäftigte oder Dienststellen betreffen, muss die Stufenvertretung dem Personalrat oder, sofern dieser zuständig wäre, dem bei dieser Dienststelle gebildeten Gesamtpersonalrat, in dessen Bereich die Maßnahme wirksam wird, Gelegenheit zur Äußerung geben (§ 92 Abs. 2 BPersVG). Erst dann kann sie im Rahmen ihrer Zuständigkeit einen Beschluss fassen. In diesen Fällen verdoppeln sich die Äußerungsfristen der § 70 Abs. 3 Satz 1 und 2, § 71 Abs. 1 Satz 1, § 81 Abs. 2 Satz 1 sowie des § 82 Abs. 1 Satz 1 BPersVG, sofern die Stufenvertretung und der Leiter der Mittelbehörde oder der obersten Dienstbehörde, bei der sie gebildet ist, keine abweichende Regelung vereinbaren.

Als Folge der Rechtsprechung des Bundesverwaltungsgerichts hat der Gesetzgeber mit der Novellierung 2021 deutlich gemacht, dass dem Gesamtpersonalrat Gelegenheit zur Äußerung zu geben ist, wenn dieser bei der betroffenen nachgeordneten Dienststelle gebildet ist und er zur Beteiligung in der Sache befugt ist. Die Fristen verdreifachen sich, wenn der Gesamtpersonalrat seinerseits nach § 95 Abs. 1 i. V. m. § 92 Abs. 2 Satz 1 BPersVG den Personalräten Gelegenheit zur Äußerung geben muss. Die Fristverdoppelung im Fall der Anhörung des zuständigen Personalrats nach Satz 2 gilt im Mitbestimmungs- und Mitwirkungsverfahren und erfasst die Äußerungsfristen sowie die Vorlagefristen. Die Vorlagefristen im Stufenverfahren an die übergeordnete Dienststelle verdoppeln sich auch im Fall des § 71 Abs. 1 Satz 1 BPersVG zugunsten der Dienststelle. Durch den Verweis auf die gesetzlichen Bestimmungen, die die gesetzlichen Fristen regeln, wurde klargestellt, dass nur diese betroffen sind. Es verdoppeln sich nicht die im Einvernehmen geregelten Fristen zwischen Personalvertretung und Dienststelle.

Mit der Neufassung des Bundespersonalvertretungsgesetzes erstreckt sich seit 2021 der Verweis nicht mehr nur auf die Vorschriften über die Mitbestimmung, Mitwirkung und Anhörung, sondern auf das Kapitel 4 in seiner Gesamtheit.

Werden im Geschäftsbereich mehrstufiger Verwaltungen von einer Dienststelle personelle oder soziale Maßnahmen getroffen und ist bei der Dienststelle keine für diese Maßnahmen zuständige Personalvertretung vorhanden, dann ist die Stufenvertretung bei der nächsthöheren Dienststelle, zu deren Geschäftsbereich die entscheidende Dienststelle gehört, zu beteiligen (§ 92 Abs. 4 BPersVG). Auch die von der Entscheidung Betroffenen müssen diesem Geschäftsbereich angehören.

Obwohl der Gesetzgeber die Anhörung des Personalrats zwingend vorgeschrieben hat, führt eine unterlassene oder fehlerhafte Anhörung nicht zur Unwirksamkeit des Beschlusses der Stufenvertretung. Sie hat keine Auswirkung auf die Entscheidung der Dienststelle, bei der die Stufenvertretung gebildet ist. Bei der gesetzlichen Regelung handelt es sich um eine interne Ordnungsvorschrift, die nur das Binnenverhältnis der Personalvertretungen berührt (BVerwG vom 24. 11. 1983 – 2 C 28.82,

PersV 1987, 74; Fischer/Goeres, § 82 Rn. 10 a. F.). Unter Umständen kann es sich bei einem solchen Verstoß aber um eine Pflichtverletzung im Sinne des § 30 BPersVG handeln. In einem solchen Fall kann das darauf gestützte personalvertretungsrechtliche Beschlussverfahren nur auf der Ebene eingeleitet werden, bei der die Stufenvertretung gebildet ist (Altvater u. a., § 82 Rn. 28 a. F.). Eine Stufenvertretung ist aber keine vorgesetzte oder übergeordnete Personalvertretung. Sie kann weder Entscheidungen der Personalvertretungen nachgeordneter Behörden aufheben noch Berufungsinstanz für deren Entscheidungen sein (BVerwG vom 18. 6. 1965 – VII P 12.64, PersV 1965, 229). Gesondert zu betrachten ist das Verfahren bei Nichteinigung (Stufenverfahren).

Bildung und Beteiligung des Gesamtpersonalrats

In den Fällen des § 7 BPersVG wird neben den einzelnen Personalräten ein Gesamtpersonalrat gebildet. Für den Gesamtpersonalrat gelten § 89 Abs. 1, 2 und 4, § 90 Satz 1 sowie § 91 BPersVG entsprechend. Der Gesamtpersonalrat ist in allen Angelegenheiten zu beteiligen, in denen der Leiter der verselbstständigten Dienststelle nicht zur Entscheidung befugt ist, weil diese allein der Leiter der Hauptdienststelle zu treffen hat. Das bedeutet, dass die Zuständigkeit des Gesamtpersonalrats und des (örtlichen) Personalrats der personalvertretungsrechtlich verselbstständigten Nebenstelle stark von den tatsächlichen Gegebenheiten und Zuständigkeiten des Leiters der Nebenstelle abhängt. Je mehr Zuständigkeiten beim Leiter der personalvertretungsrechtlich verselbstständigten Teildienststelle und damit bei dem dortigen Personalrat liegen, umso weniger Kompetenzen hat der Gesamtpersonalrat und umgekehrt (BVerwG vom 29. 5. 1991 – 6 P 12/89, ZBR 1992, 88). Sind in einer Angelegenheit mehrere Personalvertretungen nebeneinander zu beteiligen, so kann die Dienststelle an deren Stelle den bei sich gebildeten Gesamtpersonalrat beteiligen. Für die Verteilung der Zuständigkeiten zwischen Personalrat und Gesamtpersonalrat gilt § 92 Abs. 1 und 2 entsprechend. Dadurch verdoppeln sich in diesen Fällen die Äußerungsfristen des § 70 Abs. 3 Satz 1 und 2, des § 71 Abs. 1 Satz 1, des § 81 Abs. 2 Satz 1 sowie des § 82 Abs. 1 Satz 1 BPersVG, sofern der Gesamtpersonalrat und der Leiter der Gesamtdienststelle keine abweichende Regelung vereinbaren.

Abgrenzung der Zuständigkeit

In der Praxis nicht immer ganz einfach ist eine klare Abgrenzung der Zuständigkeiten zwischen Gesamtpersonalrat und dem (örtlichen) Personalrat der Hauptdienststelle. Betrifft eine Entscheidung des Leiters der Gesamtdienststelle ausschließlich die Hauptdienststelle und nicht die Gesamtdienststelle oder einen verselbstständigten Dienststellenteil, so ist der bei der Hauptdienststelle gebildete (örtliche) Personalrat zu beteiligen (BVerwG vom 15. 7. 2004 – 6 P 1.04). Das bedeutet, der Gesamtpersonalrat ist immer dann zu beteiligen, wenn der Leiter der Gesamtdienststelle für eine beteiligungspflichtige Angelegenheit zuständig ist, die über den Kernbereich der Hauptdienststelle hinausreicht und von der nicht nur die Beschäftigten der Hauptdienststelle betroffen sind. Die beabsichtigte Maßnahme muss also die Gesamtdienststelle und/oder einen beziehungsweise mehrere nach § 6 Abs. 3 BPersVG verselbstständigte Dienststellenteile betreffen. Die dort tätigen Beschäftigten müssen von der Angelegenheit betroffen sein (vgl. Beschluss des HessVGH vom 13. 9. 1989 – BPV TK 197/87, ZfPR 1991, 73). Regelt also der Leiter der Hauptdienststelle eine mitbestimmungspflichtige Angelegenheit, welche die Beschäftigten der Hauptdienststelle und diejenigen der verselbstständigten Nebenstellen gleichermaßen betrifft, so ist der Gesamtpersonalrat zur Mitbestimmung berufen (BVerwG vom 20. 8. 2003 – 6 C 5.03, PersV 2004, 52).

Ob eine personelle Maßnahme nur die Beschäftigten einer Dienststelle betrifft, ist nicht danach zu beurteilen, ob eine solche Maßnahme abstrakt betrachtet die Belange der Beschäftigten anderer Dienststellen berühren kann. Es kommt im konkret zu entscheidenden Fall darauf an, ob die Belange tatsächlich berührt sind (BVerwG vom 15. 7. 2004 – 6 P 1.04).

Soweit die Rechtsprechung nunmehr auch von der Betroffenheit der Beschäftigten ausgeht, bedeutet dies für die Praxis, dass personelle Angelegenheiten häufig eine Angelegenheit der gesamten Dienststelle darstellen und dass dann folgerichtig der Gesamtpersonalrat zu beteiligen ist.

Zuständigkeitsabgrenzung nach § 95 BPersVG

Wichtige Grundsätze der Zuständigkeitsbestimmung:

- Repräsentationsprinzip = betroffene Beschäftigte sollen durch „ihren" PR repräsentiert werden, den sie auch gewählt haben
- Partnerschaftsgrundsatz = es kann nur der PR beteiligt werden, der bei der zur Entscheidung befugten Dienststelle gebildet ist
- Grundsatz der Ersatzfunktion = soweit konkret ein ÖPR zuständig ist, bleibt kein Raum für GPR
- Primäre Betroffenheit = es soll der PR handeln, dessen Beschäftigte primär betroffen sind
- Berücksichtigung des Gesamtvorgangs = bei „Allgemeinvorgängen" tritt ggf. der „Gesamt"-Aspekt in den Vordergrund

Allgemeine Folgen:

- Liegt die Entscheidungszuständigkeit betreffend der GDSt beim GDStL, dann Beteiligung GPR
- Liegt die Entscheidungszuständigkeit betreffend einer TDSt beim TDStL, dann Beteiligung PR der TDStl
- Liegt die Entscheidungszuständigkeit betreffend einer/mehrerer TDSt beim GDStL, dann Beteiligung GPR
- Liegt die Entscheidungszuständigkeit betreffend der HDSt beim GDStL, dann Beteiligung PR der HDSt
- Liegt die Entscheidungszuständigkeit betreffend der HDSt **und** einer TDSt beim GDStL, dann Beteiligung GPR

Besondere Folgen:

- Liegt die Entscheidungszuständigkeit betreffend der GDSt zwar beim GDStL, hat die Entscheidung aber **ausschließlich** Auswirkung auf die HDSt, dann Beteiligung des PR der HDSt aufgrund der primären Betroffenheit
- Beinhaltet eine Entscheidung (z. B. Beförderung) zwei Maßnahmen (z. B. Beförderung und Umsetzung), sind beide separat zu beteiligen, da beide Beteiligungen unterschiedlichem Schutzzweck dienen.

Die Zuständigkeit des Gesamtpersonalrats und diejenigen der örtlichen Personalräte schließen sich gegenseitig aus, soweit es um die Beteiligung an derselben Maßnahme geht (BVerwG vom 2. 9. 2009 – 6 PB 22.09, ZfPR 2010, 5 = PersV 2009, 474).

Abkürzungen:

PR = Personalrat (ÖPR = örtlicher Personalrat)

GPR = Gesamtpersonalrat

DSt = Dienststelle

GDSt = Gesamtdienststelle

TDSt = Teildienststelle

HDSt = Hauptdienststelle

Übersicht über Beteiligungen bei verschiedenen Maßnahmen

Im Folgenden finden Sie eine tabellarische Auflistung verschiedener Maßnahmen mit Zuständigkeiten der Dienststellenleiter und Beteiligungen der Personalräte.

Maßnahmen allgemein				
Nr.	**Maßnahme**	**Zuständiger Dienststellenleiter**	**Zu beteiligender Personalrat**	**Begründung**
1	Maßnahme mit Auswirkung auf die **gesamte DSt**	GDStL	GPR	§ 95 Abs. 1 i. V. m. § 92 BPersVG
2	Maßnahme mit Auswirkung auf **eine oder mehrere TDSt**	GDStL	GPR nach Anhörung des/der in der/den Teildienststelle/n gebildeten PR	§ 95 Abs. 1 i. V. m. § 92 Abs. 1 und 2 BPersVG **Achtung: Verdoppelung der Frist**
3	Maßnahme mit Auswirkung auf die **HDSt und** zumindest eine **TDSt**	GDStL	GPR nach Anhörung des/der in der/den Teildienststelle/n gebildeten PR	§ 95 Abs. 1 i. V. m. § 92 Abs. 1 und 2 BPersVG **Achtung: Verdoppelung der Frist**
4	Maßnahme mit Auswirkung **ausschließlich auf die HDSt**	HDStL (zugleich GDStL)	PR der HDSt	GDStL trifft hier Entscheidung in gleicher Weise wie TDStL – unabhängig von weitergehender Kompetenz als GDStL

6

Nr.	Maßnahme	Zuständiger Dienst-stellenleiter	Zu beteiligender Personalrat	Begründung
5	Maßnahme mit Auswirkung ausschließlich auf eine **TDSt**	TDStL	PR der TDSt	Rein „örtliche" Angelegenheiten der TDSt

Einstellung, Verlängerung eines Arbeitsvertrages (§ 78 Abs. 1 Nr. 1 BPersVG), Hinausschieben der Altersgrenze (§ 78 Abs. 1 Nr. 8 BPersVG), Arbeitnehmerüberlassung

Nr.	Maßnahme	Zuständiger Dienst-stellenleiter	Zu beteiligender Personalrat	Begründung
6	Einstellung eines Beschäftigten mit Verwendung in der GDSt (HDSt oder TDSt) nach ausschließlich externer Ausschreibung	GDStL (weil ausschließlich für die gesamte Dienststelle eingestellt werden soll)	GPR nach Anhörung des in der TDSt oder HDSt gebildeten PR	§ 95 Abs. 1 i. V. m. § 92 Abs. 1 und 2 BPersVG **Achtung: Verdoppelung der Frist**
7	Verlängerung eines Arbeitsvertrages, Hinausschieben der Altersgrenze eines Beschäftigten mit Verwendung ausschließlich **in der HDSt**, Arbeitnehmerüberlassung für die HDSt	GDStL (zugleich HDStL)	PR der HDSt	
8	Verlängerung eines Arbeitsvertrages, Hinausschieben der Altersgrenze eines Beschäftigten mit Verwendung **in einer TDSt** nach ausschließlich externer Ausschreibung, Arbeitnehmerüberlassung für eine TDSt	GDStL	GPR nach Anhörung des in der TDSt gebildeten PR	§ 95 Abs. 1 i. V. m. § 92 Abs. 1 und 2 BPersVG **Achtung: Verdoppelung der Frist**

Beförderung und höherwertige förderliche Besetzung eines Dienstpostens, Eingruppierung, Tätigkeitsübertragung (§ 78 Abs. 1 Nr. 2, 3 und 4 BPersVG), Teilnahme an Prüfungen (§ 67 BPersVG)				
Nr.	**Maßnahme**	**Zuständiger Dienststellenleiter**	**Zu beteiligender Personalrat**	**Begründung**
9	**Übertragung höher/niedriger zu bewertender Tätigkeit** (Arbeitnehmer und Beamte), **Eingruppierung, Höher- oder Rückgruppierung** (Arbeitnehmer), **Beförderung** (Beamte[2]), auch wenn die Maßnahme **vorübergehend** ist (höherwertige kommissarische Vakanzvertretung per Direktionsrecht) **in der HDSt: vorgeschlagener Bewerber kommt aus der HDSt**, unabhängig von der Herkunft des Bewerberkreises	GDStL (zugleich HDStL)	PR der HDSt[3]	

2 Die förderliche Stellenbesetzung und die Beförderung sind bei Beamten zwei Maßnahmen. Bei Arbeitnehmern handelt es sich aufgrund der Tarifautomatik um eine Maßnahme.

3 Zur Überwachung des Gesamtplanstellengefüges sollte der GPR zur Unterrichtung eine Übersicht der Maßnahmen nach Nr. 1 in der HDSt erhalten.

Nr.	Maßnahme	Zuständiger Dienststellenleiter	Zu beteiligender Personalrat	Begründung
10	**Übertragung höher/ niedriger zu bewertender Tätigkeit** (Arbeitnehmer und Beamte), **Eingruppierung, Höher- oder Rückgruppierung** (Arbeitnehmer), **Beförderung** (Beamte), auch wenn Maßnahme **vorübergehend** ist, **in der HDSt; vorgeschlagener Bewerber kommt aus einer TDSt**	GDStL (zugleich HDSt)	GPR nach Anhörung des PR der aufnehmenden HDSt und abgebenden TDSt hinsichtlich der Umsetzung (hinsichtlich Beförderung nur Anhörung der aufnehmenden HDSt)	§ 95 Abs. 1 i. V. m. § 92 Abs. 1 und 2 BPersVG **Achtung: Verdoppelung der Frist**
11	**Übertragung höher/ niedriger zu bewertender Tätigkeit** (Arbeitnehmer und Beamte), **Eingruppierung, Höher- oder Rückgruppierung** (Arbeitnehmer), **Beförderung** (Beamte), auch wenn Maßnahme **vorübergehend** ist, in einer **TDSt;** Bewerbungen aus der gesamten DSt oder nur aus der TDSt	GDStL	GPR nach Anhörung des PR der aufnehmenden TDSt und abgebenden TDSt hinsichtlich der Umsetzung (hinsichtlich der Beförderung nur Anhörung der aufnehmenden TDSt)	§ 95 Abs. 1 i. V. m. § 92 Abs. 1 und 2 BPersVG **Achtung: Verdoppelung der Frist**
12	Beförderung von mehreren Beamten der **GDSt** nach Reihung	GDStL	GPR	§ 95 Abs. 1 i. V. m. § 92 Abs. 1 BPersVG

Nr.	Maßnahme	Zuständiger Dienststellenleiter	Zu beteiligender Personalrat	Begründung
13	Teilnahme an Prüfungen (betrifft Mitarbeiter einer TDSt)	GDStL	GPR nimmt **beratend** an der Prüfung teil, GPR kann Mitglied des PR der TDSt entsenden	
14	Teilnahme an Prüfungen (betrifft Mitarbeiter der HDSt)	HDStL	PR der HDSt nimmt **beratend** an der Prüfung teil	

Umsetzung, Versetzung (§ 78 Abs. 1 Nr. 5 und 6 BPersVG)				
Nr.	**Maßnahme**	**Zuständiger Dienststellenleiter**	**Zu beteiligender Personalrat**	**Begründung**
15	Umsetzung über drei Monate innerhalb der organisationsrechtlichen Gesamtdienststelle, die mit einem Wechsel des Dienstortes verbunden ist von a) **TDSt in die HDSt** oder b) **HDSt in die TDSt**	GDStL (zugleich HDStL)	GPR nach Anhörung des a) PR der abgebenden TDSt und des PR der aufnehmenden HDSt bzw. b) PR der abgebenden HDSt und PR der aufnehmenden TDSt	§ 95 Abs. 1 i. V. m. § 92 Abs. 1 und 2 BPersVG **Achtung: Verdoppelung der Frist**
16	Umsetzung über drei Monate innerhalb der organisationsrechtlichen Gesamtdienststelle **von TDSt zu TDSt**, die mit einem Wechsel des Dienstortes verbunden ist	GDStL	GPR nach Anhörung des PR der abgebenden und des PR der aufnehmenden TDSt	§ 95 Abs. 1 i. V. m. § 92 Abs. 1 und 2 BPersVG **Achtung: Verdoppelung der Frist**

Nr.	Maßnahme	Zuständiger Dienststellenleiter	Zu beteiligender Personalrat	Begründung
17	Versetzung eines Beschäftigten a) **aus der Gesamtdienststelle zu einer anderen Behörde** oder b) **von einer anderen Behörde in die Gesamtdienststelle**	GDStL	GPR nach Anhörung des PR der a) abgebenden bzw. b) aufnehmendenTDSt/HDSt	§ 95 Abs. 1 i. V. m. § 92 Abs. 1 und 2 BPersVG **Achtung: Verdoppelung der Frist**
18	Absehen von der Ausschreibung bei gleichzeitiger Umsetzung	GDStL	a) Umsetzung ohne Dienstortwechsel: nur Absehen von der Ausschreibung ist beteiligungspflichtig: GPR	
			b) Umsetzung mit Dienstortwechsel[4]: Beide Maßnahmen sind zu beteiligen: GPR PR'e der aufnehmenden und abgebenden Dienststelle sind anzuhören	bei b) Es gilt hinsichtlich der Umsetzung: § 95 Abs. 1 i. V. m. § 92 Abs. 1 und 2 BPersVG **Achtung: Verdoppelung der Frist**

4 Unterscheidung zwischen zwei zu beteiligenden Maßnahmen:
a) Absehen von Ausschreibung als gesamtdienstlicher Maßnahme
b) Umsetzung mit Dienstortwechsel als Personalmaßnahme

Abordnung, Zuweisung (§ 78 Abs. 1 Nr. 7 BPersVG)				
Nr.	**Maßnahme**	**Zuständiger Dienststellenleiter**	**Zu beteiligender Personalrat**	**Begründung**
19	Abordnung, Zuweisung für Dauer von mehr als drei Monaten **von der HDSt zu einer anderen Behörde**	GDStL (zugleich HDStL)	PR der HDSt	
20	Abordnung, Zuweisung für Dauer von mehr als drei Monaten **von einer TDSt zu einer anderen Behörde**	GDStL	GPR nach Anhörung des PR der abgebenden TDSt	§ 95 Abs. 1 i. V. m. § 92 Abs. 1 und 2 BPersVG **Achtung: Verdoppelung der Frist**

Arbeitszeit (§ 75 Abs. 3 Nr. 1 BPersVG)				
Nr.	**Maßnahme**	**Zuständiger Dienststellenleiter**	**Zu beteiligender Personalrat**	**Begründung**
21	Beginn und Ende der täglichen Arbeitszeit als Regelung für die **GDSt**	GDStL	GPR	§ 82 Abs. 1 BPersVG
22	Beginn und Ende der täglichen Arbeitszeit als individuelle Regelung in einer **TDSt**	TDStL	PR der TDSt	
23	Beginn und Ende der täglichen Arbeitszeit als Regelung ausschließlich für die **HDSt**	HDStL (zugleich GDStL)	PR der HDSt	

6

Aufstellung allgemeiner Urlaubsgrundsätze, Streit über Versagung von Erholungsurlaub (§ 80 Abs. 1 Nr. 6 BPersVG; § 25 Abs. 3 Nr. 9 SBG), Streit über die Versagung von Sonderurlaub (§ 78 Abs. 1 Nr. 11 BPersVG)				
Nr.	**Maßnahme**	**Zuständiger Dienststellenleiter**	**Zu beteiligender Personalrat**	**Begründung**
24	Aufstellung gesamtdienststellenweiter **allgemeiner Urlaubsgrundsätze** als „Urlaubsplan"	GDStL	GPR	
25	Wenn zwischen DStL und beteiligten Beschäftigten **kein Einverständnis** erzielt wird: Urlaubsplan einer DSt und Festsetzung der zeitlichen Lage des **Erholungsurlaubs** für einzelne Beschäftigte als individuelle Regelung in der HDSt oder einer **TDSt**	GDStL als HDStL bzw. TDStL	PR der HDSt bzw. PR der TDSt	
26	Wenn zwischen dem DSTL und beteiligten Beschäftigten **kein Einverständnis** erzielt wird: Festsetzung der zeitlichen Lage des **Sonderurlaubes** für einzelne Beschäftigte in der **HDSt oder in der TDSt**	GDStL	GPR nach Anhörung des PR der HDSt bzw. PR der TDSt, welcher der Beschäftigte angehört	§ 95 Abs. 1 i. V. m. § 92 Abs. 1 und 2 BPersVG **Achtung: Verdoppelung der Frist**

Nebentätigkeit (§ 78 Abs. 1 Nr. 10 BPersVG)				
Nr.	**Maßnahme**	**Zuständiger Dienst-stellenleiter**	**Zu beteiligender Personalrat**	**Begründung**
27	Versagung oder Widerruf der Genehmigung einer Nebentätigkeit für einen Beschäftigten in einer **TDSt**	GDStL	GPR nach Anhörung des PR der TDSt	§ 95 Abs. 1 i. V. m. § 92 Abs. 1 und 2 BPersVG **Achtung: Verdoppelung der Frist**
28	Versagung oder Widerruf der Genehmigung einer Nebentätigkeit für einen Beschäftigten in der **HDSt**	GDStL (zugleich HDStL)	PR der HDSt	

Fortbildung (§ 78 Abs. 1 Nr. 13 BPersVG)				
Nr.	**Maßnahme**	**Zuständiger Dienst-stellenleiter**	**Zu beteiligender Personalrat**	**Begründung**
29	Auswahl der Teilnehmer an Fortbildungsveranstaltungen für die GDSt	GDStL	GPR nach Anhörung des in der TDSt/HDSt gebildeten PR	§ 95 Abs. 1 i. V. m. § 92 Abs. 1 und 2 BPersVG **Achtung: Verdoppelung der Frist**

Leistungsprämien (§ 78 Abs. 1 Nr. 8 BPersVG)				
Nr.	**Maßnahme**	**Zuständiger Dienst-stellenleiter**	**Zu beteiligender Personalrat**	**Begründung**
30	Leistungsprämien	GDStL	GPR	

Kündigung und Disziplinarklage (§§ 85, 86, § 84 Abs. 1 Nr. 4 BPersVG)				
Nr.	**Maßnahme**	**Zuständiger Dienst-stellenleiter**	**Zu beteiligender Personalrat**	**Begründung**
31	Ordentliche Kündigung eines Arbeitnehmers in der **HDSt**	GDStL (zugleich HDStL)	PR der HDSt	

6

Nr.	Maßnahme	Zuständiger Dienststellenleiter	Zu beteiligender Personalrat	Begründung
32	Ordentliche Kündigung eines Arbeitnehmers in einer **TDSt**	GDStL	GPR nach Anhörung des in der TDSt gebildeten PR	§ 95 Abs. 1 i. V. m. § 92 Abs. 1 und 2 BPersVG **Achtung: Verdoppelung der Frist**
33	Außerordentliche Kündigung eines Arbeitnehmers in der **HDSt**	GDStL (zugleich HDStL)	PR der HDSt	**Anhörung**
34	Außerordentliche Kündigung eines Arbeitnehmers in einer **TDSt**	GDStL	GPR nach Anhörung des in der TDSt gebildeten PR	§ 95 Abs. 1 i. V. m. § 92 Abs. 1 und 2 BPersVG Achtung: **Keine** Verdoppelung der Frist
35	Erlass einer Disziplinarverfügung gegen einen Beamten in der **HDSt**	GDStL (zugleich HDStL)	PR der HDSt, sofern Beamter Beteiligung beantragt hat. Der Beamte ist auf das Beteiligungsrecht hinzuweisen	
36	Erlass einer Disziplinarverfügung gegen einen Beamten in einer **TDSt**	GDStL	GPR nach Anhörung des in der TDSt gebildeten PR, sofern Beamter Beteiligung beantragt hat. Der Beamte ist auf das Beteiligungsrecht hinzuweisen	§ 95 Abs. 1 i. V. m. § 92 Abs. 1 und 2 BPersVG **Achtung: Verdoppelung der Frist**

6

Abweichende Besonderheiten im Zusammenhang mit der Beteiligung bei Soldaten				
Nr.	**Maßnahme**	**Zuständiger Dienststellenleiter**	**Zu beteiligender Personalrat**	**Begründung**
Kommandierung ohne Dienstortwechsel (§ 24 Abs. 1 Nr. 2 SBG)				
37	Kommandierung für Dauer von **mehr als drei Monaten** innerhalb der HDSt	GDStL (zugleich HDStL)	PR der HDSt	
38	Kommandierung für Dauer von **mehr als drei Monaten** außerhalb der HDSt	GDStL	GPR nach Anhörung des PR der TDSt	§ 95 Abs. 1 i. V. m. § 92 Abs. 1 und 2 BPersVG **Achtung: Verdoppelung der Frist**
Antrag auf Status- oder Laufbahnwechsel (§ 24 Abs. 1 Nr. 3 SBG)				
39	Antrag auf Status- oder Laufbahnwechsel	BAPersBw	PR der TDSt	
40	Ablehnung eines Antrags auf Status- oder Laufbahnwechsel	BAPersBw	PR der TDSt	
Wechsel auf einen anderen Dienstposten (§ 24 Abs. 1 Nr. 4 SBG)				
41	Wechsel auf einen anderen Dienstposten innerhalb einer TDSt	GDStL	GPR nach Anhörung des PR der TDSt	§ 95 Abs. 1 i. V. m. § 92 Abs. 1 und 2 BPersVG **Achtung: Verdoppelung der Frist**
42	Wechsel auf einen anderen Dienstposten innerhalb der HDSt	GDStL (zugleich HDStL)	PR der HDSt	
43	Wechsel auf einen anderen Dienstposten innerhalb der GDSt, verbunden mit einem Wechsel der DSt	GDStL	GPR nach Anhörung des PR der abgebenden und der aufnehmenden DSt	§ 95 Abs. 1 i. V. m. § 92 Abs. 1 und 2 BPersVG **Achtung: Verdoppelung der Frist**

6

Nr.	Maßnahme	Zuständiger Dienststellenleiter	Zu beteiligender Personalrat	Begründung
Vorzeitige Beendigung des Dienstverhältnisses bei Ermessen (§ 24 Abs. 1 Nr. 6 SBG)				
44	Vorzeitige Beendigung des Dienstverhältnisses eines Soldaten	BAPersBw	PR der TDSt	
Orden und Ehrenzeichen (§ 30 Abs. 1 SBG)				
45	Verleihung von Orden und Ehrenzeichen	Dienstältester Offizier der Abteilung	PR der TDSt	
Verbleib über die besondere Altersgrenze hinaus (§ 24 Abs. 1 Nr. 7 SBG)				
46	Verbleib eines Soldaten der HDSt über die besondere Altersgrenze hinaus	BAPersBw	PR der HDSt	
47	Verbleib eines Soldaten einer TDSt über die besondere Altersgrenze hinaus	BAPersBw	GPR nach Anhörung des PR der TDSt	§ 95 Abs. 1 i. V. m. § 92 Abs. 1 und 2 BPersVG **Achtung: Verdoppelung der Frist**
Weitere Tatbestände (§ 24 Abs. 2 Nr. 1–6, § 27 Abs. 1 SBG)				
48	Genehmigung, Widerruf der Genehmigung oder Ablehnung von **Sonderurlaub** innerhalb der HDSt	GDStL (zugleich HDStL)	PR der HDSt	
49	Genehmigung, Widerruf der Genehmigung oder Ablehnung von **Sonderurlaub** innerhalb einer TDSt	GDStL	GPR nach Anhörung des PR der TDSt	§ 95 Abs. 1 i. V. m. § 92 Abs. 1 und 2 BPersVG **Achtung: Verdoppelung der Frist**
50	Genehmigung, Widerruf der Genehmigung oder Ablehnung von **Betreuungsurlaub** innerhalb der HDSt	GDStL (zugleich HDStL)	PR der HDSt	

6

Nr.	Maßnahme	Zuständiger Dienststellenleiter	Zu beteiligender Personalrat	Begründung
51	Genehmigung, Widerruf der Genehmigung oder Ablehnung von **Betreuungsurlaub** innerhalb einer TDSt	GDStL	GPR nach Anhörung des PR der TDSt	§ 95 Abs. 1 i. V. m. § 92 Abs. 1 und 2 BPersVG **Achtung: Verdoppelung der Frist**
52	Genehmigung, Widerruf der Genehmigung oder Ablehnung einer **Nebentätigkeit** innerhalb der HDSt	GDStL (zugleich HDStL)	PR der HDSt	
53	Genehmigung, Widerruf der Genehmigung oder Ablehnung einer **Nebentätigkeit** innerhalb einer TDSt	GDStL	GPR nach Anhörung des PR der TDSt	§ 95 Abs. 1 i. V. m. § 92 Abs. 1 und 2 BPersVG **Achtung: Verdoppelung der Frist**
54	Genehmigung, Widerruf der Genehmigung oder Ablehnung einer **Teilzeitbeschäftigung** innerhalb der HDSt	GDStL (zugleich HDStL)	PR der HDSt	
55	Genehmigung, Widerruf der Genehmigung oder Ablehnung einer **Teilzeitbeschäftigung** innerhalb einer TDSt	GDStL	GPR nach Anhörung des PR der TDSt	§ 95 Abs. 1 i. V. m. § 92 Abs. 1 und 2 BPersVG **Achtung: Verdoppelung der Frist**
56	Berufsförderungsmaßnahmen innerhalb einer HDSt (nur auf Antrag des Mitarbeiters)	GDStL (zugleich HDStL)	PR der HDSt	
57	Berufsförderungsmaßnahmen innerhalb einer TDSt (nur auf Antrag des Mitarbeiters)	GDStL	GPR nach Anhörung des PR der TDSt	§ 95 Abs. 1 i. V. m. § 92 Abs. 1 und 2 BPersVG **Achtung: Verdoppelung der Frist**

Nr.	Maßnahme	Zuständiger Dienst-stellenleiter	Zu beteiligender Personalrat	Begründung
Leistungsbezogene Besoldung (§ 30 Abs. 2 SBG)				
58	Vergabe leistungsbezogener Besoldung innerhalb der HDSt	GDStL (zugleich HDStL)	PR der HDSt	
59	Vergabe leistungsbezogener Besoldung innerhalb der TDSt	GDStL	GPR nach Anhörung des PR der TDSt	§ 95 Abs. 1 i. V. m. § 92 Abs. 1 und 2 BPersVG **Achtung: Verdoppelung der Frist**

6

Arbeitsgemeinschaft der Hauptpersonalräte

7

Funktion des Gremiums

Die Arbeitsgemeinschaft der Hauptpersonalräte, die bisher informell agierte, wird durch die Regelungen in Kapitel 6 (§§ 96 ff. BPersVG) nunmehr gesetzlich legitimiert. Die Arbeitsgemeinschaft verfügt über keine eigenständigen Beteiligungstatbestände, denn sie ist nicht durch Wahl der Beschäftigten legitimiert. Sie soll bei ressortübergreifenden Maßnahmen die Interessen der betroffenen Beschäftigten einbringen und ein Forum zur Abstimmung und zum Erfahrungsaustausch bieten.

Zusammensetzung, Amtszeit, Teilnahmerechte

Die Hauptpersonalräte bei den obersten Bundesbehörden bilden eine Arbeitsgemeinschaft der Hauptpersonalräte (AG HPR). Da nicht alle obersten Bundesbehörden (z. B. die Dienststellen der Verfassungsorgane) über einen Hauptpersonalrat verfügen, ist vorgesehen, dass dann die dort gebildeten Personalräte bzw. Gesamtpersonalräte an die Stelle des Hauptpersonalrats treten.

Zusammensetzung

Die AG HPR setzt sich aus je einem Mitglied der bei den obersten Bundesbehörden gebildeten Hauptpersonalräte und, sofern dieser nicht gebildet ist, des dort gebildeten Personalrats/Gesamtpersonalrats zusammen. Sofern bei einer obersten Dienstbehörde zwei Hauptpersonalräte gebildet sind, entsendet jeder ein Mitglied. Weiterhin ist mindestens je ein Ersatzmitglied zu bestimmen, das bei einem Ausscheiden oder einer zeitweiligen Verhinderung des entsandten Mitglieds in die AG HPR eintritt.

Die Mitgliedschaft in der AG HPR ist an die Mitgliedschaft des Hauptpersonalrats geknüpft. Als weiterer Beendigungsgrund wird die Niederlegung des Amts in der Arbeitsgemeinschaft der Hauptpersonalräte genannt. Durch den Verweis auf § 32 BPersVG ist das Ruhen der Mitgliedschaft geregelt. Die AG HPR wählt aus ihrer Mitte bis zu zwei Vorsitzende und bis zu zwei stellvertretende Vorsitzende. Damit wird die Kontinuität der Vertretung sichergestellt. Die gewählten Vorsitzenden sollen ihr Amt arbeitsteilig wahrnehmen.

Amtszeit

In § 96 Abs. 4 BPersVG ist die Amtszeit der AG HPR geregelt. Sie beträgt vier Jahre und beginnt, wie die Amtszeit der Personalvertretungen, am 1. Juni des Jahres, in dem die regelmäßigen Personalratswahlen stattfinden.

Teilnahmerechte

Die weiteren Teilnahmerechte (Haupt-, Jugend- und Auszubildendenvertretungen der obersten Bundesbehörden, Vertreter der Arbeitsgemeinschaft der Schwerbehindertenvertretungen des Bundes und der Vereinigung der Schwerbehindertenvertretungen des Bundes) sind in § 96 Abs. 5 BPersVG geregelt.

Geschäftsführung und Rechtsstellung

Für die Geschäftsführung der AG HPR und die Rechtsstellung ihrer Mitglieder sind die folgenden Bestimmungen des BPersVG sinngemäß anzuwenden:

- § 10 (Behinderungs-, Benachteiligungs- und Begünstigungsverbot)
- § 11 (Schweigepflicht)
- § 12 (Unfallfürsorge)
- § 36 Abs. 2 Satz 1 bis 3 (Anberaumung von Sitzungen)
- § 38 (Zeitpunkt der Sitzungen und Nichtöffentlichkeit)
- § 43 (Protokoll)
- § 44 (Geschäftsordnung)
- § 48 (Bekanntmachungen und Aushänge)
- § 49 (Verbot der Beitragserhebung)
- § 50 (Ehrenamtlichkeit)
- § 51 (Versäumnis von Arbeitszeit)
- § 52 Abs. 1 (notwendige Freistellung)

Freistellung

Bei der Zuteilung des Freistellungskontingents der Hauptpersonalräte ist der für die Tätigkeit in der AG HPR für das entsandte Mitglied notwendige Freistellungsaufwand angemessen zu berücksichtigen. Die AG HPR richtet eine Geschäftsstelle ein, deren

Sitz an den Vorsitz der AG geknüpft ist. Sind zwei Vorsitzende gewählt worden, so beschließt sie darüber, an welcher der obersten Bundesbehörden, aus deren Geschäftsbereich die Vorsitzenden kommen, die Geschäftsstelle eingerichtet werden soll. Die für die Tätigkeit der AG HPR sowie der bei ihr gebildeten Geschäftsstelle entstehenden Kosten sind aus den Haushaltsmitteln der obersten Dienstbehörden zu bestreiten, die diesen für die Tätigkeit der Hauptpersonalräte zur Verfügung gestellt worden sind.

Stellungnahmerecht bei ressortübergreifenden Digitalisierungsmaßnahmen (§ 98 BPersVG)

Kein förmliches Mitbestimmungsrecht

Die AG HPR ist vor Entscheidungen oberster Bundesbehörden oder Vorlagen an die Bundesregierung in Angelegenheiten des § 80 Abs. 1 Nr. 21 BPersVG (Einführung und Anwendung technischer Einrichtungen, die dazu bestimmt sind, das Verhalten oder die Leistung der Beschäftigten zu überwachen), die die Geschäftsbereiche mehrerer oberster Bundesbehörden betreffen, Gelegenheit zur Stellungnahme zu geben. Durch die prozessbegleitende Einbindung der AG HPR können gerade bei ressortübergreifenden Maßnahmen personalvertretungsrechtliche Belange frühzeitig erkannt werden und so in den Prozess einfließen. Die individuellen Beteiligungsrechte der Personalvertretungen auf den jeweiligen Ebenen bleiben davon unberührt. Die AG HPR hat ein Stellungnahmerecht, kein eigenständiges der in Kapitel 4 geregelten förmlichen Beteiligungsrechte. Weiterhin wird der AG HPR die Verpflichtung auferlegt, die Hauptpersonalräte bzw., wenn diese nicht bestehen, die Personalräte oder Gesamtpersonalräte der obersten Bundesbehörden regelmäßig über ihre Tätigkeit zu informieren.

Umfang der Stellungnahme

§ 98 Abs. 1 Satz 1 BPersVG beinhaltet die Reichweite und den Zeitpunkt des Rechts auf Stellungnahme der AG HPR. Der Hauptanwendungsfall des § 80 Abs. 1 Nr. 21 BPersVG ist, soweit es sich dabei um Maßnahmen mit ressortübergreifender Wirkung handelt, die Einführung und Anwendung von Informations- und Kommunikationstechnik, die sich objektiv zur Verhaltens- und Leistungskontrolle der Beschäftigten eignet.

Für das Stellungnahmerecht der AG HPR ist es unerheblich, ob die Entscheidung durch eine federführende oberste Bundebehörde herbeigeführt wird oder das Vorhaben der Bundesregierung zur Entscheidung vorgelegt wird. § 98 Abs. 1 Satz 2 BPersVG erstreckt das Recht auf Stellungnahme auch auf personalvertretungsrechtlich relevante Beteiligungsfragen, die

- nach Nummer 1 in unmittelbarem Zusammenhang mit der Realisierung von Maßnahmen nach § 80 Abs. 1 Nr. 21 BPersVG stehen,
- nach Nummer 2 ressortübergreifenden Bezug haben und
- nach Nummer 3 der Beteiligung nach Kapitel 4 unterlägen, wenn sie von einer Dienststelle nur für ihre Beschäftigten getroffen würden (ausgenommen sind personelle Einzelmaßnahmen).

Bei den Maßnahmen nach § 98 Abs. 1 Satz 2 Nr. 1 BPersVG kann es sich insbesondere um folgende formelle Beteiligungstatbestände handeln:

- Gestaltung der Arbeitsplätze
- Maßnahmen zur Hebung der Arbeitsleistung
- grundlegend neue Arbeitsmethoden
- grundlegende Veränderungen von Arbeitsverfahren und Arbeitsabläufen
- Fort- und Weiterbildung der Beschäftigten, die aufgrund der Einführung neuer Technologien erforderlich sind
- gesundheitsbezogene Aspekte, die im Zusammenhang mit der Digitalisierung stehen
- Erlass von Auswahlrichtlinien für Versetzungen und andere personelle Maßnahmen
- Aufstellung von Sozialplänen, Verlegung, Zusammenlegung oder Ausgliederung von Dienststellenteilen

§ 98 Abs. 1 Satz 2 Nr. 2 BPersVG stellt sicher, dass die Einbindung der AG HPR nur dann erfolgt, wenn es sich um ressortübergreifende Projekte handelt.

Nummer 3 regelt, dass immer die Voraussetzungen eines formellen Beteiligungstatbestandes nach Kapitel 4 gegeben sein müssen. Nicht darunter fallen personelle Einzelmaßnahmen (u. a.) des § 78 Abs. 1 BPersVG sowie Maßnahmen der Gesetzgebung und Normkonkretisierung. Das für die Angelegenheit federführende Ressort hat die AG HPR rechtzeitig und umfassend zu unterrichten. Sichergestellt sein soll, dass sie dadurch bereits in den Prozess der Entscheidungsfindung einzubinden ist.

Stellungnahmefrist

Nach Erhalt aller relevanten Unterlagen und Informationen hat die AG HPR zur Abgabe einer Stellungnahme eine Frist von vier Wochen (§ 98 Abs. 2 Satz 2 BPersVG).

Bei Eilbedürftigkeit besteht die Möglichkeit, die Frist zur Stellungnahme auf eine Woche zu verkürzen. Bei Maßnahmen, die der Natur der Sache nach keinen Aufschub dulden, kann die Stellungnahme nachträglich eingeholt werden. Einvernehmliche Fristabsprachen können ebenfalls getroffen werden. Die AG HPR hat die Möglichkeit, die Erörterung mit der für die Maßnahme zuständigen federführenden Stelle zu verlangen.

Verfahren bei Nichteinigung, Einigungsstelle

Stufenverfahren

Hinweis: Dargestellt wird das Stufenverfahren im klassischen dreistufigen Verwaltungsaufbau. Sofern der Aufbau nicht dreistufig ist oder die erstinstanzliche Beteiligung im dreistufigen Verwaltungsaufbau nicht auf der untersten Ebene stattfindet, verkürzt sich das Verfahren entsprechend. Ferner sind in den Vorschriften für besondere Verwaltungszweige § 110 ff. BPersVG enthaltene abweichende Regelungen zu beachten.

Abbruch des Verfahrens

Der Leiter der Dienststelle ist grundsätzlich nicht befugt, die Erfolgsaussichten des Stufenverfahrens selbst einzuschätzen, das Einigungsverfahren abzubrechen und die Maßnahmen gegen den Willen der Personalvertretung durchzuführen (BVerwG vom 12. 3. 1996 – 6 P 5.85, BVerwGE 74, 100). Im Vorfeld der Entscheidung der Einigungsstelle darf grundsätzlich keiner der personalvertretungsrechtlichen Partner den anderen zwingen, sich seiner rechtlichen oder sachlichen Auffassung anzuschließen.

Der Abbruch des Verfahrens ist nur dann zulässig, wenn die Ablehnungsgründe der Personalvertretung nicht auf die Gründe des Versagungskataloges gestützt werden. Diese Ablehnung wäre rechtsmissbräuchlich und somit unbeachtlich, das Stufenverfahren müsste nicht durchgeführt werden. Das Verfahren kann also nur dann abgebrochen werden, wenn die Ablehnung des Personalrats rechtsmissbräuchlich ist oder die Ablehnungsgründe von vornherein eindeutig nicht zutreffen und nach keiner vertretbaren Betrachtungsweise möglich erscheinen. Maßgeblich ist nicht, ob die Begründung des Personalrats zutreffend ist oder ob ihr aus der Betrachtungsweise der Dienststelle eine fehlerhafte Bewertung zugrunde gelegt worden ist. Es kommt hierbei nicht auf die Betrachtungsweise der Dienststelle an (VG Dresden vom 11. 1. 2002 – K 2183/01; Rehak, SächsVBl. 2003, 15).

Zu berücksichtigen ist ferner, dass der Personalrat im Regelfall nicht über eine juristische Fachkompetenz verfügt. Einem Dienststellenleiter steht eine Kompetenz zur „Vorabbeurteilung" der vom Personalrat angegebenen Verweigerungsgründe zu (OVG Sachsen-Anhalt vom 27. 10. 2004 – 5 L 12/03, ZfPR online 07/2005, 5).

Nichteinigung zwischen Dienststelle und Personalrat der Dienststelle

Fälle der Mitwirkung

Kommt zwischen dem Leiter einer nachgeordneten Dienststelle und dem bei ihr gebildeten Personalrat in den Fällen der Mitwirkung eine Einigung nicht zustande, so kann der Personalrat die Angelegenheit binnen drei Arbeitstagen nach Zugang auf dem Dienstweg der übergeordneten Dienststelle, bei der eine Stufenvertretung besteht, mit dem Antrag auf Entscheidung schriftlich oder elektronisch vorlegen (§ 82 Abs. 1 BPersVG). Die Dienststelle muss den Vollzug der Maßnahme bis zur Entscheidung aussetzen.

Fälle der Mitbestimmung

Kommt in den Fällen der Mitbestimmung zwischen dem Leiter einer nachgeordneten Dienststelle und dem bei ihr gebildeten Personalrat keine Einigung zustande, so kann der Personalrat oder der Leiter der Dienststelle die Angelegenheit binnen sechs Arbeitstagen der übergeordneten Dienststelle, bei der eine Stufenvertretung besteht, auf dem Dienstwege schriftlich oder elektronisch zuleiten (§ 71 Abs. 1 BPersVG). Der Personalrat und der Leiter der Dienststelle können im Einzelfall schriftlich oder elektronisch eine andere Frist vereinbaren. Legt der Leiter der nachgeordneten Dienststelle die Angelegenheit vor, teilt er dies dem Personalrat unter Angabe der Gründe mit. Der Leiter der übergeordneten Dienststelle (Mittelbehörde) hat die Stufenvertretung (Bezirkspersonalrat) zu unterrichten und deren Zustimmung zu beantragen.

Die jeweilige Vorlagefrist beginnt mit dem Zugang des Schreibens des Personalrats, mit dem dieser seine Zustimmung zu der Maßnahme verweigert. Die Fristberechnung erfolgt auch hier nach §§ 187 bis 193 BGB. Der Gesetzgeber fordert nicht, dass die Angelegenheit innerhalb der Vorlagefrist der übergeordneten

Dienststelle zugegangen sein muss. Sie muss nur nachweisbar innerhalb dieser Frist auf den Dienstweg gebracht worden sein.

Die Rechte eines (örtlichen) Personalrats gehen mit der Einleitung des Stufenverfahrens auf die Stufenvertretung über. Das Stufenverfahren wird eingeleitet, indem die übergeordnete Behörde die Stufenvertretung von der streitigen Maßnahme unterrichtet. Findet dieser Übergang nicht statt, weil die übergeordnete Behörde das Verfahren abbricht, kann nur die Personalvertretung, die eine entsprechende Rechtsposition innehat, ein personalvertretungsrechtliches Beschlussverfahren einleiten. In dieser Konstellation wäre es der örtliche Personalrat.

Nichteinigung zwischen Mittelbehörde und Bezirkspersonalrat

Fälle der Mitwirkung

In den Fällen der Mitwirkung verhandelt die übergeordnete Dienststelle (Mittelbehörde) mit der Stufenvertretung und entscheidet dann (§ 82 Abs. 1 BPersVG). Die Stufenvertretung (Bezirkspersonalrat) wiederum kann die Angelegenheit innerhalb von drei Arbeitstagen nach Zugang der Mitteilung der Dienststelle auf dem Dienstweg der übergeordneten Dienststelle, bei der eine Stufenvertretung besteht, zur Entscheidung vorlegen. § 71 Abs. 1 Satz 2 bis 4 BPersVG gilt entsprechend.

Fälle der Mitbestimmung

Unterliegt eine Maßnahme der Mitbestimmung und will der Leiter der übergeordneten Dienststelle (Mittelbehörde) die Maßnahme ebenfalls ganz oder teilweise durchsetzen, so hat er sie der Stufenvertretung (Bezirkspersonalrat) innerhalb von sechs Wochen vorzulegen und ihre Zustimmung zu beantragen (§ 71 Abs. 2 BPersVG). Für dieses Verfahren gilt § 70 Abs. 2 und 3 BPersVG entsprechend.

Kommt zwischen dem Leiter einer übergeordneten Dienststelle und dem bei ihr gebildeten Bezirkspersonalrat keine Einigung zustande, können der Leiter oder der Bezirkspersonalrat die Angelegenheit innerhalb von fünf Arbeitstagen auf dem Dienstweg der obersten Dienststelle vorlegen. Legt der Dienststellenleiter die Sache vor, teilt er dies der Personalvertretung schriftlich unter Angabe der Gründe mit.

Nichteinigung zwischen oberster Dienstbehörde und Hauptpersonalrat

Fälle der Mitwirkung

In den Fällen der Mitwirkung verhandelt die oberste Dienstbehörde mit der Stufenvertretung (Hauptpersonalrat) und entscheidet sodann endgültig (§ 72 Abs. 4 BPersVG). Einer Mitteilung an den Personalrat bedarf es nicht mehr, da es keine nächst höhere Stelle mehr gibt, die angerufen werden kann. Eine Anrufung der Einigungsstelle ist nicht möglich, das Verfahren endet mit der Entscheidung der obersten Dienstbehörde.

Fälle der Mitbestimmung

Sofern er an der Maßnahme ganz oder teilweise festhält, hat der Leiter der obersten Dienstbehörde in den Fällen der Mitbestimmung den Hauptpersonalrat innerhalb von sechs Wochen zu unterrichten und dessen Zustimmung zu beantragen. Für dieses Verfahren gilt § 70 Abs. 2 und 3 BPersVG entsprechend.

Kommt zwischen dem Leiter der obersten Dienstbehörde und dem bei ihr bestehenden Hauptpersonalrat keine Einigung zustande, so kann jeder der personalvertretungsrechtlichen Partner die Einigungsstelle anrufen (§ 72 BPersVG). Diese kann abschließend entscheiden oder eine Empfehlung an die zur Letztentscheidung befugte oberste Dienstbehörde aussprechen. Eine Frist für die Anrufung der Einigungsstelle gibt es nicht.

Wird die Einigungsstelle nicht angerufen, obwohl auf der obersten Ebene eine Einigung nicht erzielt worden ist, kann die Dienststelle die Maßnahme nicht umsetzen.

Unmittelbare Anrufung der Einigungsstelle

Sind der Leiter der Dienststelle und die oberste Dienstbehörde identisch, kann die Einigungsstelle unmittelbar angerufen werden. Beabsichtigt also der Leiter der obersten Dienstbehörde für seine Dienststelle eine mitbestimmungspflichtige Maßnahme und kommt es zu keiner Einigung mit dem zuständigen örtlichen Personalrat, ist die Einigungsstelle unmittelbar anzurufen. Das gilt auch, wenn der Leiter der obersten Dienstbehörde für seinen gesamten Geschäftsbereich eine mitbestimmungspflichtige Maßnahme beabsichtigt und er keine Einigung mit dem zuständigen Hauptpersonalrat erzielt. Betroffen sind die Fälle, in denen zwischen dem Leiter der obersten Dienstbehörde und dem Hauptpersonalrat oder dem Leiter der obersten Dienstbehörde und dem örtlichen Personalrat für den Bereich der Dienststelle im „erstinstanzlichen" Beteiligungsverfahren eine Einigung nicht zustande gekommen ist.

Die Durchführung des Verfahrens nach § 82 BPersVG im Rahmen der Mitwirkung ist nicht möglich, da es an einer übergeordneten Dienststelle, bei der eine Stufenvertretung besteht, mangelt.

Anrufung der obersten Dienstbehörde und der Einigungsstelle bei Körperschaften, Anstalten und Stiftungen des öffentlichen Rechts

In Körperschaften, Anstalten und Stiftungen des öffentlichen Rechts ist als oberste Dienstbehörde das in der jeweiligen Verfassung für die Geschäftsführung vorgesehene oberste Organ anzurufen. In Zweifelsfällen bestimmt die zuständige oberste Bundesbehörde die anzurufende Stelle. Für das weitere Verfahren und die Anrufung der Einigungsstelle gelten die vorstehend gemachten Ausführungen.

Verfahren der Nichteinigung im Jobcenter

Die maßgeblichen Regelungen zu dem Verfahren der Nichteinigung für Personalvertretungen beim Jobcenter (sofern es als gE = gemeinsame Einrichtung geführt wird) finden sich ergänzend in § 44c SGB II.

Die beiden folgenden Darstellungen gehen davon aus, dass das Verfahren durch die Geschäftsführung in eigener Zuständigkeit betrieben wird, der Geschäftsführer also als Leiter der Dienststelle zu Entscheidung befugt war. Hat der Personalrat des Jobcenters rechtswirksam die Zustimmung zu einer vom Dienststellenleiter beabsichtigten Maßnahme verweigert, kann dieser die Angelegenheit, sofern er an ihr festhalten will, gemäß § 71 der Trägerversammlung vorlegen. Diese ist sodann verpflichtet nach Maßgabe der §§ 71 BPersVG Stufenverfahren durchzuführen. Der Personalrat des Jobcenters ist dabei Partner der Trägerversammlung. Die Trägerversammlung ruft die Einigungsstelle gemäß § 72 BPersVG an, wenn sie sich der Meinung der Geschäftsführung anschließt und eine Einigung nicht erzielt werden konnte.

Ist die Trägerversammlung für das Verfahren originär zuständig und lehnt der Personalrat des Jobcenters die Maßnahme ab, kann die Einigungsstelle unmittelbar angerufen werden. Im Falle der erstmaligen Beteiligung durch die Trägerversammlung dient die Geschäftsführung des Jobcenters als „Übermittler". Das SGB II sieht einen direkten Weg zwischen Personalrat und Trägerversammlung nicht vor.

Ausführliche Erläuterungen finden sich hierzu im BPersVG Kommentar (Altvater, u. A. 11. Auflage, Anhang IX, Seiten 2390 ff.).

8

Uneingeschränkte Mitbestimmung

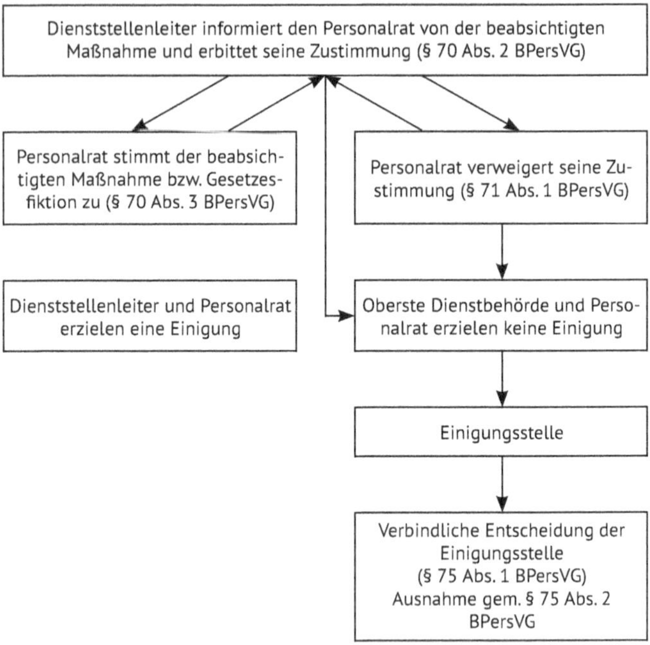

8

Eingeschränkte Mitbestimmung

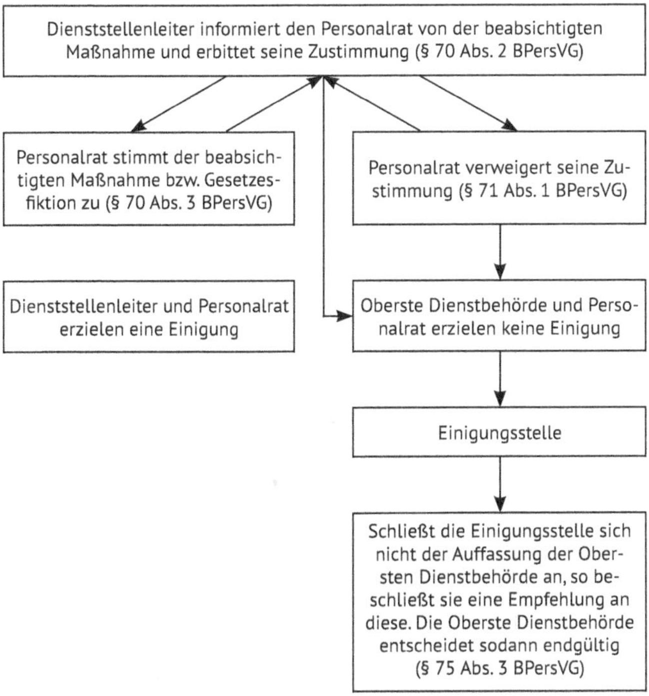

Die Einigungsstelle

Bildung der Einigungsstelle

Die Einigungsstelle wird für die Dauer der Wahlperiode oder von Fall zu Fall bei der jeweiligen obersten Dienstbehörde gebildet (§ 73 Abs. 1 BPersVG). Sie besteht aus jeweils drei Beisitzern, die von der zuständigen obersten Dienstbehörde und der dort bestehenden zuständigen Personalvertretung bestellt werden, sowie einem unparteiischen Vorsitzenden. Auf die Person des Vorsitzenden müssen sich beide Parteien einigen. Wird keine Einigung erzielt, können beide Parteien beim Präsidenten des

Bundesverwaltungsgerichts die Ernennung eines Vorsitzenden beantragen.

Unter den von der Personalvertretung bestellten Beisitzern muss sich je ein Beamter und ein Arbeitnehmer befinden, es sei denn, die Angelegenheit betrifft lediglich die Beamten oder die in einem Arbeitsverhältnis stehenden Beschäftigten. Die Mitglieder der Einigungsstelle üben ihr Amt unabhängig und frei von Weisungen aus.

Kosten der Einigungsstelle

Für die Kosten der Einigungsstelle sind die §§ 46 und 47 BPersVG sinngemäß anzuwenden. Sie sind vom Bund (der Dienststelle) zu tragen.

Verhandlung vor der Einigungsstelle

Die Verhandlung vor der Einigungsstelle ist nicht öffentlich (§ 74 Abs. 2 BPersVG). Den Beteiligten ist Gelegenheit zur mündlichen Äußerung zu geben. Im Einvernehmen mit diesen kann die Äußerung auch schriftlich erfolgen.

Beschlussfassung der Einigungsstelle

Die Einigungsstelle entscheidet nach mündlicher Beratung durch Beschluss (§ 74 Abs. 3 BPersVG). Der Beschluss wird von den Mitgliedern der Einigungsstelle mit einfacher Stimmenmehrheit gefasst. Er muss sich im Rahmen der geltenden Rechtsvorschriften bewegen und an das Haushaltsgesetz halten. In den Fällen des § 78 Abs. 5 BPersVG stellt die Einigungsstelle fest, ob ein Grund zur Verweigerung der Zustimmung vorliegt. Die Einigungsstelle hat ihre Entscheidungen und Empfehlungen schriftlich zu verfassen, zu begründen und den Beteiligten zuzustellen.

Für die Verhandlung und Beschlussfassung der Einigungsstelle gilt § 38 Abs. 3 Satz 1, Satz 2 Nr. 1 und 3 sowie Satz 3 BPersVG entsprechend: Die Verhandlung und Beschlussfassung mittels Video- oder Telefonkonferenz ist unzulässig, wenn ein Mitglied der Einigungsstelle binnen einer von der oder dem Vorsitzenden zu bestimmenden Frist gegenüber der oder dem Vorsitzenden widerspricht. Mitglieder der Einigungsstelle, die mittels Video- oder Telefonkonferenz teilnehmen, gelten als anwesend.

Mit der Regelung des § 75 BPersVG vollzieht der Bundesgesetzgeber die Rechtsprechung des Bundesverfassungsgerichts (BVerfG vom 24. 5. 1995 – 2 BvF 1/92; vom 20. 7. 2001 – 2 BvL 8/00) sowie in der Folge die Rechtsprechung des Bundesverwaltungsgerichtes ab 2002. Das Bundesverfassungsgericht hat in seiner Entscheidung dargelegt, in welcher Art und in welchen Fällen die Mitbestimmung oder eine andere Form der Beteiligung der Personalvertretung verfassungsrechtlich zulässig ist. Dabei hat es ausgeführt, dass dies „unter Würdigung der Bedeutung der beteiligungspflichtigen Maßnahmen sowohl für die Arbeitssituation der Beschäftigten und deren Dienstverhältnis als auch für die Erfüllung des Amtsauftrags zu bestimmen" ist. Das Demokratieprinzip verlangt für die Ausübung von Staatsgewalt, dass bei Entscheidungen der Dienststelle, die von Bedeutung für die Erfüllung des Amtsauftrags sind, das Letztentscheidungsrecht bei einem dem Parlament verantwortlichen Verwaltungsträger liegen muss. Zunächst bleibt nach § 75 Abs. 1 BPersVG die grundsätzliche Bindungswirkung der Beschlüsse der Einigungsstelle erhalten. Allerdings werden durch die Absätze 2 und 3 die vom Bundesverfassungsgericht dargelegten Grenzen personalvertretungsrechtlicher Mitbestimmung nachvollzogen.

Nach Absatz 2 kann die oberste Dienstbehörde einen an sich bindenden Beschluss der Einigungsstelle in Angelegenheiten (uneingeschränkte Mitbestimmung), die im Einzelfall wegen ihrer Auswirkungen auf das Gemeinwesen wesentlicher Bestandteil der Regierungsgewalt sind, innerhalb von vier Wochen nach dessen Zustellung ganz oder teilweise aufheben und in der Angelegenheit endgültig entscheiden. Die Entscheidung und deren Gründe sind dem Vorsitzenden der Einigungsstelle und den am Verfahren Beteiligten (Dienststellen, Personalvertretungen) unverzüglich schriftlich oder elektronisch mitzuteilen.

In Absatz 3 werden die Fälle (eingeschränkte Mitbestimmung) benannt, in denen die Einigungsstelle, wenn sie sich nicht der Empfehlung der obersten Dienstbehörde anschließt, eine eigene Empfehlung beschließt. Es handelt sich dabei um die Fälle des § 78 Abs. 1 und des § 80 Abs. 1 Nr. 10 bis 13 und 19 bis 21 BPersVG. In diesen mitbestimmungspflichtigen Angelegenheiten entscheidet die oberste Dienstbehörde endgültig.

Spricht die Einigungsstelle eine Empfehlung aus, muss sich die oberste Dienstbehörde nach Zustellung des Beschlusses erneut mit dem Sachverhalt befassen. Nach sorgfältiger Prüfung und Abwägung aller Umstände kann sie eine von der Empfehlung der Einigungsstelle abweichende Entscheidung treffen, diese hat sie zu begründen. Eine Überprüfung der Letztentscheidung im personalvertretungsrechtlichen Beschlussverfahren ist nicht möglich, der Personalrat besitzt insoweit kein Antragsrecht. Die Letztentscheidung ist nicht mehr Teil des Beteiligungsverfahrens. Sie ist einseitig und Ausübung der Personal- und Organisationshoheit (BVerwG vom 31. 8. 2009 – 6 PB 21.09, ZfPR 2010, 26). Allerdings verbleibt dem Personalrat immer dann ein Antragsrecht im personalvertretungsrechtlichen Beschlussverfahren, wenn das Mitbestimmungsverfahren nicht ordnungsgemäß und rechtsfehlerhaft durchgeführt worden ist (BVerwG vom 10. 9. 2009 – 6 PB 21.09, ZfPR 2009, 42).

Verwaltungsgerichtlicher Rechtsschutz

Gegen einen Beschluss der Einigungsstelle kann nach § 108 Abs. 1 Nr. 4 BPersVG das zuständige Verwaltungsgericht angerufen werden.

Nach der ständigen Rechtsprechung des Bundesverwaltungsgerichts (BVerwG vom 13. 2. 1976 – 7 P 4.75; BVerwG vom 21. 10. 1983 – 6 P 24.81; BVerwG vom 19. 12. 1990 – 6 P 24.88; BVerwG vom 28. 6. 2000 – 6 P 1.00; BVerwG vom 24. 5. 2006 – 6 PB 16.05) unterliegen Beschlüsse der Einigungsstelle in vollem Umfang der Kontrolle durch die Verwaltungsgerichte. Der gerichtliche Ausspruch kann sowohl auf die Feststellung der Unwirksamkeit des Einigungsstellenbeschlusses als auch auf dessen Aufhebung gerichtet sein. Ist der Beschluss der Einigungsstelle im personalvertretungsrechtlichen Beschlussverfahren rechtskräftig für unwirksam erklärt oder aufgehoben worden, hat die Einigungsstelle dem Mitbestimmungsverfahren unter Vermeidung der vom Verwaltungsgericht festgestellten Rechtsfehler Fortgang zu geben.

Die Personalversammlung

Grundsätze der Personalversammlung

Zusammensetzung der Personalversammlung

Die Personalversammlung setzt sich aus allen Beschäftigten der Dienststelle zusammen (§ 57 Abs. 1 Satz 1 BPersVG). Dazu gehören auch die nicht wahlberechtigten Beschäftigten und der Leiter der Dienststelle. Es kommt bei der Zugehörigkeit zur Personalversammlung also nicht auf die Wahlberechtigung, sondern auf die Beschäftigung in der Dienststelle im Sinne der Beschäftigtendefinition des § 4 BPersVG an. Beschäftigte, die sich in Elternzeit befinden, gehören ebenfalls zum Teilnehmerkreis (BAG vom 31. 5. 1989 – 7 AZR 574/88, NZA 1990, 449).

Sitzungsleitung und Hausrecht

Die Leitung der Personalversammlung obliegt dem Vorsitzenden des Personalrats (§ 57 Abs. 1 Satz 2 BPersVG), bei dessen Verhinderung seinem Stellvertreter. Auch wenn der Dienststellenleiter teilnimmt, liegt die Versammlungsleitung beim Personalratsvorsitzenden.

Die Ausübung des Hausrechts liegt beim Leiter der Versammlung, also ebenso beim Vorsitzenden des Personalrats. Er trägt die Verantwortung für ihre gesetzeskonforme Durchführung, eröffnet und schließt die Personalversammlung, erteilt das Wort und kann dieses gegebenenfalls auch entziehen. Ferner ist er verantwortlich für eine eventuell anzufertigende Niederschrift.

Praxis-Tipp:
Zwar besteht nach dem Bundespersonalvertretungsgesetz kein Zwang zur Anfertigung einer Niederschrift, es ist aber zu empfehlen, ein Protokoll über den Versammlungsverlauf anzufertigen.

Einberufung der Personalversammlung

Einmal in jedem Kalenderhalbjahr hat der Personalrat eine Personalversammlung durchzuführen und während dieser einen Tätigkeitsbericht zu erstatten (§ 59 Abs. 1 BPersVG). Zur Einberufung einer Personalversammlung bedarf es eines förmlichen Beschlusses der Personalvertretung. Unterlässt es die Personalvertretung, eine ordentliche Personalversammlung zur Abgabe eines Tätigkeitsberichtes einzuberufen, stellt dies einen Pflichtverstoß im Sinne des § 30 BPersVG dar (BVerwG vom 25. 2. 1972 – VII P 2.71, PersV 1972, 214).

Gemäß dem Grundsatz der vertrauensvollen Zusammenarbeit ist der Termin einer Personalversammlung mit dem Leiter der Dienststelle abzustimmen. Kann ein Einvernehmen nicht erzielt werden, legt die Personalvertretung den endgültigen Termin fest (OVG Nordrhein-Westfalen vom 4. 9. 1989 – CL 36/89, ZBR 1990, 30). Dabei sind die dienstlichen Verhältnisse zu berücksichtigen.

Stufenvertretungen und der Gesamtpersonalrat sind nicht berechtigt, Personalversammlungen durchzuführen.

Gebot der Nichtöffentlichkeit

Der Versammlungsleiter hat darauf zu achten, dass das Gebot der Nichtöffentlichkeit eingehalten wird (§ 48 Abs. 1 Satz 3 BPersVG). Danach dürfen nur solche Personen an einer Personalversammlung teilnehmen, denen der Gesetzgeber dieses Recht ausdrücklich eingeräumt hat. Lässt der Versammlungsleiter einen Verstoß gegen dieses Gebot zu, so kann es sich um eine Pflichtverletzung im Sinne des § 30 BPersVG handeln, insbesondere dann, wenn es wissentlich geschieht.

Nehmen nicht berechtigte Personen an einer Personalversammlung teil, verliert diese ihren eigentlichen Charakter als dienststelleninternes Aussprachefoorum und wird zur öffentlichen Versammlung. In diesem Fall darf eine Dienststelle weder Kosten tragen noch Dienstbefreiung gewähren.

Praxis-Tipp:

In Dienststellen ist bei einer nicht mehr überschaubaren Beschäftigtenzahl daher immer zu empfehlen, zu Beginn der Versammlung die Nichtöffentlichkeit herzustellen. Dies geschieht in der Praxis, indem der Versammlungsleiter auf die

Nichtöffentlichkeit hinweist und nicht berechtigterweise anwesende Personen auffordert, den Veranstaltungsort zu verlassen.

Der Personalrat kann die Personalversammlung im Einvernehmen mit der Leiterin oder dem Leiter der Dienststelle mittels Videokonferenz in Nebenstellen oder Teile der Dienststelle übertragen. § 38 Abs. 3 Satz 2 Nr. 1 und 3 sowie Satz 3 BPersVG gilt entsprechend. Die Möglichkeit zur Durchführung von Teilversammlungen bleibt unberührt.

Durchführung während der Arbeitszeit

Unter Berücksichtigung der dienstlichen Verhältnisse finden sowohl die ordentliche als auch die auf Wunsch des Leiters der Dienststelle einberufene Personalversammlung während der Arbeitszeit statt (§ 60 Abs. 1 BPersVG).

Eine Personalversammlung ist ein gesetzlich vorgesehener Bestandteil des Arbeitslebens. Behinderungen und durch sie verursachte Beeinträchtigungen des Dienstbetriebes sind grundsätzlich hinzunehmen (OVG Nordrhein-Westfalen vom 4. 9. 1989 – CL 36/89, ZBR 1990, 30). Müssen Personalversammlungen ausnahmsweise außerhalb der Dienstzeit durchgeführt werden, ist für die Teilnahme Freizeitausgleich in entsprechendem Umfang zu gewähren. Gleiches gilt für Wege- und Fahrtzeiten sowie für Teilzeitbeschäftigte, die außerhalb ihrer Arbeitszeit an einer Personalversammlung teilnehmen.

Die Beschäftigten haben das Recht, an einer Personalversammlung teilzunehmen, sind dazu aber nicht verpflichtet. Für das Bundesamt für Verfassungsschutz und den Bundesnachrichtendienst sind die abweichenden Regelungen der §§ 111 und 112 BPersVG zu beachten.

Wichtig: Die Teilnahme an einer Personalversammlung hat keine Minderung der Dienstbezüge oder Arbeitsentgelte zur Folge (§ 60 Abs. 3 BPersVG).

Zuständigkeiten der Personalversammlung

Die Befugnisse und Zuständigkeiten der Personalversammlung werden in § 61 BPersVG geregelt.

Die Personalversammlung ist kein dem Personalrat übergeordnetes Organ, sondern dient dem Meinungsaustausch und der Information der Beschäftigten. Sie ist das Ausspracheforum, das Anträge und Beschwerden an den Personalrat herantragen kann, hat aber keinen Einfluss auf dessen Bestand. Der Personalrat seinerseits ist verpflichtet, die Beschäftigten in geeigneter Weise über die Behandlung der Anträge und die weiteren Maßnahmen zu unterrichten.

Die Personalversammlung ist kein „Beschäftigtenparlament", das dem Personalrat Anweisungen geben kann oder ihm gegenüber Weisungs- und Machtbefugnisse besitzt. Die Beschäftigten haben aber während der Versammlung die Möglichkeit, in der Aussprache zu den Handlungen des Personalrats Stellung zu nehmen. Erörterungsgegenstände können alle Themen sein, mit denen der Personalrat im Rahmen seines gesetzlichen Auftrages befasst ist. Insbesondere können dabei Fragen zu Tarif-, Besoldungs- und Sozialangelegenheiten erörtert werden. Ferner soll die Personalversammlung neben Fragen der Gleichstellung von Frauen und Männern auch Fragen der Vermeidung von Benachteiligungen von Menschen behandeln können, die sich keinem dieser Geschlechter zuordnen lassen. Konkretisiert wurde auch die Behandlung von Fragen der Teilhabe von Menschen mit Behinderungen und der Vereinbarkeit von Familie, Pflege und Beruf. Die weiteren Themen müssen in erster Linie die Beschäftigten und die Arbeitsbedingungen innerhalb der Dienststelle im weitesten Sinne betreffen (OVG Nordrhein-Westfalen vom 4. 9. 1989 – CL 36/89, ZBR 1990, 30). Dabei ist alles zu unterlassen, was geeignet ist, die Arbeit und den Frieden der Dienststelle zu beeinträchtigen. Insbesondere dürfen Dienststelle und Personalvertretung keine Maßnahmen des Arbeitskampfes gegeneinander durchführen. Sie müssen sich so verhalten, dass das Vertrauen der Verwaltungsangehörigen in die Objektivität und Neutralität ihrer Amtsführung nicht beeinträchtigt wird.

Wichtig: Unzulässig ist eine Behandlung von Themen, wenn keine konkrete Frage mit Dienststellenbezug zur Diskussion steht.

Auch die Tagesordnung der Personalversammlung darf keine unzulässigen Erörterungspunkte enthalten. Entsteht außerhalb der Tagesordnung die Diskussion solcher Themen, so muss der Versammlungsleiter dies in Ausübung seines Hausrechts unterbinden. Lässt er eine entsprechende Diskussion zu, begeht er einen Pflichtverstoß nach § 30 BPersVG.

Arten von Personalversammlungen

Ordentliche Personalversammlung

Die Personalvertretung ist zwingend dazu verpflichtet, einmal in jedem Kalenderhalbjahr eine ordentliche Personalversammlung durchzuführen und während dieser einen Tätigkeitsbericht zu erstatten (§ 59 Abs. 1 BPersVG). Dabei lässt der Gesetzgeber dem Personalrat durch den Wortlaut des Gesetzes „hat einmal in jedem Kalenderhalbjahr ... zu erstatten" keinen Spielraum.

Der Tätigkeitsbericht dient der Unterrichtung der Beschäftigten und muss in seinen Grundzügen vom Personalrat beschlossen werden (BVerfG vom 26. 5. 1970 – 2 BvR 664/65, BVerfGE 28, 295 = ZBR 1970, 262 = PersV 1970, 260; BVerwG vom 8. 10. 1975 – VII P 15.75, PersV 1976, 420). Das Nichterstatten des Tätigkeitsberichtes stellt einen Pflichtverstoß im Sinne des § 30 BPersVG dar (vgl. zum LPVG Berlin, OVG Berlin vom 12. 5. 1971 – IV PV Bu 1.71, PersV 1972, 215). Weitere Punkte können erörtert werden. Dem Dienststellenleiter ist Gelegenheit zur Stellungnahme zu geben.

Der Personalrat hat bei Abgabe des Tätigkeitsberichtes die Schweigepflicht zu berücksichtigen und die Friedenspflicht einzuhalten. Bei den Beschäftigten dürfen keine Zweifel an der neutralen Amtsführung der Personalvertretung entstehen.

Außerordentliche Personalversammlung

Eine außerordentliche Personalversammlung kann nach pflichtgemäßem Ermessen immer dann durchgeführt werden, wenn aktuelle Themen mit Dienststellenbezug einer zeitnahen alsbaldigen Erörterung bedürfen (§ 59 Abs. 2 BPersVG). Ein Antragsrecht steht zu:

- dem Personalrat
- dem Leiter der Dienststelle
- einem Viertel der wahlberechtigten Beschäftigten

Wird die Durchführung einer außerordentlichen Personalversammlung beantragt, ist der Personalrat verpflichtet, die Versammlung durchzuführen und den Gegenstand, über den beraten werden soll, auf die Tagesordnung zu setzen.

Teilversammlungen

Lassen die dienstlichen Verhältnisse eine Vollversammlung nicht zu, sind Teilversammlungen abzuhalten (§ 57 Abs. 2 BPersVG). Der Personalrat ist aber nicht berechtigt, diese Art der Versammlung als Alternative zur Vollversammlung durchzuführen, grundsätzlich muss immer versucht werden, eine Vollversammlung aller Beschäftigten der Dienststelle zu erreichen.

Allgemeine Praktikabilitätserwägungen sind als Grundlage für die Entscheidung des Personalrats zur Durchführung von Teilversammlungen nicht ausreichend. Entscheidet sich der Personalrat für die Durchführung einer solchen Versammlung, muss hierfür ein sachlich anzuerkennender Grund vorliegen. Aus objektiver Sicht müssen die dienstlichen Verhältnisse eine Vollversammlung unmöglich machen oder die Durchführung muss in besonderem Maße unpraktikabel sein. Gründe hierfür können vorliegen, wenn

- im Schichtdienst gearbeitet wird,
- der Dienstbetrieb aufrechterhalten werden muss,
- keine geeigneten Räumlichkeiten zur Verfügung stehen.

Ergänzend wurde die Möglichkeit geschaffen, dass der Personalrat die Personalversammlung im Einvernehmen mit dem Leiter der Dienststelle mittels Videokonferenz in Nebenstellen oder Teile der Dienststelle übertragen kann (§ 58 Abs. 1 Satz 2 BPersVG).

Wird eine solche Versammlung in einer räumlich weit entfernt liegenden Teildienststelle abgehalten, die sich personalvertretungsrechtlich nicht verselbstständigt hat, führt diese der Vorsitzende des Personalrats als Versammlungsleiter durch. Teilnahmeberechtigt sind nur die Beschäftigten der Teildienststelle und die Personalratsmitglieder, die dieser angehören (BVerwG vom 5. 5. 1973 – VII P 7.72, BVerwGE 42, 175 = ZBR 1974, 109 = PersV 1974, 85).

Die Rechtsprechung lässt allerdings offen, ob Vorstandsmitglieder dann ein Teilnahmerecht haben, wenn Angelegenheiten erörtert werden sollen, die eine Gruppe betreffen, der der Vorsitzende nicht angehört. Hier könnte ein Verstoß gegen die Vertretungsbefugnis des § 35 Abs. 2 BPersVG vorliegen. Ferner muss dem Personalrat das Recht zustehen, durch Beschluss festzulegen, dass entweder weitere Personalratsmitglieder oder der gesamte Personalrat gemeinsam mit dem Vorsitzenden eine solche Teilversammlung durchführen. Denn alle Mitglieder des Personalrats sind sowohl die „Vertretung der Gesamtheit der Beschäftigten" als auch die der nicht verselbstständigten Teildienststelle.

Personalversammlung auf Antrag bei Nichteinberufung

Führt die Personalvertretung keine Personalversammlung durch, so kann eine in der Dienststelle vertretene Gewerkschaft einen Antrag auf Einberufung stellen (§ 59 Abs. 3 BPersVG). Voraussetzung hierfür ist, dass im vorhergegangenen Kalenderhalbjahr weder eine Personalversammlung noch eine Teilversammlung durchgeführt worden ist. Der Personalrat ist dann verpflichtet, vor Ablauf von 15 Arbeitstagen eine Personalversammlung einzuberufen und diese unverzüglich durchzuführen.

Weitere Teilnahmerechte

Teilnahmerecht/-pflicht des Leiters der Dienststelle

Der Dienststellenleiter ist berechtigt, als Beschäftigter an allen Personalversammlungen teilzunehmen, er ist dazu aber nicht verpflichtet. An Personalversammlungen, die auf seinen Wunsch durchgeführt werden oder zu denen er ausdrücklich eingeladen worden ist, hat er jedoch teilzunehmen (§ 59 Abs. 2 BPersVG). Obwohl sich aus dem Grundsatz der vertrauensvollen Zusammenarbeit eine Teilnahmeverpflichtung ergibt, ist es dem Personalrat zu empfehlen, den Leiter der Dienststelle in dieser Funktion gesondert einzuladen. Der Termin der Personalversammlung sollte dann rechtzeitig abgestimmt werden.

Rederecht und Auskunftspflicht

Im Falle seiner Teilnahme als Beschäftigter steht dem Leiter der Dienststelle ein Rede- und Antragsrecht zu. Daraus leitet sich allerdings nicht die Verpflichtung ab, sich äußern zu müssen. Anders verhält es sich, wenn er ausdrücklich zu den Themen der Personalversammlung eingeladen worden ist oder diese auf seinen Wunsch durchgeführt wird. Aus der Teilnahmeverpflichtung von § 59 Abs. 2 BPersVG ergibt sich, dass in diesem Fall eine Rede- und Auskunftspflicht besteht; auf Befragen muss er sich äußern. Der Gesetzgeber gesteht dem Dienststellenleiter ausdrücklich nicht das Recht auf Teilnahme mit beratender Stimme zu.

Vertretung

Der Leiter der Dienststelle kann sich im Verhinderungsfall vertreten lassen (siehe auch § 8 BPersVG). Liegt eine Verhinderung nicht vor und gewinnt die Personalvertretung den Eindruck, dass sich der Dienststellenleiter bewusst der Teilnahme entziehen will, obwohl er eingeladen worden ist, so stellt dies einen Verstoß gegen den Grundsatz der vertrauensvollen Zusammenarbeit dar.

In personalvertretungsrechtlich verselbstständigten Teildienststellen kann sich in der Praxis die Frage nach einem Teilnahmerecht des Leiters der Gesamtdienststelle stellen. Sofern der Leiter der verselbstständigten Teildienststelle dem Leiter der Gesamtdienststelle als weisungsgebundener Beschäftigter unterstellt bleibt und dieser regelmäßig im Einzelfall von seinem Weisungsrecht Gebrauch macht, ist von einem Teilnahmerecht auszugehen. Dies gilt insbesondere, wenn der Leiter der verselbstständigten Teildienststelle über keine Regelungsbefugnis verfügt.

Teilnahmerecht von Beauftragten der in der Dienststelle vertretenen Gewerkschaften

Die Vertreter aller in der Dienststelle vertretenen Gewerkschaften haben das Recht, an den Personalversammlungen teilzunehmen (§ 58 Abs. 2 BPersVG). Es steht den Gewerkschaften frei, darüber zu befinden, wen sie als Beauftragten entsenden wollen. Der Wortlaut des Gesetzes gestattet es auch, mehrere Personen zu entsenden. Dies kann insbesondere dann notwendig sein, wenn deren Anwesenheit wegen ihrer besonderen Sachkompetenz im Hinblick auf die unterschiedlichen Tagesordnungspunkte erforderlich ist. Die Beauftragten haben kein Stimmrecht, nehmen aber „mit beratender Stimme" teil und können insoweit zur Sache sprechen.

Von der Durchführung einer Personalversammlung sind die in der Dienststelle vertretenen Gewerkschaften gleichzeitig und in gleicher Weise zu benachrichtigen (VGH Baden-Württemberg vom 21. 3. 1988 – 15 S 2438/87, ZBR 1989, 153 = Leits. ZfPR 1989, 114). Unterlässt die Personalvertretung die Information über Zeitpunkt und Ort einer Personalversammlung sowie die Mitteilung der Tagesordnung, so kann dies – insbesondere wenn es vorsätzlich geschieht – einen Verstoß nach § 30 BPersVG darstellen.

Teilnahmerecht eines Vertreters der Arbeitgebervereinigung

Die Arbeitgebervereinigung, der die Dienststelle angehört, kann einen Beauftragten zur Teilnahme an der Personalversammlung entsenden (§ 58 Abs. 2 BPersVG). Auch dieser Beauftragte hat kein Stimmrecht, nimmt jedoch „mit beratender Stimme" teil. Er kann insoweit zur Sache sprechen.

Teilnahmerecht von Beauftragten der Stufenvertretung und des Gesamtpersonalrats

An einer Personalversammlung kann ebenfalls ein Mitglied der Stufenvertretung und, sofern dieser besteht, ein Mitglied des Gesamtpersonalrats teilnehmen (§ 58 Abs. 1 BPersVG). Der Gesetzgeber hat ihnen nur ein Anwesenheitsrecht zugestanden. Auf Fragen des Versammlungsleiters oder der Personalversammlung sind sie aber zur Äußerung aufgerufen. Teilnahmeberechtigt sind jeweils nur Beauftragte der nächsthöheren Stufenvertretung.

Teilnahmerecht eines Beauftragten der Dienststelle, bei der die Stufenvertretung besteht

Einem Beauftragten der Dienststelle, bei der die Stufenvertretung gebildet ist, steht ebenfalls ein Teilnahmerecht zu (§ 58 Abs. 2 BPersVG). Dieses Recht ist nicht an die Teilnahme eines beauftragten Mitgliedes der Stufenvertretung gekoppelt. Der Gesetzgeber hat auch dem Beauftragten der Dienststelle nur ein Anwesenheitsrecht zugestanden. Auch er muss sich auf Befragen des Versammlungsleiters oder der Personalversammlung äußern. Teilnahmeberechtigt ist jeweils nur ein Beauftragter der nächsthöheren Dienststelle.

Auskunftspersonen

Unter bestimmten Voraussetzungen können Auskunftspersonen zu einer Personalversammlung geladen werden. Dies wird immer dann der Fall sein, wenn ohne die speziellen Sachkenntnisse der Auskunftsperson eine sachgerechte Beratung einzelner Tagesordnungspunkte nicht möglich scheint.

Kosten der Personalversammlung

Versammlungskosten

Die Versammlungskosten sind Kosten im Sinne des § 46 BPersVG, denn die Durchführung einer Personalversammlung gehört zu den Aufgaben und Pflichten einer Personalvertretung. Die Kosten sind folglich „als durch die Tätigkeit des Personalrats entstanden" von der Dienststelle zu tragen. Der Grundsatz der sparsamen Verwendung der Haushaltsmittel verpflichtet die Personalvertretung, nach pflichtgemäßem Ermessen eine kostengünstige Lösung zu finden. Dies gilt insbesondere, wenn zum Beispiel geeignete Räumlichkeiten angemietet werden müssen. Es entspricht dem Gebot der vertrauensvollen Zusammenarbeit, die Kosten vorher mit dem Leiter der Dienststelle zu erörtern.

9

Fahrtkosten der Beschäftigten

Den Beschäftigten sind die nachgewiesenen Fahrtkosten in Anwendung des Bundesreisekostengesetzes zu erstatten (§ 60 Abs. 4 BPersVG), wenn sie an einer ordentlichen oder einer auf Wunsch des Dienststellenleiters einberufenen Personalversammlung teilnehmen. Eine Erstattung von Übernachtungs- oder Tagegeldern erfolgt nach dem Wortlaut des Gesetzes nicht.

Dienst-/Arbeitsunfall

Erleidet ein Teilnehmer an der Personalversammlung einen Unfall, sind die Bestimmungen des § 12 BPersVG beziehungsweise des Siebten Buches Sozialgesetzbuch (SGB VII) anzuwenden, da es sich um eine „Wahrnehmung von Rechten ... nach diesem Gesetz" handelt.

Gerichtliche Entscheidungen personalvertretungsrechtlicher Streitigkeiten

Zuständigkeit der Verwaltungsgerichte

Die Verwaltungsgerichte entscheiden grundsätzlich alle Streitigkeiten auf dem Gebiet des öffentlichen Rechts, soweit diese nicht durch Gesetz ausdrücklich anderen Gerichten zugewiesen sind. Ihnen sind die personalvertretungsrechtlichen Streitigkeiten im Bereich des Bundespersonalvertretungsgesetzes zugewiesen (§ 108 Abs. 1 BPersVG).

Bildung von Fachkammern/Fachsenaten

Für die nach dem Bundespersonalvertretungsgesetz zu treffenden Entscheidungen werden bei den Verwaltungsgerichten im ersten und zweiten Rechtszug Fachkammern bzw. Fachsenate gebildet, § 109 Abs. 1 BPersVG. Diese bestehen aus einem Berufsrichter als Vorsitzendem und vier ehrenamtlichen Richtern (§ 109 Abs. 2 BPersVG). Die Berufung der ehrenamtlichen Richter erfolgt durch die jeweilige Landesregierung oder die von ihr bestimmte Stelle. Sie werden je zur Hälfte von den unter den Beschäftigten vertretenen Gewerkschaften und den in § 1 BPersVG bezeichneten Verwaltungen und Gerichten vorgeschlagen. Voraussetzung für die Berufung ist ein hauptberufliches Beschäftigungsverhältnis im „öffentlichen Dienst des Bundes", also der in § 1 BPersVG genannten Einrichtungen. Unter den von den Gewerkschaften berufenen Beisitzern muss je ein Beamter und ein Arbeitnehmer sein.

Regelungen über die fachliche und örtliche Zuständigkeit der Verwaltungsgerichte finden sich in § 109 Abs. 1 BPersVG. Die fachliche Zuständigkeit der Fachkammern der Verwaltungsgerichte ist immer dann gegeben, wenn die betreffende Streitigkeit ihre Grundlage und ihre Regelung in den Vorschriften des Personalvertretungsgesetzes findet. Die örtliche Zuständigkeit der Fachkammern kann abweichend von der örtlichen Zuständigkeit der Verwaltungsgerichte geregelt sein.

Zuständigkeitsregelungen des § 108 Abs. 1 BPersVG

In § 108 Abs. 1 BPersVG sind fünf Fallgruppen aufgeführt, in denen die Verwaltungsgerichte über Streitigkeiten entscheiden.

Wahlberechtigung und Wählbarkeit (§ 108 Abs. 1 Nr. 1 BPersVG)

Die Verwaltungsgerichte entscheiden bei Streitigkeiten über die Wahlberechtigung nach § 14 BPersVG.

Bei Meinungsverschiedenheiten kann ein Beschlussverfahren mit dem Ziel eingeleitet werden, die Wahlberechtigung festzustellen. Ein Rechtsschutzinteresse ist nach einer Entscheidung des Bundesverwaltungsgerichts immer dann zu bejahen, wenn eine Klärung des Wahlrechts auch für die Zukunft angestrebt wird (BVerwG vom 18. 10. 1978 – 6 P 7.78, BVerwGE 56, 330 = PersV 1979, 500). Bestreitet der Wahlvorstand die Wählbarkeit eines Wahlbewerbers gemäß § 15 BPersVG, kann dieser vor der Wahl die Feststellung seiner Wählbarkeit beim Verwaltungsgericht beantragen. Ist das Verfahren nicht vor der Wahl rechtskräftig abgeschlossen, kann es nach Durchführung der Wahl nicht weitergeführt werden (BVerwG vom 23. 10. 1959 – VII P 14.58, BVerwGE 9, 249). Antragsgrund kann dann aber die Begründung einer Wahlanfechtung sein.

Wahl, Amtszeit und Zusammensetzung (§ 108 Abs. 1 Nr. 2 BPersVG)

Streitigkeiten über die Wahl der Personal- sowie der Jugend- und Auszubildendenvertretung (§ 108 BPersVG) sind Streitigkeiten, die nicht mit einer Wahlanfechtung ausgetragen werden können. Dies sind z. B. Streitigkeiten über die Notwendigkeit zur Errichtung einer Personalvertretung, die vertretungsrechtliche Abgrenzung der Dienststelle im Sinne von § 6 BPersVG, die Bildung von Teilpersonalräten, die Gültigkeit von Vorabstimmungen und die Kosten der Wahl. Ebenso gehören dazu Meinungsverschiedenheiten über Zusammensetzung und Geschäftsführung des Wahlvorstands. Die Verwaltungsgerichte sind nach dieser Vorschrift auch zuständig für die Feststellung über die Wählbarkeit nach § 31 Abs. 1 Nr. 9 BPersVG.

Streitigkeiten über die Amtszeit sind sowohl alle Streitigkeiten über die Amtszeit der Vertretungen als auch über die individuelle Amtszeit eines Mitglieds oder Ersatzmitglieds dieser Gremien.

Auch bei Meinungsverschiedenheiten über die Zusammensetzung der Personal- und der Jugend- und Auszubildendenvertretung sind die Verwaltungsgerichte zuständig.

Zuständigkeit, Geschäftsführung und Rechtsstellung (§ 108 Abs. 1 Nr. 3 BPersVG)

Streitigkeiten über Zuständigkeiten

Die Verwaltungsgerichte entscheiden über alle Rechtsfragen, die sich aus der Wahrnehmung von Aufgaben und Befugnissen der Personalvertretung und der Jugend- und Auszubildendenvertretung ergeben. Entschieden werden nach dieser Generalklausel Meinungsverschiedenheiten über die Rechte und Pflichten der vorstehend genannten Vertretungsorgane. Darunter fallen vor allem Fragen über Art und Umfang der Beteiligung sowie den Zeitpunkt der Einleitung des Beteiligungsverfahrens (§§ 70 bis 87 BPersVG).

Streitigkeiten über die Geschäftsführung

Die Verwaltungsgerichte sind weiter zuständig für alle Streitigkeiten, die mit der Tätigkeit der Personalvertretung, der Jugend- und Auszubildendenvertretung oder der Vertretung der nichtständig Beschäftigten nach innen oder außen zusammenhängen, beginnend mit der konstituierenden Sitzung. Darunter fallen Streitigkeiten, die mit den Aufgaben und Befugnissen der Organe der Personalvertretung, der Jugend- und Auszubildendenvertretung, der Art und Weise der Amtsführung sowie der gedeihlichen Zusammenarbeit der einzelnen Vertretungen untereinander und mit der Dienststelle im Zusammenhang stehen.

Im Einzelnen kann es sich dabei um folgende Streitigkeiten handeln:

- Zusammensetzung des Vorstands
- Wahl des Vorstands
- Wahl des Vorsitzenden und der Stellvertreter
- Zuständigkeit des Vorsitzenden und des Vorstandes
- Fragen der Herausgabe einer „Personalratsinfo"
- Ladung und Leitung der Personalratssitzung
- Nichtöffentlichkeit der Personalratssitzung
- Beschlussfassung und Beschlussfähigkeit
- Aussetzung von Beschlüssen

- Fragen der Sitzungsniederschrift
- Bereitstellung des erforderlichen Geschäftsbedarfs durch die Dienststelle
- Pflicht zur Einberufung einer Personalversammlung

Streitigkeiten über die Rechtsstellung

Die Verwaltungsgerichte entscheiden außerdem über Streitigkeiten, welche sich auf die vertretungsrechtliche und nicht auf die dienstrechtliche Rechtsstellung des Mitglieds der Personalvertretung und der Jugend- und Auszubildendenvertretung beziehen. Diese Fragen der Rechtsstellung sind häufig auch gleichzeitig Fragen der Geschäftsführung.

Ergänzend können hierzu gehören:

- Fragen der Freistellung, Dienstbefreiung und der Arbeitsabminderung
- Anspruch auf Zeitausgleich, sofern Personalratstätigkeit außerhalb der Dienstzeit anfällt
- Teilnahme an Schulungs- und Bildungsveranstaltungen

Rechtmäßigkeit/Aufhebung eines Beschlusses der Einigungsstelle (§ 108 Abs. 1 Nr. 4 BPersVG)

Durch diese Regelung wird die Zuständigkeit der Verwaltungsgerichte im Zusammenhang mit Beschlüssen der Einigungsstelle ausdrücklich im Gesetz verankert. Die Rechtmäßigkeit eines Beschlusses der Einigungsstelle oder die Aufhebung eines (bindenden) Beschlusses der Einigungsstelle durch die oberste Dienstbehörde können die Verwaltungsgerichte überprüfen. Bei den die Parteien bindenden Beschlüssen der Einigungsstelle handelt es sich um eine Normierung der bereits bestehenden Rechtslage (BVerwG vom 28. 6. 2000 – 6 P 1.00; vom 24. 5. 2006 – 6 PB 16.05).

Bindende Beschlüsse der Einigungsstelle, die wegen ihrer Auswirkungen auf das Gemeinwesen wesentlicher Bestandteil der Regierungsgewalt ist, können von der obersten Dienstbehörde aufgehoben werden. Die Frage, ob die von der obersten Dienstbehörde angeführten Gründe eine solche Aufhebung rechtfertigen, ist verwaltungsgerichtlich überprüfbar.

Bestehen oder Nichtbestehen von Dienstvereinbarungen (§ 108 Abs. 1 Nr. 5 BPersVG)

Die Verwaltungsgerichte entscheiden darüber, ob eine Dienstvereinbarung besteht. Streitigkeiten über die Auslegung oder die Durchführung von Dienstvereinbarungen fallen unter die Generalklausel des § 108 Abs. 1 Nr. 5 BPersVG.

Beschäftigte, die Ansprüche aus einer Dienstvereinbarung ableiten und durchsetzen wollen, müssen je nach Statusgruppe das Arbeitsgericht oder die für Beamtenangelegenheiten zuständigen Spruchkörper der Verwaltungsgerichte anrufen. Es handelt sich hierbei um Fragen individualrechtlicher Ansprüche des einzelnen Beschäftigten, für die eine Zuständigkeit der Fachkammern/-senate für Personalvertretungsrecht nicht gegeben ist (vgl. zum SächsPersVG, Vogelgesang/Bieler/Kleffner/Rehak, § 88 Rn. 62).

Zuständigkeitsregelungen für konkrete Einzelfälle

Weiterbeschäftigung Auszubildender

Geschützt sind nach § 56 BPersVG diejenigen Auszubildenden, die Mitglied in einer Jugend- und Auszubildendenvertretung sind. Zu den in einem Berufsausbildungsverhältnis im Sinne dieses Gesetzes stehenden Beschäftigten zählen nur Auszubildende, die in einem Arbeitnehmerberuf ausgebildet werden. Beamte im Vorbereitungsdienst und Beamtenanwärter gehören nicht dazu.

Diese Auszubildenden können ihre Weiterbeschäftigung nach erfolgreichem Abschluss der Ausbildung gemäß § 56 Abs. 2 BPersVG auch per E-Mail verlangen, sofern diese mit einer qualifizierten Signatur nach dem Signaturgesetz versehen ist und damit das Schriftformerfordernis erfüllt (OVG Hamburg vom 15. 1. 2011 – 8 Bf 272/09.PVL, ZfPR online 2010 Nr. 3, 10 = PersV 2010, 231). Will der Arbeitgeber das Arbeitsverhältnis nicht fortsetzen, weil er z. B. keine Beschäftigungsmöglichkeit für den Auszubildenden hat, so muss er spätestens bis zum Ablauf von zwei Wochen nach Beendigung des Berufsausbildungsverhältnisses das Verwaltungsgericht anrufen.

Wahlanfechtung

Die Verwaltungsgerichte entscheiden über Wahlanfechtungen nach § 26 BPersVG. Die Anfechtung kann auch auf die Wahl einer Gruppe beschränkt sein. Der Antrag muss binnen einer Frist von zwölf Arbeitstagen nach Bekanntgabe des Wahlergebnisses beim Verwaltungsgericht eingegangen sein. Eine Wahlanfechtung bleibt erfolglos, wenn sich bei ordnungsgemäßer Durchführung der Wahl das Wahlergebnis nicht verändert haben würde.

Ausschluss aus der Personalvertretung, Auflösung der Personalvertretung

Die einzelnen Mitglieder und der Personalrat als Gremium sind zur gewissenhaften Ausübung der ihnen vom Gesetz übertragenen Aufgaben verpflichtet. Die Verwaltungsgerichte entscheiden über den Ausschluss von Personalratsmitgliedern oder die Auflösung der Personalvertretung wegen grober Vernachlässigung der gesetzlichen Befugnisse bzw. grober Verletzung der gesetzlichen Pflichten nach § 30 BPersVG. Antragsberechtigt sind ein Viertel der Wahlberechtigten, eine in der Dienststelle vertretene Gewerkschaft, der Leiter der Dienststelle und die Personalvertretung.

Außerordentliche Kündigung von Personalratsmitgliedern

Die außerordentliche Kündigung eines Personalratsmitglieds, das in einem Arbeitsverhältnis steht, bedarf der Zustimmung des Personalrats (§ 55 Abs. 1 BPersVG). Verweigert der Personalrat seine Zustimmung zu der außerordentlichen Kündigung oder äußert er sich nicht innerhalb der gesetzlichen Frist von drei Tagen, so kann die Dienststelle das Verwaltungsgericht anrufen. Die Zustimmung des Personalrats kann auf Antrag vom Verwaltungsgericht ersetzt werden. In dem verwaltungsgerichtlichen Verfahren ist der betroffene Arbeitnehmer Beteiligter.

Antragsarten

Feststellungsantrag

Dieser Antrag ist der wichtigste und im personalvertretungsrechtlichen Beschlussverfahren der am häufigsten gestellte Antrag. Er ist immer dann zulässig, wenn es um die Feststellung von Zuständigkeiten im Verhältnis von Personalrat und Dienststelle sowie um die Abgrenzung gegenseitiger Zuständigkeiten im Bereich des Personalvertretungsrechts geht.

Für einen Feststellungsantrag muss grundsätzlich ein konkreter Anlass vorliegen. Dabei kann es sich z. B. um die Erklärung der Dienststelle handeln, sie halte eine bestimmte Maßnahme für nicht beteiligungsfähig. Ein abstrakter Feststellungsantrag ist dann zulässig, wenn der Anlass gebende Vorgang und die vom Feststellungsbegehren erfassten künftigen Sachverhalte nur in den Grundzügen übereinstimmen (BVerwG vom 16. 9. 2004 – 6 PB 6/04, NVwZ-RR 2005, 344).

Leistungs- und Verpflichtungsanträge

Diese Art der Anträge ist zulässig, wenn von dem in erster Linie Beteiligten ein aktives Tun, also ein bestimmtes Verhalten oder eine bestimmte Leistung gefordert wird. Darunter fallen unter anderem folgende Streitigkeiten:

- Freistellung eines bestimmten Personalratsmitgliedes durch den Dienststellenleiter
- Weiterbeschäftigungsansprüche nach erfolgreicher Beendigung der Ausbildung
- Ersatz von Kosten
- Sachansprüche der Personalvertretung

Dagegen kann die Personalvertretung in einem Beschlussverfahren nicht die Verpflichtung einer Dienststelle zur Unterlassung einer bestimmten Maßnahme feststellen lassen.

Gestaltungsantrag

Beim Gestaltungsantrag wird vom Gericht die Gestaltung der Rechtslage begehrt. Dies ist etwa der Fall, wenn die Aufhebung eines Dienststellenbescheides erreicht werden soll, mit dem ein Erstattungsantrag von Reisekosten abgelehnt worden ist, die in Ausübung der Personalratstätigkeit entstanden sind.

Unterlassungsantrag

Die Möglichkeit eines Unterlassungsantrages ist in der Literatur sehr umstritten.

Die Personalvertretung hat keinen Anspruch auf Unterlassung des Vollzugs einer Maßnahme, die nach ihrer Auffassung beteiligungspflichtig gewesen wäre. Hier greift das ausschließliche Direktionsrecht des Leiters der Dienststelle. Sie hat lediglich die Möglichkeit, vom Leiter der Dienststelle die Rücknahme der Maßnahme zu fordern und, wenn dies nicht geschieht, einen Feststellungsantrag beim Verwaltungsgericht zu stellen. Wie erwähnt ist umstritten, ob zum Beispiel ein Antrag auf Unterlassen eines pflichtwidrigen Verhaltens des Dienststellenleiters zulässig ist.

Untersuchungsgrundsatz

Das Gericht ist dazu verpflichtet, den Sachverhalt von Amts wegen zu erforschen (§ 108 Abs. 2 BPersVG i. V. m. § 83 Abs. 1 Satz 1 ArbGG). Der Antragsteller muss aber den personalvertretungsrechtlich erheblichen Sachverhalt vortragen. Im Übrigen haben die Beteiligten an der Aufklärung des Sachverhalts mitzuwirken.

Grundsätze des Verfahrens

Das Beschlussverfahren nach § 108 Abs. 2 BPersVG i. V. m. §§ 80 ff. ArbGG wird grundsätzlich in drei Rechtszügen durchgeführt. Die Verwaltungsgerichte und Oberverwaltungsgerichte sind Tatsacheninstanzen. Das Bundesverwaltungsgericht ist ausschließlich Rechtsprüfungsinstanz und an die Feststellungen der Tatsachengerichte gebunden.

Das Beschlussverfahren wird auf Antrag eingeleitet (§ 81 ArbGG). Mit Ausnahme der Wahlanfechtung und des Antrages zur Weiterbeschäftigung Auszubildender ist es an keine Frist gebunden.

Verfahren im ersten Rechtszug

Beteiligtenfähigkeit/Antragsbefugnis

Antragsberechtigt ist jeder, der eine personalvertretungsrechtliche Rechtsposition innehat, deren Inhalt bzw. Umfang er gerichtlich klären lassen will oder deren Beeinträchtigung er abwehren möchte. Die individuelle Antragsbefugnis richtet sich also immer nach der zu klärenden Rechtsfrage. Das Fachkammerverfahren kennt nur Antragsteller und Beteiligte (BVerwG vom 20. 6. 1958 – VII P 13.57, BVerwGE 7, 140 = ZBR 1959, 279). Der Dienststellenleiter ist immer dann am Verfahren beteiligt, wenn er nicht selbst Antragsteller ist.

Einleitung des Verfahrens/Prozessvertretung

Die Einleitung des Verfahrens erfolgt durch Antrag. In der ersten Instanz können die Beteiligten selbst auftreten, eine Prozessvertretung ist nicht erforderlich. In der Praxis ist den Personalvertretungen zu empfehlen, sich durch einen Gewerkschaftsvertreter, eine fachkompetente Person oder einen Fachanwalt vertreten zu lassen.

Beachtung von Fristen

Mit Ausnahme der Wahlanfechtung (§ 26 BPersVG), des Verfahrens nach § 56 BPersVG (Besonderer Schutz der Auszubildenden) sowie der außerordentlichen Kündigung von Personalratsmitgliedern (§ 55 Abs. 1 BPersVG) sind die Anträge nicht fristgebunden. Eine Antragstellung sollte aber möglichst aktuell und zeitnah erfolgen.

Rechtsschutzinteresse

Auch im personalvertretungsrechtlichen Verfahren muss der Antragsteller ein Rechtsschutzinteresse haben. Nach Abschluss des ersten Rechtszuges muss das Rechtsschutzinteresse auch in der Rechtsmittelinstanz weiter bestehen.

Das Rechtsschutzinteresse für die Durchführung eines personalvertretungsrechtlichen Beschlussverfahrens nach Erledigung des konkreten Streitfalles ist nur dann zu bejahen, wenn sich zwischen den Verfahrensbeteiligten der Streit wiederholen kann: Die strittige und entscheidungserhebliche Rechtsfrage muss sich zwischen denselben Verfahrensbeteiligten auch künftig mit einiger Wahrscheinlichkeit erneut stellen (BVerwG vom 12. 11. 2002 – 6 P 2.02, NVwZ-RR 2003, 372). Gleiches gilt, wenn nach dem Sachvortrag des Antragstellers nicht nur die Klärung eines konkreten Einzelfalles, sondern die Klärung der dahinterstehenden abstrakten Rechtsfrage angestrebt war (BVerwG vom 15. 2. 1994 – 6 P 9.92, ZfPR 1994, 84).

Rechtsschutzbedürfnis

Die Verwaltungsgerichte sind außenstehende Stellen im Sinne des § 2 Abs. 3 BPersVG. Das Gericht kann einen Antrag nach § 108 BPersVG wegen fehlenden Rechtsschutzbedürfnisses zurückweisen, wenn es zu der Auffassung gelangt, dass von der einreichenden Stelle nicht alles für die Einigung unternommen worden ist (BVerwG vom 5. 2. 1971 – VII P 10.70, PersV 1972, 36).

Beendigung des Verfahrens

Die Fachkammer des Verwaltungsgerichts entscheidet durch Beschluss (§ 83 Abs. 2 BPersVG i. V. m. § 84 ArbGG). Das Verfahren kann durch Vergleich oder Erledigungserklärung (§ 83a ArbGG) beendet werden, soweit die Beteiligten über den Gegenstand des Vergleichs verfügen können. Ein Antrag kann bis zur Verkündung der Entscheidung jederzeit zurückgenommen werden (§ 81 Abs. 2 Satz 1 ArbGG). Der Gegenstandswert der anwaltlichen Tätigkeit ist nach § 33 Abs. 1 RVG von der Fachkammer auf Antrag durch Beschluss festzusetzen. Im Übrigen ist das Verfahren frei von Gerichtskosten, Gebühren und Auslagen.

Für die Beschwerde gegen verfahrensbeendende Beschlüsse des Verwaltungsgerichts im Hauptsacheverfahren gelten § 124 Abs. 2 und § 124a VwGO entsprechend. Über die Zulassung der Beschwerde kann ohne mündliche Verhandlung entschieden werden.

Rechtskraft

Rechtskraft tritt ein, wenn entweder die Rechtsmittelfrist ungenutzt verstrichen ist oder das Beschwerde- bzw. Rechtsmittelbeschwerdegericht das Rechtsmittel als unzulässig verworfen oder als unbegründet abgewiesen hat.

Verfahren im zweiten Rechtszug

Prozessvertretung

Die Beschwerdeschrift muss von einem Anwalt oder einem Gewerkschaftsvertreter unterzeichnet sein (§ 108 Abs. 2 BPersVG i. V. m. § 89 Abs. 1 ArbGG). Darüber hinaus können die Beteiligten auch in der zweiten Instanz selbst auftreten, obwohl dies wenig sinnvoll erscheint.

Rechtsmittel

Das Rechtsmittel der Beschwerde ist gegen alle das Verfahren beendenden Beschlüsse der Fachkammer zulässig (§ 83 Abs. 2 BPersVG i. V. m. § 87 Abs. 1 ArbGG). Die Beschwerde muss binnen eines Monats nach Zustellung des Beschlusses der Fachkammer eingelegt und innerhalb eines weiteren Monats nach Einlegung begründet werden (§ 83 Abs. 2 BPersVG i. V. m. § 67 Abs. 2 i.V.m. § 66 Abs. 1 ArbGG).

Beschwerdebegründung

Die Beschwerdebegründung, für die Schriftform erforderlich ist, muss angeben, auf welche Gründe und auf welche neuen Tatsachen und Beweisgründe sie gestützt wird (§ 83 Abs. 2 BPersVG i. V. m. § 89 Abs. 2 Satz 1 ArbGG). Eine Bezugnahme auf das erstinstanzliche Vorbringen reicht nicht aus.

Verfahren im dritten Rechtszug

Rechtsbeschwerde

Gegen den das Verfahren beendenden Beschluss eines Oberverwaltungsgerichts findet die Rechtsbeschwerde an das Bundesverwaltungsgericht statt (§ 83 Abs. 2 BPersVG i. V. m. § 92 Abs. 1 Satz 1 ArbGG). Hat das Gericht der zweiten Instanz in seinem verfahrensbeendenden Beschluss die Rechtsbeschwerde zugelassen, so ist sie binnen eines Monats nach Zustellung des Beschlusses einzulegen. Die Rechtsbeschwerde ist zuzulassen, wenn die Rechtssache grundsätzliche Bedeutung hat oder von einer anderen Entscheidung eines anderen Verwaltungsgerichts zweiter Instanz abweicht und die Entscheidung auf dieser Abweichung beruht. Eine personalvertretungsrechtliche Rechtsfrage hat keine grundsätzliche Bedeutung, wenn ihre Klärung nur eine geringe Anzahl von Dienststellen vorübergehend betrifft (BVerwG vom 22. 8. 2005 – 6 PB 5.05, NVwZ-RR 2006, 133).

Nichtzulassungsbeschwerde

Die Nichtzulassung der Rechtsbeschwerde kann eigenständig angefochten werden (§ 108 Abs. 2 BPersVG i. V. m. § 92a ArbGG). Wird von dem Gericht der zweiten Instanz die Rechtsbeschwerde nicht zugelassen, so steht den Beteiligten unter bestimmten Voraussetzungen die Nichtzulassungsbeschwerde an das Bundesverwaltungsgericht zu. Wird die Nichtzulassung mit der Beschwerde angefochten, so muss in der Begründung die grundsätzliche Bedeutung dargelegt oder die Entscheidung, von der die Entscheidung der zweiten Instanz abweicht, bezeichnet werden. Grundsätzliche Bedeutung kommt einer Rechtssache immer dann zu, wenn sie eine erhebliche zu klärende Rechtsfrage aufwirft, die im Interesse der Einheit und der Fortbildung des Rechts einer Klärung bedarf (BVerwG vom 8. 2. 2007 – 6 B 6.07).

Einstweiliger Rechtsschutz

Für die Beantragung einer einstweiligen Verfügung im personalvertretungsrechtlichen Beschlussverfahren besteht immer dann Raum, wenn bei Vorliegen der übrigen Voraussetzungen Ansprüche der Beteiligten in Frage stehen, die im Fachkammerverfahren durchgesetzt werden können (§ 108 Abs. 2 BPersVG i. V. m. § 85 Abs. 2 Satz 1 ArbGG). Eine einstweilige Verfügung kann beantragt werden, wenn der Antragsteller einen Verfügungsanspruch hat, der vorläufig bis zur rechtskräftigen Entscheidung im Hauptsacheverfahren geschützt werden soll. Zusätzlich muss ein Verfügungsgrund gegeben sein. Ein solcher liegt vor, wenn der zu sichernde Anspruch gefährdet ist und es eine besondere Dringlichkeit für eine sofortige Regelung gibt. Verfügungsgrund und Verfügungsanspruch müssen glaubhaft gemacht werden, das Gericht muss beide Voraussetzungen für überwiegend wahrscheinlich halten.

Im Wege einer einstweiligen Verfügung kann nicht ein bestimmtes Tätigwerden oder das Unterlassen konkreter Handlungen durchgesetzt werden. Der Erlass einer einstweiligen Verfügung im personalvertretungsrechtlichen Verfahren, die darauf gerichtet ist, dem Dienststellenleiter aufzugeben, eine Maßnahme zu unterlassen oder rückgängig zu machen, ist mangels entsprechenden Anspruchs nicht möglich (VG Meiningen vom 14. 7. 1994 – 3 E 50036/94.Me, PersR 1994, 576).

Nach der Rechtsprechung des Bundesverwaltungsgerichts besteht aber die Möglichkeit, den Dienststellenleiter durch Erlass einer einstweiligen Verfügung zu verpflichten, „das Beteiligungsverfahren einzuleiten und/oder ihm einstweilen Fortgang zu geben" (BVerwG vom 27. 7. 1990 – 6 PB 12.89, PersV 1991, 29). Sowohl von der zuständigen Fachkammer des Verwaltungsgerichts als auch vom Sächsischen Oberverwaltungsgericht wurde ein entsprechendes Verfahren als statthaft angesehen (VG Dresden vom 13. 7. 2001 – 9 K 1139/01).

Die Entscheidung im einstweiligen Verfügungsverfahren darf grundsätzlich die Entscheidung in der Hauptsache nicht vorwegnehmen. Dies ist nur ausnahmsweise der Fall, wenn die Effektivität des Rechtsschutzes eine Vorwegnahme rechtfertigt. Die Voraussetzungen liegen vor, wenn ein wirksamer Rechtsschutz im Hauptsacheverfahren nicht mehr erreichbar wäre „und dies für den Anspruchsteller zu schlechthin unzumutbaren Folgen führen würde, insbesondere wenn die Versagung der Anordnung zu einem irreparablen Zustand führt" (OVG Nordrhein-Westfalen vom 21. 3. 1985 – CB 14/85). Droht in der Sache also ein Rechtsverlust oder ein irreparabler, nicht wiederherzustellender Zustand, kann zur Gewährung effektiven Rechtsschutzes ausnahmsweise durch den Erlass einer einstweiligen Verfügung der Entscheidung in der Hauptsache vorgegriffen werden (OVG Nordrhein-Westfalen vom 25. 6. 2018 – 20 B 261/18.PVL).

Bundespersonalvertretungsgesetz (BPersVG)

Vom 9. Juni 2021 (BGBl. I S. 1614)

Zuletzt geändert durch
Gesetz zur Beschleunigung von Disziplinarverfahren in der Bundesverwaltung und zur Änderung weiterer dienstrechtlicher Vorschriften
vom 20. Dezember 2023 (BGBl. I Nr. 389)[1])

Inhaltsübersicht

[1]) Die Änderungen in § 84 und § 85 treten am 1. April 2024 in Kraft.

11

Teil 1
Personalvertretungen im Bundesdienst

Kapitel 1
Allgemeine Vorschriften

§ 1 Anwendungsbereich

(1) Dieser Teil gilt für die Verwaltungen des Bundes und die bundesunmittelbaren Körperschaften, Anstalten und Stiftungen des öffentlichen Rechts sowie die Gerichte des Bundes. Zu den Verwaltungen im Sinne dieses Gesetzes gehören auch die Betriebsverwaltungen.

(2) Dieses Gesetz gilt nicht für Religionsgemeinschaften und ihre karitativen und erzieherischen Einrichtungen ohne Rücksicht auf ihre Rechtsform; ihnen bleibt die selbstständige Ordnung eines Personalvertretungsrechts überlassen.

§ 2 Grundsätze der Zusammenarbeit

(1) Dienststelle und Personalvertretung arbeiten unter Beachtung der Gesetze und Tarifverträge vertrauensvoll zum Wohl der Beschäftigten und zur Erfüllung der der Dienststelle obliegenden Aufgaben zusammen.

(2) Dienststelle und Personalvertretung haben alles zu unterlassen, was geeignet ist, die Arbeit und den Frieden der Dienststelle zu beeinträchtigen. Insbesondere dürfen sie keine Maßnahmen des Arbeitskampfes gegeneinander durchführen. Die Zulässigkeit von Arbeitskämpfen tariffähiger Parteien wird hierdurch nicht berührt.

(3) Außenstehende Stellen dürfen erst angerufen werden, wenn eine Einigung in der Dienststelle nicht erzielt worden ist.

(4) Dienststelle und Personalvertretung haben darüber zu wachen, dass alle Angehörigen der Dienststelle nach Recht und Billigkeit behandelt werden. Dazu zählt insbesondere, dass jede Benachteiligung von Personen wegen ihrer ethnischen Herkunft, ihrer Abstammung oder sonstigen Herkunft, ihrer Nationalität, ihrer Religion oder Weltanschauung, ihrer Behinderung, ihres Alters, ihrer politischen oder gewerkschaftlichen Betätigung oder Einstellung oder wegen ihres Geschlechts oder ihrer sexuellen Identität unterbleibt. Dabei müssen Dienststelle und Personalvertretung sich so verhalten, dass das Vertrauen der Verwaltungsangehörigen in die Objektivität und Neutralität ihrer Amtsführung nicht beeinträchtigt wird.

(5) Die Leiterin oder der Leiter der Dienststelle und ihre oder seine Vertretung sowie die Personalvertretung und ihre Mitglieder haben jede parteipolitische Betätigung in der Dienststelle zu unterlassen; die Behandlung von Tarif-, Besoldungs- und Sozialangelegenheiten wird hierdurch nicht berührt.

§ 3 Ausschluss abweichender Regelungen

Durch Tarifvertrag oder Dienstvereinbarung kann das Personalvertretungsrecht nicht abweichend von diesem Gesetz geregelt werden.

§ 4 Begriffsbestimmungen

(1) Im Sinne dieses Gesetzes sind

1. Arbeitnehmerinnen und Arbeitnehmer die Beschäftigten, die nach dem für die Dienststelle maßgebenden Tarifvertrag oder nach der Dienstordnung Arbeitnehmerinnen und Arbeitnehmer sind, die als übertarifliche Arbeitnehmerinnen und Arbeitnehmer beschäftigt werden oder die sich in einer beruflichen Ausbildung befinden,
2. Arbeitstage die Wochentage Montag bis Freitag mit Ausnahme der gesetzlichen Feiertage,
3. Beamtinnen und Beamte die Beschäftigten, die nach den jeweils für sie geltenden Beamtengesetzen Beamtinnen und Beamte sind,
4. Behörden der Mittelstufe die der obersten Dienstbehörde im Sinne dieses Gesetzes unmittelbar nachgeordneten Behörden, denen andere Dienststellen nachgeordnet sind,
5. Beschäftigte im öffentlichen Dienst vorbehaltlich des Absatzes 2 die Beamtinnen und Beamten sowie die Arbeitnehmerinnen und Arbeitnehmer einschließlich der zu ihrer Berufsausbildung Beschäftigten sowie Richterinnen und Richter, die an eine der in § 1 Absatz 1 genannten Verwaltungen oder zur Wahrnehmung einer nichtrichterlichen Tätigkeit an ein Gericht des Bundes abgeordnet sind,
6. Dienststellen vorbehaltlich des § 6 die einzelnen Behörden, Verwaltungsstellen und Betriebe der in § 1 Absatz 1 genannten Verwaltungen sowie die Gerichte,
7. Personalvertretungen die Personalräte, die Stufenvertretungen und die Gesamtpersonalräte.

(2) Als Beschäftigte im Sinne dieses Gesetzes gelten nicht Personen,

1. deren Beschäftigung überwiegend durch Beweggründe karitativer oder religiöser Art bestimmt ist oder
2. die überwiegend zu ihrer Heilung, Wiedereingewöhnung oder Erziehung beschäftigt werden.

§ 5 Gruppen von Beschäftigten

Die Beamtinnen und Beamten sowie die Arbeitnehmerinnen und Arbeitnehmer bilden je eine Gruppe. Die in § 4 Absatz 1 Nummer 5 bezeichneten Richterinnen und Richter treten zur Gruppe der Beamtinnen und Beamten hinzu.

§ 6 Dienststellenaufbau, gemeinsame Dienststellen

(1) Die einer Behörde der Mittelstufe unmittelbar nachgeordnete Behörde bildet mit den ihr nachgeordneten Stellen eine Dienststelle. Dies gilt nicht, soweit die weiter nachgeordneten Stellen im Verwaltungsaufbau nach Aufgabenbereich und Organisation selbstständig sind.

(2) Bei gemeinsamen Dienststellen des Bundes und anderer Körperschaften gelten nur die im Bundesdienst Beschäftigten als zur Dienststelle gehörig.

§ 7 Verselbstständigung von Nebenstellen und Dienststellenteilen

Nebenstellen und Teile einer Dienststelle, die räumlich weit von dieser entfernt liegen, gelten als selbstständige Dienststellen, wenn die Mehrheit ihrer wahlberechtigten Beschäftigten dies in geheimer Abstimmung beschließt. Der Beschluss ist für die folgende Wahl und die Amtszeit der aus ihr hervorgehenden Personalvertretung wirksam.

§ 8 Vertretung der Dienststelle

Für die Dienststelle handelt ihre Leiterin oder ihr Leiter. Sie oder er kann sich bei Verhinderung durch ihre oder seine ständige Vertreterin oder ihren oder seinen ständigen Vertreter vertreten lassen. Bei obersten Dienstbehörden kann die Leiterin oder der Leiter der Dienststelle auch die Leiterin oder den Leiter der Abteilung für Personal- und Verwaltungsangelegenheiten, bei Bundesoberbehörden ohne nachgeordnete Dienststellen und bei Behörden der Mittelstufe auch die jeweils entsprechende Abteilungsleiterin oder den jeweils entsprechenden Abteilungsleiter zur Vertreterin oder zum Vertreter bestimmen. Die Vertretung durch sonstige Beauftragte ist zulässig, sofern der Personalrat sich mit dieser Beauftragung einverstanden erklärt.

§ 9 Stellung der Gewerkschaften und Arbeitgebervereinigungen

(1) Dienststelle und Personalvertretung arbeiten mit den in der Dienststelle vertretenen Gewerkschaften und Arbeitgebervereinigungen zum Wohl der Beschäftigten und zur Erfüllung der der Dienststelle obliegenden Aufgaben vertrauensvoll zusammen.

(2) Den Beauftragten der in der Dienststelle vertretenen Gewerkschaften ist zur Wahrnehmung der in diesem Gesetz genannten Aufgaben und Befugnisse nach Unterrichtung der Dienststelle Zugang zu der Dienststelle zu gewähren, soweit dem nicht zwingende dienstliche Gründe, zwingende Sicherheitsvorschriften oder der Schutz von Dienstgeheimnissen entgegenstehen.

(3) Die Aufgaben der Gewerkschaften und der Vereinigungen der Arbeitgeber, insbesondere die Wahrnehmung der Interessen ihrer Mitglieder, werden durch dieses Gesetz nicht berührt. Auf Verlangen einer Gewerkschaft oder einer Vereinigung der Arbeitgeber hat die Dienststelle in ihrem Intranet auf den Internetauftritt der Gewerkschaft oder der Arbeitgebervereinigung zu verlinken.

(4) Beschäftigte, die Aufgaben nach diesem Gesetz wahrnehmen, werden in der Betätigung für ihre Gewerkschaft auch in der Dienststelle nicht beschränkt.

(5) Die Personalvertretung hat sich für die Wahrung der Vereinigungsfreiheit der Beschäftigten einzusetzen.

§ 10 Behinderungs-, Benachteiligungs- und Begünstigungsverbot

Personen, die Aufgaben oder Befugnisse nach diesem Gesetz wahrnehmen, dürfen dabei nicht behindert und deswegen nicht benachteiligt oder begünstigt werden; dies gilt auch in Bezug auf ihre berufliche Entwicklung.

§ 11 Schweigepflicht

(1) Personen, die Aufgaben oder Befugnisse nach diesem Gesetz wahrnehmen oder wahrgenommen haben, haben über die ihnen dabei bekannt werdenden oder bekannt gewordenen Angelegenheiten und Tatsachen Stillschweigen zu bewahren. Abgesehen von den Fällen des § 66 Absatz 2 Satz 1 und des § 125 gilt die Schweigepflicht nicht

1. für Mitglieder der Personalvertretung und der Jugend- und Auszubildendenvertretung gegenüber den übrigen Mitgliedern der Vertretung,
2. für die in Absatz 1 Satz 1 bezeichneten Personen gegenüber der zuständigen Personalvertretung,
3. gegenüber der vorgesetzten Dienststelle, der bei ihr gebildeten Stufenvertretung und gegenüber dem Gesamtpersonalrat sowie
4. für die Anrufung der Einigungsstelle.

(2) Die Schweigepflicht besteht nicht in Bezug auf Angelegenheiten oder Tatsachen, die offenkundig sind oder ihrer Bedeutung nach keiner Geheimhaltung bedürfen.

§ 12 Unfallfürsorge

Erleidet eine Beamtin oder ein Beamter anlässlich der Wahrnehmung von Rechten oder der Erfüllung von Pflichten nach diesem Gesetz einen Unfall, der im Sinne der beamtenrechtlichen Unfallfürsorgevorschriften ein Dienstunfall wäre, so sind diese Vorschriften entsprechend anzuwenden.

Kapitel 2
Personalrat

Abschnitt 1
Wahl und Zusammensetzung des Personalrats

§ 13 Bildung von Personalräten

(1) In Dienststellen, die in der Regel mindestens fünf Wahlberechtigte beschäftigen, von denen drei wählbar sind, werden Personalräte gebildet.

(2) Dienststellen, bei denen die Voraussetzungen des Absatzes 1 nicht gegeben sind, werden von der übergeordneten Dienststelle im Einvernehmen mit der Stufenvertretung einer benachbarten Dienststelle zugeordnet.

§ 14 Wahlberechtigung

(1) Wahlberechtigt sind Beschäftigte, die am Wahltag das 16. Lebensjahr vollendet haben, es sei denn, dass sie

1. infolge Richterspruchs das Recht, in öffentlichen Angelegenheiten zu wählen oder zu stimmen, nicht besitzen,
2. am Wahltag seit mehr als zwölf Monaten beurlaubt sind oder
3. Altersteilzeit im Blockmodell ausüben und sich am Wahltag in der Freistellung befinden.

(2) Wer zu einer Dienststelle abgeordnet ist, wird dort wahlberechtigt, sobald die Abordnung länger als drei Monate gedauert hat; im gleichen Zeitpunkt verliert er das Wahlrecht in der bisherigen Dienststelle. Das gilt nicht für Beschäftigte, die als Mitglieder einer Stufenvertretung oder des Gesamtpersonalrats freigestellt sind. Satz 1 gilt ferner nicht, wenn feststeht, dass die oder der Beschäftigte binnen weiterer neun Monate zur bisherigen Dienststelle zurückkehren wird. Hinsichtlich des Verlustes des Wahlrechts in der bisherigen Dienststelle gelten die Sätze 1 und 3 entsprechend in Fällen einer Zuweisung nach § 29 des Bundesbeamtengesetzes, nach den tarifvertraglichen Bestimmungen oder auf Grund entsprechender arbeitsvertraglicher Vereinbarung.

(3) Beamtinnen und Beamte im Vorbereitungsdienst sowie Arbeitnehmerinnen und Arbeitnehmer in entsprechender Berufsausbildung sind nur bei ihrer Stammbehörde wahlberechtigt.

§ 15 Wählbarkeit

(1) Wählbar sind die Wahlberechtigten, die am Wahltag

1. das 18. Lebensjahr vollendet haben und
2. seit sechs Monaten Beschäftigte im öffentlichen Dienst des Bundes sind.

Besteht die Dienststelle weniger als ein Jahr, ist Satz 1 Nummer 2 nicht anzuwenden.

(2) Nicht wählbar sind

1. Beschäftigte, die infolge Richterspruchs nicht die Fähigkeit besitzen, Rechte aus öffentlichen Wahlen zu erlangen,
2. Beschäftigte, die am Wahltag noch länger als zwölf Monate beurlaubt sind,
3. für die Wahl in eine Stufenvertretung die in § 14 Absatz 3 genannten Personen oder
4. für die Wahl der Personalvertretung ihrer Dienststelle die in § 8 genannten Personen sowie Beschäftigte, die zu selbstständigen Entscheidungen in Personalangelegenheiten der Dienststelle befugt sind.

§ 16 Zahl der Personalratsmitglieder

(1) Der Personalrat besteht in Dienststellen mit in der Regel

1. 5 bis 20 wahlberechtigten Beschäftigten aus einem Mitglied,
2. 21 Wahlberechtigten bis 50 Beschäftigten aus drei Mitgliedern,
3. 51 bis 150 Beschäftigten aus fünf Mitgliedern,
4. 151 bis 300 Beschäftigten aus sieben Mitgliedern,
5. 301 bis 600 Beschäftigten aus neun Mitgliedern,
6. 601 bis 1000 Beschäftigten aus elf Mitgliedern.

Die Zahl der Mitglieder erhöht sich in Dienststellen mit 1001 bis 5000 Beschäftigten um je zwei Mitglieder für je weitere angefangene 1000 Beschäftigte und in Dienststellen mit mehr als 5000 Beschäftigten um je zwei Mitglieder für je weitere angefangene 2000 Beschäftigte.

(2) Die Höchstzahl der Mitglieder beträgt 31.

§ 17 Sitzverteilung auf die Gruppen

(1) Sind in der Dienststelle Angehörige verschiedener Gruppen beschäftigt, so muss jede Gruppe entsprechend ihrer Stärke im Personalrat vertreten sein, wenn dieser aus mindestens drei Mitgliedern besteht. Bei gleicher Stärke der Gruppen entscheidet das Los. Macht eine Gruppe von ihrem Recht, im Personalrat vertreten zu sein, keinen Gebrauch, so verliert sie ihren Anspruch auf Vertretung.

(2) Der Wahlvorstand errechnet die Verteilung der Sitze auf die Gruppen nach den Grundsätzen der Verhältniswahl.

(3) Eine Gruppe erhält

1. bei weniger als 51 Gruppenangehörigen mindestens eine Vertreterin oder einen Vertreter,
2. bei 51 bis 200 Gruppenangehörigen mindestens zwei Vertreterinnen oder Vertreter,
3. bei 201 bis 600 Gruppenangehörigen mindestens drei Vertreterinnen oder Vertreter,
4. bei 601 bis 1000 Gruppenangehörigen mindestens vier Vertreterinnen oder Vertreter,
5. bei 1001 bis 3000 Gruppenangehörigen mindestens fünf Vertreterinnen oder Vertreter,
6. bei mehr als 3000 Gruppenangehörigen mindestens sechs Vertreterinnen oder Vertreter.

(4) Die Zahl der Mitglieder eines Personalrats, der nach § 16 Absatz 1 Satz 1 Nummer 2 aus drei Mitgliedern besteht, erhöht sich auf vier Mitglieder, wenn eine Gruppe mindestens ebenso viele Beschäftigte zählt wie die beiden anderen Gruppen zusammen. Das vierte Mitglied steht der stärksten Gruppe zu.

(5) Eine Gruppe, der in der Regel nicht mehr als fünf Beschäftigte angehören, erhält nur dann eine Vertretung, wenn sie mindestens 5 Prozent der Beschäftigten der Dienststelle umfasst. Erhält sie keine Vertretung und findet Gruppenwahl statt, so kann sich jede und jeder Angehörige dieser Gruppe durch Erklärung gegenüber dem Wahlvorstand einer anderen Gruppe anschließen.

(6) Die Verteilung der Mitglieder des Personalrats auf die Gruppen kann abweichend geordnet werden, wenn jede Gruppe dies vor der Neuwahl in getrennter geheimer Abstimmung beschließt.

(7) Für jede Gruppe können auch Angehörige anderer Gruppen vorgeschlagen werden. Die Gewählten gelten als Vertreterinnen oder Vertreter derjenigen Gruppe, für die sie vorgeschlagen worden sind. Satz 2 gilt auch für Ersatzmitglieder.

§ 18 Berücksichtigung der Beschäftigungsarten und Geschlechter

(1) Der Personalrat soll sich aus Vertreterinnen und Vertretern der verschiedenen Beschäftigungsarten zusammensetzen.

(2) Frauen und Männer sollen im Personalrat entsprechend dem Zahlenverhältnis in der Dienststelle vertreten sein.

§ 19 Wahlgrundsätze und Wahlverfahren

(1) Der Personalrat wird in geheimer und unmittelbarer Wahl gewählt.

(2) Besteht der Personalrat aus mehr als einer Person, so wählen die Beamtinnen und Beamten sowie die Arbeitnehmerinnen und Arbeitnehmer ihre Vertreterinnen und Vertreter nach § 17 jeweils in getrennten Wahlgängen, es sei denn, dass die wahlberechtigten Angehörigen jeder Gruppe vor der Neuwahl in getrennten geheimen Abstimmungen die gemeinsame Wahl beschließen. Der Beschluss bedarf der Mehrheit der Stimmen aller Wahlberechtigten jeder Gruppe.

(3) Die Wahl wird nach den Grundsätzen der Verhältniswahl durchgeführt. Wird nur ein Wahlvorschlag eingereicht, so findet Personenwahl statt. In Dienststellen, deren Personalrat aus einer Person besteht, wird dieser mit Stimmenmehrheit gewählt. Das Gleiche gilt für Gruppen, denen nur eine Vertreterin oder ein Vertreter im Personalrat zusteht.

§ 20 Wahlvorschläge

(1) Zur Wahl des Personalrats können die wahlberechtigten Beschäftigten und die in der Dienststelle vertretenen Gewerkschaften Wahlvorschläge machen. Jeder Wahlvorschlag der Beschäftigten muss von mindestens 5 Prozent der wahlberechtigten Gruppenangehörigen, jedoch mindestens von drei Wahlberechtigten unterzeichnet sein. In jedem Fall genügt die Unterzeichnung durch 50 wahlberechtigte Gruppenangehörige. Die nach § 15 Absatz 2 Nummer 4 nicht wählbaren Beschäftigten dürfen keine Wahlvorschläge machen oder unterzeichnen.

(2) Ist gemeinsame Wahl beschlossen worden, so muss jeder Wahlvorschlag der Beschäftigten von mindestens 5 Prozent der wahlberechtigten Beschäftigten unterzeichnet sein; Absatz 1 Satz 2 bis 4 gilt entsprechend.

(3) Werden bei gemeinsamer Wahl für eine Gruppe gruppenfremde Bewerberinnen oder Bewerber vorgeschlagen, muss der Wahlvorschlag von mindestens 10 Prozent der wahlberechtigten Angehörigen der Gruppe unterzeichnet sein, für die sie vorgeschlagen sind. Absatz 1 Satz 3 und 4 gilt entsprechend.

(4) Eine Person kann nur auf einem Wahlvorschlag benannt werden.

(5) Jeder Wahlvorschlag einer Gewerkschaft muss von zwei Beauftragten unterzeichnet sein; die Beauftragten müssen Beschäftigte der Dienststelle sein und einer in der Dienststelle vertretenen Gewerkschaft angehören. Bei Zweifeln an der Beauftragung kann der Wahlvorstand verlangen, dass die Gewerkschaft die Beauftragung bestätigt.

§ 21 Bestellung des Wahlvorstands durch den Personalrat

Spätestens acht Wochen vor Ablauf der Amtszeit bestellt der Personalrat drei Wahlberechtigte, die das 18. Lebensjahr vollendet haben, als Wahlvorstand und eine oder einen von ihnen als Vorsitzende oder Vorsitzenden. Der

Personalrat kann die Zahl der Wahlvorstandsmitglieder erhöhen, wenn dies zur ordnungsgemäßen Durchführung der Wahl erforderlich ist. Der Wahlvorstand muss aus einer ungeraden Zahl von Mitgliedern bestehen. Sind in der Dienststelle Angehörige verschiedener Gruppen beschäftigt, so muss jede Gruppe im Wahlvorstand vertreten sein. Hat die Dienststelle weibliche und männliche Beschäftigte, sollen dem Wahlvorstand Frauen und Männer angehören. Für jedes Mitglied des Wahlvorstands sollen für den Fall seiner Verhinderung bis zu drei Ersatzmitglieder bestellt werden. Jeweils eine Beauftragte oder ein Beauftragter der in der Dienststelle vertretenen Gewerkschaften ist berechtigt, an den Sitzungen des Wahlvorstands mit beratender Stimme teilzunehmen.

§ 22 Wahl des Wahlvorstands durch die Personalversammlung

(1) Besteht sechs Wochen vor Ablauf der Amtszeit des Personalrats kein Wahlvorstand, so beruft die Leiterin oder der Leiter der Dienststelle auf Antrag von mindestens drei Wahlberechtigten oder einer in der Dienststelle vertretenen Gewerkschaft eine Personalversammlung zur Wahl des Wahlvorstands ein. § 21 gilt entsprechend. Die Personalversammlung wählt eine Versammlungsleiterin oder einen Versammlungsleiter.

(2) Besteht in einer Dienststelle, die die Voraussetzungen des § 13 erfüllt, kein Personalrat, so beruft die Leiterin oder der Leiter der Dienststelle eine Personalversammlung zur Wahl des Wahlvorstands ein. Absatz 1 Satz 3 gilt entsprechend.

§ 23 Bestellung des Wahlvorstands durch die Leiterin oder den Leiter der Dienststelle

Findet eine Personalversammlung nach § 22 nicht statt oder wählt die Personalversammlung keinen Wahlvorstand, so bestellt ihn die Leiterin oder der Leiter der Dienststelle auf Antrag von mindestens drei Wahlberechtigten oder einer in der Dienststelle vertretenen Gewerkschaft.

§ 24 Aufgaben des Wahlvorstands

(1) Der Wahlvorstand hat die Wahl unverzüglich nach seiner Bestellung einzuleiten; die Wahl soll spätestens zwei Wochen vor dem Ende der Amtszeit des Personalrats stattfinden. Kommt der Wahlvorstand dieser Verpflichtung nicht nach, so beruft die Leiterin oder der Leiter der Dienststelle auf Antrag von mindestens drei Wahlberechtigten oder einer in der Dienststelle vertretenen Gewerkschaft eine Personalversammlung zur Wahl eines neuen Wahlvorstands ein. § 22 Absatz 1 Satz 3 und § 23 gelten entsprechend.

(2) Unverzüglich nach Abschluss der Wahl nimmt der Wahlvorstand öffentlich die Auszählung der Stimmen vor, stellt deren Ergebnis in einem Protokoll fest und gibt es den Angehörigen der Dienststelle bekannt. Der Leiterin oder dem Leiter der Dienststelle und den in der Dienststelle vertretenen Gewerkschaften ist eine Kopie des Protokolls zu übersenden.

§ 25 Schutz und Kosten der Wahl

(1) Niemand darf die Wahl des Personalrats behindern oder in einer gegen die guten Sitten verstoßenden Weise beeinflussen. Insbesondere dürfen Wahlberechtigte nicht in der Ausübung des aktiven und passiven Wahlrechts beschränkt werden. § 55 Absatz 1 und 2 Satz 1 und 2 gilt für Mitglieder des Wahlvorstands sowie für Wahlbewerberinnen und Wahlbewerber entsprechend.

(2) Die Kosten der Wahl trägt der Bund. Erforderliche Versäumnis von Arbeitszeit infolge der Ausübung des Wahlrechts, der Teilnahme an den in den §§ 22 und 24 Absatz 1 genannten Personalversammlungen oder der Betätigung im Wahlvorstand hat keine Minderung der Dienstbezüge oder des Arbeitsentgelts zur Folge. Für die Mitglieder des Wahlvorstands gelten § 46 Absatz 2 und § 51 Satz 2 entsprechend.

§ 26 Anfechtung der Wahl

Mindestens drei Wahlberechtigte, jede in der Dienststelle vertretene Gewerkschaft oder die Leiterin oder der Leiter der Dienststelle können binnen einer Frist von zwölf Arbeitstagen, vom Tag der Bekanntgabe des Wahlergebnisses an gerechnet, die Wahl beim Verwaltungsgericht anfechten, wenn gegen wesentliche Vorschriften über das Wahlrecht, die Wählbarkeit oder das Wahlverfahren verstoßen worden und eine Berichtigung nicht erfolgt ist, es sei denn, dass durch den Verstoß das Wahlergebnis nicht geändert oder beeinflusst werden konnte.

Abschnitt 2
Amtszeit

§ 27 Zeitpunkt der Wahl, Amtszeit

(1) Die regelmäßigen Personalratswahlen finden alle vier Jahre in der Zeit vom 1. März bis 31. Mai statt.

(2) Die Amtszeit des Personalrats beginnt am 1. Juni des Jahres, in dem die regelmäßigen Personalratswahlen stattfinden, und endet mit dem Ablauf von vier Jahren. Ist am Tag des Ablaufs der Amtszeit ein neuer Personalrat nicht gewählt oder hat sich am Tag des Ablaufs der Amtszeit noch kein neuer Personalrat konstituiert, führt der Personalrat die Geschäfte weiter, bis sich der neu gewählte Personalrat konstituiert hat, längstens jedoch bis zum Ablauf des 31. Juli.

§ 28 Vorzeitige Neuwahl

(1) Außerhalb des in § 27 Absatz 1 genannten Zeitraums ist der Personalrat neu zu wählen, wenn

1. mit Ablauf von 24 Monaten, vom Tag der Wahl gerechnet, die Zahl der regelmäßig Beschäftigten um die Hälfte, mindestens aber um 50 Personen gestiegen oder gesunken ist,

2. die Gesamtzahl der Mitglieder des Personalrats auch nach Eintreten sämtlicher Ersatzmitglieder um mehr als ein Viertel der vorgeschriebenen Zahl gesunken ist,
3. der Personalrat mit der Mehrheit seiner Mitglieder seinen Rücktritt beschlossen hat,
4. die Personalratswahl mit Erfolg gerichtlich angefochten worden ist,
5. der Personalrat durch gerichtliche Entscheidung aufgelöst ist oder
6. in der Dienststelle kein Personalrat besteht.

(2) In den Fällen des Absatzes 1 Nummer 1 bis 3 führt der Personalrat die Geschäfte weiter, bis sich der neu gewählte Personalrat konstituiert hat.

(3) In den Fällen des Absatzes 1 Nummer 4 und 5 nimmt der Wahlvorstand, der die Neuwahl durchführt, die dem Personalrat nach diesem Gesetz zustehenden Befugnisse und Pflichten wahr, bis sich der neu gewählte Personalrat konstituiert hat. Die Bestellung des Wahlvorstands nach § 22 Absatz 2 oder § 23 erfolgt unverzüglich nach Eintritt der Rechtskraft der Entscheidung. Der Wahlvorstand hat die Neuwahl unverzüglich einzuleiten.

(4) Ist eine in der Dienststelle vorhandene Gruppe, die bisher im Personalrat vertreten war, durch kein Mitglied des Personalrats mehr vertreten oder wird nach § 26 die Wahl nur einer Gruppe mit Erfolg angefochten, so wählt diese Gruppe neue Mitglieder. Der Personalrat bestellt mit seinen verbleibenden Mitgliedern unverzüglich einen aus Angehörigen dieser Gruppe gebildeten Wahlvorstand und nimmt bis zur Neuwahl die der Gruppe nach diesem Gesetz zustehenden Befugnisse und Pflichten wahr.

(5) Hat außerhalb des für die regelmäßigen Personalratswahlen festgelegten Zeitraums eine Personalratswahl stattgefunden, so ist der Personalrat in dem auf die Wahl folgenden nächsten Zeitraum der regelmäßigen Personalratswahlen neu zu wählen. Hat die Amtszeit des Personalrats zu Beginn des für die regelmäßigen Personalratswahlen festgelegten Zeitraums noch nicht ein Jahr betragen, so ist der Personalrat in dem übernächsten Zeitraum der regelmäßigen Personalratswahlen neu zu wählen.

§ 29 Übergangsmandat und Restmandat bei Umstrukturierungsmaßnahmen

(1) Wird eine Dienststelle in mehrere Dienststellen aufgespalten oder werden Teile einer Dienststelle in eine neue Dienststelle ausgegliedert, führt der Personalrat die Geschäfte für die ihm bislang zugeordneten Dienststellenteile weiter (Übergangsmandat). Der Personalrat hat unverzüglich nach Wirksamwerden der Organisationsmaßnahme einen Wahlvorstand in der neuen Dienststelle zu bestellen. Das Übergangsmandat endet, sobald sich der neu gewählte Personalrat konstituiert hat, spätestens jedoch sechs Monate nach Wirksamwerden der Organisationsmaßnahme. Durch Vereinbarung zwischen der neuen Dienststelle und dem Personalrat kann das Übergangsmandat um weitere sechs Monate verlängert werden.

(2) Werden Dienststellen oder Teile mehrerer Dienststellen zu einer neuen Dienststelle zusammengelegt, nimmt der Personalrat derjenigen Dienststelle,

aus der die meisten Beschäftigten zu der neuen Dienststelle übergegangen sind, das Übergangsmandat wahr. Absatz 1 Satz 2 bis 4 gilt entsprechend.

(3) Wird im Geschäftsbereich einer obersten Dienstbehörde eine Dienststelle neu errichtet, ohne dass die Voraussetzungen des Absatzes 1 Satz 1 oder des Absatzes 2 Satz 1 vorliegen, so nimmt die bei der übergeordneten Dienststelle gebildete Stufenvertretung oder, wenn eine solche nicht besteht, der bei der übergeordneten Dienststelle gebildete Personalrat das Übergangsmandat wahr. Absatz 1 Satz 2 bis 4 gilt entsprechend.

(4) Werden Teile einer Dienststelle in eine andere Dienststelle eingegliedert und steigt oder sinkt hierdurch in der abgebenden oder in der aufnehmenden Dienststelle die Zahl der regelmäßig Beschäftigten um ein Viertel, mindestens aber um 50 Personen, ist der Personalrat der hiervon betroffenen Dienststelle abweichend von § 28 Absatz 1 Nummer 1 neu zu wählen. Dies gilt nicht, wenn die Eingliederung weniger als zwölf Monate vor dem Ende der regelmäßigen Amtszeit des Personalrats wirksam wird. Wird eine Dienststelle vollständig in eine andere Dienststelle eingegliedert, gelten die Sätze 1 und 2 entsprechend für den Personalrat der aufnehmenden Dienststelle.

(5) Wird eine Dienststelle aufgelöst, bleibt deren Personalrat so lange im Amt, wie dies zur Wahrnehmung der damit im Zusammenhang stehenden Beteiligungsrechte erforderlich ist.

(6) Geht eine Dienststelle durch Umwandlung oder eine anderweitige Privatisierungsmaßnahme in eine Rechtsform des Privatrechts über, bleibt deren Personalrat im Amt und führt die Geschäfte weiter, wenn die Voraussetzungen des § 1 Absatz 1 Satz 1 des Betriebsverfassungsgesetzes erfüllt sind und ein Betriebsrat nicht besteht. Werden Dienststellen oder Teile mehrerer Dienststellen zu einem Betrieb im Sinne des § 1 Absatz 1 Satz 1 des Betriebsverfassungsgesetzes zusammengefasst, bestimmt sich der das Übergangsmandat wahrnehmende Personalrat in entsprechender Anwendung des Absatzes 2 Satz 1. Der Personalrat nimmt die Aufgaben eines Betriebsrats nach dem Betriebsverfassungsgesetz wahr und hat unverzüglich den Wahlvorstand zur Einleitung der Betriebsratswahl zu bestellen. Für das Ende des Übergangsmandats gilt § 21a Absatz 1 Satz 3 und 4 des Betriebsverfassungsgesetzes entsprechend. Auf die bis zum Zeitpunkt des Wirksamwerdens der Privatisierungsmaßnahme eingeleiteten Beteiligungsverfahren, Verfahren vor der Einigungsstelle und den Verwaltungsgerichten sind die Bestimmungen dieses Gesetzes anzuwenden. Die in den bisherigen Dienststellen bestehenden Dienstvereinbarungen gelten für die Beschäftigten aus diesen Dienststellen längstens für zwölf Monate nach Wirksamwerden der Privatisierungsmaßnahme als Betriebsvereinbarung fort, soweit sie nicht durch eine andere Regelung ersetzt werden.

(7) Auf Wahlen nach den Absätzen 1 bis 4 ist § 28 Absatz 5 anzuwenden.

§ 30 Ausschluss eines Mitglieds und Auflösung des Personalrats

Auf Antrag eines Viertels der Wahlberechtigten oder einer in der Dienststelle vertretenen Gewerkschaft kann das Verwaltungsgericht den Ausschluss eines Mitglieds aus dem Personalrat oder die Auflösung des Personalrats wegen grober Vernachlässigung seiner gesetzlichen Befugnisse oder wegen grober Verletzung seiner gesetzlichen Pflichten beschließen. Der Personalrat kann aus den gleichen Gründen den Ausschluss eines Mitglieds beantragen. Die Leiterin oder der Leiter der Dienststelle kann den Ausschluss eines Mitglieds aus dem Personalrat oder die Auflösung des Personalrats wegen grober Verletzung seiner gesetzlichen Pflichten beantragen.

§ 31 Erlöschen der Mitgliedschaft

(1) Die Mitgliedschaft im Personalrat erlischt durch

1. Ablauf der Amtszeit,
2. Niederlegung des Amtes,
3. Beendigung des Dienst- oder Arbeitsverhältnisses,
4. Ausscheiden aus der Dienststelle,
5. Verlust der Wählbarkeit,
6. Eintritt in eine mehr als zwölfmonatige Beurlaubung,
7. Eintritt in die Freistellungsphase der Altersteilzeit im Blockmodell,
8. Ausschluss aus dem Personalrat oder Auflösung des Personalrats auf Grund einer gerichtlichen Entscheidung oder
9. gerichtliche Entscheidung über die Feststellung der Nichtwählbarkeit nach Ablauf der in § 26 bezeichneten Frist, es sei denn, der Mangel liegt nicht mehr vor.

(2) Die Mitgliedschaft im Personalrat wird durch einen Wechsel der Gruppenzugehörigkeit eines Mitglieds nicht berührt; dieses vertritt weiterhin die Gruppe, von der es gewählt wurde.

§ 32 Ruhen der Mitgliedschaft

Die Mitgliedschaft einer Beamtin oder eines Beamten im Personalrat ruht, solange ihr oder ihm die Führung der Dienstgeschäfte verboten oder sie oder er wegen eines schwebenden Disziplinarverfahrens vorläufig des Dienstes enthoben ist.

§ 33 Eintritt von Ersatzmitgliedern

(1) Scheidet ein Mitglied aus dem Personalrat aus, so tritt ein Ersatzmitglied ein. Das Gleiche gilt, wenn ein Mitglied des Personalrats zeitweilig verhindert ist.

(2) Die Ersatzmitglieder werden der Reihe nach aus den nicht gewählten Beschäftigten derjenigen Vorschlagslisten entnommen, denen die zu ersetzenden Mitglieder angehören. Ist das ausgeschiedene oder verhinderte Mitglied mit einfacher Stimmenmehrheit gewählt, so tritt der nicht gewählte Beschäftigte mit der nächsthöheren Stimmenzahl als Ersatzmitglied ein.

(3) § 31 Absatz 2 gilt entsprechend bei einem Wechsel der Gruppenzugehörigkeit vor dem Eintritt des Ersatzmitglieds in den Personalrat.

(4) Ist die Personalratswahl mit Erfolg angefochten worden oder der Personalrat durch gerichtliche Entscheidung aufgelöst, treten Ersatzmitglieder nicht ein.

Abschnitt 3
Geschäftsführung

§ 34 Vorstand

(1) Der Personalrat bildet aus seiner Mitte den Vorstand. Diesem muss ein Mitglied jeder im Personalrat vertretenen Gruppe angehören. Die Vertreterinnen und Vertreter jeder Gruppe wählen das auf ihre Gruppe entfallende Vorstandsmitglied. Der Vorstand führt die laufenden Geschäfte.

(2) Hat der Personalrat elf oder mehr Mitglieder, so wählt er aus seiner Mitte mit einfacher Stimmenmehrheit zwei weitere Mitglieder in den Vorstand. Sind Mitglieder des Personalrats aus Wahlvorschlagslisten mit verschiedenen Bezeichnungen gewählt worden und sind im Vorstand Mitglieder aus derjenigen Liste nicht vertreten, die die größte oder zweitgrößte Anzahl, mindestens jedoch ein Drittel aller von den Angehörigen der Dienststelle abgegebenen Stimmen erhalten hat, so ist eines der weiteren Vorstandsmitglieder aus dieser Liste zu wählen.

§ 35 Vorsitz

(1) Der Personalrat bestimmt mit einfacher Mehrheit, welches der nach § 34 Absatz 1 gewählten Vorstandsmitglieder den Vorsitz übernimmt. Er bestimmt zugleich die Vertretung der oder des Vorsitzenden. Dabei sind die Gruppen zu berücksichtigen, denen der oder die Vorsitzende nicht angehört, es sei denn, dass die Vertreterinnen und Vertreter dieser Gruppen darauf verzichten.

(2) Die oder der Vorsitzende vertritt den Personalrat im Rahmen der von diesem gefassten Beschlüsse. In Angelegenheiten, die nur eine Gruppe betreffen, vertritt die oder der Vorsitzende, wenn sie oder er nicht selbst dieser Gruppe angehört, den Personalrat gemeinsam mit einem der Gruppe angehörenden Vorstandsmitglied.

§ 36 Anberaumung von Sitzungen

(1) Spätestens fünf Arbeitstage nach dem Wahltag hat der Wahlvorstand die Mitglieder des Personalrats zu den Wahlen des Vorstands und des Vorsitzes einzuberufen. Die oder der Vorsitzende des Wahlvorstands leitet die Sitzung, bis der Personalrat aus seiner Mitte eine Wahlleiterin oder einen Wahlleiter bestellt hat.

(2) Die weiteren Sitzungen beruft die oder der Vorsitzende des Personalrats ein. Sie oder er setzt die Tagesordnung fest und leitet die Verhandlung. Die oder der Vorsitzende hat die Mitglieder des Personalrats zu den Sitzungen rechtzeitig unter Mitteilung der Tagesordnung zu laden. Ist ein Mitglied des Personalrats an der Sitzungsteilnahme verhindert, hat es dies unter Angabe der Gründe unverzüglich der oder dem Vorsitzenden mitzuteilen. Die oder der Vorsitzende hat für ein verhindertes Mitglied des Personalrats das nach § 33 Absatz 1 Satz 2 eintretende Ersatzmitglied zu laden.

(3) Die oder der Vorsitzende hat eine Sitzung einzuberufen und den Gegenstand, dessen Beratung beantragt ist, auf die Tagesordnung zu setzen, wenn dies beantragt wird von

1. einem Viertel der Mitglieder des Personalrats,
2. der Mehrheit der Vertreterinnen und Vertreter einer Gruppe,
3. der Leiterin oder dem Leiter der Dienststelle,
4. der Vertrauensperson der schwerbehinderten Menschen in Angelegenheiten, die besonders schwerbehinderte Beschäftigte betreffen, oder
5. der Mehrheit der Mitglieder der Jugend- und Auszubildendenvertretung in Angelegenheiten, die besonders Beschäftigte betreffen, die das 18. Lebensjahr noch nicht vollendet haben oder sich in einer beruflichen Ausbildung befinden.

§ 37 Teilnahme- und Stimmrecht sonstiger Personen

(1) Eine Vertreterin oder ein Vertreter der Jugend- und Auszubildendenvertretung, die oder der von dieser benannt wird, und die Schwerbehindertenvertretung haben das Recht, an den Sitzungen des Personalrats beratend teilzunehmen. An der Behandlung von Angelegenheiten, die besonders Beschäftigte betreffen, die das 18. Lebensjahr noch nicht vollendet haben oder die sich in einer beruflichen Ausbildung befinden, hat die gesamte Jugend- und Auszubildendenvertretung das Recht zur beratenden Teilnahme. Bei Beschlüssen des Personalrats, die überwiegend Beschäftigte betreffen, die das 18. Lebensjahr noch nicht vollendet haben oder die sich in einer beruflichen Ausbildung befinden, haben die Jugend- und Auszubildendenvertreterinnen und -vertreter Stimmrecht. Soweit sie ein Recht auf Teilnahme an der Sitzung haben, gilt § 36 Absatz 2 Satz 3 entsprechend für die Ladung der Schwerbehindertenvertretung und der Mitglieder der Jugend- und Auszubildendenvertretung.

(2) Auf Antrag eines Viertels der Mitglieder oder der Mehrheit einer Gruppe des Personalrats kann eine Beauftragte oder ein Beauftragter einer im Personalrat vertretenen Gewerkschaft an den Sitzungen beratend teilnehmen; in diesem Fall sind der Gewerkschaft der Zeitpunkt der Sitzung und die Tagesordnung rechtzeitig mitzuteilen.

(3) Die Leiterin oder der Leiter der Dienststelle nimmt an den Sitzungen teil, die auf ihr oder sein Verlangen anberaumt worden sind oder zu denen sie oder er ausdrücklich eingeladen worden ist.

§ 38 Zeitpunkt der Sitzungen und Nichtöffentlichkeit

(1) Die Sitzungen des Personalrats finden in der Regel während der Arbeitszeit statt. Der Personalrat hat bei der Anberaumung seiner Sitzungen auf die dienstlichen Erfordernisse und auf die Arbeitszeiten seiner Mitglieder Rücksicht zu nehmen. Die Leiterin oder der Leiter der Dienststelle ist vom Zeitpunkt der Sitzung vorher zu verständigen.

(2) Die Sitzungen sind nicht öffentlich. Der Personalrat kann ihm nach § 47 zur Verfügung gestelltes Büropersonal zur Anfertigung der Niederschrift hinzuziehen.

(3) Die Sitzungen des Personalrats finden in der Regel als Präsenzsitzung in Anwesenheit seiner Mitglieder vor Ort statt. Die Sitzung kann vollständig

oder unter Zuschaltung einzelner Personalratsmitglieder mittels Video- oder Telefonkonferenz durchgeführt werden, wenn

1. vorhandene Einrichtungen genutzt werden, die durch die Dienststelle zur dienstlichen Nutzung freigegeben sind,
2. nicht mindestens ein Viertel der Mitglieder oder die Mehrheit der Vertreterinnen und Vertreter einer Gruppe des Personalrats binnen einer von der oder dem Vorsitzenden zu bestimmenden Frist gegenüber der oder dem Vorsitzenden widerspricht und
3. der Personalrat geeignete organisatorische Maßnahmen trifft, um sicherzustellen, dass Dritte vom Inhalt der Sitzung keine Kenntnis nehmen können.

Eine Aufzeichnung ist unzulässig. Personalratsmitglieder, die mittels Video- oder Telefonkonferenz an Sitzungen teilnehmen, gelten als anwesend im Sinne des § 39 Absatz 1 Satz 1. § 43 Absatz 1 Satz 3 findet mit der Maßgabe Anwendung, dass die oder der Vorsitzende vor Beginn der Beratung die zugeschalteten Personalratsmitglieder feststellt und in die Anwesenheitsliste einträgt. Das Recht eines Personalratsmitglieds auf Teilnahme an der Sitzung vor Ort bleibt durch die Durchführung der Sitzung mittels Video- oder Telefonkonferenz unberührt.

§ 39 Beschlussfassung

(1) Die Beschlüsse des Personalrats werden, soweit in diesem Gesetz nichts anderes bestimmt ist, mit einfacher Stimmenmehrheit der anwesenden Mitglieder gefasst. Stimmenthaltung gilt als Ablehnung. Bei Stimmengleichheit ist ein Antrag abgelehnt.

(2) Der Personalrat ist nur beschlussfähig, wenn mindestens die Hälfte seiner Mitglieder anwesend ist; Vertretung durch Ersatzmitglieder ist zulässig.

(3) Bei der Feststellung der Stimmenmehrheit werden die Stimmen anderer anwesender Personen, die über ein Stimmrecht verfügen, mitgezählt.

(4) In der Geschäftsordnung kann die Beschlussfassung im elektronischen Verfahren vorgesehen werden. § 38 Absatz 3 Satz 2 Nummer 1 und 3 gilt entsprechend. Die Beschlussfassung im elektronischen Verfahren ist unzulässig, wenn ein Mitglied des Personalrats oder eine nach § 37 teilnahmeberechtigte Person binnen einer von der oder dem Vorsitzenden zu bestimmenden Frist gegenüber der oder dem Vorsitzenden widerspricht. Die oder der Vorsitzende gibt das Ergebnis der Beschlussfassung im elektronischen Verfahren spätestens in der nächsten Sitzung des Personalrats bekannt.

§ 40 Beschlussfassung in gemeinsamen Angelegenheiten und in Gruppenangelegenheiten

(1) Über die gemeinsamen Angelegenheiten der Beamtinnen und Beamten sowie der Arbeitnehmerinnen und Arbeitnehmer wird vom Personalrat gemeinsam beraten und beschlossen.

(2) In Angelegenheiten, die lediglich die Angehörigen einer Gruppe betreffen, sind nach gemeinsamer Beratung im Personalrat nur die Vertreterinnen

und Vertreter dieser Gruppe zur Beschlussfassung berufen. Dies gilt nicht für eine Gruppe, die im Personalrat nicht vertreten ist.

(3) Absatz 2 gilt entsprechend für Angelegenheiten, die lediglich die Angehörigen zweier Gruppen betreffen.

§ 41 Ausschluss von Beratung und Beschlussfassung

(1) Ein Mitglied des Personalrats ist ausgeschlossen von der Beratung und Beschlussfassung

1. über beteiligungspflichtige Angelegenheiten, die seine persönlichen Interessen oder die seiner Angehörigen unmittelbar und individuell berühren, oder
2. über einen Antrag auf seinen Ausschluss aus dem Personalrat.

Angehörige im Sinne des Satzes 1 Nummer 1 sind die in § 20 Absatz 5 des Verwaltungsverfahrensgesetzes aufgeführten Personen. Hat ein Mitglied des Personalrats Grund zu der Annahme, dass in seiner Person ein Ausschließungsgrund vorliegt, so hat es dies der oder dem Vorsitzenden unverzüglich, spätestens jedoch vor Beginn der Beratung über die Angelegenheit anzuzeigen. Über das Vorliegen eines Ausschließungsgrundes entscheidet der Personalrat in Zweifelsfällen in Abwesenheit der oder des Betroffenen. Das betroffene Personalratsmitglied ist vorher anzuhören. Das ausgeschlossene Mitglied hat für die Dauer der Beratung und Beschlussfassung über die Angelegenheit nach Satz 1 den Sitzungsraum zu verlassen.

(2) Absatz 1 gilt entsprechend für weitere Personen, die zur Teilnahme an den Sitzungen des Personalrats berechtigt sind.

(3) Werden die den Ausschließungsgrund begründenden Umstände erst während der Sitzung bekannt, tritt ein Ersatzmitglied nach § 33 Absatz 1 Satz 2 nur ein, wenn es auf die Ladung durch die Vorsitzende oder den Vorsitzenden des Personalrats hin unverzüglich an der Sitzung teilnehmen kann.

(4) Ein Beschluss ist nichtig, wenn an der Beratung oder Beschlussfassung ein ausgeschlossenes Mitglied mitgewirkt hat, es sei denn, dass durch die Mitwirkung die Beschlussfassung nicht geändert oder beeinflusst werden konnte. Die Nichtigkeit des Beschlusses berührt die Wirksamkeit einer Maßnahme, die die Dienststelle im Vertrauen auf den Beschluss des Personalrats durchgeführt hat, nicht.

§ 42 Aussetzung von Beschlüssen

(1) Erachtet die Mehrheit der Vertreterinnen und Vertreter einer Gruppe oder der Jugend- und Auszubildendenvertretung einen Beschluss des Personalrats als eine erhebliche Beeinträchtigung wichtiger Interessen der durch sie vertretenen Beschäftigten, so ist auf ihren Antrag der Beschluss auf die Dauer von fünf Arbeitstagen vom Zeitpunkt der Beschlussfassung an auszusetzen. In dieser Frist soll, gegebenenfalls mit Hilfe der unter den Mitgliedern des Personalrats oder der Jugend- und Auszubildendenvertretung vertretenen Gewerkschaften, eine Verständigung versucht werden. Die

Aussetzung eines Beschlusses nach Satz 1 hat keine Verlängerung einer Frist zur Folge.

(2) Nach Ablauf der Frist von fünf Arbeitstagen ist über die Angelegenheit neu zu beschließen. Wird der erste Beschluss bestätigt, so kann der Antrag auf Aussetzung nicht wiederholt werden.

(3) Die Absätze 1 und 2 gelten entsprechend, wenn die Schwerbehindertenvertretung einen Beschluss des Personalrats als eine erhebliche Beeinträchtigung wichtiger Interessen der schwerbehinderten oder ihnen gleichgestellten Beschäftigten erachtet.

§ 43 Protokoll

(1) Über jede Verhandlung des Personalrats ist ein Protokoll zu führen, das mindestens den Wortlaut der Beschlüsse und die Stimmenmehrheit, mit der sie gefasst sind, enthält. Das Protokoll ist von der oder dem Vorsitzenden und einem weiteren Mitglied zu unterzeichnen. Dem Protokoll ist eine Anwesenheitsliste beizufügen, in die sich jede Teilnehmerin und jeder Teilnehmer eigenhändig einzutragen hat.

(2) Haben die Leiterin oder der Leiter der Dienststelle oder Beauftragte von Gewerkschaften an der Sitzung teilgenommen, so ist ihnen der entsprechende Auszug aus dem Protokoll zuzuleiten. Einwendungen gegen das Protokoll sind unverzüglich schriftlich oder elektronisch zu erheben und dem Protokoll beizufügen.

§ 44 Geschäftsordnung

Sonstige Bestimmungen über die Geschäftsführung können in einer Geschäftsordnung getroffen werden, die der Personalrat mit der Mehrheit der Stimmen seiner Mitglieder beschließt.

§ 45 Sprechstunden

(1) Der Personalrat kann Sprechstunden während der Arbeitszeit einrichten. Zeit und Ort bestimmt er im Einvernehmen mit der Leiterin oder dem Leiter der Dienststelle.

(2) Führt die Jugend- und Auszubildendenvertretung keine eigenen Sprechstunden durch, so kann an den Sprechstunden des Personalrats ein Mitglied der Jugend- und Auszubildendenvertretung zur Beratung derjenigen Beschäftigten, die das 18. Lebensjahr noch nicht vollendet haben oder sich in einer beruflichen Ausbildung befinden, teilnehmen.

(3) In der Geschäftsordnung kann die Durchführung der Sprechstunde mittels Video- oder Telefonkonferenz vorgesehen werden. § 38 Absatz 3 Satz 2 Nummer 1 und 3 sowie Satz 3 gilt entsprechend.

§ 46 Kosten der Personalratstätigkeit

(1) Die durch die Tätigkeit des Personalrats und seiner Mitglieder entstehenden Kosten trägt der Bund.

(2) Mitglieder des Personalrats erhalten bei Reisen, die zur Erfüllung ihrer Aufgaben notwendig sind, Aufwendungsersatz in entsprechender Anwendung der beamtenrechtlichen Bestimmungen zu Reisekosten und Trennungsgeld. Für den Ersatz von Sachschäden an privaten Kraftfahrzeugen gelten die beamtenrechtlichen Bestimmungen entsprechend.

§ 47 Sachaufwand und Büropersonal

Für die Sitzungen, die Sprechstunden und die laufende Geschäftsführung hat die Dienststelle dem Personalrat Räume, Geschäftsbedarf, in der Dienststelle üblicherweise genutzte Informations- und Kommunikationstechnik sowie Büropersonal in dem zur sachgerechten Wahrnehmung seiner Aufgaben erforderlichen Umfang zur Verfügung zu stellen.

§ 48 Bekanntmachungen und Aushänge

Dem Personalrat werden in den Dienststellen geeignete Plätze für Bekanntmachungen und Aushänge zur Verfügung gestellt. Er kann Mitteilungen an die Beschäftigten über Angelegenheiten, die sie betreffen, herausgeben. Für Informationen nach den Sätzen 1 und 2 kann der Personalrat die in der Dienststelle üblicherweise genutzten Informations- und Kommunikationssysteme nutzen.

§ 49 Verbot der Beitragserhebung

Der Personalrat darf für seine Zwecke von den Beschäftigten keine Beiträge erheben oder annehmen.

Abschnitt 4
Rechtsstellung der Personalratsmitglieder

§ 50 Ehrenamtlichkeit

Die Mitglieder des Personalrats führen ihr Amt unentgeltlich als Ehrenamt.

§ 51 Versäumnis von Arbeitszeit

Die zur ordnungsgemäßen Durchführung der Aufgaben des Personalrats erforderliche Versäumnis von Arbeitszeit hat keine Minderung der Dienstbezüge oder des Arbeitsentgelts zur Folge. Werden Personalratsmitglieder durch die Erfüllung ihrer Aufgaben über ihre regelmäßige Arbeitszeit hinaus beansprucht, so ist ihnen Dienstbefreiung in entsprechendem Umfang zu gewähren.

§ 52 Freistellung

(1) Mitglieder des Personalrats sind von ihrer dienstlichen Tätigkeit freizustellen, wenn und soweit es nach Umfang und Art der Dienststelle zur ordnungsgemäßen Durchführung ihrer Aufgaben erforderlich ist. Die Freistellung darf nicht zur Beeinträchtigung des beruflichen Werdegangs führen.

(2) Von ihrer dienstlichen Tätigkeit sind nach Absatz 1 freizustellen in Dienststellen mit in der Regel

1. 300 bis 600 Beschäftigten ein Mitglied,
2. 601 bis 1000 Beschäftigten zwei Mitglieder,
3. 1001 bis 2000 Beschäftigten drei Mitglieder,
4. 2001 bis 3000 Beschäftigten vier Mitglieder,
5. 3001 bis 4000 Beschäftigten fünf Mitglieder,
6. 4001 bis 5000 Beschäftigten sechs Mitglieder,
7. 5001 bis 6000 Beschäftigten sieben Mitglieder,
8. 6001 bis 7000 Beschäftigten acht Mitglieder,
9. 7001 bis 8000 Beschäftigten neun Mitglieder,
10. 8001 bis 9000 Beschäftigten zehn Mitglieder,
11. 9001 bis 10000 Beschäftigten elf Mitglieder.

In Dienststellen mit mehr als 10000 Beschäftigten ist für je angefangene weitere 2000 Beschäftigte ein weiteres Mitglied freizustellen. Von den Sätzen 1 und 2 kann im Einvernehmen zwischen Personalrat und der Leiterin oder dem Leiter der Dienststelle abgewichen werden.

(3) Freistellungen können in Form von Teilfreistellungen erfolgen. Diese dürfen zusammengenommen nicht den Umfang der Freistellungen nach Absatz 2 überschreiten. Freistellungen müssen mindestens 20 Prozent der regelmäßigen wöchentlichen Arbeitszeit betragen.

(4) Die von ihrer dienstlichen Tätigkeit vollständig freigestellten Personalratsmitglieder erhalten eine monatliche Aufwandsentschädigung. Die Bundesregierung bestimmt durch Rechtsverordnung, die nicht der Zustimmung des Bundesrates bedarf, die Höhe der Aufwandsentschädigung. Nur teilweise, aber mindestens für die Hälfte der regelmäßigen Arbeitszeit freigestellte Personalratsmitglieder erhalten die Hälfte der Aufwandsentschädigung.

§ 53 Auswahl der freizustellenden Mitglieder

(1) Bei der Auswahl der freizustellenden Mitglieder hat der Personalrat zunächst die nach § 34 Absatz 1 gewählten Vorstandsmitglieder, sodann die nach § 34 Absatz 2 gewählten Ergänzungsmitglieder und schließlich weitere Mitglieder zu berücksichtigen. Die freizustellenden Vorstands- und Ergänzungsmitglieder haben Anspruch auf vollständige Freistellung.

(2) Ist der Personalrat nach den Grundsätzen der Verhältniswahl gewählt worden, sind für die weiteren Freistellungen die auf die einzelnen Wahlvorschlagslisten entfallenden Stimmen im Wege des Höchstzahlverfahrens zu berücksichtigen; dabei sind die nach Absatz 1 freigestellten Vorstands- und Ergänzungsmitglieder von den auf jede Wahlvorschlagsliste entfallenden Freistellungen abzuziehen. Die aus der jeweiligen Vorschlagsliste in den Personalrat gewählten Mitglieder bestimmen mehrheitlich, wer von ihnen die Freistellung wahrnimmt.

(3) Ist der Personalrat im Wege der Personenwahl gewählt worden, bestimmt sich die Rangfolge der weiteren freizustellenden Mitglieder nach der Zahl der für sie bei der Wahl zum Personalrat abgegebenen Stimmen.

(4) Sind die Mitglieder der im Personalrat vertretenen Gruppen teils nach den Grundsätzen der Verhältniswahl, teils im Wege der Personenwahl gewählt worden, so sind bei weiteren Freistellungen die Gruppen entsprechend der Zahl ihrer Mitglieder nach dem Höchstzahlverfahren zu berücksichtigen; innerhalb der nach identischen Wahlverfahren zusammengefassten Gruppen bestimmen sich die weiteren Freistellungen in diesem Fall je nach Wahlverfahren in entsprechender Anwendung des Absatzes 2 und nach Absatz 3.

§ 54 Teilnahme an Schulungs- und Bildungsveranstaltungen

(1) Die Mitglieder des Personalrats sind unter Fortzahlung der Dienstbezüge oder des Arbeitsentgelts für die Teilnahme an Schulungs- und Bildungsveranstaltungen vom Dienst freizustellen, soweit diese Kenntnisse vermitteln, die für die Tätigkeit im Personalrat erforderlich sind.

(2) Unbeschadet des Absatzes 1 hat jedes Mitglied des Personalrats während seiner regelmäßigen Amtszeit Anspruch auf Freistellung vom Dienst unter Fortzahlung der Dienstbezüge oder des Arbeitsentgelts für insgesamt drei Wochen zur Teilnahme an Schulungs- und Bildungsveranstaltungen, die von der Bundeszentrale für politische Bildung als geeignet anerkannt sind. Beschäftigte, die erstmals das Amt eines Personalratsmitglieds übernehmen und nicht zuvor Jugend- und Auszubildendenvertreterinnen oder -vertreter gewesen sind, haben einen Anspruch nach Satz 1 für insgesamt vier Wochen.

§ 55 Schutz vor Kündigung, Versetzung, Abordnung und Zuweisung

(1) Die außerordentliche Kündigung von Mitgliedern des Personalrats, die in einem Arbeitsverhältnis stehen, bedarf der Zustimmung des Personalrats. Verweigert der Personalrat seine Zustimmung oder äußert er sich nicht innerhalb von drei Arbeitstagen nach Eingang des Antrags, so kann das Verwaltungsgericht sie auf Antrag der Leiterin oder des Leiters der Dienststelle ersetzen, wenn die außerordentliche Kündigung unter Berücksichtigung aller Umstände gerechtfertigt ist. In dem Verfahren vor dem Verwaltungsgericht ist die betroffene Person Beteiligte.

(2) Mitglieder des Personalrats dürfen gegen ihren Willen nur versetzt, zugewiesen oder abgeordnet werden, wenn dies auch unter Berücksichtigung der Mitgliedschaft im Personalrat aus wichtigen dienstlichen Gründen unvermeidbar ist. Als Versetzung gilt auch die mit einem Wechsel des Dienstortes verbundene Umsetzung in derselben Dienststelle; das Einzugsgebiet im Sinne des Umzugskostenrechts gehört zum Dienstort. Die Versetzung, Zuweisung oder Abordnung von Mitgliedern des Personalrats bedarf der Zustimmung des Personalrats.

(3) Für Beamtinnen und Beamte im Vorbereitungsdienst sowie Arbeitnehmerinnen und Arbeitnehmer in entsprechender Berufsausbildung gelten die Absätze 1 und 2 sowie die §§ 15 und 16 des Kündigungsschutzgesetzes nicht. Die Absätze 1 und 2 gelten ferner nicht bei der Versetzung oder Abordnung dieser Beschäftigten zu einer anderen Dienststelle im Anschluss an das Ausbildungsverhältnis. Die Mitgliedschaft der in Satz 1 bezeichneten Beschäftigten im Personalrat ruht unbeschadet des § 31, solange sie entsprechend

den Erfordernissen ihrer Ausbildung zu einer anderen Dienststelle versetzt oder abgeordnet sind.

§ 56 Besonderer Schutz der Auszubildenden

(1) Beabsichtigt der Arbeitgeber, eine Beschäftigte oder einen Beschäftigten, die oder der in einem Berufsausbildungsverhältnis nach dem Berufsbildungsgesetz, dem Krankenpflegegesetz, dem Pflegeberufegesetz oder dem Hebammengesetz steht und die oder der Mitglied des Personalrats ist, nach erfolgreicher Beendigung des Berufsausbildungsverhältnisses nicht in ein Arbeitsverhältnis auf unbestimmte Zeit zu übernehmen, so hat er dies drei Monate vor Beendigung des Berufsausbildungsverhältnisses der betroffenen Person schriftlich mitzuteilen.

(2) Verlangt eine Auszubildende oder ein Auszubildender im Sinne des Absatzes 1, die oder der Mitglied des Personalrats ist, innerhalb der letzten drei Monate vor Beendigung des Berufsausbildungsverhältnisses schriftlich die Weiterbeschäftigung, so gilt im Anschluss an das erfolgreiche Berufsausbildungsverhältnis ein Arbeitsverhältnis auf unbestimmte Zeit als begründet.

(3) Die Absätze 1 und 2 gelten auch, wenn das Berufsausbildungsverhältnis vor Ablauf eines Jahres nach Beendigung der Amtszeit des Personalrats erfolgreich endet.

(4) Wenn Tatsachen vorliegen, auf Grund derer dem Arbeitgeber unter Berücksichtigung aller Umstände die Weiterbeschäftigung nicht zugemutet werden kann, so kann er spätestens bis zum Ablauf von zwei Wochen nach Beendigung des Berufsausbildungsverhältnisses beim Verwaltungsgericht beantragen,

1. festzustellen, dass ein Arbeitsverhältnis nach Absatz 2 oder 3 nicht begründet wird, oder
2. das bereits nach Absatz 2 oder 3 begründete Arbeitsverhältnis aufzulösen.

In dem Verfahren vor dem Verwaltungsgericht ist der Personalrat Beteiligter.

(5) Die Absätze 2 bis 4 sind unabhängig davon anzuwenden, ob der Arbeitgeber seiner Mitteilungspflicht nach Absatz 1 nachgekommen ist.

Kapitel 3
Personalversammlung

§ 57 Zusammensetzung, Leitung, Teilversammlung

(1) Die Personalversammlung besteht aus den Beschäftigten der Dienststelle. Sie wird von der oder dem Vorsitzenden des Personalrats geleitet.

(2) Kann nach den dienstlichen Verhältnissen eine gemeinsame Versammlung der Beschäftigten nicht stattfinden, so sind Teilversammlungen abzuhalten.

§ 58 Nichtöffentlichkeit, Teilnahmerechte

(1) Die Personalversammlung ist nicht öffentlich. Der Personalrat kann die Personalversammlung im Einvernehmen mit der Leiterin oder dem Leiter der Dienststelle mittels Videokonferenz in Nebenstellen oder Teile der Dienststelle übertragen. § 38 Absatz 3 Satz 2 Nummer 1 und 3 sowie Satz 3 gilt

entsprechend. Die Möglichkeit zur Durchführung von Teilversammlungen bleibt unberührt.

(2) Beauftragte der in der Dienststelle vertretenen Gewerkschaften und eine Beauftragte oder ein Beauftragter der Arbeitgebervereinigung, der die Dienststelle angehört, sind berechtigt, mit beratender Stimme an der Personalversammlung teilzunehmen. Der Personalrat hat die Einberufung der Personalversammlung den Gewerkschaften und der Arbeitgebervereinigung mitzuteilen. Ein beauftragtes Mitglied der Stufenvertretung und des Gesamtpersonalrats sowie eine Beauftragte oder ein Beauftragter der Dienststelle, bei der die Stufenvertretung besteht, können an der Personalversammlung ohne beratende Stimme teilnehmen. Teilnahmerechte auf Grund anderer Rechtvorschriften bleiben unberührt.

§ 59 Ordentliche und außerordentliche Personalversammlung

(1) Der Personalrat hat einmal in jedem Kalenderhalbjahr in einer Personalversammlung einen Tätigkeitsbericht zu erstatten (ordentliche Personalversammlung).

(2) Der Personalrat ist berechtigt und auf Wunsch der Leiterin oder des Leiters der Dienststelle oder eines Viertels der wahlberechtigten Beschäftigten verpflichtet, eine außerordentliche Personalversammlung einzuberufen und den Gegenstand, dessen Beratung beantragt ist, auf die Tagesordnung zu setzen. An Versammlungen, die auf Wunsch der Leiterin oder des Leiters der Dienststelle einberufen sind oder zu denen sie oder er ausdrücklich eingeladen ist, hat sie oder er teilzunehmen; im Übrigen kann sie oder er an der Personalversammlung teilnehmen.

(3) Auf Antrag einer in der Dienststelle vertretenen Gewerkschaft muss der Personalrat vor Ablauf von 15 Arbeitstagen nach Eingang des Antrags eine ordentliche Personalversammlung einberufen und durchführen, wenn im vorhergegangenen Kalenderhalbjahr keine Personalversammlung und keine Teilversammlung durchgeführt worden sind, in denen ein Tätigkeitsbericht erstattet worden ist.

§ 60 Zeitpunkt, Dienstbefreiung, Bezüge, Fahrtkosten

(1) Die ordentlichen und die auf Wunsch der Leiterin oder des Leiters der Dienststelle einberufenen außerordentlichen Personalversammlungen finden während der Arbeitszeit statt, soweit nicht die dienstlichen Verhältnisse eine andere Regelung erfordern. Andere außerordentliche Personalversammlungen finden außerhalb der Arbeitszeit statt; hiervon kann im Einvernehmen mit der Leiterin oder dem Leiter der Dienststelle abgewichen werden.

(2) Soweit in den Fällen des Absatzes 1 Satz 1 Personalversammlungen aus dienstlichen Gründen außerhalb der Arbeitszeit stattfinden müssen, ist den Teilnehmerinnen und Teilnehmern Dienstbefreiung in entsprechendem Umfang zu gewähren.

(3) Die Teilnahme an Personalversammlungen nach Absatz 1 Satz 1 hat keine Minderung der Dienstbezüge oder des Arbeitsentgelts zur Folge. Dasselbe gilt

für außerordentliche Personalversammlungen nach Absatz 1 Satz 2, die im Einvernehmen mit der Leiterin oder dem Leiter der Dienststelle während der Arbeitszeit durchgeführt werden.

(4) Fahrtkosten, die durch die Teilnahme an Personalversammlungen nach Absatz 1 Satz 1 entstehen, werden in entsprechender Anwendung des Bundesreisekostengesetzes erstattet.

§ 61 Befugnisse

(1) Die Personalversammlung darf Angelegenheiten behandeln, die die Dienststelle oder ihre Beschäftigten unmittelbar betreffen, insbesondere Tarif-, Besoldungs- und Sozialangelegenheiten sowie Fragen der tatsächlichen Gleichstellung von Frauen und Männern, der Vermeidung von Benachteiligungen von Menschen, die sich keinem dieser Geschlechter zuordnen, der Teilhabe von Menschen mit Behinderungen und der Vereinbarkeit von Familie, Pflege und Beruf.

(2) Die Personalversammlung kann dem Personalrat Anträge unterbreiten und zu seinen Beschlüssen Stellung nehmen.

(3) § 2 Absatz 2 und 5 gilt für die Personalversammlung entsprechend.

Kapitel 4
Beteiligung des Personalrats

Abschnitt 1
Allgemeines

§ 62 Allgemeine Aufgaben

Der Personalrat hat folgende allgemeine Aufgaben:

1. Maßnahmen, die der Dienststelle und ihren Angehörigen dienen, zu beantragen,
2. darüber zu wachen, dass die zugunsten der Beschäftigten geltenden Gesetze, Verordnungen, Tarifverträge, Dienstvereinbarungen und Verwaltungsanordnungen durchgeführt werden,
3. Anregungen und Beschwerden von Beschäftigten und der Jugend- und Auszubildendenvertretung entgegenzunehmen und, falls sie berechtigt erscheinen, durch Verhandlung mit der Leiterin oder dem Leiter der Dienststelle auf ihre Erledigung hinzuwirken; der Personalrat hat die betreffenden Beschäftigten über den Stand und das Ergebnis der Verhandlungen zu unterrichten,
4. der Benachteiligung von Menschen mit Behinderungen entgegenzuwirken sowie die Inklusion und Teilhabe behinderter Menschen zu fördern, insbesondere die Eingliederung und berufliche Entwicklung schwerbehinderter und ihnen gleichgestellter Beschäftigter und sonstiger besonders schutzbedürftiger, insbesondere älterer Beschäftigter zu fördern sowie Maßnahmen zur beruflichen Förderung schwerbehinderter und ihnen gleichgestellter Beschäftigter zu beantragen,

5. die Durchsetzung der tatsächlichen Gleichstellung von Frauen und Männern zu fördern sowie Benachteiligungen von Menschen, die sich keinem dieser Geschlechter zuordnen, entgegenzuwirken, insbesondere bei der Einstellung, Beschäftigung, Aus-, Fort- und Weiterbildung und dem beruflichen Aufstieg,
6. die Vereinbarkeit von Familie, Pflege und Beruf zu fördern,
7. die Integration ausländischer Beschäftigter in die Dienststelle und das Verständnis zwischen ihnen und den deutschen Beschäftigten zu fördern sowie Maßnahmen zur Bekämpfung gruppenbezogener Menschenfeindlichkeit in der Dienststelle zu beantragen,
8. mit der Jugend- und Auszubildendenvertretung zur Förderung der Belange der Beschäftigten, die das 18. Lebensjahr noch nicht vollendet haben oder sich in einer beruflichen Ausbildung befinden, eng zusammenzuarbeiten sowie
9. Maßnahmen des Arbeitsschutzes und des Gesundheitsschutzes in der Dienststelle zu fördern.

§ 63 Dienstvereinbarungen

(1) Dienstvereinbarungen sind in Angelegenheiten des § 78 Absatz 1 Nummer 12 bis 15, des § 79 Absatz 1 Nummer 4 und 5 sowie des § 80 Absatz 1 zulässig, soweit eine gesetzliche oder tarifliche Regelung nicht besteht und es sich nicht um Einzelangelegenheiten handelt. Arbeitsentgelte und sonstige Arbeitsbedingungen, die durch Tarifvertrag geregelt sind oder üblicherweise geregelt werden, können nicht Gegenstand einer Dienstvereinbarung sein. Dies gilt nicht, wenn ein Tarifvertrag den Abschluss ergänzender Dienstvereinbarungen ausdrücklich zulässt.

(2) Dienstvereinbarungen werden durch die Dienststelle und den Personalrat gemeinsam vereinbart, sind in schriftlicher oder elektronischer Form abzuschließen und in geeigneter Weise bekanntzumachen.

(3) Dienstvereinbarungen, die für einen größeren Bereich gelten, gehen den Dienstvereinbarungen für einen kleineren Bereich vor.

§ 64 Durchführung der Entscheidungen

(1) Entscheidungen, an denen der Personalrat beteiligt war, führt die Dienststelle durch, es sei denn, dass im Einzelfall etwas anderes vereinbart ist.

(2) Der Personalrat darf nicht durch einseitige Handlungen in den Dienstbetrieb eingreifen.

Abschnitt 2
Unterrichtungs- und Teilnahmerechte, Datenschutz

§ 65 Monatsgespräch

Die Leiterin oder der Leiter der Dienststelle und der Personalrat sollen mindestens einmal im Monat zu einer Besprechung zusammentreten. In den Besprechungen soll auch die Gestaltung des Dienstbetriebs behandelt werden, insbesondere alle Vorgänge, die die Beschäftigten wesentlich berühren. Die Leiterin oder der Leiter der Dienststelle und der Personalrat haben über strittige Fragen mit dem ernsten Willen zur Einigung zu verhandeln und Vorschläge für die Beilegung von Meinungsverschiedenheiten zu machen.

§ 66 Informationspflicht der Dienststelle

(1) Der Personalrat ist zur Durchführung seiner Aufgaben rechtzeitig und umfassend zu unterrichten. Ihm sind die hierfür erforderlichen Unterlagen, einschließlich der für die Durchführung seiner Aufgaben erforderlichen personenbezogenen Daten, vorzulegen.

(2) Personalakten dürfen nur mit Zustimmung der oder des Beschäftigten und nur von den von ihr oder ihm bestimmten Mitgliedern des Personalrats eingesehen werden. Dienstliche Beurteilungen sind auf Verlangen der oder des Beschäftigten dem Personalrat zur Kenntnis zu bringen.

§ 67 Beratende Teilnahme an Prüfungen

An Prüfungen, die eine Dienststelle für Beschäftigte ihres Bereichs abnimmt, kann ein Mitglied des für diesen Bereich zuständigen Personalrats, das von diesem benannt ist, beratend teilnehmen.

§ 68 Hinzuziehung in Fragen des Arbeitsschutzes und der Unfallverhütung

(1) Der Personalrat hat bei der Bekämpfung von Unfall- und Gesundheitsgefahren die für den Arbeitsschutz zuständigen Behörden, die Träger der gesetzlichen Unfallversicherung und die übrigen in Betracht kommenden Stellen durch Anregung, Beratung und Auskunft zu unterstützen und sich für die Durchführung der Vorschriften über den Arbeitsschutz und die Unfallverhütung in der Dienststelle einzusetzen.

(2) Die Leiterin oder der Leiter der Dienststelle und die in Absatz 1 genannten Behörden, Träger und sonstigen Stellen sind verpflichtet, bei allen im Zusammenhang mit dem Arbeitsschutz oder der Unfallverhütung stehenden Besichtigungen und Fragen und bei Unfalluntersuchungen den Personalrat oder die von ihm beauftragten Personalratsmitglieder derjenigen Dienststelle hinzuzuziehen, in der die Besichtigung oder Untersuchung stattfindet. Die Leiterin oder der Leiter der Dienststelle hat dem Personalrat unverzüglich die den Arbeitsschutz und die Unfallverhütung betreffenden Auflagen und Anordnungen der in Absatz 1 genannten Stellen mitzuteilen.

(3) An den Besprechungen der Leiterin oder des Leiters der Dienststelle mit den Sicherheitsbeauftragten im Rahmen des § 22 Absatz 2 des Siebten Buches Sozialgesetzbuch nehmen vom Personalrat beauftragte Personalratsmitglieder teil.

(4) Der Personalrat erhält die Protokolle über Untersuchungen, Besichtigungen und Besprechungen, zu denen er oder die von ihm beauftragten Personalratsmitglieder nach den Absätzen 2 und 3 hinzuzuziehen ist oder sind.

(5) Die Leiterin oder der Leiter der Dienststelle hat dem Personalrat eine Kopie der Unfallanzeige nach § 193 des Siebten Buches Sozialgesetzbuch oder des nach beamtenrechtlichen Vorschriften zu erstattenden Berichts auszuhändigen.

§ 69 Datenschutz

Bei der Verarbeitung personenbezogener Daten hat der Personalrat die Vorschriften über den Datenschutz einzuhalten. Soweit der Personalrat zur Erfüllung der in seiner Zuständigkeit liegenden Aufgaben personenbezogene Daten verarbeitet, ist die Dienststelle der für die Verarbeitung Verantwortliche im Sinne der datenschutzrechtlichen Vorschriften. Die Dienststelle und der Personalrat unterstützen sich gegenseitig bei der Einhaltung der datenschutzrechtlichen Vorschriften.

Abschnitt 3
Mitbestimmung

Unterabschnitt 1
Verfahren der Mitbestimmung

§ 70 Verfahren zwischen Dienststelle und Personalrat

(1) Soweit eine Maßnahme der Mitbestimmung des Personalrats unterliegt, kann sie nur mit seiner Zustimmung getroffen werden.

(2) Die Leiterin oder der Leiter der Dienststelle unterrichtet den Personalrat von der beabsichtigten Maßnahme und beantragt seine Zustimmung. Der Personalrat kann verlangen, dass die Leiterin oder der Leiter der Dienststelle die beabsichtigte Maßnahme begründet; die Begründung hat außer in Personalangelegenheiten schriftlich oder elektronisch zu erfolgen.

(3) Der Beschluss des Personalrats über die beantragte Zustimmung ist der Leiterin oder dem Leiter der Dienststelle innerhalb von zehn Arbeitstagen mitzuteilen. In dringenden Fällen kann die Leiterin oder der Leiter der Dienststelle diese Frist auf drei Arbeitstage abkürzen. Der Personalrat und die Leiterin oder der Leiter der Dienststelle können im Einzelfall oder für die Dauer der Amtszeit des Personalrats schriftlich oder elektronisch von Satz 1 abweichende Fristen vereinbaren. Die Maßnahme gilt als gebilligt, wenn nicht der Personalrat fristgerecht die Zustimmung unter Angabe der Gründe schriftlich oder elektronisch verweigert. Soweit dabei Beschwerden oder Behauptungen tatsächlicher Art vorgetragen werden, die für einen Beschäftigten ungünstig sind oder ihm nachteilig werden können, hat die Dienststelle dem Beschäftigten Gelegenheit zur Äußerung zu geben; die Äußerung ist aktenkundig zu machen.

§ 71 Stufenverfahren

(1) Kommt eine Einigung nicht zustande, so kann die Leiterin oder der Leiter der Dienststelle oder der Personalrat die Angelegenheit binnen fünf Arbeitstagen auf dem Dienstweg den übergeordneten Dienststellen, bei denen

Stufenvertretungen bestehen, schriftlich oder elektronisch vorlegen. Der Personalrat und die Leiterin oder der Leiter der Dienststelle können im Einzelfall schriftlich oder elektronisch eine abweichende Frist vereinbaren. In Körperschaften, Anstalten oder Stiftungen des öffentlichen Rechts ist als oberste Dienstbehörde das in ihrer Verfassung für die Geschäftsführung vorgesehene oberste Organ anzurufen. In Zweifelsfällen bestimmt die zuständige oberste Bundesbehörde die anzurufende Stelle. Legt die Leiterin oder der Leiter der Dienststelle die Angelegenheit der übergeordneten Dienststelle vor, teilt sie oder er dies dem Personalrat unter Angabe der Gründe mit.

(2) Die übergeordnete Dienststelle soll die Angelegenheit, sofern sie dem Anliegen des Personalrats nicht oder nicht in vollem Umfang entspricht, innerhalb von sechs Wochen der bei ihr gebildeten Stufenvertretung vorlegen. Für das weitere Verfahren gilt § 70 Absatz 2 und 3 entsprechend.

§ 72 Anrufung der Einigungsstelle

Ergibt sich zwischen der obersten Dienstbehörde und der bei ihr bestehenden zuständigen Personalvertretung keine Einigung, kann jede Seite die Einigungsstelle anrufen.

§ 73 Bildung und Zusammensetzung der Einigungsstelle

(1) Die Einigungsstelle wird bei der obersten Dienstbehörde gebildet.

(2) Die Einigungsstelle besteht aus je drei Beisitzerinnen oder Beisitzern, die von der obersten Dienstbehörde und der bei ihr bestehenden zuständigen Personalvertretung bestellt werden, sowie einer oder einem unparteiischen Vorsitzenden, auf die oder den sich beide Seiten einigen. Unter den Beisitzerinnen und Beisitzern, die von der Personalvertretung bestellt werden, muss sich je eine Beamtin oder ein Beamter und eine Arbeitnehmerin oder ein Arbeitnehmer befinden, es sei denn, die Angelegenheit betrifft nur die Beamtinnen und Beamten oder nur die Arbeitnehmerinnen und Arbeitnehmer. Kommt eine Einigung über die Person der oder des Vorsitzenden nicht zustande, so bestellt sie oder ihn die Präsidentin oder der Präsident des Bundesverwaltungsgerichts.

§ 74 Verfahren der Einigungsstelle

(1) Die Einigungsstelle soll binnen zwei Monaten nach der Erklärung eines Beteiligten, die Entscheidung der Einigungsstelle herbeiführen zu wollen, entscheiden.

(2) Die Verhandlung ist nicht öffentlich. Der obersten Dienstbehörde und der zuständigen Personalvertretung ist Gelegenheit zur mündlichen Äußerung zu geben. Im Einvernehmen mit den Beteiligten kann die Äußerung schriftlich erfolgen.

(3) Die Einigungsstelle entscheidet durch Beschluss. Sie kann den Anträgen der Beteiligten auch teilweise entsprechen. In den Fällen des § 78 Absatz 5 stellt sie fest, ob ein Grund zur Verweigerung der Zustimmung vorliegt.

(4) Der Beschluss wird mit Stimmenmehrheit gefasst. Er muss sich im Rahmen der geltenden Rechtsvorschriften, insbesondere des Haushaltsgesetzes, halten. Der Beschluss ist den Beteiligten zuzustellen.

(5) Für die Verhandlung und Beschlussfassung der Einigungsstelle gilt § 38 Absatz 3 Satz 1, 2 Nummer 1 und 3 sowie Satz 3 entsprechend. Die Verhandlung und Beschlussfassung mittels Video- oder Telefonkonferenz ist unzulässig, wenn ein Mitglied der Einigungsstelle binnen einer von der oder dem Vorsitzenden zu bestimmenden Frist gegenüber der oder dem Vorsitzenden widerspricht. Mitglieder der Einigungsstelle, die mittels Video- oder Telefonkonferenz teilnehmen, gelten als anwesend.

§ 75 Bindung an die Beschlüsse der Einigungsstelle

(1) Der Beschluss der Einigungsstelle bindet die Beteiligten mit Ausnahme der in den Absätzen 2 und 3 geregelten Fälle.

(2) Die oberste Dienstbehörde kann einen Beschluss der Einigungsstelle in Angelegenheiten, die im Einzelfall wegen ihrer Auswirkungen auf das Gemeinwesen wesentlicher Bestandteil der Regierungsgewalt sind, innerhalb von vier Wochen nach dessen Zustellung ganz oder teilweise aufheben und in der Angelegenheit endgültig entscheiden. Die Aufhebung und deren Gründe sind der Vorsitzenden oder dem Vorsitzenden der Einigungsstelle sowie den beteiligten Dienststellen und Personalvertretungen unverzüglich schriftlich oder elektronisch mitzuteilen.

(3) In den Fällen des § 78 Absatz 1 und des § 80 Absatz 1 Nummer 10 bis 13 und 19 bis 21 beschließt die Einigungsstelle, wenn sie sich nicht der Auffassung der obersten Dienstbehörde anschließt, eine Empfehlung an diese. Die oberste Dienstbehörde entscheidet sodann endgültig.

§ 76 Vorläufige Maßnahmen

Die Leiterin oder der Leiter der Dienststelle kann bei Maßnahmen, die der Natur der Sache nach keinen Aufschub dulden, bis zur endgültigen Entscheidung vorläufige Regelungen treffen. Sie oder er hat dem Personalrat die vorläufige Regelung mitzuteilen und zu begründen und unverzüglich das Verfahren der Mitbestimmung einzuleiten oder fortzusetzen.

§ 77 Initiativrecht des Personalrats

(1) Beantragt der Personalrat eine Maßnahme, die nach den §§ 78 bis 80 seiner Mitbestimmung unterliegt, so hat er sie schriftlich oder elektronisch der Leiterin oder dem Leiter der Dienststelle vorzuschlagen und zu begründen.

(2) Die Leiterin oder der Leiter der Dienststelle soll über den Antrag nach Absatz 1 innerhalb von sechs Wochen unter Angabe der Gründe entscheiden oder, wenn die Einhaltung der Frist nicht möglich ist, einen Sachstandshinweis erteilen. Entspricht die Leiterin oder der Leiter der Dienststelle dem Antrag nicht oder nicht in vollem Umfang, so bestimmt sich das weitere Verfahren

1. in den Fällen des § 78 Absatz 1 Nummer 12, des § 79 Absatz 1 Nummer 4 und 5 sowie des § 80 Absatz 1 Nummer 1, 3, 4, 6 bis 9, 14, 16, 18 und 21 nach den §§ 71 bis 75,
2. in den übrigen Angelegenheiten nach § 71 mit der Maßgabe, dass die oberste Dienstbehörde endgültig entscheidet.

Unterabschnitt 2
Angelegenheiten der Mitbestimmung

§ 78 Mitbestimmung in Personalangelegenheiten

(1) Der Personalrat bestimmt mit in Personalangelegenheiten bei

1. Einstellung,
2. Beförderung, Verleihung eines anderen Amtes mit anderer Amtsbezeichnung beim Wechsel der Laufbahngruppe, Laufbahnwechsel,
3. Übertragung einer höher oder niedriger zu bewertenden Tätigkeit oder eines höher oder niedriger zu bewertenden Dienstpostens,
4. Eingruppierung, Höher- oder Rückgruppierung von Arbeitnehmerinnen oder Arbeitnehmern einschließlich der hiermit jeweils verbundenen Stufenzuordnung, jedoch nicht bei in das Ermessen des Arbeitgebers gestellten Stufenzuordnungen, es sei denn, es wurden allgemeine Grundsätze erlassen,
5. Versetzung zu einer anderen Dienststelle,
6. Umsetzung innerhalb der Dienstelle für mehr als drei Monate, wenn die Umsetzung mit einem Wechsel des Dienstortes verbunden ist und der neue Dienstort sich außerhalb des Einzugsgebietes im Sinne des Umzugskostenrechts befindet,
7. Abordnung, Zuweisung oder Personalgestellung für mehr als drei Monate,
8. Hinausschieben des Eintritts von Beamtinnen oder Beamten in den Ruhestand oder Weiterbeschäftigung von Arbeitnehmerinnen oder Arbeitnehmern über die Altersgrenze hinaus,
9. Anordnungen zur Wahl der Wohnung,
10. Versagung oder Widerruf der Genehmigung einer Nebentätigkeit,
11. Ablehnung eines Antrags nach den §§ 91 bis 92b oder § 95 des Bundesbeamtengesetzes auf Teilzeitbeschäftigung, Ermäßigung der regelmäßigen Arbeitszeit oder Urlaub,
12. Absehen von der Ausschreibung von Dienstposten, die besetzt werden sollen,
13. Auswahl der Teilnehmerinnen und Teilnehmer an Fortbildungsveranstaltungen mit Ausnahme der Nachbesetzung freier Plätze von Fortbildungsveranstaltungen, die in weniger als drei Arbeitstagen beginnen,
14. Bestellung von Vertrauens- oder Betriebsärztinnen und -ärzten als Beschäftigte,
15. Geltendmachung von Ersatzansprüchen gegen eine Beschäftigte oder einen Beschäftigten.

(2) In den Fällen des Absatzes 1 Nummer 15 bestimmt der Personalrat nur auf Antrag der oder des Beschäftigten mit; diese oder dieser ist von der beabsichtigten Maßnahme rechtzeitig vorher in Kenntnis zu setzen.

(3) In Personalangelegenheiten der in § 15 Absatz 2 Nummer 4 bezeichneten Beschäftigten, der Beamtinnen und Beamten auf Zeit und der Beschäftigten mit überwiegend wissenschaftlicher oder künstlerischer Tätigkeit bestimmt der Personalrat nach Absatz 1 nur mit, wenn sie es beantragen.

(4) Absatz 1 gilt nicht

1. für die in § 54 Absatz 1 des Bundesbeamtengesetzes bezeichneten Beamtinnen und Beamten und für entsprechende Arbeitnehmerinnen und Arbeitnehmer sowie
2. für Beamtenstellen von der Besoldungsgruppe A 16 an aufwärts und entsprechende Arbeitnehmerstellen.

(5) Der Personalrat kann in den Fällen des Absatzes 1 seine Zustimmung verweigern, wenn

1. die Maßnahme gegen ein Gesetz, eine Verordnung, eine Bestimmung in einem Tarifvertrag, eine gerichtliche Entscheidung, den Gleichstellungsplan oder eine Verwaltungsanordnung oder gegen eine Richtlinie im Sinne des § 80 Absatz 1 Nummer 12 verstößt,
2. die durch Tatsachen begründete Besorgnis besteht, dass durch die Maßnahme der oder die betroffene Beschäftigte oder andere Beschäftigte benachteiligt werden, ohne dass dies aus dienstlichen oder persönlichen Gründen gerechtfertigt ist, oder
3. die durch Tatsachen begründete Besorgnis besteht, dass die oder der Beschäftigte oder die Bewerberin oder der Bewerber den Frieden in der Dienststelle durch unsoziales oder gesetzwidriges Verhalten stören werde.

§ 79 Mitbestimmung in sozialen Angelegenheiten

(1) Der Personalrat bestimmt mit in sozialen Angelegenheiten bei

1. Gewährung von Unterstützungen, Vorschüssen, Darlehen und entsprechenden sozialen Zuwendungen,
2. Zuweisung und Kündigung von Wohnungen, über die die Beschäftigungsdienststelle verfügt, Ausübung von Belegungs- oder Vorschlagsrechten der Beschäftigungsdienststelle sowie der allgemeinen Festsetzung der Nutzungsbedingungen,
3. Zuweisung von Dienst- und Pachtland und Festsetzung der Nutzungsbedingungen,
4. Errichtung, Verwaltung und Auflösung von Sozialeinrichtungen ohne Rücksicht auf ihre Rechtsform,
5. Aufstellung von Sozialplänen einschließlich Plänen für Umschulungen zum Ausgleich oder zur Milderung von wirtschaftlichen Nachteilen, die der oder dem Beschäftigten infolge von Rationalisierungsmaßnahmen entstehen.

(2) Hat eine Beschäftigte oder ein Beschäftigter eine Leistung nach Absatz 1 Nummer 1 beantragt, wird der Personalrat nur auf ihren oder seinen Antrag

beteiligt; auf Verlangen der Antragstellerin oder des Antragstellers bestimmt nur der Vorstand des Personalrats mit. Die Dienststelle hat dem Personalrat nach Abschluss jedes Kalendervierteljahres einen Überblick über die Unterstützungen und entsprechenden sozialen Zuwendungen zu geben. Dabei sind die Anträge und die Leistungen gegenüberzustellen. Auskunft über die von den Antragstellerinnen und Antragstellern angeführten Gründe wird hierbei nicht erteilt.

§ 80 Mitbestimmung in organisatorischen Angelegenheiten

(1) Der Personalrat bestimmt mit, soweit eine gesetzliche oder tarifliche Regelung nicht besteht, über

1. Beginn und Ende der täglichen Arbeitszeit und der Pausen sowie die Verteilung der Arbeitszeit auf die einzelnen Wochentage,
2. Anordnung von Dienstbereitschaft, Bereitschaftsdienst, Rufbereitschaft, Mehrarbeit und Überstunden,
3. Einführung, Änderung und Aufhebung von Arbeitszeitmodellen,
4. Gestaltung der Arbeitsplätze,
5. Einführung, Änderung und Aufhebung von Arbeitsformen außerhalb der Dienststelle,
6. Aufstellung allgemeiner Urlaubsgrundsätze und des Urlaubsplanes, Festsetzung der zeitlichen Lage des Erholungsurlaubs für einzelne Beschäftigte, wenn zwischen der Dienststelle und den beteiligten Beschäftigten kein Einverständnis erzielt wird,
7. Zeit, Ort und Art der Auszahlung der Dienstbezüge und Arbeitsentgelte,
8. Fragen der Lohngestaltung innerhalb der Dienststelle, insbesondere die Aufstellung von Entlohnungsgrundsätzen, die Einführung und Anwendung von neuen Entlohnungsmethoden und deren Änderung sowie die Festsetzung der Akkord- und Prämiensätze und vergleichbarer leistungsbezogener Entgelte, einschließlich der Geldfaktoren,
9. Durchführung der Berufsausbildung bei Arbeitnehmerinnen und Arbeitnehmern,
10. allgemeine Fragen der Fortbildung der Beschäftigten,
11. Beurteilungsrichtlinien,
12. Erlass von Richtlinien über die personelle Auswahl bei Einstellungen, Versetzungen, Umgruppierungen und Kündigungen,
13. Maßnahmen, die der Familienfreundlichkeit, der Vereinbarkeit von Familie, Pflege und Beruf, der Durchsetzung der tatsächlichen Gleichstellung von Frauen und Männern, der Vermeidung von Benachteiligungen von Menschen, die sich keinem dieser Geschlechter zuordnen, sowie der Vermeidung von Benachteiligungen von Menschen mit Behinderungen dienen, insbesondere bei der Einstellung, Beschäftigung, Aus-, Fort- und Weiterbildung und dem beruflichen Aufstieg,
14. Grundsätze über die Bewertung von anerkannten Vorschlägen im Rahmen des behördlichen oder betrieblichen Vorschlagwesens,
15. Inhalt von Personalfragebogen,

16. Maßnahmen zur Verhütung von Dienst- und Arbeitsunfällen und Berufskrankheiten sowie zum Gesundheitsschutz im Rahmen der gesetzlichen Vorschriften oder der Unfallverhütungsvorschriften,
17. Grundsätze des behördlichen oder betrieblichen Gesundheits- und Eingliederungsmanagements,
18. Regelung der Ordnung in der Dienststelle und des Verhaltens der Beschäftigten,
19. Maßnahmen zur Hebung der Arbeitsleistung oder zur Erleichterung des Arbeitsablaufs,
20. Einführung grundlegend neuer Arbeitsmethoden,
21. Einführung und Anwendung technischer Einrichtungen, die dazu bestimmt sind, das Verhalten oder die Leistung der Beschäftigten zu überwachen.

(2) Muss für Gruppen von Beschäftigten die tägliche Arbeitszeit nach Erfordernissen, die die Dienststelle nicht voraussehen kann, unregelmäßig und kurzfristig festgesetzt werden, so beschränkt sich die Mitbestimmung nach Absatz 1 Nummer 1 und 2 auf die Grundsätze für die Aufstellung der Dienstpläne, insbesondere für die Anordnung von Dienstbereitschaft, Mehrarbeit und Überstunden.

Abschnitt 4
Mitwirkung

Unterabschnitt 1
Verfahren der Mitwirkung

§ 81 Verfahren zwischen Dienststelle und Personalrat

(1) Soweit der Personalrat an Entscheidungen mitwirkt, ist die beabsichtigte Maßnahme vor der Durchführung mit dem Ziel einer Verständigung rechtzeitig und eingehend mit ihm zu erörtern.

(2) Äußert sich der Personalrat nicht innerhalb von zehn Arbeitstagen oder hält er bei Erörterung seine Einwendungen oder Vorschläge nicht aufrecht, so gilt die beabsichtigte Maßnahme als gebilligt. Der Personalrat und die Leiterin oder der Leiter der Dienststelle können im Einzelfall oder für die Dauer der Amtszeit des Personalrats schriftlich oder elektronisch eine abweichende Frist vereinbaren. Erhebt der Personalrat Einwendungen, so hat er der Leiterin oder dem Leiter der Dienststelle die Gründe mitzuteilen. Soweit dabei Beschwerden oder Behauptungen tatsächlicher Art vorgetragen werden, die für eine Beschäftigte oder einen Beschäftigten ungünstig sind oder für sie oder ihn nachteilig werden können, hat die Dienststelle der oder dem Beschäftigten Gelegenheit zur Äußerung zu geben; die Äußerung ist aktenkundig zu machen.

(3) Entspricht die Dienststelle den Einwendungen des Personalrats nicht oder nicht in vollem Umfang, so teilt sie dem Personalrat ihre Entscheidung unter Angabe der Gründe schriftlich oder elektronisch mit.

§ 82 Stufenverfahren

(1) Der Personalrat einer nachgeordneten Dienststelle kann die Angelegenheit binnen drei Arbeitstagen nach Zugang der Mitteilung auf dem Dienstweg den übergeordneten Dienststellen, bei denen Stufenvertretungen bestehen, mit dem Antrag auf Entscheidung schriftlich oder elektronisch vorlegen. Die übergeordneten Dienststellen entscheiden nach Verhandlung mit der bei ihnen bestehenden Stufenvertretung. § 71 Absatz 1 Satz 2 bis 4 gilt entsprechend. Eine Kopie seines Antrags leitet der Personalrat seiner Dienststelle zu.

(2) Ist ein Antrag nach Absatz 1 gestellt, so ist die beabsichtigte Maßnahme bis zur Entscheidung der angerufenen Dienststelle auszusetzen.

§ 83 Vorläufige Maßnahmen

Die Leiterin oder der Leiter der Dienststelle kann bei Maßnahmen, die der Natur der Sache nach keinen Aufschub dulden, bis zur endgültigen Entscheidung vorläufige Regelungen treffen. Sie oder er hat dem Personalrat die vorläufige Regelung mitzuteilen und zu begründen sowie unverzüglich das Verfahren der Mitwirkung einzuleiten oder fortzusetzen.

Unterabschnitt 2
Angelegenheiten der Mitwirkung

§ 84 Angelegenheiten der Mitwirkung

(1) Der Personalrat wirkt mit bei

1. Vorbereitung von Verwaltungsanordnungen einer Dienststelle für die innerdienstlichen, sozialen und persönlichen Angelegenheiten der Beschäftigten ihres Geschäftsbereiches, wenn nicht nach § 118 des Bundesbeamtengesetzes die Spitzenorganisationen der zuständigen Gewerkschaften bei der Vorbereitung zu beteiligen sind,
2. Auflösung, Einschränkung, Verlegung oder Zusammenlegung, Aufspaltung oder Ausgliederung von Dienststellen oder wesentlichen Teilen von ihnen,
3. Übertragung von Aufgaben der Dienststelle, die üblicherweise von ihren Beschäftigten wahrgenommen werden, auf Dauer an Privatpersonen oder andere Rechtsträger in der Rechtsform des Privatrechts,
4. Erlass einer Disziplinarverfügung gegen eine Beamtin oder einen Beamten, mit der eine Zurückstufung oder Entfernung aus dem Beamtenverhältnis ausgesprochen wird,
5. Entlassung einer Beamtin oder eines Beamten auf Probe oder auf Widerruf, die oder der die Entlassung nicht selbst beantragt hat,
6. vorzeitiger Versetzung in den Ruhestand und Feststellung der begrenzten Dienstfähigkeit.

(2) Maßnahmen nach Absatz 1 Nummer 4 bis 6 gegenüber den in § 78 Absatz 4 genannten Beschäftigten unterliegen nicht der Mitwirkung. Im Übrigen wird der Personalrat in den Fällen des Absatzes 1 Nummer 4 bis 6 nur

auf Antrag der oder des Beschäftigten beteiligt; die oder der Beschäftigte ist von der beabsichtigten Maßnahme rechtzeitig vorher in Kenntnis zu setzen. Der Personalrat kann bei der Mitwirkung nach Absatz 1 Nummer 4 Einwendungen auf die in § 78 Absatz 5 Nummer 1 und 2 bezeichneten Gründe stützen.

§ 85 Ordentliche Kündigung

(1) Der Personalrat wirkt bei der ordentlichen Kündigung durch den Arbeitgeber mit. § 78 Absatz 4 gilt entsprechend. Der Personalrat kann gegen die Kündigung Einwendungen erheben, wenn nach seiner Ansicht

1. bei der Auswahl der zu kündigenden Arbeitnehmerin oder des zu kündigenden Arbeitnehmers soziale Gesichtspunkte nicht oder nicht ausreichend berücksichtigt worden sind,
2. die Kündigung gegen eine Richtlinie nach § 80 Absatz 1 Nummer 12 verstößt,
3. die zu kündigende Arbeitnehmerin oder der zu kündigende Arbeitnehmer an einem anderen Arbeitsplatz in derselben Dienststelle oder in einer anderen Dienststelle desselben Verwaltungszweiges an demselben Dienstort einschließlich seines Einzugsgebietes weiterbeschäftigt werden kann,
4. die Weiterbeschäftigung der Arbeitnehmerin oder des Arbeitnehmers nach zumutbaren Umschulungs- oder Fortbildungsmaßnahmen möglich ist oder
5. die Weiterbeschäftigung der Arbeitnehmerin oder des Arbeitnehmers unter geänderten Vertragsbedingungen möglich ist und die Arbeitnehmerin oder der Arbeitnehmer sich damit einverstanden erklärt.

Wird der Arbeitnehmerin oder dem Arbeitnehmer gekündigt, obwohl der Personalrat Einwendungen gegen die Kündigung erhoben hat, so ist dem Arbeitnehmer mit der Kündigung eine Kopie der Stellungnahme des Personalrats zuzuleiten, es sei denn, dass die Stufenvertretung in der Verhandlung nach § 82 Absatz 1 Satz 2 die Einwendungen nicht aufrechterhalten hat.

(2) Hat die Arbeitnehmerin oder der Arbeitnehmer im Fall des Absatzes 1 Satz 4 nach dem Kündigungsschutzgesetz Klage auf Feststellung erhoben, dass das Arbeitsverhältnis durch die Kündigung nicht aufgelöst ist, so muss der Arbeitgeber auf Verlangen der Arbeitnehmerin oder des Arbeitnehmers diese oder diesen nach Ablauf der Kündigungsfrist bis zum rechtskräftigen Abschluss des Rechtsstreits bei unveränderten Arbeitsbedingungen weiterbeschäftigen. Auf Antrag des Arbeitgebers kann das Arbeitsgericht ihn durch einstweilige Verfügung von der Verpflichtung zur Weiterbeschäftigung nach Satz 1 entbinden, wenn

1. die Klage keine hinreichende Aussicht auf Erfolg bietet oder mutwillig erscheint,
2. die Weiterbeschäftigung zu einer unzumutbaren wirtschaftlichen Belastung des Arbeitgebers führen würde oder
3. der Widerspruch des Personalrats offensichtlich unbegründet war.

(3) Eine Kündigung ist unwirksam, wenn der Personalrat nicht beteiligt worden ist.

Abschnitt 5
Anhörung

§ 86 Außerordentliche Kündigung und fristlose Entlassung

Vor fristlosen Entlassungen und außerordentlichen Kündigungen ist der Personalrat anzuhören. Die Leiterin oder der Leiter der Dienststelle hat die beabsichtigte Maßnahme zu begründen. Hat der Personalrat Bedenken, so hat er sie unter Angabe der Gründe der Leiterin oder dem Leiter der Dienststelle unverzüglich, spätestens jedoch innerhalb von drei Arbeitstagen schriftlich oder elektronisch mitzuteilen. § 85 Absatz 3 gilt entsprechend.

§ 87 Weitere Angelegenheiten der Anhörung

(1) Vor der Weiterleitung von Personalanforderungen zum Haushaltsvoranschlag ist der Personalrat anzuhören. Gibt der Personalrat einer nachgeordneten Dienststelle zu den Personalanforderungen eine Stellungnahme ab, so ist diese mit den Personalanforderungen der übergeordneten Dienststelle vorzulegen. Das gilt entsprechend für die Personalplanung.

(2) Absatz 1 gilt entsprechend für Neu-, Um- und Erweiterungsbauten von Diensträumen.

(3) Vor grundlegenden Änderungen von Arbeitsverfahren und Arbeitsabläufen ist der Personalrat anzuhören.

Kapitel 5
Stufenvertretungen und Gesamtpersonalrat

Abschnitt 1
Bildung und Beteiligung der Stufenvertretungen

§ 88 Errichtung

Für den Geschäftsbereich mehrstufiger Verwaltungen werden bei den Behörden der Mittelstufe Bezirkspersonalräte, bei den obersten Dienstbehörden Hauptpersonalräte gebildet.

§ 89 Wahl und Zusammensetzung

(1) Die Mitglieder des Bezirkspersonalrats werden von den zum Geschäftsbereich der Behörde der Mittelstufe gehörenden Beschäftigten gewählt. Die Mitglieder des Hauptpersonalrats werden von den zum Geschäftsbereich der obersten Dienstbehörde gehörenden Beschäftigten gewählt.

(2) Die §§ 13 bis 16, § 17 Absatz 1, 2, 6 und 7, die §§ 18 bis 22 sowie die §§ 24 bis 26 gelten entsprechend. § 15 Absatz 2 Nummer 4 gilt nur für die Beschäftigten der Dienststelle, bei der die Stufenvertretung zu errichten ist. Eine Personalversammlung zur Bestellung des Bezirks- oder Hauptwahlvorstands findet nicht statt. An ihrer Stelle übt die Leiterin oder der Leiter der

Dienststelle, bei der die Stufenvertretung zu errichten ist, die Befugnis zur Bestellung des Wahlvorstands nach den §§ 22 und 24 aus.

(3) Werden in einer Verwaltung die Personalräte und Stufenvertretungen gleichzeitig gewählt, so führen die bei den Dienststellen bestehenden Wahlvorstände die Wahlen der Stufenvertretungen im Auftrag des Bezirks- oder Hauptwahlvorstands durch; andernfalls bestellen auf sein Ersuchen die Personalräte oder, wenn solche nicht bestehen, die Leiterinnen oder Leiter der Dienststellen die örtlichen Wahlvorstände für die Wahl der Stufenvertretungen.

(4) In den Stufenvertretungen erhält jede Gruppe mindestens eine Vertreterin oder einen Vertreter. Besteht die Stufenvertretung aus mehr als neun Mitgliedern, erhält jede Gruppe mindestens zwei Vertreterinnen oder Vertreter. § 17 Absatz 5 gilt entsprechend.

§ 90 Amtszeit und Geschäftsführung

Für die Stufenvertretungen gilt Kapitel 2 Abschnitt 2 und 3 mit Ausnahme des § 45 entsprechend. § 36 Absatz 1 gilt mit der Maßgabe, dass die Mitglieder der Stufenvertretung spätestens zehn Arbeitstage nach dem Wahltag einzuberufen sind.

§ 91 Rechtsstellung

Für die Rechtsstellung der Mitglieder der Stufenvertretung gilt Kapitel 2 Abschnitt 4 mit Ausnahme des § 52 Absatz 2 entsprechend.

§ 92 Zuständigkeit

(1) In Angelegenheiten, in denen die Dienststelle nicht zur Entscheidung befugt ist, ist an Stelle des Personalrats die bei der zuständigen Dienststelle gebildete Stufenvertretung zu beteiligen.

(2) Vor einem Beschluss in Angelegenheiten, die einzelne Beschäftigte oder Dienststellen betreffen, gibt die Stufenvertretung dem Personalrat oder, sofern dieser zuständig wäre, dem bei dieser Dienststelle gebildeten Gesamtpersonalrat Gelegenheit zur Äußerung. In diesem Fall verdoppeln sich die Fristen des § 70 Absatz 3 Satz 1 und 2, des § 71 Absatz 1 Satz 1, des § 81 Absatz 2 Satz 1 sowie des § 82 Absatz 1 Satz 1, sofern die Stufenvertretung und die Leiterin oder der Leiter der Dienststelle keine abweichende Regelung vereinbaren.

(3) Für die Aufgaben, Befugnisse und Pflichten der Stufenvertretungen gilt Kapitel 4 entsprechend.

(4) Werden im Geschäftsbereich mehrstufiger Verwaltungen personelle oder soziale Maßnahmen von einer Dienststelle getroffen, bei der keine für eine Beteiligung an diesen Maßnahmen zuständige Personalvertretung vorgesehen ist, so ist die Stufenvertretung bei der nächsthöheren Dienststelle, zu deren Geschäftsbereich die entscheidende Dienststelle und die von der Entscheidung Betroffenen gehören, zu beteiligen.

Abschnitt 2
Bildung und Beteiligung des Gesamtpersonalrats

§ 93 Errichtung

In den Fällen des § 7 wird neben den einzelnen Personalräten ein Gesamtpersonalrat gebildet.

§ 94 Anzuwendende Vorschriften

Für den Gesamtpersonalrat gelten § 89 Absatz 1, 2 und 4, § 90 Satz 1 sowie § 91 entsprechend.

§ 95 Zuständigkeit

(1) Für die Verteilung der Zuständigkeiten zwischen Personalrat und Gesamtpersonalrat gilt § 92 Absatz 1 und 2 entsprechend.

(2) Für die Aufgaben, Befugnisse und Pflichten des Gesamtpersonalrats gilt Kapitel 4 entsprechend.

Kapitel 6
Arbeitsgemeinschaft der Hauptpersonalräte

§ 96 Zusammensetzung, Amtszeit, Teilnahmerechte

(1) Die Hauptpersonalräte bei den obersten Bundesbehörden bilden die Arbeitsgemeinschaft der Hauptpersonalräte. Ist in der obersten Bundesbehörde kein Hauptpersonalrat gebildet, gilt der Gesamtpersonalrat oder, falls ein Gesamtpersonalrat nicht gebildet ist, der Personalrat der obersten Bundesbehörde als Hauptpersonalrat im Sinne dieses Kapitels.

(2) Jeder Hauptpersonalrat entsendet ein Mitglied in die Arbeitsgemeinschaft der Hauptpersonalräte und bestimmt mindestens ein Ersatzmitglied. Die Mitgliedschaft in der Arbeitsgemeinschaft der Hauptpersonalräte endet durch das Erlöschen der Mitgliedschaft in dem entsendenden Hauptpersonalrat, die Abberufung durch den entsendenden Hauptpersonalrat oder die Niederlegung des Amts in der Arbeitsgemeinschaft der Hauptpersonalräte. § 32 ist entsprechend anzuwenden.

(3) Die Arbeitsgemeinschaft der Hauptpersonalräte wählt aus ihrer Mitte bis zu zwei Vorsitzende und bis zu zwei stellvertretende Vorsitzende.

(4) Die Amtszeit der Arbeitsgemeinschaft der Hauptpersonalräte beginnt am 1. Juni des Jahres, in dem die regelmäßigen Personalratswahlen stattfinden, und endet mit dem Ablauf von vier Jahren.

(5) Ein Vertreter oder eine Vertreterin der Haupt-Jugend- und -Auszubildendenvertretungen, der oder die von diesen benannt wird, und je ein Vertreter oder eine Vertreterin der Arbeitsgemeinschaft der Schwerbehindertenvertretungen des Bundes und der Vereinigung der Schwerbehindertenvertretungen des Bundes haben das Recht, an den Sitzungen der Arbeitsgemeinschaft der Hauptpersonalräte beratend teilzunehmen.

§ 97 Geschäftsführung und Rechtsstellung

(1) Für die Geschäftsführung der Arbeitsgemeinschaft der Hauptpersonalräte und die Rechtsstellung ihrer Mitglieder gelten § 36 Absatz 2 Satz 1 bis 3, die §§ 38, 43 und 44 sowie die §§ 48 bis 52 Absatz 1 entsprechend.

(2) Die Geschäftsstelle der Arbeitsgemeinschaft der Hauptpersonalräte wird bei der obersten Bundesbehörde eingerichtet, deren Geschäftsbereich die oder der Vorsitzende der Arbeitsgemeinschaft der Hauptpersonalräte angehört. Hat die Arbeitsgemeinschaft der Hauptpersonalräte zwei Vorsitzende gewählt, beschließt sie mit einfacher Mehrheit über den Sitz der Geschäftsstelle bei einer der obersten Bundesbehörden, deren Geschäftsbereichen die Vorsitzenden angehören.

§ 98 Stellungnahmerecht bei ressortübergreifenden Digitalisierungsmaßnahmen

(1) Vor Entscheidungen oberster Bundesbehörden oder Vorlagen an die Bundesregierung in Angelegenheiten des § 80 Absatz 1 Nummer 21, die die Geschäftsbereiche mehrerer oberster Bundesbehörden betreffen, ist der Arbeitsgemeinschaft der Hauptpersonalräte Gelegenheit zur Stellungnahme zu geben. Das Stellungnahmerecht erstreckt sich auch auf Maßnahmen, die

1. mit den in Satz 1 genannten Angelegenheiten unmittelbar zusammenhängen,
2. ebenfalls die Geschäftsbereiche mehrerer oberster Bundesbehörden betreffen und
3. der Beteiligung nach Kapitel 4 unterlägen, wenn sie von einer Dienststelle nur für ihre Beschäftigten getroffen würden, mit Ausnahme personeller Einzelmaßnahmen.

(2) Die federführend zuständige oberste Bundesbehörde unterrichtet die Arbeitsgemeinschaft der Hauptpersonalräte rechtzeitig und umfassend von der beabsichtigten Entscheidung und legt ihr die hierfür erforderlichen Unterlagen vor. Die Arbeitsgemeinschaft der Hauptpersonalräte teilt der obersten Bundesbehörde ihre Stellungnahme innerhalb einer Frist von vier Wochen mit, soweit nicht einvernehmlich eine andere Frist vereinbart ist. In dringenden Fällen kann die Dienststelle die Frist auf eine Woche verkürzen oder, sofern die Entscheidung der Natur der Sache nach keinen Aufschub duldet, die Stellungnahme nachträglich einholen. Auf Verlangen der Arbeitsgemeinschaft der Hauptpersonalräte ist die beabsichtigte Maßnahme mit ihr vor Abgabe der Stellungnahme zu erörtern.

(3) Die Befugnisse und Pflichten der Personalvertretungen nach diesem Gesetz bleiben unberührt. Die Arbeitsgemeinschaft der Hauptpersonalräte informiert die Hauptpersonalräte regelmäßig über ihre Tätigkeit.

Kapitel 7
Jugend- und Auszubildendenvertretung, Jugend- und Auszubildendenversammlung

§ 99 Errichtung

In Dienststellen, bei denen Personalvertretungen gebildet sind und denen in der Regel mindestens fünf Beschäftigte angehören, die das 18. Lebensjahr noch nicht vollendet haben oder die sich in einer beruflichen Ausbildung befinden, werden Jugend- und Auszubildendenvertretungen gebildet.

§ 100 Wahlberechtigung und Wählbarkeit

(1) Wahlberechtigt sind die Beschäftigten, die am Wahltag das 18. Lebensjahr noch nicht vollendet haben oder sich in einer beruflichen Ausbildung befinden. § 14 Absatz 1 Nummer 1 und 2 sowie Absatz 2 gilt entsprechend.

(2) Wählbar sind die Beschäftigten, die am Wahltag das 26. Lebensjahr noch nicht vollendet haben oder sich in einer beruflichen Ausbildung befinden. § 15 Absatz 1 Satz 1 Nummer 2, Satz 2 und Absatz 2 Nummer 1, 2 und 4 gilt entsprechend. Die gleichzeitige Mitgliedschaft im Personalrat und in der Jugend- und Auszubildendenvertretung ist zulässig. Ein Mitglied des Personalrats, das gleichzeitig Mitglied der Jugend- und Auszubildendenvertretung ist, darf bei Beschlussfassungen des Personalrats, bei denen die Vertreterinnen und Vertreter der Jugend- und Auszubildendenvertretung stimmberechtigt sind, nur eine Stimme abgeben.

§ 101 Größe und Zusammensetzung

(1) Die Jugend- und Auszubildendenvertretung besteht in Dienststellen mit in der Regel

1. 5 bis 20 Beschäftigten, die das 18. Lebensjahr noch nicht vollendet haben oder sich in einer beruflichen Ausbildung befinden, aus einer Jugend- und Auszubildendenvertreterin oder einem Jugend- und Auszubildendenvertreter,
2. 21 bis 50 der in Nummer 1 genannten Beschäftigten aus drei Jugend- und Auszubildendenvertreterinnen oder -vertretern,
3. 51 bis 200 der in Nummer 1 genannten Beschäftigten aus fünf Jugend- und Auszubildendenvertreterinnen oder -vertretern,
4. 201 bis 300 der in Nummer 1 genannten Beschäftigten aus sieben Jugend- und Auszubildendenvertreterinnen oder -vertretern,
5. 301 bis 1000 der in Nummer 1 genannten Beschäftigten aus elf Jugend- und Auszubildendenvertreterinnen oder -vertretern,
6. mehr als 1000 der in Nummer 1 genannten Beschäftigten aus 15 Jugend- und Auszubildendenvertreterinnen oder -vertretern.

(2) Die Jugend- und Auszubildendenvertretung soll sich aus Vertreterinnen oder Vertretern der verschiedenen Beschäftigungsarten der Beschäftigten, die das 18. Lebensjahr noch nicht vollendet haben oder sich in einer beruflichen Ausbildung befinden, zusammensetzen.

(3) Frauen und Männer sollen in der Jugend- und Auszubildendenvertretung entsprechend ihrem Zahlenverhältnis unter den Beschäftigten, die das 18. Lebensjahr noch nicht vollendet haben oder sich in einer beruflichen Ausbildung befinden, vertreten sein.

§ 102 Wahl, Amtszeit und Vorsitz

(1) Spätestens acht Wochen vor Ablauf der Amtszeit der Jugend- und Auszubildendenvertretung bestimmt der Personalrat im Einvernehmen mit der Jugend- und Auszubildendenvertretung den Wahlvorstand und seinen Vorsitzenden oder seine Vorsitzende. § 21 Satz 5 bis 7 gilt entsprechend. Kommt ein Einvernehmen zwischen Personalrat und Jugend- und Auszubildendenvertretung nicht zustande, gelten die §§ 22 und 23 entsprechend mit der Maßgabe, dass an die Stelle einer Personalversammlung eine Jugend- und Auszubildendenversammlung tritt. Für die Wahl der Jugend- und Auszubildendenvertretung gelten § 19 Absatz 1 und 3, § 20 Absatz 1 Satz 1, Absatz 2, 4 und 5, § 25 Absatz 1 Satz 1 und 2, Absatz 2 und § 26 entsprechend.

(2) Die regelmäßigen Wahlen der Jugend- und Auszubildendenvertretung finden alle zwei Jahre in der Zeit vom 1. März bis 31. Mai statt. Die Amtszeit der Jugend- und Auszubildendenvertretung beginnt am 1. Juni des Jahres, in dem die regelmäßigen Wahlen der Jugend- und Auszubildendenvertretung stattfinden, und endet mit dem Ablauf von zwei Jahren. § 27 Absatz 2 Satz 2 ist entsprechend anzuwenden. Für die Wahl der Jugend- und Auszubildendenvertretung außerhalb des in Satz 1 genannten Zeitraums gilt § 28 Absatz 1 Nummer 2 bis 6, Absatz 2, 3 und 5 entsprechend.

(3) Besteht die Jugend- und Auszubildendenvertretung aus mehr als zwei Mitgliedern, so wählt sie aus ihrer Mitte eine Vorsitzende oder einen Vorsitzenden und eine stellvertretende Vorsitzende oder einen stellvertretenden Vorsitzenden.

(4) Die §§ 29 bis 33 gelten entsprechend.

§ 103 Aufgaben

Die Jugend- und Auszubildendenvertretung hat folgende allgemeine Aufgaben:

1. Maßnahmen beim Personalrat zu beantragen, die den Beschäftigten dienen, die das 18. Lebensjahr noch nicht vollendet haben oder sich in einer beruflichen Ausbildung befinden, insbesondere Maßnahmen auf dem Gebiet der Berufsbildung,
2. darüber zu wachen, dass die zugunsten der in Nummer 1 genannten Beschäftigten geltenden Gesetze, Verordnungen, Unfallverhütungsvorschriften, Tarifverträge, Dienstvereinbarungen und Verwaltungsanordnungen durchgeführt werden,
3. Anregungen und Beschwerden der in Nummer 1 genannten Beschäftigten, insbesondere auf dem Gebiet der Berufsbildung, entgegenzunehmen und, falls die Anregungen und Beschwerden berechtigt erscheinen, beim Personalrat auf eine Erledigung hinzuwirken; die Jugend- und Auszubil-

dendenvertretung hat die betroffenen Beschäftigten über den Stand und das Ergebnis der Verhandlungen zu informieren.

§ 104 Zusammenarbeit mit dem Personalrat

(1) Die Zusammenarbeit der Jugend- und Auszubildendenvertretung mit dem Personalrat bestimmt sich nach § 36 Absatz 3, § 37 Absatz 1 und § 42.

(2) Zur Durchführung ihrer Aufgaben ist die Jugend- und Auszubildendenvertretung durch den Personalrat rechtzeitig und umfassend zu unterrichten. Die Jugend- und Auszubildendenvertretung kann verlangen, dass ihr der Personalrat die zur Durchführung ihrer Aufgaben erforderlichen Unterlagen, einschließlich der für die Durchführung seiner Aufgaben erforderlichen personenbezogenen Daten, zur Verfügung stellt. § 69 gilt entsprechend.

(3) Der Personalrat hat die Jugend- und Auszubildendenvertretung zu den Besprechungen zwischen der Leiterin oder dem Leiter der Dienststelle und dem Personalrat nach § 65 beizuziehen, wenn Angelegenheiten behandelt werden, die besonders die Beschäftigten betreffen, die das 18. Lebensjahr noch nicht vollendet haben oder sich in einer beruflichen Ausbildung befinden. Darüber hinaus sollen die Leiterin oder der Leiter der Dienststelle und die Jugend- und Auszubildendenvertretung mindestens einmal im Halbjahr zu einer Besprechung zusammentreten.

(4) Die Jugend- und Auszubildendenvertretung kann nach Verständigung des Personalrats Sitzungen abhalten; § 36 Absatz 1 und 2, § 37 Absatz 2 und 3, die §§ 38, 39 und 41 sowie die §§ 43 und 44 gelten entsprechend. An den Sitzungen der Jugend- und Auszubildendenvertretung kann ein vom Personalrat beauftragtes Personalratsmitglied teilnehmen.

§ 105 Anzuwendende Vorschriften

Für die Jugend- und Auszubildendenvertretung gelten § 2 Absatz 5, die §§ 45 bis 52 Absatz 1 und § 54 entsprechend. § 55 gilt entsprechend mit der Maßgabe, dass die außerordentliche Kündigung, die Versetzung und die Abordnung von Mitgliedern der Jugend- und Auszubildendenvertretung der Zustimmung des Personalrats bedürfen. Für Mitglieder des Wahlvorstands und Wahlbewerberinnen und Wahlbewerber gilt § 55 Absatz 1 und 2 Satz 1 und 2 entsprechend. § 56 gilt entsprechend; in dem Verfahren vor dem Verwaltungsgericht nach § 56 Absatz 4 ist bei einem Mitglied der Jugend- und Auszubildendenvertretung auch diese Beteiligte.

§ 106 Jugend- und Auszubildendenversammlung

Die Jugend- und Auszubildendenvertretung hat einmal in jedem Kalenderjahr eine Jugend- und Auszubildendenversammlung durchzuführen. Diese soll möglichst unmittelbar vor oder nach einer ordentlichen Personalversammlung stattfinden. Sie wird von der oder dem Vorsitzenden der Jugend- und Auszubildendenvertretung geleitet. Der oder die Personalratsvorsitzende oder ein vom Personalrat beauftragtes Mitglied soll an der Jugend- und Auszubildendenversammlung teilnehmen. Die für die Personalversammlung geltenden Vorschriften gelten entsprechend. Außer der in Satz 1 bezeichneten Jugend- und Auszubildendenversammlung kann eine weitere, nicht auf Wunsch des Leiters oder der Leiterin der Dienststelle einberufene Versammlung während der Arbeitszeit stattfinden.

§ 107 Stufenvertretungen

(1) Für den Geschäftsbereich mehrstufiger Verwaltungen werden, soweit Stufenvertretungen bestehen, bei den Behörden der Mittelstufen Bezirks-Jugend- und -Auszubildendenvertretungen und bei den obersten Dienstbehörden Haupt-Jugend- und -Auszubildendenvertretungen gebildet. Für die Jugend- und Auszubildendenstufenvertretungen gelten § 89 Absatz 1 und 3 sowie die §§ 99 bis 105 entsprechend.

(2) In den Fällen des § 7 wird neben den einzelnen Jugend- und Auszubildendenvertretungen eine Gesamt-Jugend- und -Auszubildendenvertretung gebildet. Absatz 1 Satz 2 gilt entsprechend.

Kapitel 8
Gerichtliche Entscheidungen

§ 108 Zuständigkeit der Verwaltungsgerichte, Anwendung des Arbeitsgerichtsgesetzes

(1) Die Verwaltungsgerichte, im dritten Rechtszug das Bundesverwaltungsgericht, entscheiden in den Fällen der §§ 26, 30, 55 Absatz 1 und des § 56 sowie über

1. Wahlberechtigung und Wählbarkeit,
2. Wahl, Amtszeit und Zusammensetzung der Personalvertretungen und der Jugend- und Auszubildendenvertretungen,
3. Zuständigkeit, Geschäftsführung und Rechtsstellung der Personalvertretungen und der Jugend- und Auszubildendenvertretungen,
4. Rechtmäßigkeit eines Beschlusses der Einigungsstelle oder Aufhebung eines Beschlusses der Einigungsstelle durch die oberste Dienstbehörde sowie
5. Bestehen oder Nichtbestehen von Dienstvereinbarungen.

(2) Die Vorschriften des Arbeitsgerichtsgesetzes über das Beschlussverfahren gelten entsprechend.

§ 109 Bildung von Fachkammern und Fachsenaten

(1) Für Streitigkeiten nach diesem Teil sind bei den Verwaltungsgerichten Fachkammern und bei den Oberverwaltungsgerichten Fachsenate zu bilden. Die Zuständigkeit einer Fachkammer kann auf die Bezirke anderer Gerichte oder Teile von ihnen erstreckt werden.

(2) Die Fachkammern und Fachsenate entscheiden in der Besetzung mit einer oder einem Vorsitzenden und vier ehrenamtlichen Richterinnen oder Richtern.

(3) Die ehrenamtlichen Richterinnen und Richter müssen Beschäftigte im öffentlichen Dienst des Bundes sein. Sie werden durch die Landesregierung

oder die von ihr bestimmte Stelle je zur Hälfte auf Vorschlag der Gewerkschaften, die unter den Beschäftigten vertreten sind, und der in § 1 bezeichneten Verwaltungen und Gerichte berufen. Von den von den Gewerkschaften vorzuschlagenden ehrenamtlichen Richterinnen und Richtern muss eine Person Beamtin oder Beamter und die andere Arbeitnehmerin oder Arbeitnehmer sein. Für die Berufung und die Stellung der ehrenamtlichen Richterinnen und Richter und für ihre Heranziehung zu den Sitzungen gelten die Vorschriften des Arbeitsgerichtsgesetzes über ehrenamtliche Richterinnen und Richter entsprechend.

Kapitel 9
Sondervorschriften

Abschnitt 1
Vorschriften für besondere Verwaltungszweige

§ 110 Grundsatz

Für die nachstehenden Zweige des öffentlichen Dienstes gilt dieses Gesetz, soweit im Folgenden nichts anderes bestimmt ist.

§ 111 Bundespolizei

(1) Die Beschäftigten der Bundespolizeibehörden und der ihnen nachgeordneten Dienststellen wählen Bundespolizeipersonalvertretungen. Bundespolizeipersonalvertretungen sind die Bundespolizeipersonalräte, die Bundespolizeibezirkspersonalräte und der Bundespolizeihauptpersonalrat.

(2) Die Vorschriften über die Jugend- und Auszubildendenvertretung gelten nicht für die Polizeivollzugsbeamtinnen und -beamten.

(3) Eine Beteiligung der Bundespolizeipersonalvertretung findet nicht statt bei

1. Anordnungen für Polizeivollzugsbeamtinnen und -beamte, durch die Einsätze oder Einsatzübungen geregelt werden,
2. der Einstellung von Polizeivollzugsbeamtinnen und -beamten für die Grundausbildung.

§ 112 Bundesnachrichtendienst

(1) Teile und Stellen des Bundesnachrichtendienstes, die nicht zur Zentrale des Bundesnachrichtendienstes gehören, gelten als Dienststellen im Sinne des § 4 Absatz 1 Nummer 6. In Zweifelsfällen entscheidet die Präsidentin oder der Präsident des Bundesnachrichtendienstes über die Dienststelleneigenschaft.

(2) Die Mitgliedschaft im Personalrat ruht bei Personen, die zu einer sicherheitsempfindlichen Tätigkeit nicht zugelassen sind.

(3) Die Personalversammlungen finden nur in den Räumen der Dienststelle statt. Die Präsidentin oder der Präsident des Bundesnachrichtendienstes kann nach Anhörung des Personalrats bestimmen, dass Personalversammlungen als Teilversammlung durchgeführt werden. Die Leiterin oder der Leiter der Dienststelle kann nach Anhörung des Personalrats bestimmen, dass Beschäf-

tigte, bei denen dies wegen ihrer dienstlichen Aufgaben zwingend geboten ist, nicht an der jeweiligen Personalversammlung teilnehmen. Die Tagesordnung der Personalversammlung und die in der Personalversammlung sowie im Tätigkeitsbericht zu behandelnden Punkte legt der Personalrat im Benehmen mit der Leiterin oder dem Leiter der Dienststelle fest. Andere Punkte dürfen nicht behandelt werden.

(4) In den Fällen der §§ 22 und 24 sowie des § 28 Absatz 3 bestellt die Leiterin oder der Leiter der Dienststelle den Wahlvorstand. Die Beschäftigten des Bundesnachrichtendienstes wählen keine Stufenvertretung. Soweit eine Stufenvertretung zuständig ist, ist an ihrer Stelle der Gesamtpersonalrat zu beteiligen. Die Aufgaben der obersten Dienstbehörde nach diesem Gesetz nimmt die Chefin oder der Chef des Bundeskanzleramtes wahr. Die §§ 72 bis 75 sind nicht anzuwenden. § 71 ist mit der Maßgabe anzuwenden, dass die oberste Dienstbehörde endgültig entscheidet. In den Fällen des § 55 Absatz 2 tritt an die Stelle der Zustimmung die Mitwirkung nach Kapitel 4 Abschnitt 4.

(5) § 77 Absatz 2 Satz 2 Nummer 1 und § 85 Absatz 2 sind nicht anzuwenden. Die Regelungen der §§ 21, 37 Absatz 2, des § 42 Absatz 1 sowie des § 58 Absatz 2 über eine Beteiligung von Vertreterinnen oder Vertretern oder Beauftragten der Gewerkschaften und Arbeitgebervereinigungen sind nicht anzuwenden. Die Präsidentin oder der Präsident des Bundesnachrichtendienstes kann bestimmen, dass Beauftragte der Gewerkschaften zu einer sicherheitsempfindlichen Tätigkeit zugelassen sein müssen. Die Präsidentin oder der Präsident des Bundesnachrichtendienstes kann die Anwendung des § 13 Absatz 2 ausschließen.

(6) § 125 ist mit den Maßgaben anzuwenden, dass

1. § 125 Absatz 1 Satz 1 nur anzuwenden ist, wenn nicht alle Mitglieder der zuständigen Personalvertretung ermächtigt sind, von Verschlusssachen des entsprechenden Geheimhaltungsgrades Kenntnis zu erhalten;
2. Personalvertretungen keine Ausschüsse bilden; an die Stelle der Ausschüsse der Personalvertretungen tritt der Ausschuss des Gesamtpersonalrats;
3. die Präsidentin oder der Präsident des Bundesnachrichtendienstes außer in den Fällen des § 125 Absatz 5 auch bei Vorliegen besonderer nachrichtendienstlicher Gründe Anordnungen im Sinne des § 125 Absatz 5 treffen oder von einer Beteiligung absehen kann.

(7) Bei Vorliegen besonderer Sicherheitsvorfälle oder einer besonderen Einsatzsituation, von der der Bundesnachrichtendienst ganz oder teilweise betroffen ist, ruhen die Rechte und Pflichten der zuständigen Personalvertretungen. Beginn und Ende des Ruhens der Befugnisse der Personalvertretung werden jeweils von der Präsidentin oder dem Präsidenten des Bundesnachrichtendienstes im Einvernehmen mit der Chefin oder dem Chef des Bundeskanzleramtes festgestellt.

(8) Für gerichtliche Entscheidungen nach § 108 Absatz 1 ist im ersten und letzten Rechtszug das Bundesverwaltungsgericht zuständig. Im gerichtlichen Verfahren gilt § 99 der Verwaltungsgerichtsordnung entsprechend.

(9) Die oberste Dienstbehörde und der Gesamtpersonalrat können schriftlich oder elektronisch und jederzeit widerruflich eine von den Absätzen 1 bis 3, Absatz 4 Satz 1, 5 bis 7 sowie den Absätzen 5 und 6 abweichende Dienstvereinbarung treffen.

(10) Soweit sich aus den Absätzen 1 bis 9 nichts anderes ergibt, gelten die §§ 59 bis 63 des Soldatinnen- und Soldatenbeteiligungsgesetzes entsprechend.

§ 113 Bundesamt für Verfassungsschutz

(1) Die Präsidentin oder der Präsident des Bundesamtes für Verfassungsschutz kann nach Anhörung des Personalrats bestimmen, dass Beschäftigte, bei denen dies wegen ihrer dienstlichen Aufgaben dringend geboten ist, nicht an Personalversammlungen teilnehmen.

(2) Die Regelungen der §§ 21, 37 Absatz 2, des § 42 Absatz 1 und des § 58 Absatz 2 über eine Beteiligung von Vertreterinnen oder Vertretern oder Beauftragten der Gewerkschaften und Arbeitgebervereinigungen sind nicht anzuwenden.

(3) Bei der Beteiligung der Stufenvertretung und der Einigungsstelle sind Angelegenheiten, die lediglich Beschäftigte des Bundesamtes für Verfassungsschutz betreffen, in entsprechender Anwendung des § 125 wie Verschlusssachen des Geheimhaltungsgrades „VS-VERTRAULICH" zu behandeln, soweit nicht die zuständige Stelle etwas anderes bestimmt.

§ 114 Bundesagentur für Arbeit und andere bundesunmittelbare Körperschaften des öffentlichen Rechts im Bereich der Sozialversicherung

(1) Abweichend von § 4 Absatz 1 Nummer 4 sind bei der Bundesagentur für Arbeit und den anderen bundesunmittelbaren Körperschaften des öffentlichen Rechts im Bereich der Sozialversicherung Behörden der Mittelstufe im Sinne dieses Gesetzes die der Zentrale, der Hauptverwaltung oder der Hauptverwaltungsstelle unmittelbar nachgeordneten Dienststellen, denen andere Dienststellen nachgeordnet sind.

(2) Abweichend von § 8 Satz 1 handelt für die Körperschaft der Vorstand, soweit ihm die Entscheidung zusteht. Abweichend von § 8 Satz 2 kann der Vorstand sich durch eines oder mehrere seiner Mitglieder vertreten lassen.

(3) Abweichend von § 8 Satz 1 handelt für die Agenturen für Arbeit, bei denen eine Geschäftsführung bestellt ist, und für die Regionaldirektionen der Bundesagentur für Arbeit das vorsitzende Mitglied der Geschäftsführung. Abweichend von § 8 Satz 2 kann es sich durch eines oder mehrere der weiteren Mitglieder der Geschäftsführung vertreten lassen.

(4) Als oberste Dienstbehörde im Sinne der §§ 71 bis 77 gilt der Vorstand. Abweichend von § 71 Absatz 1 Satz 3 ist als oberste Dienstbehörde der Vorstand anzurufen.

§ 115 Deutsche Bundesbank

(1) Oberste Dienstbehörde ist die Präsidentin oder der Präsident der Deutschen Bundesbank. Der Vorstand gilt als oberste Dienstbehörde, soweit ihm die Entscheidung zusteht; § 71 Absatz 1 Satz 3 ist nicht anzuwenden.

(2) Abweichend von § 8 Satz 1 handelt der Vorstand, soweit ihm die Entscheidung zusteht. Er kann sich durch eines oder mehrere seiner Mitglieder vertreten lassen.

§ 116 Deutsche Welle

(1) Die Einrichtungen der Deutschen Welle am Sitz Bonn und die Einrichtungen der Deutschen Welle am Sitz Berlin bilden je eine Dienststelle im Sinne dieses Gesetzes. Leiterin oder Leiter der Dienststellen ist die Intendantin oder der Intendant. Sie oder er gilt als oberste Dienstbehörde im Sinne dieses Gesetzes; § 71 Absatz 1 Satz 3 ist nicht anzuwenden. § 8 ist entsprechend anzuwenden. Andere als die in Satz 1 genannten Einrichtungen der Deutschen Welle werden von der Intendantin oder dem Intendanten einer Dienststelle zugeordnet. § 7 ist nicht anzuwenden.

(2) Die Beschäftigten in beiden Dienststellen wählen neben den örtlichen Personalräten einen Gesamtpersonalrat. Dieser wirkt bei der Entscheidung nach Absatz 1 Satz 5 mit. Er ist zuständig für die Behandlung dienststellenübergreifender Angelegenheiten. Der Gesamtpersonalrat hat seinen Sitz am Sitz der Intendantin oder des Intendanten. Die für den Gesamtpersonalrat maßgebenden Bestimmungen sind im Übrigen entsprechend anzuwenden.

(3) Die Beschäftigten im Sinne des § 99 in beiden Dienststellen wählen neben den örtlichen Jugend- und Auszubildendenvertretungen eine Gesamt-Jugend- und -Auszubildendenvertretung. Absatz 2 Satz 3 gilt entsprechend. Der Sitz der Gesamt-Jugend- und -Auszubildendenvertretung ist am Sitz des Gesamtpersonalrats. Die für die Gesamt-Jugend- und -Auszubildendenvertretung maßgebenden Bestimmungen sind im Übrigen entsprechend anzuwenden.

(4) Beschäftigte im Sinne dieses Gesetzes sind die durch Arbeitsvertrag unbefristet oder auf Zeit angestellten Beschäftigten der Deutschen Welle einschließlich der zu ihrer Berufsausbildung Beschäftigten. Als Beschäftigte der Deutschen Welle gelten auch arbeitnehmerähnliche Personen im Sinne des § 12a des Tarifvertragsgesetzes; für sie gilt dieses Gesetz entsprechend. Beschäftigte im Sinne dieses Gesetzes sind nicht:

1. die Intendantin oder der Intendant, die Direktorinnen und Direktoren sowie die Justitiarin oder der Justitiar,
2. arbeitnehmerähnliche Personen im Sinne des § 12a des Tarifvertragsgesetzes, die maßgeblich an der Programmgestaltung beteiligt sind,
3. sonstige freie Mitarbeiterinnen und Mitarbeiter sowie Personen, die auf Produktionsdauer beschäftigt sind.

Beschäftigte, die in einer Einrichtung der Deutschen Welle im Ausland eingesetzt sind, sowie Volontärinnen und Volontäre sind nicht wählbar.

(5) § 46 Absatz 2 Satz 1 ist mit der Maßgabe anzuwenden, dass an die Stelle des Bundesreisekostengesetzes die Reisekostenordnung der Deutschen Welle tritt.

(6) Bei Beschäftigten, deren Vergütung sich nach der Vergütungsgruppe I des Vergütungstarifvertrags der Deutschen Welle bemisst oder deren Vergütung über der höchsten Vergütungsgruppe liegt, wird der Personalrat in den Fällen des § 78 Absatz 1 nicht beteiligt. Bei im Programmbereich Beschäftigten der Vergütungsgruppe II des Vergütungstarifvertrags der Deutschen Welle tritt in Fällen des § 78 Absatz 1 an die Stelle der Mitbestimmung des Personalrats die Mitwirkung. Bei Beschäftigten mit überwiegend wissenschaftlicher oder künstlerischer Tätigkeit sowie bei Beschäftigten, die maßgeblich an der Programmgestaltung beteiligt sind, bestimmt der Personalrat in den Fällen des § 78 Absatz 1 nur mit, wenn sie dies beantragen; § 75 Absatz 3 gilt entsprechend.

§ 117 Geschäftsbereich des Bundesministeriums der Verteidigung

(1) Dieses Gesetz gilt für die bei militärischen Dienststellen und Einrichtungen der Bundeswehr beschäftigten Beamtinnen und Beamten sowie Arbeitnehmerinnen und Arbeitnehmer.

(2) § 64 Absatz 2 des Soldatinnen- und Soldatenbeteiligungsgesetzes gilt entsprechend.

(3) § 78 Absatz 1 Nummer 14 gilt entsprechend bei der Bestellung von Soldatinnen und Soldaten zu Vertrauens- oder Betriebsärztinnen und -ärzten. Hierbei ist nach § 40 Absatz 1 zu verfahren.

(4) § 84 Absatz 1 Nummer 2 findet bei der Auflösung, Einschränkung, Verlegung, Zusammenlegung, Aufspaltung oder Ausgliederung von militärischen Dienststellen und Einrichtungen oder wesentlichen Teilen von ihnen keine Anwendung, soweit militärische Gründe entgegenstehen.

(5) § 92 Absatz 4 ist mit den Maßgaben anzuwenden, dass

1. bei personellen oder sozialen Maßnahmen, die von einer Dienststelle, bei der keine für eine Beteiligung an diesen Maßnahmen zuständige Personalvertretung vorgesehen ist, mit Wirkung für einzelne Beschäftigte einer ihr nicht nachgeordneten Dienststelle getroffen werden, der Personalrat dieser Dienststelle von deren Leiterin oder Leiter zu beteiligen ist, nachdem zuvor ein Einvernehmen zwischen den Dienststellen über die beabsichtigte Maßnahme hergestellt worden ist;
2. bei innerdienstlichen oder sozialen Angelegenheiten, die Liegenschaften eines Dienstortes betreffen, die Beteiligung durch einen Ausschuss ausgeübt wird, der bei der für die Entscheidung zuständigen Stelle eingerichtet ist, sofern ein solcher gebildet worden ist und das gesetzlich zuständige Beteiligungsgremium zugestimmt hat. Die Aufgaben und Befugnisse der Leiterin oder des Leiters der Dienststelle werden in diesen Fällen durch die für die Entscheidung zuständige Stelle wahrgenommen. Kommt im Beteiligungsverfahren eine Einigung nicht zustande, richtet sich das weitere Verfahren nach den §§ 71 bis 75 oder nach § 82.

Abschnitt 2
Dienststellen des Bundes im Ausland

§ 118 Grundsatz

Für die Dienststellen des Bundes im Ausland gilt dieses Gesetz, soweit im Folgenden nichts anderes bestimmt ist.

§ 119 Allgemeine Regelungen

(1) Arbeitstage sind diejenigen Wochentage, die gemäß der für die Dienststelle geltenden Arbeitszeitregelung als Arbeitstage vorgesehen sind, mit Ausnahme der Tage, die nach der für die Dienststelle geltenden Feiertagsregelung für die Beschäftigten Feiertage sind.

(2) Nicht entsandte Beschäftigte (lokal Beschäftigte) gelten nicht als Beschäftigte im Sinne des § 4 Absatz 1 Nummer 5.

(3) Die Beschäftigten sind nicht in eine Stufenvertretung oder einen Gesamtpersonalrat bei einer Dienststelle im Inland wählbar.

(4) Für Streitigkeiten nach § 108, die eine Dienststelle des Bundes im Ausland betreffen, ist das Verwaltungsgericht zuständig, in dessen Bezirk die oberste Dienstbehörde ihren Sitz hat.

§ 120 Vertrauensperson der lokal Beschäftigten

(1) In Dienststellen, in denen in der Regel mindestens fünf lokal Beschäftigte beschäftigt sind, wählen diese eine Vertrauensperson der lokal Beschäftigten und höchstens drei Stellvertreterinnen oder Stellvertreter. In Nebenstellen, in denen in der Regel mindestens fünf lokal Beschäftigte beschäftigt sind, können diese zusätzlich eine Vertrauensperson der lokal Beschäftigten der Nebenstelle und eine Stellvertreterin oder einen Stellvertreter wählen. Die Vertrauensperson der lokal Beschäftigten der Nebenstelle arbeitet vertrauensvoll mit der Vertrauensperson der lokal Beschäftigten der Dienststelle zusammen. Gegenüber der Leiterin oder dem Leiter der Dienststelle vertritt die Vertrauensperson der lokal Beschäftigten der Dienststelle auch die Interessen der lokal Beschäftigten der Nebenstelle.

(2) Gewählt werden die Vertrauensperson der lokal Beschäftigten und ihre Stellvertreterinnen oder Stellvertreter durch Handaufheben; widerspricht eine Wahlberechtigte oder ein Wahlberechtigter diesem Verfahren oder ordnet der Wahlvorstand für die Wahl zur Vertrauensperson der lokal Beschäftigten geheime Wahl an, so wird eine geheime Wahl vorgenommen. § 25 Absatz 1 Satz 1 und 2 und Absatz 2 gilt entsprechend. Die Amtszeit der Vertrauensperson der lokal Beschäftigten und ihrer Stellvertreterinnen oder Stellvertreter beträgt vier Jahre; im Übrigen gilt § 31 Absatz 1 entsprechend. § 33 gilt mit der Maßgabe entsprechend, dass eine Neuwahl stattfindet, wenn nach Eintreten der Stellvertreterinnen oder Stellvertreter keine Vertrauensperson der lokal Beschäftigten mehr vorhanden ist.

(3) Der Personalrat und die Vertrauensperson der lokal Beschäftigten arbeiten vertrauensvoll zusammen. Die Vertrauensperson der lokal Beschäftigten nimmt Anregungen, Anträge und Beschwerden der lokal Beschäftigten in

innerdienstlichen, sozialen und persönlichen Angelegenheiten entgegen und vertritt sie gegenüber der Leiterin oder dem Leiter der Dienststelle und dem Personalrat. Vor der Beschlussfassung in Angelegenheiten, die die besonderen Interessen der lokal Beschäftigten wesentlich berühren, hat der Personalrat der Vertrauensperson der lokal Beschäftigten Gelegenheit zur Äußerung zu geben. Die Vertrauensperson der lokal Beschäftigten hat in solchen Angelegenheiten das Recht, der Leiterin oder dem Leiter der Dienststelle schriftlich oder elektronisch Vorschläge zu unterbreiten. Die Leiterin oder der Leiter der Dienststelle hat der Vertrauensperson der lokal Beschäftigten vor Entscheidungen in Personalangelegenheiten und sozialen Angelegenheiten der Beschäftigten, die die Interessen von einzelnen oder von allen lokal Beschäftigten wesentlich berühren, Gelegenheit zur Äußerung zu geben. Gelegenheit zur Äußerung ist insbesondere zu geben vor der Einstellung und Kündigung lokal Beschäftigter sowie vor dem Erlass allgemeiner Verwaltungsanordnungen, bezüglich derer der Personalrat ein Beteiligungsrecht nach diesem Gesetz hat.

(4) Für die Vertrauensperson der lokal Beschäftigten gelten § 2 Absatz 5, die §§ 45 bis 52 Absatz 1 Satz 1, § 59 Absatz 2 sowie § 65 entsprechend. Der Personalrat und die Vertrauensperson der lokal Beschäftigten können vereinbaren, dass

1. Besprechungen im Sinne des § 65 durch den Personalrat und die Vertrauensperson der lokal Beschäftigten gemeinsam wahrgenommen werden,
2. eine gemeinsame Personalversammlung der lokal Beschäftigten und der Beschäftigten im Sinne des § 4 Absatz 1 Nummer 5 einberufen wird. § 61 Absatz 2 findet im Hinblick auf die lokal Beschäftigten keine Anwendung.

Die Leiterin oder der Leiter der Dienststelle kann der gemeinsamen Wahrnehmung oder Einberufung einer gemeinsamen Personalversammlung widersprechen, wenn dienstliche Interessen der Bundesrepublik Deutschland entgegenstehen.

§ 121 Ergänzende Regelungen für die Dienststellen im Geschäftsbereich des Auswärtigen Amts mit Ausnahme der Dienststellen des Deutschen Archäologischen Instituts

(1) Die Leiterin oder der Leiter der Dienststelle kann sich bei Verhinderung mit der Zustimmung der Leiterin oder des Leiters der Verwaltung durch diese oder diesen vertreten lassen.

(2) Dienststellen, bei denen die Voraussetzungen des § 13 Absatz 1 nicht gegeben sind, gelten als der Botschaft im jeweiligen Empfangsstaat zugeordnet, soweit keine anderweitige Zuordnung gemäß § 13 Absatz 2 erfolgt ist.

(3) Die nach § 14 wahlberechtigten Beschäftigten sind außer zur Wahl des Personalrats ihrer Dienststelle auch zur Wahl des Personalrats des Auswärtigen Amts wahlberechtigt. Zur Wahl des Hauptpersonalrats des Auswärtigen Amts sind sie nicht wahlberechtigt. Sofern sie in den Auswärtigen Dienst nicht nur zeitlich befristet entsprechend § 13 Absatz 1 des Gesetzes über den Auswärtigen Dienst übernommen worden sind, sind sie auch zum Personalrat

des Auswärtigen Amts wählbar, für die Dauer ihres dienstlichen Einsatzes außerhalb des Auswärtigen Amts jedoch im Sinne des § 33 Absatz 1 Satz 2 zeitweilig verhindert. Aus einer Wahl in den Personalrat des Auswärtigen Amts folgt kein Anspruch auf eine Versetzung, Umsetzung oder Abordnung.

(4) Die regelmäßigen Personalratswahlen zu den örtlichen Personalräten finden alle vier Jahre in der Zeit vom 1. Oktober bis zum 31. Dezember statt. Abweichend von § 27 Absatz 2 beginnt die Amtszeit der Personalräte am 1. Januar des auf das Jahr der regelmäßigen Personalratswahlen folgenden Jahres und endet mit dem Ablauf von vier Jahren. Ist am Tag des Ablaufs der Amtszeit ein neuer Personalrat nicht gewählt oder hat sich am Tag des Ablaufs der Amtszeit noch kein neuer Personalrat konstituiert, führt der Personalrat die Geschäfte weiter, bis sich der neu gewählte Personalrat konstituiert hat, längstens jedoch bis zum Ablauf des letzten Tags des Monats Februar des auf das Jahr der regelmäßigen Personalratswahlen folgenden Jahres.

(5) § 55 Absatz 2 gilt nicht für die nach Absatz 3 Satz 1 zur Wahl des Personalrats des Auswärtigen Amts wahlberechtigten Beschäftigten.

(6) Soweit eine Stufenvertretung zuständig wäre, ist an ihrer Stelle der Personalrat des Auswärtigen Amts zu beteiligen.

§ 122 Ergänzende Regelungen für die Dienststellen des Deutschen Archäologischen Instituts

(1) Die Verwaltungsstellen des Deutschen Archäologischen Instituts im Ausland sind Dienststellen, sofern es sich nicht lediglich um Nebenstellen oder Teile anderer im Ausland belegener Dienststellen handelt.

(2) Die nach § 14 wahlberechtigten Beschäftigten sind außer zur Wahl des Personalrats ihrer Dienststelle auch zur Wahl des Gesamtpersonalrats des Deutschen Archäologischen Instituts wahlberechtigt, jedoch nicht wählbar.

(3) Soweit eine Stufenvertretung zuständig wäre, ist an ihrer Stelle der Gesamtpersonalrat des Deutschen Archäologischen Instituts zu beteiligen. Die weitergehende Zuständigkeit des Hauptpersonalrats des Auswärtigen Amts wird hiervon nicht berührt.

§ 123 Ergänzende Regelungen für die Dienststellen des Bundesnachrichtendienstes

Auf die Dienststellen des Bundesnachrichtendienstes im Ausland findet § 119 Absatz 4 keine Anwendung.

§ 124 Ergänzende Regelungen für die Dienststellen im Geschäftsbereich des Bundesministeriums der Verteidigung

§ 55 Absatz 2 gilt für Mitglieder von Personalräten im Geschäftsbereich des Bundesministeriums der Verteidigung im Ausland nur für die Dauer einer regelmäßigen Amtszeit in dem durch § 27 festgelegten Umfang.

Abschnitt 3
Behandlung von Verschlusssachen

§ 125 Ausschuss für Verschlusssachen und Verfahren

(1) Soweit eine Angelegenheit, an der eine Personalvertretung zu beteiligen ist, als Verschlusssache mindestens des Geheimhaltungsgrades „VS-VERTRAULICH" eingestuft ist, tritt an die Stelle der Personalvertretung ein Ausschuss. Dem Ausschuss gehört höchstens je eine in entsprechender Anwendung des § 34 Absatz 1 gewählte Vertreterin oder ein in entsprechender Anwendung des § 34 Absatz 1 gewählter Vertreter der im Personalrat vertretenen Gruppen an. Die Mitglieder des Ausschusses müssen ermächtigt sein, Kenntnis von Verschlusssachen des in Betracht kommenden Geheimhaltungsgrades zu erhalten. Personalvertretungen bei Dienststellen, die Behörden der Mittelstufe nachgeordnet sind, bilden keinen Ausschuss; an ihre Stelle tritt der Ausschuss des Bezirkspersonalrats.

(2) Wird der zuständige Ausschuss nicht rechtzeitig gebildet, ist der Ausschuss der bei der Dienststelle bestehenden Stufenvertretung oder, wenn dieser nicht rechtzeitig gebildet wird, der Ausschuss der bei der obersten Dienstbehörde bestehenden Stufenvertretung zu beteiligen.

(3) Die Einigungsstelle besteht in den in Absatz 1 Satz 1 bezeichneten Fällen abweichend von § 73 Absatz 2 aus je einer Beisitzerin oder einem Beisitzer, die oder der von der obersten Dienstbehörde und der bei ihr bestehenden zuständigen Personalvertretung bestellt wird, und einer oder einem unparteiischen Vorsitzenden. Die oder der Vorsitzende sowie die Beisitzerinnen und Beisitzer müssen nach den dafür geltenden Bestimmungen ermächtigt sein, von Verschlusssachen des in Betracht kommenden Geheimhaltungsgrades Kenntnis zu erhalten.

(4) § 37 Absatz 1, § 92 Absatz 2 und die Vorschriften über die Beteiligung der Gewerkschaften und Arbeitgebervereinigungen in § 37 Absatz 2 und § 42 Absatz 1 sind nicht anzuwenden. Angelegenheiten, die als Verschlusssachen mindestens des Geheimhaltungsgrades „VS-VERTRAULICH" eingestuft sind, werden in der Personalversammlung nicht behandelt.

(5) Die oberste Dienstbehörde kann anordnen, dass in den Fällen des Absatzes 1 Satz 1 dem Ausschuss und der Einigungsstelle Unterlagen nicht vorgelegt und Auskünfte nicht erteilt werden dürfen, soweit dies zur Vermeidung von Nachteilen für das Wohl der Bundesrepublik Deutschland oder eines ihrer Länder oder auf Grund internationaler Verpflichtungen geboten ist. Im Verfahren nach § 108 sind die gesetzlichen Voraussetzungen für die Anordnung glaubhaft zu machen.

Teil 2
Für die Länder geltende Vorschriften

§ 126 Anwendungsbereich

Dieser Teil gilt für die Personalvertretungen in den Ländern.

§ 127 Besonderer Schutz von Funktionsträgern

(1) Die außerordentliche Kündigung von Mitgliedern der Personalvertretungen, der Jugendvertretungen oder der Jugend- und Auszubildendenvertretungen, der Wahlvorstände sowie von Wahlbewerberinnen und Wahlbewerbern, die in einem Arbeitsverhältnis stehen, bedarf der Zustimmung der zuständigen Personalvertretung. Verweigert die zuständige Personalvertretung ihre Zustimmung oder äußert sie sich nicht innerhalb von drei Arbeitstagen nach Eingang des Antrags, so kann das Verwaltungsgericht sie auf Antrag der Leiterin oder des Leiters der Dienststelle ersetzen, wenn die außerordentliche Kündigung unter Berücksichtigung aller Umstände gerechtfertigt ist. In dem Verfahren vor dem Verwaltungsgericht ist die betroffene Person Beteiligte.

(2) Auf Auszubildende, die Mitglied einer Personalvertretung oder einer Jugend- und Auszubildendenvertretung sind, ist § 56 anzuwenden.

§ 128 Beteiligung bei Kündigungen

Eine durch den Arbeitgeber ausgesprochene Kündigung des Arbeitsverhältnisses einer oder eines Beschäftigten ist unwirksam, wenn die Personalvertretung nicht beteiligt worden ist.

Teil 3
Schlussvorschriften

§ 129 Verordnungsermächtigung

Die Bundesregierung wird ermächtigt, zur Durchführung der in diesem Gesetz bezeichneten Wahlen durch Rechtsverordnung, die nicht der Zustimmung des Bundesrates bedarf, Vorschriften zu erlassen über

1. die Vorbereitung der Wahl, insbesondere die Aufstellung der Wählerlisten und die Errechnung der Vertreterzahl,
2. die Frist für die Einsichtnahme in die Wählerlisten und die Erhebung von Einsprüchen,
3. die Vorschlagslisten und die Frist für ihre Einreichung,
4. das Wahlausschreiben und die Fristen für seine Bekanntmachung,
5. die Stimmabgabe,
6. die Feststellung des Wahlergebnisses und die Fristen für seine Bekanntmachung,
7. die Aufbewahrung der Wahlakten.

§ 130 Übergangsregelung für bestehende Jugend- und Auszubildendenvertretungen und Personalvertretungen

(1) § 102 Absatz 2 Satz 2 findet erstmalig Anwendung auf die regelmäßigen Wahlen der Jugend- und Auszubildendenvertretung im Jahr 2022. Die am 15. Juni 2021 bestehenden Jugend- und Auszubildendenvertretungen führen die Geschäfte weiter, bis sich die neu gewählten Jugend- und Auszubilden-

denvertretungen konstituiert haben, längstens jedoch bis zum Ablauf des in § 102 Absatz 2 Satz 3 in Verbindung mit § 27 Absatz 2 Satz 2 bestimmten Zeitpunkts.

(2) § 27 Absatz 2 Satz 1 und § 121 Absatz 4 Satz 2 finden erstmalig Anwendung auf die regelmäßigen Personalratswahlen im Jahr 2024. Die am 15. Juni 2021 bestehenden Personalvertretungen führen die Geschäfte weiter, bis sich die neu gewählten Personalvertretungen konstituiert haben, längstens jedoch bis zum Ablauf des in § 27 Absatz 2 Satz 2 und § 121 Absatz 4 Satz 3 bestimmten Zeitpunkts.

(3) § 52 Absatz 3 Satz 3 und § 53 Absatz 2 Satz 2 finden auf am 15. Juni 2021 bestehende Freistellungen keine Anwendung.

§ 131 Übergangsregelung für die Personalvertretungen in den Ländern

Die §§ 90, 94 bis 107 Satz 1 und § 109 des Bundespersonalvertretungsgesetzes vom 15. März 1974 (BGBl. I S. 693), das zuletzt durch Artikel 2 des Gesetzes vom 25. Mai 2020 (BGBl. I S. 1063) geändert worden ist, sind bis zum Ablauf des 31. Dezember 2024 weiter anzuwenden.

Stichwortverzeichnis

R